国語教育学史研究

野 地 潤 家

溪 水 社

まえがき

新制大学の発足とともに、「国語科教育」についての講座が教育学部にも置かれるようになり、昭和二六年（一九五一）からは、その講義も始められるようになった。それにともない、「国語教育学」（「国語科教育学」）の樹立がつよく要請されるようになった。この「国語教育学」の樹立ないし確立は、「国語科教育法」担当者に課せられた、最大の課題であった。

すでに、明治以降、国語科教育の実践と研究とは、真剣にたえまなく継続されてきたが、その実践の事実、研究の成果を集積し、一個の学として体系化していくことは、決してやさしいことではなかった。大正期にも、昭和期（戦前）にも、学への志向はなされ、その努力も見られたが、まだ不備の面を残し、じゅうぶんに結実するには至らなかった。

しかし、戦後、新制大学の創建（昭和二四年〈一九四九〉）とともに、「国語教育学」樹立の機運は、しだいに熟し、提唱・実践・試論を通じて、その内実を整えるようになってきた。現在は、講座担当者の自覚も深まり、自信も加わり、実践・研究の提携もなされ、学樹立の基盤が徐ろに堅固になってきた段階にある。

「国語教育学」の樹立をはかるためには、過去から現在まで、学としての営みがどのようになされてきたかを、明らかにしなければならぬ。「国語教育学」樹立のためには、まず「国語教育学史」研究が要請されるのである。「国語教育学史」の構築は、すなわち「国語教育学」樹立の有力な拠点の一つをなし、それは、学の前史として、また足跡そのものとして、さらには示唆にとむ資料・理論の集積として、学を前進させる足場となる。

ここに企てた、「国語教育学史」の研究は、「国語教育学」樹立のための要請にもとづき、その基礎作業の一つとして進められたものである。昭和三一年（一九五六）五月から着手し、昭和四一年（一九六六）現在までに報告したものの中から、選んで集成したものである。

本研究は、すべて五章から成る。その構成は、つぎのようになっている。

まず、第一章では、戦前の国語教育学の史的展開を、一九三〇年代を中心にして扱い、その成立と展開、内容と方法を明らかにしようと努めた。つづいて、第二章では、戦後の国語教育学の史的展開を、一九五〇年代を中心にして扱った。戦後における学の展開は、なお進行の途上にあり、そのすべてを尽くすことはできず、中間報告の域を出ていないのである。

第三章では、「国語教育学会」の役割・業績を扱った。戦前における唯一の「国語教育学会」（藤村作博士会長）が、どのようにして成立し、どういう組織によって、どういう活動をし、どのような成果を収め、どのような役割をはたしたかを、できるだけ資料に即して、まとめていこうとしたものである。「国語教育学史」の一領域として、「学会」をとりあげ、個人・サークルの所論のみをとりあげがちだった在来の傾向に、一つの反省を加えたかったのである。

第四章では、垣内松三著「国語の力」（大正11年5月8日刊）について、その研究課題を求め、さらにその成立過程を調べようとした。「国語の力」は、大正末期から昭和初期にわたって、国語教育者に最深の影響を与えた文献であった。この「国語の力」を、学史上に位置づけ、その特質を究めるために、基礎作業の一つとして、成立過程の探求を試みたのである。「学会」を対象とし、考察の単位とした第三章に対して、ここでは、一つの「文献」を対象とし、考察の単位として、学的営為の成立過程を見究め、「学史」研究の分野に、あらたなものをと期待して、出発したのであるが、この作業はなお進行の途上におかれている。

ついで、第五章では、国語教育学の展開事例として、三つのばあいをとりあげ、考察の対象とした。いずれも、垣内松三先生の学の営為が選ばれているのであるが、これらの事例研究によって、国語教育学の各分野の学的性格を明らかにしようとしたのである。

[1]「マリーのきてん」について　は、一つの国語教材「マリーのきてん」を中心に展開された、国語教育学における研究事例として、独自の意義を有しているものであり、そこに、単なる平板な教材（素材）研究の域をこえた、真正の本格的な対象把握と鋭い操作とを見ようとしたものである。

[2]「サクラ読本」研究について　は、教材・教科書の啓蒙的な解説が多く行なわれた国語教育界にあって、真の教科書研究は、どのようにあるべきかを示しているものとして、その学的方法と、それによる研究成果を明らかにしようとしたものである。

[3]「実践の技術学」について　は、国語教育学の内実を形成するものとして、「実践の技術学」が、どのように考えられ、論及されているかを見ようとしたものである。

[1]教材を通して営まれる国語教育の実践営為を、学習者―教材―指導者という三者の関連の中で、どのように探求していくべきかの典型例として、「マリーのきてん」について　をとりあげ、[2]教材の選定と組織に関し、実践の資料としての国語教材（国語読本）を、学的に操作して、その体系と機構の本質を明らかにしようとした典型例として、「サクラ読本」研究をとりあげ、[3]国語教育の実践事象そのものを学的に究明していくための基本的な立場と方法とを示唆するものとして、「実践の技術学」についての考察をとりあげたのであった。これらの展開事例は、「国語の力」の成立過程とともに、垣内松三先生の国語教育学の展開のしかたを示しており、これからの国語教育学の樹立に対しても、資するところがすくなくない。

なお、おしまいに、戦前（一九三〇年代を中心に）・戦後の国語教育学年表を付した。

在来、わが国における国語教育界にあっては、まだ組織的な学史研究をもたなかった。近代国語教育論史は、石井庄司博士によってまとめられたと聞いているが、いまだその公刊に接していない。――現場・研究室において、思い思いになされてきた国語教育研究を、国語教育学史研究の立場から、どのように扱い、位置づけていくかは、大きい課題である。年々に積み重ねられる研究・実践の資料をどのように処理し、また、これからの実践・研究をどのように有効なものとして進めていくかについて、指針を提示するためにも、国語教育学史の研究は、いっそう推進され、精細にかつ正確に記述されなくてはならぬ。

ここに報告する「国語教育学史研究」は、基礎作業を主とした、一つの中間報告にすぎないが、「学」ならびに「学史」研究の礎石の一つともなるなら、これにすぎるよろこびはない。

昭和四一年五月一〇日

野　地　潤　家

目　次

国語教育学史研究

第一章　国語教育学の史的展開――戦前――

第一節　国語教育学の成立と展開

一

わが国の近代国語教育研究史において、学的体系化の意図がみられるようになるのは、およそ一九三〇年代からである。一九二〇年代に、すでに独自の国語教育理論の提示があったが、学的体系化の意図が時代的機運としてみられるようになるのは、およそ一九三〇年代からである。

ここでは、一九三〇年代から一九五〇年代にかけて、「国語教育学」もしくは「国語教育科学」など、「国語教育」の学的研究を示す名称を冠しているものや、それに準じ、または関連する事項を選び、それらを中心に、国語教育学の歴史的展開を考察していく。国語教育学の内容を歴史的に具体的に検討していくのには、名称のみにとらわれないで、国語教育研究の各分野の細目にわたる実質的研究をとりあげなくてはならない。しかし、国語教育の実践・研究の領域は複雑多岐であって、その全体を見とおすことはむずかしい。したがって、ひとまず限定された範囲で全般的見通しをつけ、その上に立って、さらに細密な考察をつみかさねていきたい。

二

わが国の国語教育学が一つの展開を示したのは、一九三〇年代である。とりわけ、一九三二年（昭和七）から三八年（昭和一三）にかけて、「国語教育学」に関して、やや活発な研究活動をみることができる。この時期について、西原慶一氏は、「（前略）、実践解釈学考（垣内松三、昭和8年）解釈学と意義学（輿水実、昭和10年）国語教育科学概説（垣内松三、昭和9年）教育的解釈学（石山脩平、昭和10年）解釈学的国語教育（西原慶一、昭和11年）などが、ひろく時代に愛された。さくら読本は昭和八年四月からはじまり、雑誌『コトバ』（昭和8年4月）『実践国語教育』（昭和9年4月）は、あいついで創刊された。まさに『国語教育学』の理論と実証の春であった。そのへんの消息をもっともくわしく知る人は、いうまでもなく、現在の日本国語教育学会会長、西尾実先生である。」（「日本国語教育学会会報」第三号、昭和30年7月15日刊、一ぺ）と述べていられる。

つぎに、一九五〇年（昭和二五）以後、こんにちまで、国語教育学の新しい展開をみることができる。

一九三九年（昭和一四）ころから一九四九年（昭和二四）ころまでのおよそ一〇年間は、中日事変・太平洋戦争がつづけられ、それが敗戦に帰して、混迷をかさねた時代にあたっていて、ここでいう国語教育学そのものについては、みるべきものにとぼしい。ただし、この期間にも、国語教育に関する実践・研究はつづけられていて、国語教育学に関連するものを潜在していることを見のがしてはならないと思う。

なお、この間の学会の創立・活動の状態はどうであったか。戦前においては一九三四年（昭和九）一月に、国語教育学会が創立され、国語国文学界をはじめ、その他の多くの協力をえて、ひろく国語教育の研究がすすめられた。この学会の意義については大久保正太郎氏が、「とくに国語教育学会の結成は、国語教育を目標にして、官公私立の大学・専門学校・高等学校・中学校・小学校に至るまでの学者・国語教師の大同団結を志したもので、国語教育を、横の関係ばかりでなく縦の関係をも含めた共同研究として推進した点で、一つの重要な意義を果した。」（朝倉書店刊「国語教育辞典」、五六四ぺ）と述べていられる。この学会の役員は、会長・理事・評議員・監事によって構成され、会長には藤村作博士が推された。学会の研究活動の一つとしては、「日本文学の本質と国語教育」（昭和10年、岩波書店刊）、岩波講座「国語教育」（一二巻）（昭和11～12年、岩波書店刊）、「標準語と国語教育」（昭和15年、岩波書店刊）、「児童文化論」（昭和16年、岩波書店刊）、「現代語法の諸相」（昭和18年、岩波書店刊）、「国民科国語の指導　ヨミカタ一」（昭和18年、岩波書店刊）などがまとめられている。

戦後においては、一九五〇年（昭和二五）九月に、全国大学国語教育学会が創立され、全国大学の国語科教育法の講座担当者を中心として、理論・実践の研究がすすめられるようになった。新制大学の教職課程のなかに、教科教育法が新しく加えられ、「国語科教育法」が講座として認められるようになったことは国語教育学研究が可能になったことを示すものとみられている。

さらに、一九五四年（昭和二九）五月には、日本国語教育学会が創立され、小・中・高・大のそれぞれの国語教育研究が包含されるようになった。

戦前における学界の組織化は、まだまだ不十分であったと思われる。戦後のそれも、十分とはいえないようである。それにはそれぞれの事情があり、原因があると思われる。

三

戦前における一九三〇年代の国語教育学については、国語教育実践者・国語教育研究者・教育学者・心理学者・国語学者・国文学者などによって、それぞれの立場から、提案・主張・構想・組織・論述・批判などがおこなわれている。これらの「国語教育学論」は、提案者・論述者の立場によって、それぞれことなった性格を示している。

一九三二年（昭和七）、保科孝一氏は、雑誌「国語教育」（第一七巻、第二〇号）の巻頭の「主張」欄に、「国語教育学の建設へ」をとりあげていられる。ここで、保科孝一氏は、「言語教授の方法は一の技術であって、それには科学的価値の見るべきものがないのであるが、しかしその方法を編み出す基礎たるものは科学の力である。発音と文字との区別を厳重に立てて教授するという方針は言語学や声音学の力によって定まったのである。また現代語に重きを置くということにも十分な学的根拠が存在するのであるから、以上のごとき方針を確立する国語教育はただ一種の技術でなくして、立派な学問scienceである。国語教育学によって国語教授の目的や方法を確立すべきもので、しからざれば旧来の教授法のごとく人によって区々で一定の組織をもたないものになるのである。」（四ペ）と述べ、また、「国語教育学の建設が現時のわが国においていかに急務であるかを痛感するのである。国語四分科（引用者注、このばあい話方・読方・綴方・書方）のいずれを見ても、砂上に築かれた楼閣のごとき観があって、はなはだ心細い感じがするのである。教材の選択にしても、その配当にしても、指導案にしても、学的根拠の上に立っているものでなくして、ただメノコで裁量されているに過ぎないから、確固たる基礎がなくして変革常なき有様である。泰西のイミテイションに過ぎないものが多いので、これをわが国情に適するように消化するに至らないために、一時ははなやかに見えても、数年ならずして消衰するという有様である。かかる状態を繰返していてはわが国語教育の前途はまことに心細い次第であるから、われわれは一日もはやく国語教育学の建設に勇往直進しなければならぬ。」（六ペ）と述べて、「国語教授の目的および方法は、国語教育学によって確立され」、「国語四分科の教法確立は、国語教育学に待つべきもの」であり、「国語教育学の建設は、現代における最大急務」とされている。保科氏は、雑誌「国語教育」の主幹として、「主張」欄に執筆をつづけられ、国語教育・国語問題などについて、当時の重要問題をとりあげていられる。

たとえば、昭和七年一ヵ年の「主張」には、①迎年の辞、②言語は明確に上品に、③表西洋裏日本、④仮名遣の方策について、⑤満蒙新国家と国語政策、⑥高等学校実業専門学校入学試験問題について、⑦左傾防止と国語教育、⑧文法教授の目的について、⑨教育の実際化について、⑩言葉の整理、⑪心理的訓練と国語教育、⑫国語教育学の建設へ、などの問題がとりあげられている。これらを見ても、当時の国語教育・国語問題の複雑な情勢がうかがわれる。

国語問題・国語政策・言語学・国語学・国語教授法をながく考究された保科氏が、この時期に国語教育学の建設の必要を強調されているのは意義深い。それは広い視野からの「主張」というかたちをとっているけれども、近代国語教育の基礎確立を念願してのことであり、在来および当時の国語教育に対する鋭い批判に裏づけられている。

一九三二年（昭和七）、丸山林平氏は、「国語教育学」を厚生閣から刊行されている。これは菊判五八八ページにのぼる大冊で、本書成立の事情・動機・立場については、「序」において、つぎのように述べられている。

「国語教育の研究は、単なる教授法の研究だけであるべきでなく、国語教育の事実を対象とする科学でなければならぬとは、現今多くの識者によって主張せられているところであり、且、私の前から抱懐していた信念である。しかし、国語教育の媒材たる言語および文字は、あらゆる文化をその内容として指示するものであるが故に、国語教育の事実は、何人も知る如く、極めて複雑なる内部的関係を構成し、頗る広汎なる範囲に亙るものである。従って、その事実を対象とする研究は、決して容易の業では無い。既に、言語または文学が生命的な存在であり、従ってその研究が極めて困難である上に、それらが更に生命的な実際教育と交渉される点に於て、問題は一層複雑性を加えて来る。しかし国語教育の重大性は何人も認めるところであり、その研究の困難は反面から言えば、重大性なるものに伴う必然的な条件であるとも言えよう。従って、もとより、私には勝ち過ぎる荷ではあるが、既に永い間課せられている問題であるので、その外郭だけでも構成してみたいと思ったのが本書の動機である。とにかく、私は、本書に於て、出来る限り、国語教育の事実を正しく認識し、それに基づいて、国語教育に関する知識を体系的に組織しようと努めた。しかし、それは、結局、私の力以外に出ずるもので無いことは言うまでもない。従って、本書が直ちに国語教育の科学的研究であると僭上するものでもなく、また、本書に国語教育学の名を冠することも、学に対する一種の冒瀆でさえあるであろう。しかし、私は、どこまでも、国語教育学の建設を目指して進むものであるが故に、敢て思い切って、学の一字を冠した。」（序、一～二ぺ）

　本書の構成については、つぎのように述べてある。

「本書は、第一章に於て、国語教育の事実を考察し、第二章に於て、わが国に於ける国語教育の研究を歴史的に観察し、第三章に於て国語教育の基礎として、言語、文字、文学および国文学の性質を、その必要と思惟される範囲に限り考察し、第四章に於て、国語教育の目的および価値を考え、第五章に於て、国語教育を行うに当り、実際的方便として生じたる各分科の性質およびその相互間の関係を略述した。従って、第一章より第五章に亙る叙述は、いわば、本書に於ける総論に相当するものである。以下、第六章より第十章の各章に於て、読方、綴方、話方、聞方および児童劇の各分科について、その教育的意義、目的、価値、媒材および方法に亘り、出来る限り実際的見地から簡明に叙述しようと試みた。従って、第六章以下は、本書に於ける各論に相当するものである。」（序、二ぺ）

　なお、本書には、付録として(1)国語教育研究書目録（明治年間～昭和七年）、(2)国語教育基礎学参考書目録（一般言語学、一般音声学、語法文法、国語学、文学、文学一般論、国文学一般）が収められている。

丸山林平氏の「国語教育学」は、「国語教育の事実を正しく認識し、それに基づいて、国語教育に関する知識を体系的に組織しようと努めた」点に、その特色の一つを認めることができる。

一九三二年（昭和七）、西原慶一氏は、「生活・労作 自律・形象 実践国語教育学」を刊行された。西原氏は、「実践国語教育は所詮一つの道にまで高めなければ、おちついた人格的教育営為とはならないであろうと思う。しかも道たることに於て、我々は幾度その中に自覚を求めようと学的労作を試みねばならないことであろうか。私は本書に於て、ひそかにその体系化を志した。」（序、一ぺ）と述べていられる。

氏はまた、「国語それ自体の学問的研究は日に深刻精細に赴き、教育の理論と方法は常に精鋭機敏を加えながら、実践国語教育は未だ地図なき国となっている。」（一ぺ）と述べ、「『実践国語教育』の統一は、以上のような制約を受けて、実は、地図なき国として残されているのである。尚譬喩的に言えば、この外華かなる饗宴は不消化な固形物に満ちているのである。人々は単なる『理論的国語教育論』の華麗な幻を趁うていたか、無自覚的に会得したる『国語教育術』に主観的な満足を得ていたかに過ぎなかったのではあるまいか。そうした反省は我々をして真に具体的意識的な『実践国語教育学』とも称せられる、教壇上の合理的体系を希求せしめるのである。ここにわれわれの研究対象は明らかにその姿をあらわすのである。」（五ぺ）として、「茲に我々は先ず時代思潮の流行する教育概念として『生活思潮』を取り出そう。そこには、さきにも列挙した現代に於ける諸々の教育思潮を、弁証的に抱擁したる高き止揚を見るがためである。しかも生活教育を『外』から『理論的国語教育論』として樹立しようとするが如き軽卒なる態度をつつしみ『内』から求めた『実践的国語教育』とするためには、具体的に、生活思潮が、どのように融合して真に『国語』に結びつくかをたずねよう。道は観念的理論的臭味にのみ閉されてはならない。具体的である。然も尚実践に体系を求めようとする一種の組織的思索を忌避してはならない。」（六ぺ）と、述べていられる。

本書の構成は、序論、饗宴に列して飢えたる実践国語教育、第一章　生活教育の現実的志向と国語教育、第二章　形象の生成と批評、第三章　実践国語教育の精神的統一、第四章　実践国語教育の生活的展開、第五章　実践国語教育の現実的体系、結論「道」の不易性と流行性、となっている。

ここには、国語教育実践者の立場から、「実践国語教育」の体系化への試みがみられる。その際、時代思潮としての「生活教育」を追求しつつ、それを学的構築に生かそうとしている点も注目される。

一九三三年（昭和八）、斎藤栄治氏が「史的直観国語教育実践学」を刊行されている。菊判七七〇ページにわたる大冊である。斎藤氏は、「本書の名前も実は此の陶冶価値の見地からうまれたもので、歴史を直観する国語教育の実践姿態を学的に組織することをもって本書一貫の精神としたのである。」（自序、一四ぺ）と述べ、「本書はもとより意を満たさぬ点も多々あるが、国語教育の間口と奥行とを今日迄の国語教育よりも広め、私が考えている日本精神を基礎として組織したものである。」（自序、一四ぺ）として、また「国語教育の実際として、しなければならぬ仕事の全景を盛り込み、それを組織立てて発表するのが本書の立場である。」（自序、三ぺ）と述べている。

本書の構成については、本書に「序」をよせられた佐々木秀一氏が、つぎのように述べていられる。「かくて著者の辿った思想体系は、先ず緒論に於て、国語教育実践体系の輪郭を描き、ここに、有する教育関係科学の主張と、国語教育の本質を説き、次に第一篇目的観体系に於ては、所謂喧しき形象論の趣意に立ち、国語の本質を歴史的実践の跡に尋ね新に目的の王座を建設した。第二篇組織論に於ては、教科、教材に就いて徹底的にこの本質的考察に入り、その事実の存在と意味と価値の統制を計り、更に作家と読者との関係を第一義として、然もこれを生活化する為に、直観・分析・総合の三段階を設定し、第三篇学習作業論に於ては、児童と教師との作業の分野を確立し、学習の過程を考察して、その実際的工夫を詳にし、最後に陶冶価値を問題として国語教育上の諸

問題の意義を一段と深所に運んだのである。」（序、二ペ）

斎藤栄治氏の「国語教育実践学」は、包括的な性格を特色としており、その述べかたには、当時の歴史社会的な情勢の反映がみられる。

四

一九三二年（昭和七）、一九三三年（昭和八）における国語教育学の試論は、以上のように、丸山林平氏・西原慶一氏・斎藤栄治氏などによってなされているが、一九三〇年代の国語教育学の主流は、やはり垣内松三先生の「国語教育科学」の研究とみることができる。

一九二二年（大正一一）、垣内松三先生は、「国語の力」を刊行されてから、およそ一〇年の研究活動をへて、一九三三年（昭和八）に刊行された「形象と理会」において、「国語教育科学の性格」「国語教育科学の諸課題」に言及され、つづいて、「国語教育誌学考」をおだしになり、つづいて、一九三四年（昭和九）「国語教育科学概説」「国語教育論史」を刊行され、方法論的な見通しをととのえられた。

「国語教育科学の性格」（「形象と理会」所収）においては、

「国語教育科学は国語教育の事象を対象とする科学であることは勿論であるが、それを国語と教育と科学とに分解して、それぞれの諸精神科学の中に解消せしめんとする抽象的操作は周到なる監視を要する問題である。国語教育科学は本来の国語教育の具体的な事象に直面しそれを対象とする。それは生々した国語陶冶の過程である。この過程の基本的構造は他の何物にも還元することのできない歴然たる事実である。国語教育が教材とする『言語』は歴史的現実体である。国語陶冶の可能性は、『言語』の有する言語機能に基づき、理解の力と表現の力の陶冶を志向する。国語教育科学は独自の研究領域を有する特殊なる性格をもっている。われわれは今や我が国語教育の進展に乗じて、この独自の性格を自覚せしめ、それを堅実にし、且つこれを確立するために、進んで近接する諸科学との交渉に関して、特に方法論的考察を徹底せしめなければならぬ。」（一五～一六ぺ）と述べていられる。

また、「国語教育科学の諸課題」（「形象と理会」所収）においては、「言語機能は通常これを理会力と表現力とに分けて考える。従って先ず理会の学と表現の学とが要求せられる。この両方面に通じて解答を与えるものとして、心理学・社会学の交渉は極めて複雑多岐に亘っている。心理学や社会学はこの研究に対して有力なる助言を与え、貴重なる資料を供給する。しかし勿論それ等の学に依存するものではない。国語教育の課題としては、それ等の研究領域との切点に於て緊密なる関係を保持するとともに、更にその独自の研究を進展せしめるために、常に国語教育科学の対象とする教育的事象が修身、歴史と共に国民文化の最も広汎な活動に参加していることを確保しなければならぬ。このことは国語教育科学の独自の性格を明瞭にする根本問題であって、それは当然国語教育活動の営為に関係するものである。」（一六ぺ）と述べていられる。

つぎに一九三四年（昭和九）四月に刊行された「国語教育科学概説」は、「国語教育科学全体系の序説として、第十二巻国民精神と国語教育（引用者注、未刊）と照応して、全体系を構築するために、国語教育科学の基礎概念を考察することを目的とするものである。」とされている。

その内容は、序説・結語のほか、五章にわかれ、つぎのようになっている。

序説　国語の力
第一章　国語教育科学建設の志向
第四章　国語教育科学の方法体系（下）

このうち、垣内松三先生は、「序説」において、「この考察の目標を、特に国語教育科学の建設に設定したのは、今や国語に就いての一切の関心は、広義に於ける国語教育に集注せられねばならないことを痛感し、特に画期的なる小学国語読本の発刊を機会として、多年懐抱し来れる所信を披瀝し、敢て初一念を貫行せんとする微志に外ならないのである。」（四ぺ）と述べていられる。

また、「結語」においては、「国語教育科学がその研究に於て所期するところは、国語教育理論に於ける一切の混乱を克服して、これを明澄ならしめ、秩序あらしめることにあるのであるが、その究竟に於て、一切の錯雑を払拭して、実践の信念を勁烈ならしめることにあるのは言を俟たないのである。この一点に立つ時に、始めて国語教育研究の対象領域は明確にせられ、その方法体系は整序せられ、従って国語教育科学の基礎概念を堅牢ならしめることができるのである。本書に於て述ぶるところは、国語教育科学の建設を希求するために、大胆にこの一事を表明して、その礎石を据えつけることを目的とするのである。」（三〇八ペ）と述べていられる。

要するに、『国語教育科学概説』は、国語教育科学の性格及び体制を考察して、(1)国語教育の本質とその内部構築の解明を目的とする国語教育の本質理論、(2)国語教育の事実の実験、統計、測定に基づきて、その基礎工作を施さんとする国語教育の事実理論、(3)国語教育の実状につきて、種々の規範を設けてこれを規制しようとする国語教育の規範理論の三系列を抽出し、国語教育科学は、それ等の全体制を統一して、その根基を明かにしなければならないことを述べた」（「国語教育論史」（二八七ペ）ものである。

なお、一九三三年（昭和八）に刊行された「国語教育誌学考」は、のちに、一九三四年（昭和九）刊行の「国語教育科学概説」（一五三〜一九九ペ）に収められた。「国語教育誌学」は、国語教育科学の「真正なる方法」として、その出発点をなしている。この「国語教育誌学」の実践とその展開については、青山広志氏が、その論文「『国語教育誌学』の実践と展開」（昭和二七）において、述べていられる。

なお、一九三四年（昭和九）一一月に刊行された「国語教育論史」（独立講座「国語教育科学」五）は、国語教育科学の前史としての意味をもっているものである。

「国語教育科学」（昭和九年から一〇年にかけて九冊刊行）については、輿水実氏が、「国語教育の実践を指導する立場を日常性・民族性・世界性を持った国語の力におき、この立場からいっさいの国語教育研究を集大成したものである。」（朝倉書店刊「国語教育辞典」四六ペ）と述べていられる。

五

垣内学説については、一九三三年（昭和八）に刊行された飛田隆氏の「国語教育科学史」が、一九二二年（大正一一）から一九三三年（昭和八）にいたる形象論展開の主流をたずねている。飛田隆氏は、「国語教育科学史」において、規範的国語教育科学の歴史を、国語教育科学史としてとりあげ、「形象」と「理会」との関係を中心問題として、問題史的叙述を意図されている。

飛田隆氏は、一九三三年（昭和八）、雑誌「コトバ」（第一巻、第一号）に、「国語教育科学の組織」という論考をのせて、国語教育科学の三つの組織方法として、(1)史的国語教育科学、(2)分析的記述的国語教育科学、(3)規範的国語教育科学をあげていられる。ついで、この三者をそれぞれ説明したのち、「われわれは、現実的なる領域に、史的国語教育科学と分析的記述的国語教育科学とを据え、可能的なる領域に、規範的国語教育科学を置いたのであるが、この三つの中で、国語教育の実践に力強く関与し、日本全国の国語教育者の、自らの国語教育生活における指導原理となる如く活発に働きかけるものは、いうまでもなく規範的国語教育科学である。」（五〇ぺ）と述べ、さらに「現実的領域と可能的領域とを区別しなかったことによって、従来の研究の大部分は（単行本としての文献のみで六百種に近いのであるが）学としての組織を断念しなければならなかった。われわれは、これらの諸文献及び論文として発表せられた文献を国語教育学史として秩序づけることによって、それらを国語教育科学の進展の段階とし、この学の成長を祈ろうと思う。」（五一ぺ）と結んでいる。

飛田隆氏は、一九三五年（昭和一〇）、「国語教育哲学」を刊行された。その第一章には、さきに述べた「国語教育科学の組織」が収められている。飛田氏は、その自序において、「この書は、国語教育科学の基礎づけのためになされた私の初歩的なる思索の記録である。私は、この思索が、体系的に尚未完成のものであるにもかかわらず、これに国語教育哲学の名をあたえた。」「どのような意味においても若き研究者の関心を国語教育科学へより多く結びつけることが出来たなら、私の願は足りるのである。」（一ぺ）と述べ、第一章　国語教育科学の組織、第二章　解釈学の実践的根拠、第三章　文学史に於ける新生の問題、第四章　文学作品における客観的精神、第五章　徒然草の解釈学的研究、付録　制約論（形象学体系）を収めていられる。

　一九三五年（昭和一〇）一二月に刊行された飛田隆氏の「国語教育哲学」に、垣内松三先生が序をよせて、「国語教育を研究の対象として深く考へるといふやうなことは最近まで何人も試みなかったことである。勿論国語教育に関する論議はむしろ多過ぎるといはれるほどに頻出したことを知らないのではない。しかしその多くは何の根柢もない枝葉の事項が論議せられただけのことであって、複雑なる課題に関する基礎設定に就いては手も着けられなかったやうに覚えて居る。特に当然その方面について骨惜みをしてはならないやうな立場に置かれて居る人でさへ成行にまかせて一向に顧みようともしなかった。」（序一ぺ）と述べていられる。これは、当時の国語教育学研究に対する一つの見方を示したものであろう。とくに、国語教育に関する論議の「多くは何の根柢もない枝葉の事項が論議せられただけのことであって、複雑なる課題に関する基礎設定に就いては手も着けられなかったやうに覚えて居る。」の一文は考えさせられるものをもつ。

　一九三七年（昭和一二）に刊行された石山脩平博士の「諸家国語教育論叙説」（岩波講座「国語教育」所収）には、丸山林平氏の「国語教育学」、明治書院の国語科学講座中の「国語教育学」、岩波講座「国語教育」、垣内松三先生の独立講座「国語教育科学」などが批判的に扱ってある。

　さらに、一九三九年（昭和一四）に刊行された輿水実氏の「垣内先生の学説」は、垣内先生の学説・学風について要約・解説をこころみている。また、大野静氏は、一九三八年（昭和一三）二月の「同志同行」に発表された「垣内学説の学的実践的優位」において、垣内学説研究の重要性を強調している。

垣内先生の「国語教育科学」の成立にあたっては、クリークなどの教育科学の考え方がつよく影響していることを見のがすことはできない。したがって、クリークなどの考え方を中心とする教育科学との交渉を考えなくてはならない。それは歴史社会的な情勢の敏感な反映でもあった。

輿水実氏は、「国語の力」（有朋堂版）の末尾にのせられた「国語教育の学的研究のために」という論考の中で、垣内先生の「国語教育科学」について、つぎのように述べていられる。

「垣内先生が『国語教育科学』を主張され展開される以前に、既に、『国語教育学』と銘を打った書物も公けにされていた。しかしそれは、国語教育者に必要な言語・文学の知識や、学習指導の方法などを、多少系統的に集成したダイジェスト式のものであった。」（「国語の力」補説二四ペ）「垣内先生がまず問題とされたのは、国語教育的な物の見方、方法以前の方法論であった。その方法論的立場で貫かれた国語教育に関する諸研究（その中には学習心理の研究もあり、語彙調査もある）の総体が国語教育科学である。そういう意味では、何か特別に国語教育学というようなものが存在して、特別な方法で研究を進め、その成果だけが国語教育研究になるというのではない。国語教育のように広い範囲にわたっているものは、むしろ、いろいろな学問的な方法によって研究されて一向差しつかえない。ただそれを国語教育の実践に有効なものにするには常に、一つの方法論（方法ではない）的態度で貫かれていなければならない。いわゆる国語教育学と、垣内先生の『国語教育科学』とは、その次元がちがっている。」（「国語の力」補説、二六ペ）

一九三〇年代の国語教育学史研究が、主として「垣内学説」を中心にしたものであることは、見てきたとおりである。垣内学説、とくにその形象論については、研究・批判がすすめられた。

六

戦前においては、垣内松三先生の独立講座のほかに、明治書院から一九三三年（昭和八）から一九三五年（昭和一〇）にかけて刊行された「国語科学講座」の中に、「国語教育学」があり、一九三六年（昭和一一）から一九三七年（昭和一二）にかけて刊行された岩波講座「国語教育」の中に、「国語教育の学的機構」と称する一系列がみられる。

明治書院「国語科学講座」所収の「国語教育学」は、Ⅰ言語学、Ⅱ音声学、Ⅲ国語学（一般と特殊）、Ⅳ国語学（一般と特殊）、Ⅴ国語史学、Ⅵ国語法、Ⅶ国語方言学、Ⅷ文字学、Ⅸ国語表現学、Ⅹ国語解釈学、Ⅺ国語教育学、Ⅻ国語問題、のように位置づけられ、その内容は、一、国語教育学　石山脩平著、二、国語教育科学史　飛田隆著、三、国語教育史　渡辺茂著、四、読方教育論　西尾実著、五、綴方教育論　九山林平著、六、国語教材の変遷　佐々木一二著、七、国語の学力測定　田中寛一 丸山良二著、の七部門にわかれ、それぞれ記述者を異にしている。そういう意味では、講座の性格上、よせあつめであって、国語教育学そのものの一貫した体系化への意図はみとめがたい。けれども、国語科学の研究系列のなかに、国語教育学として位置づけられている点は、注目しなければならない。また、各部門相互に有機的な連関はみとめられないにしても、学説史・事実史・教材史を設け、原理論・方法論・評価（測定）論を設けている点は、当時としては新しい組織のしかたであると思われる。

このうち、「原理論」（原論）にあたる「国語教育学」は、はじめ垣内松三先生がその執筆者に予定されていたが、のち石山脩平博士にかわったものである。そのような本書成立の緊急事情も手伝って、内容は、第一篇　国語教育の課題、第二篇　国語教育の方法、の二つに分けられ、主として解釈学の立場に立って論述されている。そういう点からは、原論として具備すべきものに欠けている面がある。

しかし、石山脩平博士は、一九三七年（昭和一二）に刊行された「国語教育論」の中で、「（前略）本書の趣旨を補充し深化し是正して、言わば『国語教育学』とも名づけらるべき学的労作にまで仕上げることを、読者と我が良心とに誓いつつ、一先ずこの試論的小著を以て、大方の示教を仰ぐ次第である。」（序、二ぺ）と述べられ、同じく一九三七年（昭和一二）の「諸家国語教育論叙説」（岩波講座「国語教育」所収）（1）国語教育論の問題と体系とに関する諸説（特に国語教育科学の建設について）（2）国語教育の目的に関する諸説（特に新興思潮よりの基礎づけについて）（3）国語教育の教材に関する諸説（4）国語教育の方法に関する諸説（特に表現学及び解釈学とその実践化について）」においては、「今後、『国語教育学』とも言わるべき学的労作を志すに当って本邦諸家の論述をあらためて理解検討し、此の度の非礼を幾分でも贖いたいことを衷心の誓約とする次第である。」（「結語」、五〇ぺ）と述べていられる。これらから見れば、石山脩平博士も国語教育学を構築していこうとする意図をもっておられたようである。

つぎに、岩波講座「国語教育」は、第一巻　日本学の体系と国民教育　国語教育思潮、第二巻　国語教育の学的機構、第三巻　国語教育の方法的機構　国語教育の実際的機構、第四巻　国語教材の形態的研究、第五巻　国語教育の諸問題、第六巻、第七巻、第八巻、第九巻　小学国語読本綜合研究、となっていて、第二巻の「国語教育の学的機構」には、一　日本文学史、二　日本文献学、三　国文学の文芸学的研究、四　日本文法学、五　日本文法史、六　国語史、七　国語学と国語教育、八　国語表現学、九　国語解釈学、一〇　文芸哲学、一一　言語哲学、一二　言語美学、一三　言語心理学、一四　言語社会学、一五　方言学、一六　昔の国語教育、一七　国語教授の根本問題、など一七の学科目が収められて、国語教育実践・研究にあたっての基礎学・補助学・関連項目があげられている。

また、一九三八年（昭和一三）に刊行された「国語教育基礎学十九講」には、つぎのような基礎学関係項目がとりあげられている。

（一）現下の国語・国字論、（二）一般表現学、（三）国語表現学、（四）解釈学概論、（五）日本語法学、（六）方言語法研究要綱、（七）日本語学の建設、（八）国語教育の基礎学として見たる言語哲学、（九）言語心理学、（一〇）国語美学序説、（一一）読書に於ける教育診断、（一二）児童学の進歩、（一三）筆跡と人柄、（一四）文献学、（一五）意義の社会理論、（一六）文学様式学、（一七）表現の問題、（一八）芸術学の諸問題、（一九）文芸批評の発生・方法・目的

これらのうち、輿水実氏は、「国語教育の基礎学として見たる言語哲学」において、「若しわれわれが、国語教育とは児童に国語の知識を授けることだ、という程度の国語教育観で済ませているなら、国語教育の基礎学としても一方に国語学とか国文学と、他方に教育学とか児童心理学があればよい。それだけでもう充分で、それ以上何も必要としない。こうした国語教育観に不満が感ぜられて来たのは、きわめて最近であって、それは一面、言語観の異常な進展により、他面所謂教育科学の勃興が与って力がある。しかもこの教育科学的立場に於て、言語哲学に期待するところが多いことは、クリークやスツルムの場合がよく示している。以下、先ず新たなる国語教育観を掲げて、その基礎に言語哲学が設定せられる所以に及びたいと思う。」（「国語教育基礎学十九講」一一〇～一一一ぺ）と述べ、また、「それで、もしわたくしが『言語哲学の立場から見たら、如何なる国語教育を上乗とするか』『どうしたら言語哲学の要求に合った国語教育といえるか』と問われたら、何の躊躇もなく、『国語の教育力を充分に発揮するような教育が望ましい』と答えるが、その『国語の教育力』について、どこの国でもまだ完全な研究が積まれていない。もっともこれは、言語哲学ばかりでなく、どの方面でも同じことかも知れない。わたくしとしては、この方面にもっと多くの注意が向けられて、国語教育の根本的革新の来る日を期待する。」

（「国語教育基礎学十九講」一二二ぺ）と述べていられる。

なお、一九三六年（昭和一一）ころ、国語教育科学文献として、「文章学　創作心理学序説」（波多野完治著、昭和11年5月22日、文学社刊）、「国語教育理論―国語教育と言語哲学との聯関―」（輿水実著、昭和11年5月25日、文学社刊）、「教育音声学」（大西雅雄著、文学社刊）、「国文学と国語教育」（石井庄司著、昭和11年、文学社刊）などが刊行されている。

なお、波多野氏の「文章学」の巻末広告には、垣内松三先生の「国語教育科学序説」近刊となっている。

七

一九三三年（昭和八）、山本信道氏は、「国語教育学と国語学」（「国語教育の科学的研究」所収）において、国語教育学の成立・構造について述べ、国語教育学と国語学との相関関係を考察して、つぎのように述べていられる。

「国語学と国語教育学が其の目的と研究範囲とを異にすることはいうまでもない。国語教育を国語学の一部と思惟して居られる人々も、国語教育学が成立した暁には結局手を引かれることであろう。現に保科教授は国語教授の目的及方法は『国語教育学によって確立せられる』と言明せられた。両者の第二の相違は研究態度を異にすることである。国語学は国語自体を研究して、その間の法則をも求めるが、決して将来かくあらねばならぬということを目的としない。然し国語教育学はいかにあるべきかを目的とする。同じ対象を研究してもあるがまゝに記述するのと、その本質を極めて、あるべき姿に徹しようとする差がある。一は記述科学であり他は当然規範科学であるべきである。」（五〇～五一ぺ）として、つづいて、国語学の国語教育学に対する貢献を説明し、「一方国語教育学より国語学に及ぼす関係を見ると、直接に感化を与える点は少いが、前者の研究は自然国語教育の徹底深化となり、後者の進展を促すであろう。かくして両者は互にその発達を助ける相関関係にあるといえる。」（五一ぺ）と、両者の密接な関連について述べ、おしまいに、「要するに将来の国語教育学建設を志す人士は、よく国語学の教うる所をきいて、国語教育の事実本質を明らめ、国語を正しく理解尊重し、国民精神を一統《ママ》し、国民教育の大使命を全くするには、家庭学校社会に於いて如何にすべきかを攻究しなければならぬ。」と述べている。

また、一九三七年（昭和一二）、橋本進吉博士は、岩波講座「国語教育」の「国語教育の学的機構」の一つとして、「国語学と国語教育」について述べていられる。

橋本博士は、「国語学概論」の「第三章　国語学の諸問題」の中で、「又国語教育に関する問題もあるが、これも教育の範囲に属するもので、国語学とは別のものである。国語問題や国語教育の問題は、国語学の応用的方面と見れば見られないでもないが、しかしこれ等の問題は単に国語学の応用だけに止まるものではない。とはいへ、かやうな問題を考へるに当って、国語学の知識が甚大切である事はいふまでもない。」（岩波書店刊「国語学概論」三四～三五ぺ）と述べられた。国語学と国語教育の両者の交渉については、「国語学の知識は、言語として国語を修得させる為には、必ずしも之を授けるには及ばないけれども、之を教授するものには是非必要であって、有効適切な教授の方法も、かやうな国語の本質と実状についての徹底した認識を基礎としてこそ、はじめて求められるのである。」（六ぺ）とされている。さらに、「要するに国語学は言語としての国語の学であるに対して国語教育はまず第一に言語としての国語の習得を目的とするが、単にそれのみに止まらない点に於て、その範囲を異にするのみならず、国語学は言語としての国語の習得の為に、是非必要なものでもない。しかしながら、国語の習得を組織的にし有効適切ならしめる為には国語学の知識は最も必要であり、又、我々国民の一日も捨てる事が出来ない言語文字に関して真の理解を与えるものとして国語学の一般的知識は国語教育中重要な位置を占めるべきである。また国語学は、国語教育の重要な目的の一つである国民的思想感情の教育に於ても、その国語に関する部面に於て大切な役割をもつものである。」（岩波講座「国語教育」所収、八ペ）として、国語教育に対する国語学の位置と役割をあきらかにされている。

つづいて、一九三八年（昭和一三）、藤原与一先生は、「国語学の国語教育学的再建」という所説を発表していられる。

「国語は我々の生命の中に動いている現実である。之を研究そのものと教育の問題とに切り離して考えることは、国語の生きて働いている真に即するものではなかろう。この故に国語学と国語教育の論・実際とは隔絶されていてはならないと思う。

此処に国語学に就いて考えるのに、今のこの側を層一層と深め、広めてゆくならば、当然この中から国語教育への自然な道が開けて来る様に思う。国語教育が何よりも先ず国語の教育である以上、このことは寧ろ明瞭であろう。然らば如何にして現在の国語学を一層深化拡充させるか。私はこれに要する第一歩の仕事は、言語に対して生活語としての観方を徹底させることにあると思う。言葉を対象的な存在として眺める間は、我々の精神に通って来るものは据え得ず、随って常に分析された抽象物を見透していることになろう。これでは我々の言語生活を益する国語学的研究は容易に得られない。益しないものは我々の内に生きている言語の研究としては、甚だしく迂遠である。かくて言語の生活語観が起って来ることになるのであるが、右述の如くであるならば、これは一種の観点ではなくて、言語観のすべてであると言ってよい。

言語を生活語として精しく観ると言うことは更に言えば、国語の諸方言にまで立入って文字通りの国語の実質を究めると言うことでもある。方言的な相違は、言わば国語の生活語として活用されている現実面であるからである。ここまで来れば、語られていることとことばの教育と言うこととが一如であるのを観るであろう。これを我々が見詰めるならば国語学の為の国語学とは何を意味するかに疑問を抱くに至らざるを得まい。国語の学問は生活語の学問として、自らその内に国語教育の問題と方法とを含んでいるのである。かくて国語学の内面性は一層拡充せられるであろう。即ち、一方では学問の為の学問としての国語学を、他方に於いては其の応用としての国語教育を、はなれ〴〵に考えると言う様なことの不自然は認められ、これらを統一止揚した国語学の体系が考えられるに至るのである。

　国語教育学と言う様な名辞も、実はこう言う所から生れてよいのではないか。国語教育の事実を対象として研究したり、或は国語教育の為の一般的な基礎科学を多く考えたりしてみても、それで直ちに国語教育学が成立し得るものではなかろう。又方法論そのものを学問的に講述しても、それで科学性が大いに増されるものとも思われない。我々は国語教育学なる名称を敢て問うものではないが、然し前述の様な新国語学体系化の企図は、其処に国語教育学と呼んでよいものを蔵しているかと思う。それにしてもその広い国語学の領野から、特にどれだけの部分を拉し来ってそれに国語教育学の名称を冠するようにしてよいのか、それは未だ予想がつかない。否寧ろ容易にそうは出来ないのであって、国語学即国語教育学であり、国語教育学こそ従来の所謂国語学の帰趨すべき所ではないかと思う。尠くとも我々としては一先ずかゝる観方を持って進むことが、結局に於いて国語学を生かす所以であろうと思うのである。」（「国語教育誌」、一九～二〇ペ）と述べていられる。

　藤原与一先生は、国語学研究の新しい立場から、在来の国語教育学・国語学のそれぞれについて批判を加えられ、国語学即国語教育学の新しい立場と方向を強調されている。これは、国語学・国語教育学（または、国語教育）の二元的関連観に対する一元的立場の設定とみられよう。

八

国語教育の科学的研究については、心理学者の立場から、佐久間鼎氏が、一九三三年（昭和八）、初等国語教育について考察していられる。

佐久間博士は、「国語教育は、国語の諸般の整理、殊にその文字組織の改善を根本的に実施しない限り、十分な教育的効果を挙げることが不可能だといわなくてはなりません。たゞ現今の事態において出来るだけの効果を得ようとするならば、全然文字教育たるに終始することに極力反対して、不当な文字の拘束から脱却し、現代語の標準的なものを十分に把握することによって、真の意味における国語の正確な理解と自由な駆使とを実現し、以て智能の啓発と性情の陶冶とに資するべきです。

現代語の正しい把握は、やはり科学的精神に立脚し、文字を離れて生きているまゝの言語を目標として出発しなければなりません。その音声学的特質の理会は、従来の文字尊重の行き方では全然閑却されていたところですが、いやしくも言語の学習において、第一着に必要な問題ですし、爾余の事項も正しい音声知識にもとづいてこそ正しく科学的に把握される次第ですから、これを十分に体得しなくてはなりません。次に語彙や語法の習得が遂げられて、こゝにはじめて理解と駆使とが科学的研究によって可能になります。これだけの資格が、すべての国語教育者について要求されなくてはならないのです。それはヨーロッパ先進国の教育界について見るとき、当然の要求として考えられるところです。」（「国語教育の科学的研究」九～一〇ぺ）と述べていられる。

佐久間博士は、初等教育における国語教育の重要性を強調し、とくに現代語の科学的把握と、それにもとづく国語教育の推進を、文字教育としてではなく、言語教育としてはかろうとしていられる。

一九四〇年（昭和一五）、青木誠四郎氏は、「国語教育の科学的建設」について、つぎのように述べていられる。

「教授者の主観的な見解に偏ることは、教授の意図するところを児童、或は青年の上に実現してゆくのに問題があることは言うまでもない。解釈は教師の自己活動に止ることにもなり易いであろうし、あるいは教師の心境に近い二三の優秀な児童、或は青年の理解の向上に止ることにもなり易いであろう。国民全般の母国語に対する教養を高めると云うことにとっては、そこに期待し得ない無効果な状態をもたらさないとも言えないのである。わたくし達はこの困難をいかにして克服すべきであろうか。

わたくしは、この問題に対する方案として、教授者が学習者の学習状態について、その意図の実現のありのまゝの姿について、いま少しく諦視することを望み度いのである。文字を教える場合には、その文字の記憶の如何について、文章の解釈を導く場合にはその児童に成立した解釈の形態についてそのありのまゝを暫く眺め、然る後その成立の条件について窺うことを望み度いのである。

かくそのありのまゝを眺めて、その条件発生的な探究をすることを科学的とよぶことができるならば、わたくし達は国語教育についてより一層科学的な態度をもって、国語学習の真相を究め、それによって其の方法的な建設を求めなくてはならないと思うのである。」（「国語教育誌」第三巻第七号、四ペ）

「わたくし達は目的達成の企図に於ては、いつもその結果との聯関に於て方法を考えなくてはならぬのである。そしてその結果の成立の条件を究める事に於てのみ客観的な反省と批判とをなし得、また客観的な方法の建設をなし得るのである。わたくしはこの意味に於て教授案とその実現結果の記録とを離すべからざるものと考えるのであるが、その場合まず、この教授の結果について眼を注がなくてはならない。そしてそれを考案の出発点として教授案に検討を加えることによって、はじめて方法上の問題点を考えることができるのであって、云うべくんばそこにこそ科学的方法が成立するものと考えなくてはならないのである。」（五ペ）

「いなかくの如くして結果の記録に於てそれを諦視して、その成立条件たる教授案にその聯関を求める事が反復されるならば、わたくし達はそこに、この教授方法について考慮しなければならない種々な条件に関してこれを知る事ができるであろう。これ等の条件は、あるいは教材に関しての適切な取扱を教えるであろうし、年齢に関しての妥当な取扱とその要求をも示すであろう。そしてまたそれ等を通じての指導の一般形態についても唆えるところがあるであろう。そこに国語教育の方法が科学的に建設されると云う事ができる。そしてかゝる方法的建設が、国語教育の一般的進歩を来す基礎となるのであって、これ無くしては国語教育は児童の心境と遊離し、その目的を達するに遠いと云う結果を来すに相違ないのである。わたくしは国語教育の研究家がこの点に心を致すことを切に望み度いのである。」（五ぺ）

以上のように、一九三〇年代においては、心理学者の立場から、佐久間鼎氏が音声科学を重視し、また、青木誠四郎氏は、学習心理学研究の立場から、国語教育における方法の科学的建設を重視して、国語教育の科学的研究についての提案・助言がなされている。

九

以上戦前における国語教育学の展開を、㈠「国語教育学」論の問題、㈡国語教育学史の問題、㈢「国語教育学」関連科学の問題、㈣国語教育学会活動の問題という観点から考察した。

㊀ 一九三〇年代の「国語教育学」論は、学の対象・方法・組織の面で、垣内松三先生の「国語教育科学」の提唱を中心としながら、実践者・研究者・教育学者・心理学者・国語学者・国文学者の立場からさまざまな形をとって提案・論述されている。

㊁ この時期には、国語教育学の樹立について試論がみられるようになるとともに、国語教育学説についての考察がみられるようになっている。このばあいも、垣内学説の考察が中心になっている。

㊂ 国語教育学の樹立にあたっては、隣接科学・関連科学・基礎科学・補助科学との相互関係について考察す

る必要がある。この時期には、それらについての見解もみられる。

㈣　一九三〇年代の国語教育学会としては、藤村作博士を中心とする国語教育学会の活動があげられる。その動向は、機関誌「国語教育誌」（昭和13年1月～昭和16年9月）によってもうかがうことができる。

以上のほか、一九三〇年代の国語教育学の基礎構築・体系建設をかんがえていくばあい、形式面において、また名称面において、「国語教育学」論のかたちをとっていない、研究・実践のあることを見のがすことはできない。一九五〇年代の国語教育学の研究にも、それらの潜在的実践・研究が多くの寄与をなしている。この点の考究については、また別の機会をえたいとおもう。

第二節　国語教育学の内容と方法

一

わが国のばあい、国語教育界における国語科の組織や方法についての自覚は、明治三〇年代になって、いっそう強まったと言ってよい。二〇世紀にはいって、わが国語科においても、読むこと・書くこと・話すことの各領域について、それぞれ領域固有のあり方を検討し、革新し、しだいに体系化していこうとする機運に際会した。二〇世紀の初め二〇年間（明治三四年から大正九年ころまで）は、教科体制の組織と原理方法の自覚とに力を注ぎ、統一的な視点を確立しようと努めた時期であった。そこでは、形式面の整備にあきたらず、国語科の実質、その内面を、どのように整えていくかを探求するようになっていった。

ついで、一九二〇年（大正九）から三〇年（昭和五）にかけては、「国語の力」（垣内松三著、大正11年5月8日、不老閣書房）・「国語国文の教育」（西尾実著、昭和4年11月24日、古今書院）を初めとして、読むことの教育・国語解釈学の方法体系の樹立が見られ、綴ることの教育においても、生活綴方の発生（昭和四）など、原理・方法面での研究の体系化と実践面での新生とが見られるに至った。

戦前の国語教育学は、上に見たような、二〇世紀にはいってからの三〇年間の国語教育研究を基盤として、その樹立が提唱され、その構築が推進されたのであった。すなわち、一九三二年（昭和七）から一九四二年（昭和一七）ころに及ぶ期間は、国語教育学の論究が最もさかんであった。わが国の国語教育学の樹立は、一九世紀後半にあたる明治の三〇年余を、その準備・模索の時期とし、ついで、二〇世紀にはいってからの三〇年間（明治三四年から大正期をへて、昭和五、六年に至る）を、その基盤・探索の時期として、両時期六〇年余の集積の上に、その多彩な試みがなされたと見られようか。第二次世界大戦前の一〇年間が国語教育学研究の盛行期であったが、それは偶発的なものではなく、明治初頭以来の国語教育の実践・研究の積み重ねによってもたらされたものと見るべきである。明治三〇年代の半ばに、国語教育研究に出発したり、また明治四〇年代の終わりがたに、国語教育実践を開始したりした人たちの研究や実践が、一九二〇年代（大正後期）に至って開花し、その後、一九三〇年代（昭和初期以降）に結実を見せているのも、上の考えかたを裏づけるであろう。垣内松三・西尾実両氏の研究も、その線上に位置づけて見通すことができるように思われる。

二

戦前の国語教育科学樹立の中心は、垣内松三であった。はやく大正一一年（一九二二）に、名著「国語の力」

がまとめられ、ついで昭和二年（一九二七）には、「国語教授の批判と内省」がまとめられた。いずれも、国語教授の対象を検証し、国語教授の方法（読むこと・綴ること）について、その内容・形式の二元観を止揚していくには、どうすべきかを追求し、それらの学的根拠をたずねようとしたものである。前者においてわが国では、初めて国語解釈学が樹立され、国語教授の対象に関する探究が統合された視点からなされるようになり、後者において、国語教授の実践そのものへの省察が始められ、読むこと・綴ることへの理論の基礎づけを導き入れようとされた。また、昭和八年（一九三三）には、「形象と理会」が公刊され、サクラ読本を対象にして、国語教材の形成とありかたに関し、鋭い分析と考察とが加えられた。この間解釈学に関しても、さらに思弁がなされ、国語教育研究に関連する隣接科学の研究成果も意欲的に紹介された。

一方に、こうした学的基礎研究が推進され、また一方では、新読本としてのサクラ読本が画期的な出現をし、さらに、教科・教育学研究の面で、文理科大学の発足（昭和四年以降）を見るに至り、国語教育界にも、国語教育学の提唱がなされ、その試みの報告があいつぐに及び、独立講座「国語教育科学」全一二巻（うち、三巻未刊）公刊を決意されたのは、ごく自然の勢いであった。かくて、昭和九年（一九三四）に、独立講座第一巻「国語教育科学概説」（文学社）が公刊され、以下八巻が続刊された。有能な助力者を得られたとはいえ、内外在来の研究調査およびみずからの思索を、この講座に独力よく集成された意義は大きい。この講座を中心とする垣内国語教育科学は、その量と質とにおいて、スケールの大きさと洞察の深さとにおいて、戦前・戦後を通じ、なお国語教育学界における最高峰をなしている。

垣内国語教育科学研究の基本は、国語教育研究の対象領域を明確にし、その方法体系を整備し、国語教育科学の基礎概念を堅牢ならしめる点に置かれていた。明治以来の国語教育研究における混乱を克服し、それを明澄にしていこうとする意図があった。

垣内国語教育科学の内容は、原論としては、形象に関する理論研究、理解・理会を明らかにしていこうとする解釈学研究、表現を対象とする表現学研究に帰するとも見られる。これらのうち、形象理論は、必ずしも国語教育のためのものではなく、もっと原論的な性格のものであったが、解釈学・表現学については、それぞれ包括的な立場からの見通しを整えていかれた。

垣内国語教育科学の基本志向は、要約すれば、「国語教育科学の性格及び体制を考察して、（一）国語教育の本質とその内部構築の解明を目的とする国語教育の本質理論、（二）国語教育の事実の実験、統計測定に基づきて、その基礎工作を施さんとする国語教育の事実理論、（三）国語教育の実状につきて、種種の規範を設けてこれを規制しようとする国語教育の規範理論の三系列を抽出し、国語教育科学は、それ等の全体制を統一して、その根基を明かにしなければならない」（「国語教育論史」二八七ぺ）とするところに認められる。その志向の周到と遠大であることを感じないわけにはいかない。

ただ、そこに見られる垣内国語教育科学の壮大さには、二〇世紀にはいって、欧米諸国（とくに、ドイツ・イギリス・アメリカなど）において進展した、国語教育研究・言語学・文芸学・心理学・教育学などの研究を摂取し、移入することによって、構築されている面のあることを、見のがすことはできない。視野の広さとその自在な摂取・紹介をぬきにして、その国語教育科学のスケールの大きさを言うことはできないように思われる。それにしても、やや急激な移入と紹介とが、「国語の力」などの二〇数年をかけての摂取に比べると、不消化になり、学の全体をやや生硬なものにした点のあることを認めざるをえない。

垣内国語教育科学が教室営為・現場実践を重視した点は、その大きい特色の一つといえる。昭和八年（一九三三）に、「国語教育誌学考」（雑誌「コトバ」三の一一）を提唱し、昭和一一年（一九三六）、「国語教育講話」（同志同行社）において、国語教育実践の技術学を集成提起していられるのなどは、その独自の成果である。芦田恵之助の国語教育実践に即して、その実践事実を、どうとらえていくべきかを、学理の上から解析されたいきかたは、現在の授業研究の淵源ともいうべきであり、そこに「国語教育実践」を、根本から把握していこうとする非凡の眼力を感じる。そこにも、「方法」よりも「方法」の「論」を、まず目ざされた垣内松三の学への志向を見ることができる。

三

戦前の国語教育学研究の流れの中で、昭和四年（一九二九）発刊の「国語国文の教育」このかた、終始「読むこと」・「綴ること」・「話すこと」の各領域の基礎研究に集中したのは、西尾実であった。「読方教育論」（昭9年7月15日、明治書院、国語科学講座Ⅺ所収）・「綴方教授体系」（昭和12年9月10日、岩波書店、岩波講座国語教育第一二回配本三）・「文芸主義と言語活動主義」（昭和12年3月10日、岩波書店、岩波講座国語教育第六回配本二）などの論究は、各領域の基本を探求しようとしており、ことに三番目の論は、国語教育の新領域としての「言語活動主義」を提起している点に、画期的な意義を有している。

これらのほか、西尾実には、「徒然草作者の人間観と教育の問題」（昭和10年3月10日、岩波書店、「日本文学の本質と国語教育」所収）・「国語教材史」（昭和12年2月5日、岩波書店、「教育学辞典」所収）などの独自の業績があり、古典教育・中等教材史研究にそれぞれ新生面を開拓していった。

これらの諸論考には、学の名称は付されていないけれども、その内容には、精細な論究がなされていて、いずれも、方法体系や問題点の究明に新しい成果を得ている。西尾実の国語教育研究には、国文学者とくに、史家としての長所が生かされ、自己体験の深い省察のほか、実証的な考察も必要に応じてなされている。そこでは、垣内松三によって提起された、国語教育研究の諸問題を、自己の立場と視野から、手がたく受けとめ、それを着実に処理していくことが目ざされていた。（この点については、かつて全国大学国語教育学会の席上、みずから述懐されたことがある。）

したがって、これらの成果は、とくに前掲三論考は、戦後一九五一年「国語教育学の構想」（昭和26年1月、筑摩書房）が公刊され、国語教育学の樹立の必要と可能性とその構想が、説かれるようになったときも、その学の胎生となったものとして、体系の中に位置づけられた。戦前一九三〇年代の地道な諸成果が、やがて戦後一九五〇年代の国語教育学の提唱と樹立とに、大きい役割を果たすようになった。

明治二〇年代の後半から国語科学習の経験をし、明治四〇年代からは、国語教育の体験をえ、以来大正・昭和と、国語教育界・国文学界に着実な歩みをつづけた西尾実は、わが国の国語教育の現状分析に独特の冴えを示し、その実践への原理・理論を的確に提起していく点に、抜群の鋭さ、確かさを見せる。中世文学の専攻者として、わが国の伝統に着目し、自他の実践に省察を惜しまない。また可能な範囲において、外来理論の摂取にも意欲を示す。このような着実さ・柔軟さが、西尾国語教育学の特性をなしているとすれば、それらの特性は、この一九三〇年代の諸研究にもそのまま認められる。

わが国の国語教育の現実に即して、つまり臨床性をもった体系化―方法体系・教材体系・実践体系の確立が目ざされるところに、西尾国語教育学の特質がある。その領域ごとの基礎作業のねばりづよく営まれたのが、この戦前一九三〇年代の時期であったと見られるのである。

さて、西尾実よりも二〇数年もはやく国語教育実践に取り組み、それから五〇数年を教室実践もしくは教壇行脚に捧げた芦田恵之助の存在も、戦前の国語教育学の樹立を考えるばあい、忘れることはできない。綴方教授から出発し、読方教授にもちこんで、それぞれの領域に、実践様式の確立をはかったその業績は、顕著である。国語教育の実践において、個人様式として出発させつつ、その「教式」を典型化したのは目ざましい。とりわけ戦後になって、その「教式」の弱点の指摘による批判がなされたけれども、その遺産のゆたかさには、やはり軽視することを許さぬものがあろう。

芦田恵之助の綴方教授・読方教授の実践の根底には、岡田式「静坐」などによるプラグマティズムと「修養」を中核とした内省主義とを見ることができる。芦田の実践には、国民教育の基礎としての国語教育という自覚がいちじるしく、師弟の同行・共流の精神に生きていこうとした。芦田の到達した実践の境地の高さは、垣内松三を初め、多くの人たちが認めざるをえなかった。

国語教育学の研究対象としての「国語教育実践」を問題にするばあい、戦前の国語教育界においては、芦田恵之助のそれをぬきにしては考えられない。また、昭和四年（一九二九）から一四年（一九三九）ころに至る、生活綴方の教育実践をも無視することは許されない。生活綴方を研究対象としての理論化は、戦後になって学者の側からの協力をえるようになったが、芦田の実践は、当時は主として、垣内松三によって、考察対象とされ、それを契機として、実践の技術学の提唱を見たことは、すでに指摘したとおりである。国語教育学の対象としての「国語教育実践」を、どのように確保するかは、つねに大きい課題であった。垣内学説の成立と展開にあたっても、芦田の「実践」の典型性・創造性・内面性は、たえず有力な契機をなしたといえよう。

四

戦前における国語教育学研究の組織については、昭和九年（一九三四）一月二一日に、東京学士会館において創立された「国語教育学会」がある。この学会は、藤村作博士を会長とし、官公私立の大学・高専・中等学校（旧制）・小学校に至るまでの国文学者・国語学者・国語教育者を包含し、研究・実践を意欲的に推進した。国語教育界の大同団結をはかり、共同研究の実施を目ざしたもので、当時としては、活発に仕事を遂行した。

学会の研究成果としては、「日本文学の本質と国語教育」（昭和10年、岩波書店）・岩波講座「国語教育」（一二巻）（昭和11年～12年、岩波書店）・「標準語と国語教育」（昭和15年、岩波書店）・「児童文化論」（昭和16年、岩波書店）・「現代語法の諸相」（昭和18年、岩波書店）・「国民科国語の指導　ヨミカタ　一」（昭和18年、岩波書店）などがまとめられている。また、学会機関誌としては、「国語教育誌」（昭和13年1月～昭和16年9月、うち休号一）が示唆にとむ大小の論考を掲げた。さらに、学会の事業としては、講習会を初め、小・中などの実地授業の研究をつづけた。

国語教育学会が、国語教育の実践者はもとより、国文学者・国語学者までを包含し、はば広い活動をなしえた点は、特異である。正面からの研究としては、岩波講座「国語教育」（一二巻）があり、当時の一九三六・七年の国語教育界の総力を結集し、その到達水準を示している。すでに、昭和一〇年代の時局を反映して、講座の構成・組織にも、多少のかたよりは見られる。けれども、「国語教育」の理論と実際にわたって、その関連・隣接の学とのかかわりにも広く目をくばって、総合的に探求した点では、「国語教育」講座として出色であった。その規模の大きさ・その水準の高さにおいて、戦前・戦後を通じて見ても、他の講座の追随を許さぬものがある。むろん、各講座ごとにそれぞれの特色は認められ、優劣の比較など、にわかにしがたい点もあるのであるが。

また、学会の研究紀要としては、国文学・国語学・文法学・児童文化などの側から、国語教育との関連あるいはその基礎・周辺を耕していこうとした点が注目せれる。関連の学および基礎学としての諸研究をひきだしているのである。ただ総合的なやや寄せ集め的な学会の性格上、横にひろがったわりには、国語教育そのものの固有領域で、研究の深まりが見られぬのは、今にして惜しまれる。

学会の機関誌「国語教育誌」は、わずかに三年半有余の期間ではあったが、当時の国語教育界への鋭い提言や示唆深い論考を載せていた。太平洋戦争の激化は、やむなく終刊に追いこんでしまい、学会の活動も自然に後退していった。藤村作会長の卓越した統率力、西尾実はじめ役員諸氏の、周到な輔翼によって、この学会は、当時としては期待どおりの活動をしたものと見られる。

さらに、講座形式のものとしては、昭和一〇年（一九三五）に、明治書院の「国語科学講座」の一分冊として、石山脩平博士の「国語教育学」などが刊行された。明治書院「国語科学講座」所収、Ⅺ国語教育学には、一、国語教育学　石山脩平著、二、国語教育科学史　飛田隆著、三、国語教育史　渡辺茂著、四、読方教育論　西尾実著、五、綴方教育論　丸山林平著、六、国語教材の変遷　佐々木一二著、七、国語の学力測定　田中寛一・丸山良二著、の七つが収めてあった。すなわち、これは、原論・学史・方法論・教材論・評価・測定論などを含み、国語教育学部門の組織の方式を示しているのである。ここに収録された論究の一つ一つも、当時としては新領域開拓にあたる業績が多く、それは今に注目させられるものをもつ。

垣内松三の独立講座を筆頭に、岩波講座「国語教育」・明治書院「国語科学講座」所収「国語教育学」と挙げてみれば、昭和一〇年代の国語教育学研究の陣容の、充実と成果の重厚さを感じないではいられない。

上に掲げた、「国語教育学」を執筆した、石山脩平博士は、同じく昭和一〇年（一九三五）四月に、「教育的解釈学」（賢文館）を刊行し、解釈学の移入紹介ならびにその適用について、大きい役割を果たした。石山脩平博士は、当時新鋭の教育学徒であって、国語教育学構築の意図を抱持されたごとくであり、ほかにこの方面に関する述作をものされた。

国語教育ならびに国語教育学のありかたについては、国文学者・国語学者のみならず、教育学者・心理学者からも関心を持たれ、示唆深い発言のなされることが多い。当時も、石山脩平博士の研究・論述のほか、心理学者青木誠四郎の「国語教育の科学的建設」（昭和15年7月、雑誌「国語教育誌」三巻七号）という発言も見られた。また波多野完治の「文章学」（昭和11年5月22日、文学社）などの新しい領域での業績も出現した。

五

戦前の国語教育科学のばあい、その関連の学として、国語学はどのようにかかわり、国語学者はどのような発言をしていたか。

まず、明治末期から大正期にかけて、ドイツを中心とするヨーロッパの国語教育を実地に視察したり、紹介移入したりしたほか、雑誌「国語教育」の主幹として、大正昭和にわたって国語教育界に大きく貢献した保科孝一は、昭和七年（一九三二）一二月「国語教育学の建設へ」（雑誌「国語教育」一七巻一二号）という提唱をされた。国語学者として、また国語教育研究者として、大正・昭和にわたって積み重ねたことをふまえて、時代の要請を見抜く提言がなされたのであろう。

また、山本信道は、昭和八年（一九三三）、「国語教育学と国語学」（「国語教育の科学的研究」所収、厚生閣）において、国語教育学の成立・構造について述べ、国語教育学と国語学との相互関係に言及している。また、橋本進吉博士は、岩波講座「国語教育」の「国語教育の学的機構」の一つとして、「国語学と国語教育」（昭和12年）について述べ、国語教育に対する国語学の位置と役割とを明らかにしている。そこでは国語学の役割の重要性が強調された。

さらに、昭和一三年（一九三八）五月、藤原与一博士は、「国語学の国語教育学的再建」（雑誌「国語教育誌」一の一二）という所説で、「国語学即国語教育学であり、国語教育学こそ従来の所謂国語学の帰趨すべき所ではないかと思う。」と述べ、国語学・国語教育学（または国語教育）の二元観に対し、一元的立場を提示された。戦後の藤原博士の国語教育学関係の研究成果を思うとき、ここに掲示されている一元観には、注目すべきものがある。

昭和一六年（一九四一）一二月、時枝誠記博士は、「国語学原論―言語過程説の成立とその展開―」（岩波書店）を公刊された。すでに時代は太平洋戦争に突入していたが、ここに新しい理論が提示された。この新言語観の樹立は、当時すぐに国語教育学にかかわりをもつようにはならなかったが、戦後に至り、時枝博士が国語教育および国語教育研究に発言されるようになって、国語教育学に対して、一つの立場をもつようになった。国語教育の対象・内容としての「国語」そのものを明らかにしていく学として、時枝国語学は位置づけられるのである。また、この過程説から、言語技術の訓練・国語教育の方法についても立論されるのである。

国語学と国語教育学との関連・交渉について、橋本進吉博士の穏健な所論のほか、当時なお十分に究明されていたとはいえない。さらに戦後にまで持ちこされたものもある。その一つは西尾実博士の言語実態観などになって、国語学に対する新しい展開を見るに至る。

六

以上に挙げた諸研究のほか、戦前の国語教育科学関係の文献としては、丸山林平著「国語教育学」（昭和7年11月、厚生閣）・西原慶一著「生活・労作自律・形象実践国語教育学」（昭和7年12月、南光社）・斎藤栄治著「史的直観国語教育実践学」（昭和8年9月、創文社）・飛田隆著「国語教育哲学」（昭和10年12月、啓文社）などの労作がある。いずれも、国語教育者または研究者として、まとめられたものであり、時代の動向を反映している。

ほかに、輿水実著「言語哲学」（昭和10年、不老閣書房）・「国語教育理論―国語教育と言語哲学との連関―」（昭和11年5月、文学社）・「言語教育概論」（昭和15年、晃文社）などの研究には、言語哲学研究を基盤としつつ、機能的な言語教育樹立を目ざす立場がうかがわれる。ここにも、戦後の輿水実の国語教育学樹立のための基盤の築かれていたことが認められる。

山口喜一郎著「日本語教授法原論」（昭和18年7月、新紀元社）は、外国人に対する日本語教授の原理と方法を探求し、台湾・朝鮮・満洲・中国における教授体験を通して、検討・集成したものとして貴重な労作であった。この方面における典型的な原論といえる。

なおほかに、各論領域にわたるものとしては、芦田恵之助の諸著のほか、塩見慎一著「創作中心綴方教育学」（昭和8年、瓊池会出版部）・丸山林平著「綴方教授学」（昭和13年、成美堂）・金原省吾著「綴方表現学」（昭和14年、晃文社）などがある。これらには、「学」の名にふさわしいかどうか、なおきびしい検討を要するものもあるが、「学」の名を冠しないものにも、読むこと・綴ること・話すことの各領域で、それぞれに見るべき業績のあったことは、ここに一々挙げるまでもない。

昭和一一年（一九三六）、石井庄司著「国文学と国語教育」（文学社）も刊行された。本書には、戦後の国語教育学界に、ことに歴史研究の面で活躍された博士の、当時の立場と志向とがよくうかがわれる。

昭和一六年（一九四一）四月から、国民学校が発足し、国民科国語として、新しい教科編成がなされた。この国民学校国語のありかたに関しても、かなりの論議とさかんな研究とがなされた。しかし、それらを新しい地点に立って、一つの学の対象として組織しとげるところまではいかなかった。すでに太平洋戦争もしだいに苛烈になり、国語教育研究も思うにまかせぬありさまとなりつつあったのである。

七

以上、戦前の国語教育学の内容と方法に関し、そのあらましを見てきた。その盛行期は、一九三〇年代から一九四〇年代前半にかけての一〇年余の期間であったが、ここに二〇世紀前半における国語教育科学研究の一つの到達点を見ることができる。

近代における、とくに二〇世紀にはいってからの国語教育の実践と研究の集積の上に、国語教育学の体制化が試みられた。学の組織とその枠組みは、垣内松三らによって、広い視野からなされ、見通しを得るに至った。ただ、その学の内実の純化・充実に至っては、多くの研究者・実践者の協力に待たなければならなかった。垣内学説は世に難解と称され、事実そういう面をも持っているが、しかし、その視点と洞察とは、独創と鋭さに満ちていた。

国語教育学の各領域にわたって、その実践体系を確実におさえようとしたのは、西尾実・芦田恵之助の両氏に、典型的に見られた。国語教育学の対象として、またその基礎作業として、両氏の実践とその把握とには示唆深いものがあり、可能性を蔵していた。学会活動としても、国語教育学会には、独自のものが見られ、広げすぎた点にも、長短両面が見られるが、その成果には意欲的なものが多かった。

関連・隣接科学との交渉についても、徐々にではあるが、意欲的に考えていこうとする面が見られるようになり、そういう局外者からの有益な助言も得られるようになった。当時、国語教育ならびに国語教育学の研究は、疎外・蔑視されることなく、あたたかいまなざしにまもられ、期待をかけられていたと言ってよい。

しかし、この戦前国語教育科学は、なお国語教育学として、その全領域を十分に尽くすことはできず、その展開には、戦後を待たなくてはならなかった。すでに見たように、この時期に発生・発芽して、戦後に開花・結実するようになった、多くの立場・所説があり、その意味では、戦前国語教育科学は、なお過渡的な性格をもち、限界を有していたといえる。

戦前国語教育科学は、そこに限界と不徹底があるにせよ、教科教育学の成立と発達という面から見るとき、ゆたかな沃野でもあった。そう言っても過言ではないように思われる。

第二章　国語教育学の史的展開―戦後―

一

昭和二一年（一九四六）八月、成蹊学園において、「国語・国字問題と国語教育」という主題のもとに、教育者のための公開講座が開設された。それは三日間にわたり、午前中は、理論の部として、

1　国語国字問題概説として、「かなづかいの新定と国語教育」　安藤正次

2　国語教育基礎科学としての言語学について、「ことばの分析と機能」　小林英夫

3　新しく展開する国語教育論として、「国語教育科学の建設」　垣内松三

の三氏の講演が行なわれた。午後は、

1　国語読本編集に関する問題　司会者　石森　延男

2　国語教育の諸問題　司会者　西原　慶一

3　児童文化建設の問題　　司会者　波多野完治
4　ローマ字教育に関する問題　　司会者　石黒　修
5　中等国語教育の問題　　司会者　坂口　玄章
6　言語教育の問題　　司会者　西尾　実

の六つの題目について、討論が行なわれた。

右のうち、三氏の講演については、その速記録（講演者の校閲をへたもの）がまとめられ、「国語国字問題と国語教育」（昭和22年5月20日、小学館刊）として刊行されている。

戦後における国語教育学についての論及としては、この垣内先生の講演がもっともはやいものといえよう。

「国語教育科学の建設」という題目については、垣内先生みずから、これは与えられた題で、「私のただいまの心持をあらわすのであったら、国語教育はいかに改めらるべきであるかとか、あるいは国語を教えるにはどうしたらよいかとか、いいかえたいと思う。これから、そういう意味あいでおはなしを致したいと思う。そのいずれにしてもこうした問題についておはなし申しあげるきかいをえたことは、私のおおいによろこびとするところである。」（「国語国字問題と国語教育」、九〇ぺ）と述べていられる。

このような題目のもとに、戦後の混乱のなおはげしかった当時講演をされる垣内先生の胸中が、右のことばにはうかがえるようである。

国語教育科学の建設といっても、当時の状況としては、読本はパンフレットであるし、国語教育の基礎となるべき原理の研究は不規定なままであって、国語教育を安心しておこなうほどの基礎づけはできていない。垣内先生は、この点を指摘されて、「そういう不規定な状態のままで国語教育研究をするということを考えるのであれば、各自が、自分の国語教育をおこなう心を反省して、その修理をあとづけて見るより致しかたがない。」（同上書、九〇ペ）と述べられる。

ここには、非常に慎重な態度で、国語教育科学建設の基礎が考えられている。

進んで、垣内先生は、まずはじめに、「未規定」という問題をとりあげられる。そして、垣内先生は、「不規定の状態からだっきゃくするためには、未規定の状態を考えてゆかなければならぬ。これについて、ヘルマン・クッターが〝未規定者の問題〟の提試がある。すなわち未規定はカラッポのものではなくして未規定者である。未規定者といえば、目に見えるものがあるわけであるが、未規定者というものは何であるか、それを考えなければならぬ。その順序は、先ず目に見えないカラッポの未規定をここへ取り出して見ることである。それならば各自が心の中に持っているものである。それに形を与えてのち、はじめて国語教育科学研究の地盤が、まず出来るのである。それゆえに未規定者を取り出すことが、第一の手つづきであると思う。」（同上書、九一ペ）として、「未規定者」を見きわめるものは、「第三の目」という目であるとして、ニーチェ、島崎藤村の所論を引き、ご自身の経験を述べられて、「おろかなものである私にも、やはり第三の目の働きがあるということが近頃ほのかにわかるようになった。あちらこちら歩いて、いろいろの事物に接して、こだわりのない眼でものをみると、いつの間にか第三の目というものでものを見るようになる。これが未規定者をみる目である。不規定なものは、いかにそれをよせ集めてみたところが、その結果は不規定なものの集りに過ぎないが、もう一つの別の見方で見ると、そこに何か別のものがある。」（同上書、九三ペ）
と、見かたについての経験が述べられている。

ついで、未規定なものにむすびついたときにのみ、はじめて新生という現象が起こってくるのだから、「ここで未規定なるものをみる目が見開かれなかったら、一切の仕事の建設どころではなく、何もできない。その未規定なるものを見る目が生きて来るときに、初めて新生の現象が起って来る。国語教育科学の建設について省ると、現在の状態は、まずそういう状態である。また、その中から問題を設定するとしたら、ただいま申し上げたような見方でそこにはっきりととらえられたものを目前にすえつけられて来るところに、国語教育科学建設の問題が生まれて来る。ところが、これだけでは未だ問題が取り出されていない。そこで、国語教育科学の問題を目の前に取り出さなければならぬ。問題の状態を整え、その中から問題を設定して、もう一つ伸び上ってゆかなければ、どうしても解決がえられない。」（同上書、九四〜九五ぺ）

と、述べられている。

　このように述べたのち、「最初に問題の状況を述べ、第二に問題の設定の仕方を述べ、その手つづきによって、ここに第三の問題提示に達した。国語教育科学の建設は、提示された問題の上にはじめて建設されるのであると思う。」（同上書、九五ぺ）として、まず「サクラ読本」成立までの国語読本を中心とする歴史的事情とその問題状況を説明し、また、学理的段階をも指摘して、つぎのように述べていられる。

　1　「第一次大戦直後に、私は、国語学、国文学、国語教育及び一般の国語に対して、反抗的な考えを提試した。それは、『国語の力』というものであるが、その中で述べたことは、それから十年ほど経ってからヴァルチェルなどが、説明しているように、言葉を手段として考えるのは間違いだ。これを組成として考える、それも間違いである。第三番には、これを媒介として考える。精神方面からのみ見て、言葉を媒介と考えるのも間違いである。言葉のほんとうの性質は動力となる言葉でなければならぬ。それでなくては陶冶はおこなわれない、こういう考えから国《ママ》語の力《ママ》というものを書いたのである。ところが、国語の考え方がだんだん変って、動力としての国語という新しい言語概念を考えるようになったのは実に第一次世界大戦後今日に至るまで、昭和八年前後がその頂点となっていたが、そこから第一に言語哲学、第二に文学哲学、第三にわれわれの実存に即して、その融合の問題があらわれて今に至っている。この大勢が全く無視せられてこの最も重要なことが忘れられていたのは全く大きな手落である。文学と言語の二つが合体して、初めて言葉がその本質をあらわすのである。われわれの生きた経験からいえば、それを生活様式といってよろしい。また言葉の本質といってもよろしい。」（同上書、一〇四〜一〇五ぺ）

２「今までは、国語教育は、学理的な方面から多大の圧迫を受けていた。また、国語問題の方面からも阻害を受けていたが、国語教育の方面から専門学について専門学者の偏見を打破し、この問題を根底的に改革する。それが国語教育者の任務であり今《ママ》までの受動的な態度を能動的に展開しなければならぬ。それは、実に児童の童謡、童話、遊戯から出発する。言葉は生きている以上、生まれて初めての叫び声から死ぬまで、一生を通じて言葉はわれわれの伴侶である。これを真剣に考えたら、専門学者に任せておいたら国語問題の解決などいつできるかわからない。それには、国語教育者がよほどしっかりしなければならぬ。そして、この問題に対し、積極的に進まなければ将来の文化国家の建設はむずかしい。それには子供の童謡、童話、遊戯の奥底に潜んでいるものからこの問題を引き出してゆかねばならない。この方面から新しい部面を打開しなければならぬ。ともかく、こんなふうに、新しい要求に応じて、新しい読本が完成されると、私は全国的にこの教材の用いられる教室を訪ねた。北は樺太から、南は台湾まで、そのまた向うの満洲へもいった。各府県の主要都市はもとより山間の村にも漁村にも入ってみた。そして、いたるところに空気のように漂っている事象から多くのことを学んだのであります。これには、第三の目がなかったら国語教育科学などというものは研究できるものではない。これには目の前の状態を記録しなければならぬ。そこで、私はストップウォッチを睨んで、速度を測定して記録していたが、その研究資料は焼けてしまった。それから国語教育科学を研究したが、相当骨の折れる仕事で、これをまとめるには、いろいろ手つづきを要するが、その手つづきのどれ一つを除いても国語教育科学の研究はできない。」（同上書、

一〇八～一〇九ぺ）

さて、サクラ読本を国語読本ならびに国語教育の革新の第二期とすれば、第三期はいかにすべきであるかについては、つぎのように述べていられる。

「しかし全体から見てその大きな効果があらわれたのはサクラ読本であって、明治三十七年を中心とする層に対して、第二期の新しい大きな層ができて来た。いまは、そこから進展して第三期に到達しようとしているが、ここでどうするかということが《ママ》今後に予定せられた問題になると思う。以上申上げたような点から歴史的に整備し、国語教育の本質に基づいてやらなければ、ほんとうの効果をあげることはできないと考えます。」（同上書、一一〇ぺ）

これからの課題として、1　基本語彙学研究、2　基本文型学研究、3　基本言語の研究、の重要であることを指摘し、そのありかたについて、以下のように説き進められている。

「われわれ国語教育の指導をする場合、私が国語を教えるのだったら、いま目の前にある言葉がどういう特性を持っているか、どういう価値を持っているか、どういう意味を持っているかということを、目の前の一語一語について見分けをつけて教えたいと思う。これを《ママ》少しも処理せられていない。その意味において国語文化の基本となる、基本語彙というものをまとめたいと考えているのであるが、これまで発表されたものは私のだけである。そこから目の前における一語がこういう意義《ママ》価値を持っているのかということを教えるのでなかったら、気がはずまないだろうと思う。更にそれによって人間を作ることを考えて日本文化を建設することを考えたら、そこが空虚であっては気が済まぬ。また、第二の問題について、文の研究であるが、縦から見ても横から見ても『のぶ』という文の構造も『よぶ』という文の構造も違っている。『のる』という文の構造は、一層複雑である。これがどういう内面構造を持っているかということを見抜かないではほんとうは理会できぬことである。そこにあらわれている文そのものの内面構造によって、この文については指導の重点をどこにおくかということを考えなければほんとうには一部分も扱えないわけである。そのためには、非常に厄介な機構の現象学的研究によらなければならぬ。また、文全体の機能の現象学的研究も加わらなければならぬ。もし、これがやられれば、単語法によるか、文の方法によるかというようなことは初めから問題にならない。また、統合法も問題ではない。もし全文が全文として各語の全体にまで響き渡っているとしたら、一語は全文の函数であり、文は全語彙の函数である。それは機構の現象学的研究、機能の現象学的研究によって明確に認識するよりほかないのです。そういうふうに特にあらわれた文章を分析、解剖してみると、その文のほんとうの姿があらわれて来る。そこで、初めて指導方法が成り立つわけであるが、こんなことも手をつけられていない。しかし、だんだんこれに近づいた人もあったが、何分にも文そのものの本質の分析が手にあまるほどであるから、ときとして大きな間違いを起すこともあった。こういうところから根本の研究と指導の方法、学習の方法についてどういう連絡をつけるかということは相当困難な問題であるが、結局、これは基本語彙学の研究によって、次に基本文型学の研究によって解決されなくてはならないと考えるようになったのは、ほんとうに最近のことである。それに拍車をかけるものとして世界全体の言語の研究が基本言語の研究に向かいつつある。これは標準語と方言というような地域的関係ではない。他国語と自国語というような国際的な問題でもない。人間の言語はそういう普遍的なものを持っていなければならぬ。多少のバラエティはあるが、語の選択においてそういう差異を示すものがあっても、全体としては根底においてその内面に一つの普遍的性格を帯びている。それにはどういう性格を持っているものであるか、このことは全体の自国語の性格をほんとうに考えるなら、どうしても基本言語の研究によらなければならぬ。また世界全体の研究は、いまの国際的要求においてそうでなくてはならない。」（同上書、一一三～一一六ぺ）

このように述べて、さらに、国語教育の体制の確立のために、どうしなくてはならないかを、つぎのように述べていられる。

「国際語の問題、国際補助語の問題は将来に残されているが、その根底にはどうしても基本的な言語の本質を基礎にした考えがなければならぬ。この点から一方には世界語、国際語、一般文法について、国内的には基本国語について、いずれにしても基本言語の問題が強力に研究されなければならぬ。それは、当然基本語彙と基本文型から組みたてられなければならぬ。

こういう関係で、国内的、国際的にあらゆる最近の言語研究の状勢《ママ》に乗じて、これを自国語に綜合して、基本的な言葉の研究に集中しなくてはならない。それによって国語教育の体制を定立しなくてはならないと思う。」（同上書、一一六〜一一七ぺ）（なお、つづいて、「そのために国語読本への要望はいかに秩序づけられるかを考えなくてはならない。」として、その方法についても述べられている。）

「こう考えるときに、目の前における極めて些細な問題ではあるが、一語、一語についても語彙学的研究をはっきりしたいし、そういう科学的研究の上から国語の基礎を作り、それによって世界文化に貢献するという主張の下に進まなければならぬ。そこに国語教育の研究、国語教育科学の基礎があるかと思う。」（同上書、一一八ぺ）

戦前における国語教育科学研究の体験をふまえ、それに照らして、戦後の国語教育科学建設についての、態度論、方法論が述べられているのである。すでに引用したように、一　問題の状況を述べ、二　問題の設定の仕方について述べ、三　問題提示をする　という順序で、最も基礎的なことが考察され、戦後の虚脱と混乱の状況下に、明確な方向と方法とが示されている。根本論ゆえの観念的な性格に傾くのはやむをえないが、戦前からの一貫した思考は崩れてはいない。むしろ、ゆるぎなく述べられていると言ってよい。

二

戦後の国語教育学の展開は、全国大学国語教育学会の発足を一つの契機としている。全国大学国語教育学会は、昭和二五年（一九五〇）九月二十一日、日比谷高校において、発会式をあげた。その席上、西尾実先生は、「今日こそ国語教育学が樹立されなければならない」という演題で、記念講演をされた。

その講演の要旨は、つぎのようなものであった。

「明治初年の学制ができてから国語教育が行われたが、国語教育は教育学の応用部門の一つである各科教育であった。そして国語・国文学の準備的学習、付録的の位置であった。私自身、国文学と国語教育とは一つであるべきだと考えていたが、それぞれの専門的な国文学専攻の学者が『私は教育のことは知らないが…』ということばを屡々聞いた経験がある。このことばは、国語教育がどのように考えられ扱われていたかということを示しているものである。日本の学問がこのようでは困る。それが果して戦争にあらわれたのである。万葉集や古事記が利用されても、それを訂正する気力にかけていたのである。今日こそ『国語教育学』をたてなければならぬ時期である。すなわち

1　小・中・高の国語科と大学の一般教養の文学とが一貫したものを持たなければならない。どのように計画をたて、どのような材料を扱っていくのか、それは単なる技術ではない。

2　教育の方法論が外国に依存していた。フランスのような国では標準語伝統が確立しているから技術でもよい。日本では技術的のみには扱えない。アメリカのように言語社会が確立しているところともまた事情を異にする。言語社会として発達しているところでは、箇条書の技術でも間にあう。日本の言語は原始的なものである。

国民の大多数は言語に対して無関心である。フランスやアメリカから学ぶものはもっと日本にいかさなければならぬ。国民が言語について認識を持ち、それと取りくむようにしなければならぬ。

3　学力低下の原因は、国語教師の準備がおろそかになったことに起因していると思う。学習は子供がするもので、自分はしないというところにある。準備研究と基礎研究をもっとしなければならぬ。ここにも、国語教育が『学術的』にならなければならぬ理由がある。

4　『国語教育学』は可能である。国語教育の『国語』は言語学や国語学の『国語』ではないということ、もっと生きた具体的なもの、言語生活そのものをつかまなければならない。ここに国語学や言語学を基礎学となし得ないで『国語教育学』を基礎とする立場が考えられるべきである。

次に学問と教育との関係がある。教育即学問でなければならない。ここに今までの学問の弱さがあったのである。理論から教育が導かれると共に、教育という実践から導かれなければならぬ。しかも、それは一つであるべきである。

大学の一般教養として、自然、社会、人文科学の三つがあるが、人文と社会との関係がはっきりしない。自然、社会の二つは人間が生きていくための環境科学、生きていくための主体科学と考えていきたい。とすれば『人文』ということばは不適当ではないか。『人間科学』として考えて、その主体を明らかにしていくべきもので、その中心となるのが『文学』であると考える。今までの日本の国語教育は、いろいろに考えられていたが、人間の主体性の確立があった。文学をその中心となし得るならば幸であり、小・中・高の各学校を通じて、それを見透すことは、国語教育学の主任務となるのではなかろうか。さらに、国民に自覚させるための科学的な実態調査も必要であり、これも、任務となるべきである。」（「全国大学国語教育学会発会式ならびに第一回総会記録」三～四ぺ）

この記念講演は、当日の参会者に深い感銘を与えた。これによって、全国大学国語教育学会の学会活動の中心主題の一つが明確に掲示された。これは、戦前における国語教育学の展開にはみられないものをもっていた。

発会式当日、来賓として臨席されていた垣内松三先生が、祝辞を述べられた。それは、つぎのような趣旨であった。

「私自身も正会員の資格を持っている。その意味からも祝辞を述べたい。東京の各大学では国語教育講座がない。自分は今般、現在要求されている国語教育講座を東洋大学において行うこととなった。能力表の問題についても、現在の段階では目標の表か、評価の表か明らかでない。経験表についても絶無である。この両者が融合したものがなければならぬ。この会が結成されたことについて悦びを感じている。国語教育講座は、国語・国文学の応用学科ではなく、第三講座として設定されるべきものである。」（「全国大学国語教育学会発会式ならびに第一回総会記録」二ぺ）

戦前における国語教育学（国語教育科学）の展開の中心の位置をしめていられた垣内松三先生が、このような決意と所見を述べられたのである。感慨の深いものがあった。その短い祝辞のなかにも、戦後の国語教育の動向はにじんでいた。

昭和二六年（一九五一）一月、「国語教育学の構想」（A5、二八八ぺ）が、西尾実先生によって、筑摩書房から刊行された。この書物の「まえがき」は、昭和二五年（一九五〇）八月二十八日に書かれ、「あとがき」は、九月二十二日にしるされている。これからみれば、全国大学国語教育学会の発会式当日の「今日こそ国語教育学が樹立されなければならない」という記念講演をされたときは、すでに「国語教育学の構想」がまとめられていたわけである。国語教育学の樹立について、提唱されるまでに、すでにながい間、西尾実先生によって、その準備がなされていたのである。

「国語教育学の構想」は、

第一篇　国語教育の問題史的展望
第二篇　国語教育学の構想
第三篇　国語教育学構想の胚胎

の三編一六項目から構成されている。

各篇の内容については、「まえがき」によると、

「第一篇は、わが国の国語教育が、国語教育本来の対象を見出すにいたった八十年の歴史的概観であるが、これは国語教育学樹立の必要と可能とを基礎づける問題史的展望として、あらたに書き加えたものである。」「第二篇『国語教育学の構想』の各篇は国語教育が国語教育独自の基礎事実から出発しなくてはならぬという、その基礎事実の発見――わたくしとしては――から国語教育の領域や方法を展開している点において、それは、国語教育学の見透しである。その点において、国語教育学樹立に対する、一国語教育実践者の、問題提起にはなり得るであろう。」「第三篇に収めた諸篇は、いずれも戦前に成った実践報告で、まだ、文学研究の対象および方法が、そのまま国語教育の対象であり、またその方法でなければならぬと考えていた当時の考察である。しかし、そこには、学問的探求と教育実践との一貫が見出されている点において、また、そういう考察の究極において、すでに国語教育独自の対象が見出されはじめている点において、国語教育学構想の胚胎がここにあったと思われるので、あわせて収めることとした。」（二～三ぺ）と、説明されている。

本書の性格について、西尾実先生は、「まえがき」において、

「けっきょく、これまでの国語教育に関する考察のうちから、せめて、国語教育学樹立の方向を示唆するような諸篇をとりまとめてみようとしたのが、この書である。」（二ぺ）とし、「この書は、国語教育の一実践者としてのわたくしが、国語教育樹立の必要と可能とを見出すにいたった由来と見透しからなった論集である。」（三ぺ）

と、述べていられる。

もともと、西尾実先生は、国語教育の学的体制化・体系化について、「時を得て準備を整え、『国語教育学』を書いてみたいという念願を、ひそかに抱くようになって」（二ぺ）おられたのであった。

西尾実先生は、本書において、国語教育学樹立の要請される現実の課題については、「わが国にあっては、自然放任に委せられていた日常の言語生活の確立と、その日常の言語生活に密着した言語文化を、あらためて樹立することが、まず、国語教育として着手せられなくてはならぬ急務である。しかも、これまでの国語学では、概念的に規定した国語の形態《モルフォロジカル》的な分析と、それの系譜的な跡づけは試みられているけれども、実存としての言語生活の実態をとらえた生態《エコロジカル》的な把握は試みられていない。したがって、われわれは、いままでの国語学から、これからの言語生活を確立する全体的計画を導き出すこともできなければ、これからの国語教育を前進させる推進力を見出すこともできない。このゆえに、われわれの国語教育は、単なる技術もしくは方法でもあり得ず、また、すでにある学問の応用や実践でもあり得ない関係に立つものであることが、あらためて認められなくてはならぬ。したがって、国語教育のためのわれわれの努力は、つねに、国語教育の目標を、現実に、ではなくて、現実の改善に、伝統に、ではなくて、伝統の発展に、見出さなくてはならぬ。すなわち、そこには、かならず、学問的探求による創造と教育的営為による革新とが、一貫の作業として実現せられなくてはならぬ。われわれの言語生活の実態を把握し、そこに横たわる問題を発見し、これが根本的解決の方法ととりくむ、何らかの学問が、別に形成せられた時は別として、すくなくとも、現状においては、われわれの『国語教育』は、教育的営為の前提としての学問的探求をあわせなくてはならぬと同時に、それは、また、やがて、教育的営為を前提とした学問的探求でもなくてはならぬという要請をふくんでいる。われわれの『国語教育』は、一個の学にならなくてはならぬ関係に立っていると思う。」（三五～三六ぺ）と述べられ、国語教育学樹立の必要に関しては、「新制大学において、それが、教職課程として一講座を成すに至ったことは、小・中・高校の『国語』と、大学における一般教養の『文学』もしくは『言学』とを体系化し、それを直接対象とした学問的探求として、とりあげなくてはならぬ関係で、ますます国語教育学樹立の要を端的に示す事実であると思われる。」（三七ぺ）と、述べていられる。

ついで、国語教育学樹立を支える学問意識については、「国語教育を、ひとつの学問として探求しなくてはならぬといっても、それは、どのような学問でなくてはならぬであろうか。わが国における、これまでの学問には、学問は学問、生活は生活という傾きがいちじるしかった。先進国で発見された理論が移入され、それが生活に滲透するという面はあっても、生活から理論が発見され、学問が樹立されるという面は、ほとんど無かったといってよい。学者は実践を回避し、実践者は学問を敬遠して、学問から実践へ、実践から学問へという相通関連が成り立っていなかった。国語教育学は、理論が実践されなくてはならぬとともに、実践から理論が導き出されなくてはならぬ点において、わが国としては新しい学問意識に立たなくてはならぬ関係にある。」（三七〜三八ぺ）「わが国における、これまでの人文科学関係の学問は、わけても、国語学・国文学・国史学等の自国の文化に関する学問は、過去の認識が主要任務であった。もし、現在および将来に対する意欲があったとすれば、過去に対する感嘆に導かれたそれであって、尚古のなかに批判も創造も眠りこけていたといっても、けっして言いすぎではないと思う。が、戦時戦後における民族の体験は、それが、いったい、どのようなものであるかということを、きわめて痛切に思い知らせてくれた。われわれの学問も、過去よりも現在、現在よりも将来に向けられなくてはならないし、感嘆よりも批判、回顧よりも創造が、その任務でなくてはならぬ。」（三八ぺ）「すくなくとも、われわれの国語教育学は、まさに、そのような生活創造としての長期探求の学でなくてはならぬと思う。」（三八ぺ）と、述べていられる。

本書の中核をしめている「第二篇国語教育学の構想」においては、まず、

一　国語教育学の構想

が示され、つぎに、

二　言語生活の実態と機能
三　言語生活の領域と形態
四　言語生活の方法に関する基本問題
五　言語生活指導の一般問題

などが、基礎的一般的問題としてとりあげられ、ついで、

六　談話生活の問題と指導
七　読書生活の問題と指導
八　作文学習とその指導
九　文芸活動とその指導

などが、各領域別に具体的にとりあげられている。

以上のように、まず、国語教育の独自の基礎事実としての「言語生活」が、実態・機能・領域・形態・方法の視点から分析・考察され、ついで指導上の一般問題を提示した上で「談話」「読書」「作文」「文芸」の各生活（活動）における問題点と指導について考察されている。

西尾実先生の「国語教育学の構想」では、国語教育学樹立の必要と可能が、わが国の近代国語教育の問題史的展望によって基礎づけられ、戦前における国語教育学樹立の構想の胚胎が提示され、さらにそれらの基礎論の上に、国語教育学樹立の見通しが述べられている。本書は、戦前・戦後を結ぶ国語教育研究の上に国語教育学の構想を提示し、戦後の国語教育学研究の出発点の一つをなしたのである。

三

昭和二六年（一九五一）四月、西尾実先生は、雑誌「実践国語」四月号に、「国語教育学樹立の必要と可能」という所論を発表された。そこでは、国語教育学樹立の必要について、「要するに、国語教育の基礎学として国語教育学を樹立することが必要であることは、いろいろある。しかし、つきつめると、いままで、それが不当の位置におかれていたのを是正しなくてはならない点と、わが国におけるそれの任務は、単なる方法や技術の適用ではなく、もっと根本問題ととりくんだ探求としておこなわれなくてはならぬ現状にある点とに帰することができるであろう。」（七ペ）と述べられ、また、国語教育学樹立の可能性については、「国語教育学の樹立は、内外にわたるふたつの条件が、これを可能にしている。」（七ペ）として、制度的条件と対象的条件とを挙げていられる。

まず、制度面では、「そのひとつは、新制大学における教育課程としては、『国語科教育法』が認められ、国語教育の講座が設けられることになったという、制度的条件がそなわってきたことである。しかも、その講座の現状は、適当な担当者を得ることに困難をつげている。国語教育関係者が、全国的にいって、かならずしも少いわけではないのに、その講座担当者は、かならずしもそういう方面に求められないで、国語学者や国文学者によってまにあわせようとしている今日である。国語教育関係者のなかからも出るべきであるし、国語国文学者も、単なる国語国文学者として、まにあわせに、その講座をもつのではなく、国語教育学を樹立すべき意図と責任をもってこれに当るべき時であると思う。」（七〜八ペ）と述べられ、また、対象の面については、「国語教育を一個の学たらしめる、また、学たらしめなくてはならぬ、もっとも、根本的条件をなすものは、国語教育における国語はこれまでの国語学のいう国語でもなく、これまでの言語学のいう言語でもない、むしろ、それらの基盤を成している、いわば実存としての国語であり、生態としての言語であるという、独自の対象が存立していることであると思う。」（八ぺ）と、述べていられる。（新しい国語教育学樹立の可能については、「抽象された概念としての『言語』ではなくて、幅も深さもある、生態としての言語である。わたくしは、それをいまは言語生活と呼んでいる。そういう言語生活の把握こそ新しい国語教育学を可能にする基礎でなくてはならぬと信じている。」（「国語教育学の構想」あとがき二八七ぺ）とも、述べられている。）

西尾実先生は、国語教育学樹立の必要と可能を追求して、さらに、「国語教育が、新制大学における一講座としての位置を得、その任務の自覚と課題の発見にもとづく、独自の対象が設定され、その領域・形態が分析され、方法が究められれば、それは、一個の学としての体制を整え、国語教育の実践が強化せられるであろう。しかし、それを一個の学問として認めるには、それが、いかなる意味の学問であるか、その学問意識を明らかにしておくことが、学問のためにも、また、国語教育学のためにも、必要であると考えられる。」（八ぺ）と述べて、学問意識の問題に言及された。この点については、「国語教育学は、直接、国民大衆の言語生活ととりくみ、それの改善に立ち向かう実践的創造探求である点において何よりも学問意識の革新を前提とした樹立でなくてはならぬ。」（九ぺ）として、三つの点を強調された。

1　「これまでのわが国の学問は、理論と実践との関係が一方的でありすぎた。理論が理論として究められたうえで、それの応用として実践が成立するという一面だけが認められ、それと同時に、実践によって理論が導かれ、究められるという一面が忘れられ軽視せられがちであった。国語教育学は、このような理論偏重に陥ることから脱却して、また、近視眼的な実践偏重のいわゆる実用主義からも解放されて、理論から実践へ、実践から理論へという学問の公道に立たなくてはならぬ。」（八〜九ぺ）

2　「これまでのわが国の人文科学は、過去の事実を対象とした認識に主力が注がれていた。そういう意味での歴史的研究であった。もとより、それもだいじな研究分野である。しかし、それが人文科学のすべてではない。また、あってはならぬ。それと同時に、将来における生活の創造にわれわれの探求が向けられなくてはならぬことはまた、否定することのできない根本要請である。」(九ぺ)

3「最後に、わが国のこれまでの、人文科学では、文献資料だけが重視され、学説の紹介や分析だけが研究であるかのように考えられて、経験的資料や体験的事実の考察は学問研究ではないかのように考えられていた傾向がある。後進国として免れがたい手うすさであったにちがいない。しかし、それが、もう少し、直接的な経験や体験の考察や自覚と相待つ探求にならないと、学問が飾りものや、少数者の弄びものに終り、国民大衆の生活革新にも、文化向上にもならないであろう。」(九ぺ)

このように、国語教育学樹立の必要と可能とが説かれ、国語教育学のもつべき学問意識の革新の必要が強調されて、国語教育学樹立の基本体制が固められはじめたのである。

西尾実先生は、昭和二六年(一九五一)五月二日、広島市己斐小学校において、「国語教育学樹立の必要と可能」と題する講演をされた。講演終了後、質疑の時間に、藤原与一先生が発言を求められ、国語教育学の過渡的性格に対して、「永遠の国語教育学」を考えていいのではないかと述べられた。わたくしは深い感銘をうけた。

四

昭和二六年(一九五一)五月四日、第二回全国大学国語教育学会が愛媛大学においてひらかれた。当日の研究発表の予定主題は、「国語教育学の樹立と新制大学に於ける国語教育上の諸問題」であった。十一氏の研究発表があったが、「国語教育学の樹立」という問題そのものに正面からとり組んだものは見られなかった。そのときの感想を、わたくしは、つぎのように記している。

「学の樹立をめぐって、対象、方法、方向、構造などについて国語教育の機構全般を踏まえてのかっぱつな検討がほしかった。学の樹立ということを一片の標題としてしまうのでなく、その内実を高めるためには、もっと学への気魄と苦悩とがいるように思われた。――一つ一つの問題を忠実に取り上げることは、もとよりたいせつであるけれど。」（「広島国語国文学会研究紀要」国語教育特集号二七～二八ぺ）

当時はすでに、国語教育学樹立の提唱が西尾実先生によってなされ、八か月ばかりたっていたが、国語教育学の樹立そのことをテーマにとっての研究発表にまでは進めない状態であった。

ついで、昭和二六年（一九五一）九月二二日、第四回全日本国語教育研究協議会において、鳥取大の木村万寿夫氏が「国語教育学の構想」と題して、研究発表をされた。つづいて、昭和二七年（一九五二）一月二六日には、福岡学大の都築頼助氏が、第二回全国大学国語教育学会九州地区会において、「国語教育学の学的性格」と題して、研究発表をされた。

このように、国語教育学樹立のための基本体制を固めていくため、国語教育学の構想・性格についての考察が進められたが、昭二七年（一九五二）九月二一日、第五回全国大学国語教育学会（第五回全日本国語教育研究協議会大学部会）においては、研究協議の問題の一つとして、「国語教育学はいかなる部門から構成されるか」がとりあげられた。国語教育学の構成部門について、話しあいがおこなわれたが、はっきりとしたまとまりをつけることはできなかった。このとき、石井庄司氏から、1、国語教育学の所属部門（教育学）2、国語教育学の関連科学（心理学・社会学）3、資料研究のための補助科学（国語学・文芸学）4、国語教育学の任務などについて、発言があった。

五

昭和二七年（一九五二）一〇月、石井庄司氏は雑誌「国語」に、「国語教育学についての覚書——とくにその領域と方法——」を発表された。

石井教授は、「国語教育学が学問の名に値する実質を具備し、それによって教育の実際に貢献しようとするには、どうしたらよいか。それについては、まず、国語教育学とはなんであるか、その領域は、その方法はどうかについて考えてみるより外ないと思う。」（一ぺ）とされて、

1　国語教育学の領域、2　国語教育学の方法、の二つに分けて述べていられる。

石井庄司氏は、「国語教育学は、『国語』の教育学ではなくて、『国語教育』の学問研究でなければならない。また教育に関係の多い国語国文の知識の集積でもなく、あくまでも国語教育という事実を対象とする学問研究でなければならない。」として、国語教育の事実を、「国語教室」によってとらえ、「国語教室」を、1　学校の国語教室（「国語科教育」）、2　学校の各科の教室（「国語教育」）、3　社会と家庭という国語教室（「国語生活」）の三つに分けて考えていられる。「国語教育学としては、こうしたすべての『教室』における事実をもととし、とくにそこに起り得べき現象について研究しなければならない。」（二ぺ）「ただ問題になるのは、それぞれの専門の研究領域があって、その外に独自の研究領域はあり得ないということであろう。たとえば、国語科の教室で取り扱われる国語・国文は、すべて国語学・国文学の研究領域であり、国語生活として営まれる世界は、言語学あるいは心理学など、国語教育学は、すべての専門の結果だけを集めたものだというであろう。しかし、国語学や国文学の知識をどんなに集めてみても、それはどこまでも国語学や国文学の領域を出ないのであって、決して国

語教育学の領域は生まれて来ないのである。このことは、他の領域の学問を否定することではなくて、各々の学問に独自の領域のあることを示すものである。」（二ぺ）として、国語教育学の独自の領域としては、1　小学校（幼稚園）から中学校・高等学校から大学にいたるまでの一貫した国語科のカリキュラム研究、2　国語教育の基としての国語の力の要素の分析と発達段階の調査研究、があげてある。

　ついで、国語教育学の方法については、まず「国語教育学が科学の一分野として、一般の方法であるところの観察・実験・調査というもののあることはいうまでもなかろう。」（三ぺ）とし、また、「この方法の発見のために、われわれは先進の研究のあとをたどってみなければならない。」（三ぺ）として、明治三三年以降の歴史的考察を進めていられる。その中では、「昭和のはじめからいわゆる『沈黙の深層』にあった垣内先生が、昭和七年二月芦田先生の読み方教室を見て、ここに『実践』と『理論』が手をとり合ったのである。『読み方と綴り方』という雑誌の創刊号のはじめに書かれた『純粋なる『と』を求めて』によれば、芦田先生と垣内先生は、いわば『実践』と『理論』とが合ったのであって、その『と』を解決する道が形象理論ではないかと思う。『国語の力』の初版が出た大正十一年（一九二二）から戦後再稿『国語の力』のでき上った昭和二二年（一九四七）まで、まさに二十五年である。この二十五年の間に、垣内先生の説かれてきた形象理論は、その論述が幽遠で難解を以て知られている。しかし、先生の求めて来られたものは、けっきょく、この純粋なる『と』であって、ここに国語教育学の方法が暗示されているものと思われる。」（四ぺ）とも述べられ、また、「国語教育そのものの観察も調査も実験も一そう科学的にできる方法があるのではないか。国語の観察をもって、ただちに国語教育の事実と見誤ることのないようにしたいものである。」（四ぺ）とも述べられ、つづいて、「学問には分析が必要であると言われている。しかし、その分析の方法も自然科学と人文科学ではちがった面をもっているはずである。国語教育学は、生きた人間の現象であって、自然科学とはちがった方法で取扱わるべきことはいうまでもない。そういう点で国語教育学が社会学や心理学から多くの寄与を期待することは誤ではない。けれども社会学や心理学の単なる応用でないことは国語学や国文学の応用でないと同じである。」（四ぺ）とし、さらに、「国語教育学を技術のようにいうのはよくない。しかし、事実、実地に実現させるためには、技術が必要となって来る。そういう新しい意味においての指導法ということが、やはり国語教育学の中に重要な位置を占めることになるのであって、理論と実践の『と』を深く結びつけるものは、国語教育学の任務であるといってよい。」（五ぺ）と、述べていられる。

国語教育学の領域の考察にあたって、「国語教室」観を設定し、国語教育学の方法の考察にあたって、歴史的伝統的なものをふまえていこうとする態度は、石井庄司氏のばあい、特色の深いものとなっている。

昭和二八年（一九五三）一二月、石井庄司氏は、「国語科教育」（第二集、全国大学国語教育学会紀要）に、「国語教育学の完成を期して」を書いていられる。

ここで、石井庄司氏は、「国語教育の学問的研究は、今や学習指導の根本的な探求と教材の本質的な究明によって、新しい段階にはいろうとしている。それは、単なる国語学や国文学の応用ではなく、また単なる学習心理学や教授法の適用でもなく、あるいは両者の寄せ集めでもなく、もっと根源的なものについて研究しようとするところにある。日日の『国語教室』に参与する者と研究室にあって専心研究にあたる者とが一体となって、もっと広くして、深いものについて考究しようとするところにある。」（一ぺ）として、「研究者は絶えず『国語教室』の実践に立脚して、慎重に研究を進めていきたい。かくて、新しい国語教育学は、いわゆる『上から』でもなく、『下から』からでもなく、厳粛な教育の実践によって進まねばならない。『国語教室』は、全国にあるところの小学校をはじめとして、中学校・高等学校から大学における一般教養の『文学』にいたるまでのことを研究の対象とするものである。」（四ぺ）「われわれは当初の目標を一そう追求して、国語教育学の組織と内容の完成に努力したいものと思う。」（四ぺ）と、述べていられる。

ついで、石井庄司氏は、昭和三〇年（一九五五）一月、雑誌「実践国語」に、「これからの国語教育学」を発表された。

ここで、石井氏は、「国語教育学というものが考えられるためには、まず国語教育という現象の存在をみとめなければできないことである。ところがいったい国語教育という現象は、どこでどんな具合に存在しているのであろうか。（一五ぺ）「ほんとうに、国語の学習とはなんであるか、それをきめることが、そもそも国語教育学ではないかということになる。」（一五ぺ）として、これまでの国語教育研究について、「これまでは多く、国語の実践者という人があって、その実践をよりどころとして、その根拠づけとしての国語の学問的研究があるようにいわれてきた。実践人と学者というものが、二元的な立場にあるように考えられてきた。『リクツはどうでもいい、われわれはただ実践あるのみだ』というような声もきかされたことがあった。またあるときには、『これは実践者のやることであって、学問ではない』などともいわれてきた。すべて二つにわたって考えようとする態度である。」（一五ぺ）と述べ、これからの問題として、「これからの国語教育学は、それでよいかどうか。いわゆる実践と理論が一枚となるところ、そこに国語教育学が成り立つのではなかろうか。」（一六ぺ）と述べていられる。また、「国語教育学が学問であるためには、とくに、その方法論的省察を厳密にしなければならない。国語教育学が学問であるためには、まず誰でもそれが検討しうるものであることが必要であり、またそれは公共的な反復しうる操作にもとづいたものでなければならない。別のことばでいえば、じぶんの主観によってわかるだけでなく、だれでもが見うる客観性をもっていなければならない。」（一六ぺ）とも述べ、「国語教育学は、日日の実践としての国語教室をおいては、ほかに成り立たないものである。しかし、またただ黙って実践していればよいというものでもない。これからの国語教育学は、こうした実践人と理論人の一如の体験のうちに形成さるべきものであって、少くともこれまでのような二元的な立場からは出てこないものと思う。」（一六ぺ）とも述べ、さらに

「教材の研究というのも、学習の場を考えその手順を考えて、はじめてできることであって、古い註釈の中から抜書しただけのものは決して教材の研究ではありえないのである。いま、ここで行われる国語の教室は、単なる抽象的なものではなく、もっと生きたものでなければならない。その生きた世界の根源にあるところの国語教育学的な意味を明確にするところにわれらの学問がある。」（一七ぺ）とも述べていられる。

「実践と理論が一枚となるところ」、「実践人と理論人の一如の体験のうち」というように、石井庄司氏は、実践と理論の一元化される場に、国語教育学成立の問題を見ようとされている。

つぎに、昭和三〇年（一九五五）七月、石井庄司氏は、続教育大学講座「国語科教育」に、「国語教育学の理論と歴史」を執筆された。これは、

1　国語教育研究の対象と方法

2　国語教育の歩み

の二節に分かれている。

まず、「国語教育研究の対象と方法」においては、「対象と方法」の問題を、「対象と方法とが相互に決定していくので、ここでは、対象がさきというわけでもなく、また方法がさきというわけでもなく、相互に決定していくというところに意味がある。」（三ぺ）とし、「国語教育の対象を問うことは、またその方法を問うことにもなる。方法をきわめていくことによって対象も明らかとなって行くはずである。」（五ぺ）としていられる。ついで、国語教育研究の方法としては、「それは、まず、観察である。そして、それについて考える、それがことばによって説明されるということになる。」（七ぺ）「こうして、観察したことを分析して、それをどう考えるか、そこからどんな法則を引きだしているか、それが国語教育の基礎学としての国語研究ということになる。」（八ぺ）と述べられ、多くの「国語教室」観察例を提示して説明されている。ついで、石井庄司氏は、「国語教育の話しあい

などの席上、よく結論として、けっきょく国語教育は、国語教育者の資質によるなどといわれる。『一切の教育作用は、教育者を中心として発動する』と篠原助市博士の『教育学』には説かれている。そのとおりである。しかし、国語教育の基礎学としての国語教育学があまり早く、そういうことになってしまうと、また困るのではないかと思われる。私など、よくそういう国語教師論を出す方だと指摘されているのであるが、たしかに注意しなければならない。国語教育は、だれでもやろうと思えば、ひと通りはできるものであるということ、しかも、それにはどういう計画と工夫とを要するか、ごくわかり易く平凡に述べてみる必要があるのであろうと思う。」（一九ぺ）とも述べていられる。

ついで、「国語教育の歩み」においては、明治三三年（一九〇〇）以降に刊行された国語教育関係の主要文献の解説を中心にして記述されている。ここでとりあげてある文献名はつぎのようである。

1	「小学校に於ける今後の国語教授」	芦田恵之助編著	明治33・12	同文館
2	「国語教授指南」	豊田　八十代著	明治38・1	学海指針社
3	「国語教授法集成（上・下）」	佐々木吉三郎著	明治39・9（上巻） 明治45・5（下巻）	東京育成会
4	「国語教育及教授の新潮」	保科　孝一著	大正3・6	弘道館
5	「国語教授法精義」	保科　孝一著	大正5・4	育英書院
6	「綴り方教授」	芦田　恵之助著	大正2・3	目黒書店
7	「読み方教授」	芦田　恵之助著	大正5・4	育英書院
8	「国語の力」	垣内　松三著	大正11・5	不老閣書房
9	「国語教育講話」	垣内　松三著	昭和11・1	同志同行社
10	「外国語としての我が国語教授法」	山口　喜一郎著	昭和8・3	自刊

（「日本語教授法原論」　山口　喜一郎著　昭和18・7　新紀元社）

西尾　実著　昭和4・11　古今書院

11「国語国文の教育」

これらの書物をとりあげながら、石井庄司氏は、「垣内先生は国語教育の理論、芦田先生は、その実践というふうに考えられ勝であるが、果してそういうことがあるであろうか。昭和七年二月二九日と三月一日、東京市渋谷の千駄ヶ谷小学校で、芦田先生の教壇を垣内先生がごらんになった。垣内先生のお話では、それより前に芦田先生の綴り方教室を見ているといわれたことがあったが、とにかく、この昭和七年以降ずっと、芦田・垣内両先生は、自己の実践を理論に、また理論を実践に証顕しつつ来られたのであった。『国語教育講話』（昭和一一年）には『師弟共流』ということばがある。そして、『国語教育については理論は多いが、実際はないといふ批難がある』が、それは、あたらないことであると述べられている。『師弟共流の根柢に漂って居るものは、実に厳粛な、『自己を読む』、『自己を綴る』という一点に立って居る』とも述べられている。この道の上に、国語教育の一つの道が開けてきたといってよいと思う。」（三二～三三ぺ）と述べ、また、山口喜一郎氏については、山口先生の国語教育研究こそは、理論と実践とが一枚になっているのである。」（三三ぺ）と述べていられる。おしまいに、石井氏は、「私の叙述は、ひじょうに簡単で、しかも大正の終りから、ほとんどペンを折って叙述にも何にもなっていないのであるが、なにか一つの道がしっかり通っている感じである。この道をわれわれはいかに歩んでいくべきか。今日および明日の国語教育学研究者に課せられた問題であると思う。」（三四ぺ）と述べていられる。

この「国語教育の歩み」は、一一冊の文献中心の国語教育学説史のかたちをとっている。石井氏は、その中に、国語教育の伝統（「一つの道」）を探求しようとされている。

石井庄司氏は、昭和三〇年（一九五五）八月、「国語学辞典」の「国語教育」の項において、戦後の国語教育の動向の一つとして「学習指導の方法についてくふうが加えられ、基礎学力の練習が問題になってきた。特に人間形成の問題、人間像をいかなるものとすべきかの問題も起ってきた。文学教育の問題、生活綴方の問題もみなこれらに関連したもので、国語教育には解決を要すべき問題が多い。これらの問題を取り上げて、これに学習根拠を与えようとするのが、国語教育科学であり、国語教育学である。」（四〇一ペ）と述べていられる。

昭和三一年（一九五六）五月、石井庄司氏は、日本教育学会第一五回全国大会（東学大）において、「国語教育学の一課題」を発表された。

石井庄司氏は、昭和二五年以降、全国大学国語教育学会の委員長として、国語教育学の育成について心をあつめられた。国語教育学説の史的展開の追求とともに、国語教育学の性格・領域・対象・方法について、氏独自の考察を進められた。

六

昭和二九年（一九五四）、内山直氏は、「国語教育学の基礎的認識」を「国語研究」（一五号・一六号）に発表された。これには、「西尾実先生の国語教育学説」という副題がついている。

内山直氏は、昭和二七年四月末から六か月、国立国語研究所に内地留学された。そのときの研究計画について、内山氏は、「わたくしの研究テーマは『国語教育学の研究及び国語教育史の研究』というのであった。その意図した所は、西尾先生が言われる第三期の言語教育的学習指導期と呼ばれる現在の国語教育が、如何なる過程を経て現状に到達したかという歴史的必然を究明することによって、今日その必要が要請されている国語教育の学的体系を考察したいというのである。この研究計画は今でも正しく誤りではなかったと思っている。」（六三ペ）と述べていられる。

内山直氏は、西尾実先生の著書九冊（「国語国文の教育」から「書くことの教育」にいたるまで）の要点を五冊のノートに摘録しながら読んだいつわらざる結論として、「先生の全著書を読んで、わたくしの最も感動した点は、先生が言語活動主義の国語教育に目覚められる過程は、如何なる思索の結果、どのように発見されて来たかという、先生の思索の展開、論理の進展が極めて正確鮮明で力強く、常に自己の実践の中に推し進められているということである。そこには単なる思いつきや借り物はない。」（六三〜六四ぺ）「しかも国文学研究の一学徒として出発された先生の所説にはわが国古来の伝統の継承をしっかりと足場にふまえ、国語教育の一実践者として出発された先生には机上の空論として現場から遊離した観念のもてあそびがない。しかもその思索の展開の美事さには景仰の念を禁ずることができない。」（六四ぺ）と述べていられる。

内山氏は、西尾先生の国語教育学説における領域論（対象論）の展開を追求して、「わたくしがここに言いたい結論は、西尾先生によって発見され提唱されて来た、国語教育の新領域、すなわち、言語指導の教育は、決して植民地的奴隷的な、押しつけられたものではなく、わが国の伝統に深く根ざしたものであり、しかも真剣な体験を通過して生み出されたものであるということである。」（六六ぺ）と述べ、また、西尾実先生の国語教育実践・研究における根本態度、行的方法について考察を進められた。

「西尾実先生の国語教育学説」そのものの研究は、一九三〇年代の国語教育学説史研究には、まだみられなかった。内山直氏のこの論考は、一九五〇年代の国語教育学説史研究の一つとして注目すべきものである。

七

昭和三〇年（一九五五）一月二〇日から四日間、山梨大学学芸部において、西尾実先生の集中講義「国語教育学序説」がおこなわれた。このときのことは、その一部が、昭和三一年（一九五六）三月、「国語科教育」（全国大学国語教育学会紀要第三集）に、「国語教育学に関する二、三の問題」として収録された。

集中講義「国語教育学序説」の内容は、つぎのようになっていた。

Ⅰ　言語生活の実態
　1　国語教育学の必要
　2　構造的にみた言語の実態
　3　歴史的にみた言語の実態
Ⅱ　言語の機能と形態
　1　言語の社会的機能
　2　談話生活の形態
　　(1)対話　(2)会話　(3)独話
　3　文章の形態
　　(1)通信　(2)記録　(3)通達
Ⅲ　言語生活の領域と形態
　1　地盤領域
　2　発展領域
　3　完成領域
　4　完成領域における文学
　5　日本文学の起源と発達

(1)文学の起源　(2)文学のジャンル　(3)文学の様式　(4)文学のイズム

Ⅳ　言語生活指導の方法

1　談話生活の方法

(1)対話　(2)会話と討論　(3)独話

2　文章生活の方法

(1)読むこと　(2)書くこと　(3)文学活動の方法　①鑑賞　②問題意識　③創作

Ⅴ　むすび

（「国語科教育」第三集、二四～二五ぺ）

この集中講義において、西尾実先生は、「国語教育学はいわゆる近代科学のように西洋に伝統の原流《ママ》があるものではない。東洋や日本において成長していた学問でもない。しかし、日本の現状は、この学問の樹立が必要であり、また可能である。それは何よりも、国民の言語生活および言語文化の現状と将来のために必要であり、国語教育の歴史がそれを要請し、また、可能にする。われわれは現在まで国語教育を行なってきたが、それを国語教育学として組織しなければならない理由を、問題的に考えてみたい。」（二ぺ）と述べ、また、「国語教育でも、抽象した知識を与えるのではなく、言葉の能力、言葉のはたらきを考えることが問題となってきた。今までの国語学を基礎とした応用では、国語教育はできない。言語を実在的な立場でとらえることから出発し、国語教育学を成立させなければならない。」（四ぺ）と述べていられる。

西尾実先生は、また、「われわれは学問について、かつては理論から応用実践へと考えていたが、実践から理論へという一面も考えなければならないのである。この二面が、すなわち理論から実践へ、実践から理論へという方向が、ひとつの環として貫かれてこそ、ほんとうの学問となるのである。国語教育学は、新しい学問として可能であり、必要でもある。日本の学問は後進国であるからといって、外国の学説を引用することでなく、事実をしっかり見つめることによって、問題を見つけ、自主的なものにしなければならない。そうすることが、また、外国の学説を、ほんとうに理解する基礎ともなるのである。」（二四ぺ）と述べていられる。

これらには、国語教育学を成立させていくためにとるべき基本的立場があきらかにされている。

昭和三〇年（一九五五）六月、第一〇回全国大学国語教育学会（福島大学）においては、研究協議題として、「国語教育学の問題点はなにか」がとりあげられた。このとき、西尾実先生は、「国語教育学の問題点」について講演をされた。

この講演においては、国語教育学の問題点として、1国語教育学の対象領域　2国語教育学の性格　3国語教育学の位置　4国語教育学の方法　5「国語科教育」と国語教育学　などの問題がとりあげられた。

西尾実先生は、まず、「国語教育の基礎科学として国語教育学がある。――これまでの国文学、言語学は、基礎科学たり得ず、言語学においては、言語の本質と呼ばれる基本的要素を抽象して分析したり綜合したりしているのみなので、生きてはたらく国語と結びついておらず、また、国文学も既成の作品を対象としていたのであって、その作品がいかに創作され消費されたかという文学事実ととりくんでいない。そこで、国語教育という、生きて働いている言葉の機能を伸ばすための基礎科学たり得ないのである。日本の国語学、国文学、言語学は従来の抽象的なものを詳しく掘り下げるのみで、補助科学、関係科学とはなり得るが、基礎科学とはなり得ないのである。我々は何としても国語教育という、国語による言語生活を発展させ実践するため基礎科学を樹立しなければならない。すでに問題が提出されたということは、なかば学が樹立されたものと考えてよいのである。国語教育学原論の成立を諸君に期待する。」（福島大会記録「どのようにして国語力の充実を図るか」一二ぺ）と述べて、国語教育学は国語教育の基礎科学であることを強調された。ついで、国語教育学のもつべき体系については、「対象領域が言語生活としてとりあげられ、その言語生活がいかなる機能と構造をもったものであるかということが明らかになっている以上は、その体系は当然できてくるものである。それは観念的体系としてではないが、生活体系もしくは実践体系として成立する。」（一三ぺ）と述べ、「国語教育学はそれ（引用者注、「今までの国語学」）の発展でも応用でもなく、言語の生態そのものを捉え、実存としての言語の機能を分析し綜合することから出発しなくてはならない。」（一三ぺ）と述べて、国語教育学の出発点を示された。

つぎに、国語教育学の性格については、「我々の言語生活指導の基礎学としての国語教育学は、どうしてもよそから借りて来るわけにはゆかないのである。」（一三～一四ぺ）として、「従来の形象理論から生活へではなく、あらためて、生活から理論へという方向を樹立し、さらに、そのようにして見出した理論から生活へという方向をとることが必要である。このような生活態度の学問を樹立することによって、海外の学問をも、われわれの学問体系の中に正しく摂取することができる。でないと、いつまでも日本は植民地的文化から脱却することはできないであろう。この『生活から理論』へという態度を国民の中に滲透せしむることこそ我々教育者のなすべき事で、これこそ、文化を築く基本となることなのである。」（一四ぺ）と述べられた。

ついで、国語教育学が学問体系の上でどういう位置を占めるかは未解決の問題であるとして、「このように限界点に発生する学問というものは学問や文化の発達上、きわめて重要である。これを十分に位置づけて一つの部門に育て上げることが学問発達の上にだいじである。この点で我々はもっと勇気を持って、この学問を学問として建設して行かなくてはならないと思う。少なくとも、これまでの国語学の一部門でもなければ、教育学の応用部門でもない。それらと密接な関係をもちながら、しかもわれわれの言語生活を対象領域とした、またその社会的機能の合理化と能率化を目的とした、一この独立した社会科学である。いわば限界点に誕生しようとしている新しい学問である。」（一四～一五ぺ）と述べられた。

つぎに、国語教育学の方法については、「教育者の平生の経験を記録し、そういう記録の累積から理論や法則を導き出すことが国語教育学を樹立する当面の方法である。不完全さ、記録の重要さをよく認識すべきである。」（一五ぺ）と述べられ、また、「国語教育学の樹立にはデーターを作ることが基本となり、それは、他人の、または自分の経験の記録をもとにしてなされなければならない。これも地方は地方、中央は中央で行っているのみでなく、学会や機関紙などにおいて遺ろうなく、記録を交換し、報告しあってこれを全国的に集計して原理法則を帰納してゆくといいのである。付属学校を利用して実践面に触れることは非常に便利である。」（一六ぺ）と述べて、方法としての記録の重要さを強調された。

ついで、国語科教育と国語教育学の関連については、「各大学において行われている教科教育はかつての教授技術の復活になりはしないかとおそれるものである。そのためにも国語科教育の基礎学の樹立を希望する。日本の国語教育学は、日本にのみ必要なのであり、日本の言語生活研究の特殊事情のために必要なものである。他の関係科学の原理、方法の適用は、日本の言語生活の研究が築かれた上で研究されるべきである。我々の言語生活そのものの把握と探究、そこから理論と方法とを導き出すことが必要である。」（一六ぺ）と述べられた。

「国語教育学の問題点」として、とくに国語教育学の位置・方法について、それぞれの問題をとりあげられたのは、今までに比べて、特色のあるものであった。

昭和三二年（一九五七）四月、西尾実先生は、「国語教育学序説」を筑摩書房から刊行された。これは、昭和三〇年（一九五五）一月の山梨大学学芸学部における集中講義「国語教育学序説」をもとにして成ったものである。

本書の立場と性格については、「この『国語教育学序説』は、そういう国語教育の実践者という一種の専門仲間を離れた立場で、言いかえると、国語による生活と文化を営んでいる、いわば国語生活仲間という立場で考察した国語生活論であり、そこから導かれた学習論である点で、わたしが探りえた最も基礎的な国語教育学であり、わたしがたどりえた最も根本的な国語教育原論である。」（三ぺ）と述べていられる。また、本書の前提になった考察は、「『言葉とその文化』『日本人のことば』および『国語教育学の構想』である。」（三ぺ）と述べてある。

　さらに、国語教育学樹立の要求と可能性については、「四十余年にわたるわたしの国語教育についての経験と、その間に触れてきたわが国の国語教育の歩みとは、国語教育の基礎学を樹立する必要を感じさせて今日にいたった。」（一ぺ）と述べ、「国語教育は、国語による生活を経験させ、国語による文化活動を営ませることから、出発しなくてはならない。ところが、国語による生活と文化が、どういう生活と文化であるかということは、これまで、じゅうぶんには窮められていなかった。したがって、われわれの国語教育は教育学や心理学によって導かれる一般的な方法や技術の適用だけではまにあわない。どうしても、国語による生活と文化そのものの研究を行い、そこから導かれる方法なり技術なりをあらためて発見しなくてはならない。そこに、わが国のいまの国語教育は、その基礎学として国語教育学を樹立しなくてはならない理由がある。また、国語教育を学とするならば、それだけの理論体系がなくてはならないということは、当然のことと考える。ただ、その理論体系そのものについていえば、わが国におけるこれまでの学界や教育界では、理論なるものは、いつでも生活や実践の前提となるものではあっても、生活や実践から導かれる成果であるとは考えられていなかった。言いかえると、理論から生活へという一面だけが認められて、生活から理論へという一面が見落されていた。これは後進国の欠陥にすぎない。われわれは理論から生活への応用的努力とともに、生活から理論への創造的努力をも忘れてはならない。国語教育学の樹立は、わけてもその理論体系は、どこかの国でできあがっている理論体系などの引用ではまにあわない。われわれの国語教育の理論体系は、われわれの国語による生活と文化の中から発見し、創造しなくてはならない。そこにわれわれの国語教育学樹立の要求と可能性がある。」（一～二ぺ）と述べていられる。

　本書の内容は、二部に分かれていて、つぎのようになっている。

第二章　国語教育学の史的展開―戦後―

八　文学活動としての鑑賞学習
九　文学教育の問題史的展望
一〇　国語教育者

西尾実先生は、右のうちⅡの一〇、国語教育者の項で、本書の立場を、国語教育者のあり方を考えていく面で、「最近の国語教育の歩みを深く見つめると、国語教育者の任務の中心は、昔のような国語に関する知識や技能の教授でもなければ、またそれの学習指導でもない。むしろ、国語に関する知識を生かし、技能を育てる能力を自覚的に養う学習そのものが国語教育の土台でありその土台につちかうことが国語教育者の中心任務であることが痛感される。」（一六三ぺ）と述べ、さらに、「国語教育者は、かつては高い壇の上から学習者に教授した。次には壇を下り、学習者の先頭に立って導いた。けれどもいまは、学習者の背後から、かれらめいめいの学習の方法と方向を見守りながら行こうとしている。言いかえると国語教育者は、かつては絶対者的権威をもって学習者に臨んだ。それがすぐれた国語教育者であった。次には先達として学習者を導こうとした。それがよい国語教育者であった。いまは、ゆきとどいた理解者の目でうしろから学習者を見守っていく。それが望ましい国語教育者である。わたしは、そういう意味で、国語教育者は徹底した科学者でなければならないと考えるようになってきた。本書で述べてきたところも、こういう立場から出てくるわたしの国語教育原論であり、国語教育学序説である。」（一六三～一六四ぺ）と述べていられる。

なお、西尾実先生は、本書でとられた「学習」本位観について、「この『国語教育学序説』では、国語教育の対象を、ことばによって営まれる生活と文化とし、国語教育の方法を、ことばによる生活と文化を学習することであるとしているが、これは国語教育の歴史がたどりついた現段階の課題がそれであるというたてまえで言いうることであって、国語教育の対象が、『国語に関する知識と技能』ではないというのではない。むしろ、それらを成り立たせている根底が『ことばの生活と文化』であるという意味で、それらをその根底から築き上げようという立場に立ったものであり、また、その方法にしても、かつての教授や指導が不要であるという立場で学習をとりあげたのではなく、やはり、教授や指導の根底に学習者の学習が確立されていなくてはならないというたてまえから、一歩一歩その根底に掘り下げてきたことを意味する歴史的立場である。もちろん、国語教育は、国語教育者の問題であり、任務である。が、その中心問題は、教えることよりも、導くことよりも、学ぶということが何であり、どうすることであるかを窮めることである。これまでの国語教育では、この直接的な中に問題が忘れられていた。でなければ、わかりきったこととされていた。しかも、実は全然といっていいほどわかっていないままに、教授に急ぎ、指導にあせっていた。まさに一世紀に及ぼうとしている、近代におけるわれわれの国語教育の歩みが、ようやく、学習そのものの問題に到達したのである。」（一六五～一六六ぺ）と述べていられる。

　つぎに、本書が、学習をさせる方法、かつての教授法や指導法らしいものをとりあげていないことについては、「国語教育者として教室に立つためには、もちろんそれも必要である。」（一六六ぺ）しかし、「本書では、国語教育の国語が何であり、またその学習はどんな問題と方法から出発しなくてはならないかという、土台を築くことに力点をおいている。」（一六六ぺ）と述べていられる。

　さらに、本書において残された問題については、「それは、大きくいえば、国語教育学がこれまでの国語学とどういう点で接触し、どういう関係をもって展開するかという、きわめて重大な問題である。にもかかわらず、わたしは、これまでの国語学によって開拓されていなかった、国語教育からいえばむしろその出発点となり、帰着点ともならなくてはならない、ことばの生活と文化をとりあげることに急であったために、ことばの本質的要素としての国語学の国語を位置づけることにも、関係づけることにも、おろそかでありすぎた。言いかえると、ここに国語教育学進展のための課題が見いだされる。」（一六八ぺ）と述べていられる。

「国語教育学序説」は、西尾実先生の到達された最も基礎的な国語教育学であり、最も根本的な国語教育原論であって、戦後の国語教育学研究の一つの頂点をなすものである。国語教育学の対象としての「ことばの生活と文化」の問題が、「実存としてのことば」、「ことばの機構」、「ことばの機能」、「ことばの形態」、「ことばの特殊形態」、「文学活動」の視点から考察され、ついで、国語教育の方法としての「ことばの生活と文化の学習」の問題が、「話し合いの学習」、「話すことの学習」、「聞くことの学習」、「読むことの学習」、「書くことの学習」、「文学活動としての創作学習」、「文学活動としての鑑賞学習」として、とりあげられている。「国語教育の対象と方法」がもっとも基本的な面において、追求されている点で、「国語教育学序説」は、国語教育原論の性格をそなえている。

昭和三二年（一九五七）九月二〇日、第一五回全国大学国語教育学会において、西尾実先生は、「国語教育学と国語学」について講演をされた。この問題は、「国語教育学序説」においても、残されていた問題の一つであった。

この講演において、西尾実先生は、戦後における西尾先生ご自身の国語教育学研究の進展過程について、その経過を述べられ、また、国語教育学と国語学との関連について論及された。国語学は国語教育学の有力な関連科学であるとして、国語学の位置と役割について考察された。ここで、国語教育学の関連科学について、その問題の重要性を強調されているのに、注目しなくてはならない。

八

昭和二六年（一九五二）七月、時枝誠記博士は、「国語教育上の諸問題」（雑誌「国語と国文学」昭和26年7月号）において、「国語教育学の任務」をとりあげていられる。時枝博士は、この問題を、「国語教育と国語政策」「単元学習の意義」「国語教育と人間教育」などの問題とともにとりあげられたのである。

　時枝博士は、「国語教育学の任務」について、

「終戦後一、二年にして、私はよく国語教育の混沌状態を聞かされた。無条件に時流に追随することの出来ない多くの教師たちが、国語教育を根本的に考へるために、教育を離れた、純粋の学問的な講義を求めてゐるといふことを聞かされた。例へば、私の国語学史のやうなものの講義を希望してゐるといふのであった。これは長野県での話であるが、私はその真意がどこにあるかは分らなかったけれど、教育とはおよそかけ離れた学問的なものを求めるその熱意には驚かされたのである。しかし、例へば、私の国語学史のやうなものを、国語教育の混沌状態を打開するのに役立つものとして勧めることに、殆ど自信を持てなかった私は、これらの教師の方々の疑問と希望に対して、次のやうな態度と方法も、これらの問題を解決する一つの道ではないかといふことを提案したのである。それは、国語教育がもし混沌として、その帰趨を明かにすることが出来ないならば、やるべきことの先づ第一に大切なことは、国語教育そのものについて、深く考へて見るといふことではないか。国語教育について考へるといふことは、国語教育を一つの学問の対象としてこれを観察することであって、さういふことを余所にして、他の学問らしい学問を求めたとしても、それで、国語教育に確固たる目標と方法とを打立てることは、木によって魚を求めるやうなものではなからうかといふのであった。私はこのやうに提案すると同時に、私自身、学究としての立場から、国語教育を学問的に考察することに努力もして来た。国語教育学といふものが、成立つとするならば、それは国語教育を客観的に、その機能、その方法を記述し躰系づけることであって、特にしかつめらしい方法があるわけではない。そして、それは国語教育の実践に確固たる礎石を置くために必要なことである。

　今日、国語教育学は、各大学の教育学部等において、教職課程の一つとして講ぜられるやうになってゐるが、

私はこの学問が、ただ職業教育の一環として講ぜられるばかりでなく、国語教育の実践の躰系を明かにするために必要なものとして研究されるやうになることが、大切であると思ふ。更にそれが大学課程の一講義として躰系が整へられて行くことよりも、教育の実践に携る人たちが、各自銘々国語教育学を思索し、組織するやうになることが、望ましいのではなからうか。そのやうな国語教育学は、教壇の人たちが、ただ自己の教育的な営みを反省し、記述するところに成立つのであって、特にこれといふ枠が定められてゐると考へる必要はないと私は見てゐるのである。」（二ぺ）（原文のまま）と述べていられる。

とくに、「国語教育学といふものが、成立つとするならば、それは国語教育を客観的に、その機能、その方法を記述し躰系づけることであって、特にしかつめらしい方法があるわけではない。そして、それは国語教育の実践に確固たる礎石を置くために必要なことである。」「私はこの学問が、（中略）、国語教育の実践の躰系を明かにするために必要なものとして研究されるやうになることが、大切であると思ふ。」「教育の実践に携る人たちが、各自銘々国語教育学を思索し、組織するやうになることが、望ましいのではなからうか。そのやうな国語教育学は、教壇の人たちが、ただ自己の教育的な営みを反省し、記述するところに成立つのであって、特にこれといふ枠が定められてゐると考へる必要はないと私は見てゐるのである。」と述べてあるところには、時枝博士の国語教育学に対する考えかたがよくあらわれている。

時枝博士は、「私自身、学究としての立場から、国語教育を学問的に考察することに努力もして来た。」と述べていられる。これは、学究としての立場からの考察について述べられたものであるが、博士自身の国語教育の実践については、つぎのように記述していられる。

「今日までの永い研究室生活を振返って見て、得難い経験と考へられることは、大学卒業と同時に、中等学校の国語教師として教壇に立ったことである。それは研究生活とは全く懸離れた生活であったからといふ意味ではなく、そこでは、国語が全く生きた切実な問題として与へられたからである。今までは、文献の中に静かに眠ってゐる国語に、私はただ呼びかけてゐるに過ぎなかったのであるが、ここでは、国語は、私と生徒との間に、電流の様に火花を散らしてゐる。大震災後の東京市の復興計画の一として、新に創設された第二東京市立中学校（昭和十八年上野中学と改称）に、藤村作、垣内松三両先生の御推薦によって、私は一国語教師として勤務することとなった。創設まだ日が浅いこととて、二年生がやうやく出来たばかりで、私は、その年入学した一年生の組主任となり、国語と文法とを受持つこととなった。始めて貰ふ俸給と、『先生お早うございます。』といふ元気のよい毎朝の生徒の挨拶に胆を冷しながら、私は、永年の学窓生活から、一八〇度の急転回をすることとなった。『中学教師の生活はぬるま湯に入ったやうなものだ。出れば寒いが、入ってゐても格別気持ちよいものではない。』と同僚の先輩から聞かされても、成程さうかなあと思っただけで、すべてが新しい生活であり、この生活をただ私の全生活として、過去の研究生活など思ふ暇はなかった。校長高藤太一郎氏（現在私の舅にあたる）は、教員生活と研究生活の両立を説いて、我々若い教員を叱咤激励されたが、私はその言葉にすがって、過去の研究生活を、いくらかでもここに持ち込まうと考へるよりも、教育といふ新しい角度から、生徒を眺め、国語を考へて見たい慾望に駆られた。担任の国語、作文、文法についてはいふまでもなく、学校行事の遠足、行軍、夏期聚落、さては武道の練習、学芸会の催に至るまで、私は絶えず生徒と共に行動し、彼等を知ることに興味が集注されたが、国語教授といふことが、全く未知な世界であったことには、私は非常な不安を感じた。その頃、垣内松三氏の『国語の力』に接したことは、全く暗夜に燈を得たやうな思ひであった。私は感激を以て熟読し、その難解な叙述の中にも、何か清新な光が漂ってゐるのを感じたのである。これを国語教師の無二の指針として、読み、かつ、これを実演することに努めた。西尾実氏が同僚の先輩であったことも、後年同氏の著書に親む機縁となった。垣内氏や西尾氏は、しきりに解釈と国文学研究との関連を説いて居られるのであるが、私は、これを国語学の領域に持ち込んで、言語の対象把握は、解釈によって始めて可能であるといふやうなことを考へるやうになったのも、その根底は、恐らく両氏の学説、更に、私の国語教授の体験から来たものであらうと考へてゐる。国語の教授とか理解とかを通じてなされる国語の具体相の把握といふことが、今まで全くさういふ実践を離れて、文献の中に眠ってゐるやうになった。『生きた言語』それは決して、古語とか現代語とかの時代の新古によって云はれるものでなく、解釈によってあらゆる言語は生命を与へられ、生きた言語となるものであることを知るやうになった。国語教育、それは言語に息吹を与へることに外ならないのである。」（「国語学への道」、昭和32年10月5日、三省堂刊、三七～三八ぺ）

これによっても、時枝博士が、国語教育の実践を大切にされたことがわかる。文中、「私は、その年入学した一年生の組主任となり、国語と文法とを受持つことになった。」とある。このときの文法教授については、「文法教授に対する卑見」という所論が雑誌「国文教育」第五巻四号に載せられている。この所論に、時枝誠記博士の、自己の実践に対する深い省察的態度をうかがうことができる。自己の実践体験にもとづいて国語教育のありかたを考究していこうとする態度は、すでに、この所論に、はっきりとみられるのである。

時枝誠記博士が、国語教育学の成立・構築について、実践者の立場からの思索・組織について強調していられるのも、右のような国語教育の実践そのものを深く考えていこうとする、氏の態度から理解していくことができよう。

昭和二七年（一九五二）五月、時枝誠記博士は、「国語学と国語教育との交渉」という論考を、「国語科教育」（全国大学国語教育学会紀要、第一集、昭和27年5月28日刊）に載せていられる。

時枝博士は、この論文において、言語過程説の立場から、国語学と国語教育との交渉の問題をとりあげられた。まず、橋本進吉博士の論文「国語学と国語教育」（岩波講座国語教育、昭和12年9月刊、所収）を手がかりとして、同じ主題に対する橋本進吉博士の見解と相違する点を明かにしようとされ、さらに、橋本進吉博士の「言語理論とは、全く対蹠的である言語過程説においては博士の見解とは、また別個の国語教育に対する寄与が考へられるのでそれらの点を明かに」しようとされたものである。

　時枝博士によれば、「当時の国語学の基調をなす言語理論の第一の点は、国語学の対象とする国語は、現実に我々が語り、聞く国語以前の、云はゞその資材となる言語であって、ソシュールが『ラング』と名づけたものであるといふこと。第二の点は、既に述べたやうに、言語を民族の生活文化の反映と見るドイツ文献学、乃至はフランス言語社会学派の言語研究の態度である。以上のやうな国語学は、言語文章の習熟、或は正しい表現と理解を目標とする国語教育とは直接には結びつかない。国語教育の中に、国語に対する認識に関する領域を設定することによって、はじめて両者の交渉を考へることが出来るのである。総じて、実践の根拠を認識に求めたのが戦前の国語教育であったと云ってもよいのであるが、ややもすれば、実践的教育は陰に隠れ、国語が日本精神を理解するための手段として扱はれることが多かったのではないかと思ふのである。」（七ぺ）とされ、また、時枝博士は、「私は、国語教育の中に、国語についての認識を与へる国語要説のやうなものを加へることは、特に新制高等学校の上級において必要であると考へるのであるが、国語学の寄与はそのやうな点のためばかりにあるのではなく、もっと広く、国語科のカリキュラムを組織し、国語教育の方法を立てるためにも是非必要な理論的根拠として関与しなければならないと考へるのである。しかしながら、そのためには、在来の国語学の組織を、その言語観の根本から改めることによってのみ可能とされるのである。言語過程説による国語学の体系は、正にそのような意味において、国語教育の基礎となって来るのである。」（九ぺ）と述べていられる。

　ついで、時枝博士は、「国語教育において、何を指導し、何を矯正するかを明かにすること、それは、国語それ自体を考察し、分析することに他ならないのであって、即ちそれは国語学的研究以外の何ものでもないのである。従って、国語教育者は、教育者であると同時に、何よりも国語学者であることが要請されるのである。一方、国語の専門学者は、教育の焦点を明かにするに必要な国語の分析を示して、国語教育への寄与を心懸けなければならないのである。ところで、在来の国語学に対しては、既に述べたやうに、国語教育者の側から不信が表明されてゐる。しかし、それは、在来の国語学の理論に対する不信に過ぎないと、私は考へるのであって、もし、そこから、国語の考察や分析が、国語教育者に不要であると考へるならば、国語教育者が、自らの最も大切な教育の足場までも放擲したことになると思ふのである。」（一〇ペ）と述べ、さらに進んで、言語過程説の立場から、「言語過程説は、在来の国語学の言語理論を克服して、国語教育に最も有効適切な足場を提供するであらう。しかし、言語過程説の理論は、特に国語教育のためにのみ用意されたものではなくして、一般言語現象の説明として体系づけられたものである。それ故にこそ、国語教育に対しても有効な射程を持つことが出来るのである。」（一〇ペ）と述べて、言語過程説の理論体系の特性を要約して示し、おしまいに、つぎのように述べていられる。

「在来の国語学は、ソシュール的言語理論を基礎としたために、具体的な言語的実践を取扱ふ国語教育に対して、極めて間接的な寄与しか主張することが出来なかった。一方、戦後の国語教育は、在来の国語学に対する不信から、国語に対する考察と分析とをゆるがせにして、教育の場を、ただ、討論と研究発表のはなやかさで塗りつぶすことを指導した。日本の国語教育の正しい道は、教室の学習計画において、たとひ、不手際であっても、教育内容について、何をどのやうな順序において教育されなければならないかといふことが、精密に分析されなければならないことであると思ふのである。そのためには、現場の国語教師は、何よりも、生徒の言語活動を正しく捉へ、そしてこれを克明に分析し、学年に配当することを試みる必要がある。いふまでもなく、これは国語学的作業である。その際、言語過程説の研究態度と方法とが、何等かの参考になることを、私は期待したのである。」（一三ペ）

この論考では、国語教育学の基礎学としての、また補助学としての、国語学の位置と役割が、時枝博士の言語過程説の立場から考察されている。国語学と国語教育（あるいは国語教育学）との関連・交渉について、国語学の立場から明確に追究されている点で、この論考は注目すべきものをもつ。

昭和二七年（一九五二）一〇月三〇日、時枝誠記博士は、ＩＦＥＬ（昭和27年度教育指導者講習）の「国語科教育」部会の席上、「国語科教育法」について、講義をされた。このなかで、時枝博士は、およそある事実を客観的に観察して、その理論を求めようというのなら、それは学と呼んでいい。国語教育学についても、すでに体系化されたものとしてではなく、国語教育事実を観察し、分析し、体系づけていくところに成立つものとして、学を考えていいのではないかと述べられ、時枝博士ご自身の国語教育についての分析を示され、国語教育の特質を究明された。この時の講義は、東京大学教育学部において講義された「国語科教育法」にもとづいて、それを要約して示されたものであった。

九

昭和二九年（一九五四）四月、時枝誠記博士は、「国語教育の方法」（昭和29年4月10日、習文社）を刊行された。

時枝博士は、本書の「はしがき」において、「（前略）、私は、国語教育の方法が立案される場合の根拠を、探索してみようと思ふのである。国語教育は、一つの教育的事実として、その方法の一半は、教育の原理から導き出されることであらうが、また、他の一半は、国語教育の内容である国語そのものによって規定されることであると考へた。教育原理について門外漢である私は、ここでは、主として、国語教育の内容である国語が、国語教育の方法を、どのやうに規定するかを考へてみようとした。」（一ぺ）と、その意図を述べ、ついで二つの目的について、

「国語教育の目的を考へ、国語の学習指導の計画を立案するにつけて、その立論の根拠を何に求め、どのやうに考へたならばよいかといふことは、国語教育に携はる人々の最も大きな関心事であらうと思ふ。それは、国語教育への沈潜と、それに対する永年の体験によって、自ら悟入することの出来るやうな事実であらうけれども、また、一方、これを理論的に追求することも、強ち無益なことではないと思ふのである。それどころか、体験によって、ものの真髄を把握することが出来るのは、天才にのみ許されることであるが、理論的に解明することは、十人が十人にとって、その峯を窮めることが出来る平凡な道である。国語教育の方法を、理論的に明かにしようとする私の目的の第一の点は、そのやうな平凡な道を求めるところにある。」（一〜二ペ）、「国語教育は、屢々その時代の教育思潮や、社会的風潮に左右されることが多い。戦中、戦後の国語教育の動向がよくそれを物語ってゐる。国語教育が、一つの教育的事実であると考へれば、これもまた当然のことであり、時に必要なことであるに違ひないのであるが、また、一方、国語教育の不動の立脚地といふものが考へられなければならないのではなからうか。国語教育には、流行の面があるとともに、不易の面がある筈である。不易の面が無ければ、流行の面も考へられない筈である。それにも拘はらず、国語教育において、従来、ややもすれば、流行の面のみが強調されて来たのは、国語教育の方法が、確乎たる理論の上に建設されてゐなかった為であると私は考へるのである。私の目的の第二の点は、国語教育の不動の礎石を求めることにあったのである。」（二〜三ペ）と、述べていられる。

つづいて、本書の性格については、「国語教育は、学問の対象となる前に、一つの教育的技術であり、教育的方法である。その技術が、どのやうなものであり、また、その方法が、何によって規定されるかについては、今後も多くの論議が繰返されるであらう。本書は、私の抱く言語本質観と、学校教育観との交錯の上に構築された一つの試論である。」（三ペ）と述べていられる。

本書の内容は、「はしがき」「著者著述目録（国語教育関係の分）」のほか、つぎの一〇章から構成されている。

四　基礎学力
五　伝達における音声と文字
六　伝達——正解・誤解——
七　「話すこと」と「聞くこと」
八　作文
九　「読むこと」
一〇　文法
第七章　国語教育における教科書の意義
第八章　古典教育の意義
第九章　漢文教育について
第一〇章　国語教育と国語政策

時枝博士は、はじめに、国語教育法を制約し規定するものの一つとして、国語教育の機構を分析され、「国語教育といふ事実は教師を主体とする教育的事実の一つで、それは、教育活動の客体としての児童生徒と、教育内容としての児童生徒の国語の実践的活動とによって成立するものであることを明かにされ」、「国語教育の主体である教師の任務は、客体である児童生徒の言語的実践を助長することである」としていられる。（一八ぺ）

時枝博士は、国語教育の内容について、「国語教育の場合には、その内容が何であるか、また、その内容と児童生徒との関係がどうであるかといふ問題は、必ずしも簡単には説明出来ない。教科として国語教育の目的性格等について、説が区々に分れるのは主として、右のやうな教育内容に対する考へ方の相違に基づくものと考へられるのである。」（一四ペ）と述べられ、さらに、「本書においては、国語教育の目標を、児童生徒の『話す』『聞く』『書く』『読む』能力の完成に置いた。従って、国語教育の教育内容は、そのやうな能力自体といふことになるのである。能力は、経験に即して練磨されるのであるが、与へるべき主目的は経験ではなくして、能力であり、能力を与へるための経験であるといふことになる。能力を与へるといっても、それは、児童生徒の外にある能力を、与へることではなく――そのやうなことは、考へられないのであるが――児童生徒自身の力の開発を問題とするのである。」（一五ペ）と述べていられる。この国語教育内容観の基礎となっているのは、言語過程説の言語理論である。

ついで、時枝博士は、国語教育法を制約し規定するものの一つとして、近代の学校組織の問題についてとりあげられた。時枝博士は、「国語教育の方法の一半は、実に、学校組織によって制約され、また、その制約に従ふことによって教育の効果を発揮することが出来るといい得るのである。」（二一ペ）と述べ、今日の学校教育の特質として、

1　一定の期限内に、必要な教育内容を学習すること。

2　一定の場所において、多人数の児童生徒を対象として、一斉教授をなすこと。

を挙げられ、「右のやうな学校教育の組織は、大量教育の必要から計画された止むを得ない処理であるとも考へられるが、それよりも、教育を効果的にするための組織と見るべきである。」（二一ペ）と述べていられる。

第一の特質については、「教育が、一定時に、一定の知識や技能を教授する必要から、これを分析し、分化させることは、その効果を発揮する上に、必要な方法である。」（二四～二五ペ）と述べられ、また、「戦後の新教育においても、教授法については、種々論議されたが、教育内容について、これを組織化し、体系化することは、殆ど問題にされなかった。国語教育を、組織化し、体系化するためには、何よりも、教育内容について、これを

分析することから、始められなければならない。」（二二〜二三ぺ）と述べていられる。

第二の特質については、「近代学校組織の一斉授業は、教師対生徒の個人教授の集合ではなく、生徒相互の交渉を、教師が、統率するといふ関係において成立してゐると見なければならない。」（二五〜二六ぺ）と述べ、その関係を図示されている。

つぎに、時枝博士は、「教育内容としての国語」について考察された。時枝博士は、「国語を教育するといふことは、どのやうな事実を意味するのであるか。それを明かにすることによって、始めて国語教育の方法も確立することになるのであるが、この問題を明かにするには、先づ言語とは何であるか、また言語を教授し学習するとはどのやうなことを意味するかを明かにする必要がある。」（二八ぺ）として、言語構成説・言語過程説について述べ、さらに「言語過程説に従へば、表現する行為或は理解する行為が、即ち言語であって、そのやうな行為或は活動以前に存在する資料としての言語の如きものを否定するのである。国語学の対象は、右のやうな行為自体、活動自体である。国語教育の問題とするところのことも、児童生徒の、右のやうな表現行為或は理解行為であるとするならば、国語学の対象とするところのものと、国語教育の問題とするところのものとは、決して別ものでないことが分るのである。ただ異なるところは、国語学においては、これを、学問研究の対象とし、国語教育においては、これを教育の内容とするのである。既に述べたやうに、教育内容としての国語は、第三者的存在としての国語ではなく、教育対象としての児童生徒の実践的行為である。国語教育は、実に、児童生徒の行為自体を問題にするところの教科であるといふことになるのである。」（三一〜三二ぺ）、「国語教育が、以上のやうな言語、即ち主体的な言語行為を、教育内容とすることによって、その教育の方法が、どのやうに制約され、規定されるかは、本書の中心課題である。」と述べていられる。

つづいて、時枝博士は、

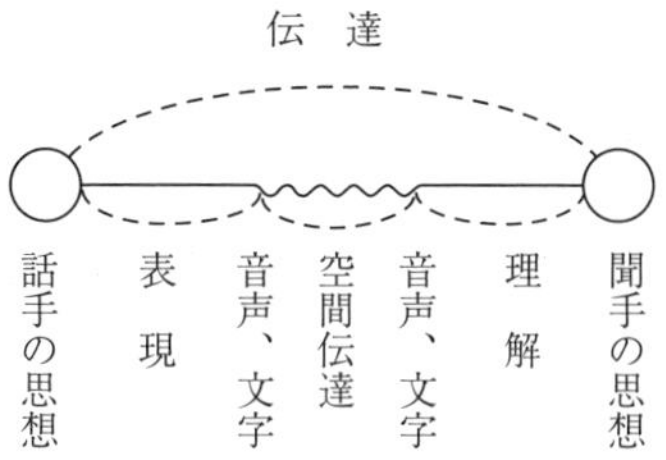

「国語教育の内容は、右に図解したやうな一連の行為的過程である。」（三六ぺ）と述べ、さらに、「生活に対する言語の手段的関係を、言語の機能と呼ぶならば、言語が、十分にその機能を発揮することが出来るやうに伝達されるか否かは、具体的な言語行為においては、重要な問題であって、国語教育の問題とするところは、正に、右に述べたやうな、言語の機能を発揮出来るやうに伝達を完成させるところにあるといふことが出来るのである。」（三七ぺ）と述べていられる。

ついで、時枝博士は、国語教育の目的について、「言語行為の目的は、思想の獲得、文化の継承、創造にあることは云ふまでもない。しかし国語教育の目的は、そのやうな機能を成就させる言語能力の教育にあるのである。このことは、言語教育と文学教育、形式教育と内容教育とを対立させる考へ方によって誤られて来た。私は、言語過程の理論によって、この二元論を克服して、国語教育を、手段についての教育であると規定」（四四ぺ）するとされ、「国語教育も、手段についての教育である。このことは、言語過程説の当然の帰結であると同時に、国語教育者の自覚してゐなければならない最も重要な点である。」（三九ぺ）と述べていられる。

ついで、国語科としての性格については、

1　国語教育は訓練学科である
2　国語教育は技術教育である
3　国語教育の地盤は伝統主義である

を挙げて、

1については、「国語教育の教育内容を、児童生徒の言語行為であるとする時、国語を教育するといふことは、児童生徒に、そのやうな言語行為を遂行する能力を与へることである。換言すれば、言語を実践することを指導する教育である。」（四四ぺ）、「言語行為の能力を、身につけるためには、専ら、訓練や練習によらなければならないのであるが、更にそれを効果的にするためには、訓練せらるべき行為の全過程が、適宜に分析されてゐることが必要条件である。」（四七ぺ）、「言語の習得が、言語行為の繰返しによって成就するやうに、言語教育は、そのすべてに亘って、訓練、練習によって可能になるのである。」（四八ぺ）、「国語教育が訓練や練習によって、目的を達するのは、国語教育の教育内容である言語の性格から規定されて来ることである。」（四六ぺ）と述べていられる。

2については、「国語教育が、訓練学科であることを、更に別の観点から、見るならば、言語行為は、話手或は聞手としての児童生徒が、自己の表現行為或は理解行為を、種々な条件に応じてどのやうに調整するかによって成立する。即ち、言語は、常に、目的を有する行為であるから、その根底に、必ず、話手聞手の技術を予想するのである。しかも、その技術は、外界の事物を、取入れたり、これを使いこなすところの技術ではなくして、自己の言語行為を調整するところの技術である。」（四九ぺ）、「国語教育は、人間そのものの心構へ、態度を問題にせずには、不可能なことであると同時に、如何なる心構へ態度も、技術を無視しては、これを外に表はす術を見出すことが出来ないのである。ここに、国語教育と人間形成の問題があるのである。」（五一ぺ）、「言語は、如何なる場合でも、技術が関与しない場合はないと云ひ得るのである。言語の技術は、伝達を成立させるための技術であり、それは、聞手或は話手、即ち相手を顧慮した技術であるから、根本において、倫理的行為の根底にある技術と同じものである。言語技術は、即ち言語倫理に連なるものである。」（五〇ぺ）、「国語教育において、技術といふことを云ふ時、一般には、極めて皮相な技巧を意味するもののやうに受取られてゐる。特に、戦後、実用的な面の言語教育が強調され、言語の効果的な使用といふことが、国語教育の目的のやうに受取られた為に、技術の意味が、益々狭い意味に限定されるやうになり、国語教育には、技術教育の外に、もっと内容の面を強調する必要があるのではないかといふことが云はれるやうになった。これは、言語の本質に対する誤解と、技術の意味の誤った限定に基づくものと見ることが出来るのである。」（五〇ぺ）と述べていられる。

3については、「言語の場合は、常に相手（大衆である場合も含めて）に理解を求めることを目的とするのであるから、表現は、常に相手の理解度に制約されることとなる。さもなければ、言語としての重要な機能である、生活の手段としての役目を果すことが出来なくなるのである。」（五三〜五四ぺ）、「言語行為が、常に周囲の言語習慣に従ふことによってその機能が発揮されるといふことは、これを、言語の側から云へば、言語には、伝統性があるといふことになるのである。その意味は、人は、言語行為において、常に伝統を守らうとするといふことである。伝統性といふことは、言語に備った性質ではなく、言語を行為する人々の心にあることであるから、人々の心の持ちやうで、言語に伝統が保たれる場合もあるし、さうでない場合もあり得る。」（五五ぺ）、「言語の伝統性といふことは、これを具体的にいふならば、言語が、その機能を発揮するためには、一様であり、恒常でなければならないといふことである。今日、国家を形成してゐる民族では、標準語の制定或は使用といふことを、重要な問題と考へてゐる。それは、国家的統一には一様にして恒常な言語の存在が、欠くことの出来ない条件であると考へられてゐるからである。この言語における一様性と、恒常性とを意識的に護持しようとするのが、国語教育の任務である。」（五六ぺ）と述べていられる。

時枝博士は、つぎに、「国語教育と人間形成」の問題をとりあげられた。時枝博士は、「国語教育における人間形成の問題を、内容による感化主義にもって行くことが、果して正しい見解であらうか。また、実用主義の国語教育を、人間形成に関与しないものと見ることが正しいのであらうか。更に、根本的に、国語教育を、形式教育と内容教育とに分けて二元的に目的を考へることが、正しいのであらうか。」（六三〜六四ぺ）と、従来の考えかたに対して、疑問と批判を提示され、「学校教育は、あるものに惚れさせる前に、あらゆるものを、正しく受入れることの出来る力を養ってやることが、先決問題である。国語教育の使命は、正に、そこにあると考へなければならない。」（六六ぺ）、「自己の言語行為については、厳正に、他人の言語行為については、寛容な態度を以て、そして、言語の伝達に対しては、相互に慎重な態度を以て臨むやうに躾けられたとするならば、そこにこそ、国語教育における人間形成があるのである。」（六七〜六八ぺ）、「言語は、その手段としての機能において、私たちに、知識や道徳や情操や、その他の多くの教養を与へるであらうが、国語教育の描く国語的人間像は、そのやうな教養的人間像ではなく、正しく物を読み、正しく物を表現するところの人でなければならない。そして、現代社会は、まさに、右のやうな言語人を要求してゐるのであらうと思ふのである。今日、軽率な読み方によって、或は粗雑な表現によって、如何に多くの見当違ひな解釈や誤解が、無用な論議の種を蒔いてゐるかを思ふ時、国語教育が、右の点に人間形成の問題を求めることは、極めて必要なことである。」（六八〜六九ぺ）、「国語教育が、教材内容で、児童生徒の関心と興味とをつながうとするのは、はかない期待であるに過ぎない。今までの国語教育では、生徒の関心を、自己の言語行為そのものの上に注がせようとすることは、実際には試みられてゐながら、自覚的に、これを正面に据ゑることはしなかった。自己の言語行為に批判的にならうとすることによって、人間形成を企図することは、国語教育そのものと、決して別ものでなく、国語教育の完成するところに、人間も形成され、人間が形成されることによって、国語教育も完成するといふ関係にあるのである。」（七〇〜七一ぺ）と述べていられる。

　つぎに、時枝博士は、「教育内容の分析」をとりあげられ、

一　言語形態の分類——「話す」「聞く」「書く」「読む」——

二　言語生活の実態

三　標準語教育と方言生活
四　基礎学力
五　伝達における音声と文字
六　伝達――正解・誤解――
七　「話すこと」と「聞くこと」
八　作文
九　「読むこと」
一〇　文法

の一〇項について、国語教育における教育内容の分析を試みられた。

時枝博士は、「国語科における教科内容は、主体的な実践活動である言語行為であるから、教科課程の組織配当範囲等を明かにするためには、先づ、言語行為の分析から始めなければならない。言語行為の分析は、言語学・国語学の研究領域に属することで、ここに、国語教育と言語学或は国語学との接触交渉が生ずる。」（七二〜七三ぺ）として、「言語過程説の立場に立つ、国語の分析を明かにし、それが国語教育の方法を、どのように規定するかについて」（七三ぺ）考察を進められた。

時枝博士は、この立場から、言語を、表現理解の行為そのものであるとし、言語形態の分類を、つぎのように四類として提示された。

言語行為
- 表現行為
  - 文字を媒材とするもの――書くこと（文字言語）
  - 音声を媒材とするもの――話すこと（音声言語）
- 理解行為
  - 音声を媒材とするもの――聞くこと（音声言語）
  - 文字を媒材とするもの――読むこと（文字言語）

（七四ぺ）

これらの分類について、「大切なことは、これら四の形態は、それぞれに、別個の作用であり、またそれらの機能を異にしてゐるといふことである。（中略）そこで、訓練の対象としては、これらを、それぞれ別個に取扱ひ、『読むこと』なら、『読むこと』を重点的に扱ふやうにする必要がある。従来、読み方、作文、話し方といふやうに区別して来たことには、十分の理由があるのである。」（七四〜七五ぺ）とされ、四つの形態を総合的に展開する、総合学習については、批判的見解を示された。

ついで、時枝博士は、「国語教育が、その内容を確立するためには、音声言語と文字言語との凸凹を是正することに努力を払ふ代りに、一歩退いて、私たちの社会生活における言語行為（言語生活）の実態を確実につかんで置く必要がある」（七八ぺ）と述べ、右に分析した四つの言語形態の総合を、言語生活の実態と名づけ、この社会生活の一環をなす言語生活の実態の中に、教育内容の範囲、種別を決定する根拠を求めることができるとされているのである。この言語生活の実態を、質・量の面から精細に調査し、言語習得の実態を把握することによって、「始めて、国語科における教科内容の比率、範囲、重要度といふものが確立されるのである。」（八一ぺ）

つぎに、時枝博士は、「標準語教育と方言生活」の問題をとりあげ、「標準語確立と、方言尊重とは、一見、相矛盾した二者択一的な事実のやうに見える。しかし、これを生活との関連において見る時、標準語は、もともと、日本社会全体を一単位と見て、その共通語として問題にされたものであって、云はゞ、公的生活のための言語である。これに反して、方言は、その地域における私的生活のための言語であって、両者その生活圏を異にしてゐる。」（八四ペ）とし、さらに、「方言対標準語の問題は、一方を除くことによって、他方が成立するといふものではなく、両々相平行して、それぞれ別の機能を持って、生活のために奉仕するものであるといふことが出来る。従って、標準語教育は、児童生徒に二重語生活を要求することを前提とするのである。その際、方言生活に対して、特に国語教育が、これを問題にしないのは、家庭或は社会生活が、自然教育の形で、それを分担することが期待されるからである。」（八五ペ）と述べ、わたくしたちの言語生活における二重性を指摘して、おしまいに、「標準語と方言とを、適当に使ひわけるといふ標準語教育の理念は、方言を矯正して標準語に直して行くといふ教育理念に比して、児童生徒の学習意識を、一層明るいものにするであらう。それは、国語の外に、英語も分る、独逸語も分るといふやうな優越感にも似た気持ちを起こさせるに違ひないのである。更に、言語教育は、一国語よりも二国語を学習することにおいて、負担が倍加するといふ種類のものではなく、むしろ、それによって、言語意識が高められ、学習を一層効果的にするものであることを考へるならば、標準語教育といふものも、必ずしも、負担過重とばかりは云へないといふやうにも考へられるのである。」（八六～八七ペ）と述べていられる。

ここには、時枝博士の立場から、標準語教育の理念に関する見解が示されているのである。

つぎに、時枝博士は、「基礎学力」の問題をとりあげ、まず、現行の「国語科学習指導要領」（昭和22年刊、同26年改訂）の経験主義的な考えかたについて批判し、そこに「基礎学力の分析」の見られないことを指摘し、博士の立場から、国語の基礎学力に関する試案を提起されている。

時枝博士は、国語の基礎学力の析出は、言語の分析にまたなくてはならぬとし、「言語を、話手聞手の表現行為、理解行為と見る言語過程説の立場に立って、分析」（九〇ペ）され、話手聞手が言語を行為するために、身につけるべき学力、能力、技術を、基礎学力と考えられる。

時枝博士は、右のような考えかたから、もっとも基礎的な能力・技術として、まず言語行為のうち、表現行為、理解行為の二者はまったく別の作用であるから、これを判然と区別する必要があり、「話す」「書く」（表現行為）、「聞く」「読む」（理解行為）は、それぞれに異なった作用として区別されなければならぬとし、さらに、これらの言語行為は、常に相手を予想しての言語行為であるから、「常に相手に注目する態度といふものを失ってはならない。相手に注目する態度によって、始めて言語による思想の伝達交流が可能になるわけである。」（九一ペ）と述べられる。

右の考えかたに立って、時枝博士は、「話す」「聞く」「書く」「読む」の四つの言語形態について、もっとも基礎的と考えられる能力を摘出された。

一　話す場合（音声を媒材とする表現）

　発音、発声のしかた

　用語の選択

　筋道を立てて話す

　簡潔に述べる

一　聞く場合（音声を媒材とする理解）

　音声を誤りなく聞きとる

　要点を確実に捉へる

　主観的判断にとらはれずに相手の趣旨を正しくつかむ

一　読む場合（文字を媒材とする理解）

　文字の音と意味とを正しく読みとる（辞書を検索する）

語の意味を文脈にに即して理解する

文の論理的関係（主語、述語、修飾語の関係）を正しく理解する

段落と段落との関係をつかむ

文章の構成（冒頭、本論、結尾の関係）を明かにする

要点、大意、主題を誤りなく捉へる

一　書く場合（文字を媒材とする表現）

題材主題の選定をする

文章に表現する場合の順序、布置を考へる

文の論理的構成を正しくする

用語を適当に選択する

文字、句読を正しくする。（九二～九三ぺ）

時枝博士は、表現の機能、様式などに従って、特殊能力が要求され、さらに具体的には、それぞれの基礎学力が考えられてよいとされる。

時枝博士は、さらに、基礎学力は、文字能力にのみ限定されるべきでなく、「これらの基礎的なものが、国語の分析によって明かにされ、学年別即ち能力の発達段階に応じて、適当に配当されることは、国語教育を組織的にするためには、是非必要なことである。」（九四ぺ）と述べ、「基礎学力の配当は、質的の相違に従って、低学年より高学年へと、螺旋的に上昇するやうに計画されることとなるであらう。」（九四～九五ぺ）、「国語教室は、経験の場である家庭や社会のそのままの延長でないと考へる時、国語教育は、もっともっと、精密な基礎学力の分析の上に立って、国語力の涵養に努める必要があると考へられるのである。」（九五ぺ）と述べられている。

時枝博士は、つぎに、「伝達における音声と文字」の問題をとりあげ、国語教育における音声教育あるいは文字教育の意義を考察されている。「言語過程説」にしたがって、音声、文字を、伝達の媒材と考えるとき、「音声や文字が、媒材としての機能を、果すためには、それが相手に正しく受取られることが大切である。音声や文字が、相手に正しく受取られるためには、その責任の半を表現者が負ってゐるのである。それは、音声表出の技術、文字記載の技能にかかってゐる。音声教育、文字教育の意義は、右のやうな音声文字の言語における機能に対する自覚から出発する必要がある。」（九八ぺ）と述べ、音声、文字のそれぞれの伝達機能を吟味し、文字教育の根本は、まず、文字の伝達機能に対する自覚から始めることが必要であると説かれる。さらに、時枝博士は、「教育の一の重大な任務は、媒材としての音声、文字の一様性と恒常性とを維持することにあると云ってもよいであらう。国語教育が、常に規範を求めて、発音の矯正をやり、誤字を訂正してやるのは、もしそれを放任するならば、一様性も恒常性も失はれ、延いては、音声文字の機能も失はれてしまふからに他ならないのである。さう云ふ意味において、国語教育における音声教育と文字教育とは位置づけられねばならない。」（一〇三ぺ）と述べられている。

つづいて、時枝博士は、「伝達」の問題をとりあげ、「伝達」という事実について考察され、また「正解　誤解」の成り立つ条件について考察された。時枝博士は、「『伝達は、言語の最も具体的な事実である。言語の機能は、伝達だけに止まるものではなく、それは、種々な人間の生活に交渉を持ち、生活目的達成の手段として行為されるものではあるが、そのためには、最少限度、伝達が成立することが、必要条件である。国語教育は、要するに、伝達の成立に必要な技術と能力とを教育するものであると云っても過言ではないのである。」（一〇三ぺ）と述べ、「国語教育は、ある意味において、誤解を防いで、正解を成立させるための営みであると云ってよい」（一〇六ぺ）とも述べられている。また、「正しい伝達は、表現者と理解者との双方の協力によってのみ成立するということが云へるのである。」（一一〇ぺ）と述べてある。

　つぎに、時枝博士は、右に見てきた教育内容に関する基礎的な分析をもとにして、「話すこと」と「聞くこと」の分析、「作文」、「読むこと」の分析に、はいっていられる、まず、「話すこと」と「聞くこと」については、「伝達の事実として重要な点は、『話すこと』『聞くこと』が、即決の場において、交渉するといふ点である。」（一一三ぺ）と述べ、「『話すこと』『聞くこと』の根底に、思考が必要であること、また、言語の倫理が必要であることを忘れないことが大切である。」（一一五ぺ）、「『話すこと』『聞くこと』の教育は、出来るだけ、即決の場を選ぶこと、そして、それが、単なる経験に終ることなく、方法的反省にまで高めて行くことが必要である。」（一一五ぺ）とも述べられている。時枝博士の「伝達」観から指摘された、「即決の場」の問題と、「誤解、曲解」の問題、「方法的反省」にまで高めていく問題は、注目すべき点である。

　つぎに、「作文」に関しては、「作文教育は、表現を通して、自己を相手に分らせようとする態度、方法、技術の教育で」（一一五ぺ）あるとし、その問題点としては、「作文教育の必要が、一般に痛感されながら、その実挙がらないのは、実施方法の困難な点によるのである。従来、作文教育は、その形態からいへば、個人教授の形態をとってゐたことと、作文は、多作することによってのみ効果があがるものと考へられ、そのことが、また、却って、作文教育の実施をはばむ原因になってゐたと考へられるのである。」（一一六ぺ）と、「教授形態」と「多作主義」を指摘し、現代の学校組織の制約の下にある、作文教育の授業形態のありかたについて、私見を述べられたのち、「作文が、個人教授形態を脱出する時、はじめて軌道に乗ることが出来るのであらうと思ふ。そのためには、時間外における教師の対個人定添削といふ労力の多い在来の方法を、破棄することが先決問題である。」（一一九ぺ）とし、「多くの生徒は、自分の思想を形象化する第一歩に考へあぐんでゐるのであるが、教育は、この平凡な生徒に、最少限度の可能の道を開いてやることに他ならない。」（一二一ぺ）とも述べていられる。つまり、時枝博士は、「作文教育について、第一に、従来の個人教授的方法を脱却して、集団教授法に切替へ、教室の授業としての形態を整へること、第二に、型の教授を主眼点とし、思想を形象化する方法に、組織と順序を与へることが大切であることを述べ」（一二一〜一二二ぺ）ていられるのである。

つぎに、「読むこと」については、これが従来、国語教育の根幹をなしてきたことは十分の理由のあることを述べ、「『読む』といふことは、表現の媒材である文字と、それによって構成された文章を通して、作者或は筆者の思想を分らうとすることである。」（一二三ぺ）とし、正しく読むための態度・精神について述べ、さらに、読書作業の基本的な注意事項（六項目）を挙げ、「読書に必要な技能の分析は、読まれる対象である文章の分析によって決定されて来る。」（一二六ぺ）とされている。

おしまいに、「文法」については、「文法教育の目的」、「文法教育の歴史的考察」、「今日の口語文法、文語文法の問題点」、「文法教科書の問題」、「文法学説の問題」がとりあげられ、その間に、時枝博士自身の立場もはっきりと示されている。

時枝博士は、「文法教育の目的は、国語についての法則を教へて、国語の実践に、自覚を与へることである。従って、文法の法則を記憶することが、目的でなく、国語を正しく読み、かつ話すことが目的なのである。故に、文法の法則を学ばなくとも、文法的自覚を与へるならば、それは、既に文法教育を行ったことになるのであって、体系的文法は、云はば、その自覚を整理したものに過ぎないのである。」（一二七ぺ）と考えられ、このような考えと、戦前の科学主義の文法教育とを対比しつつ、戦前のそれを批判する立場に立っていられる。時枝博士自身の文法教育界への立場は、「率直に私の考えへを云ふならば、従来の西洋文法の理論を継承した日本文法の体系は、国語の実相を説明するには、適当しないもので、その破綻は、至るところに指摘し得るのである。ただ一般の教師は、従来の文法に習熟することが深い上に、新しい文法体系の基礎観念を把握することが困難であるために、徒に、混乱を招いてゐるのだと思ふのである。そのことについては、私も十分責任を感じてゐるのであるが、私としては、日本文法を正しい礎石の上に置き、国語教育を正しい軌道に乗せたいと念ずるばかりである。」（一三五ぺ）と述べていられる。

以上、「教育内容の分析」は、その分量も、本書「国語教育の方法」の五分の二に及んでいて、国語教育の内容について、時枝博士の「言語過程説」の立場からの考察が進められたものである。

時枝博士は、この「教育内容の分析」につづいて、「古典教育の意義」「漢文教育の意義」「国語教育と国語政策の問題」をとりあげられている。そのおのおのに、「言語過程説」にもとづき、今まで見てきたような時枝博士の「国語教育観」にもとづく、その見解が示されている。

本書「国語教育の方法」の内容は、時枝博士の「言語本質観」（「言語過程説」）と「学校教育観」にもとづき、国語教育の方法を理論的にあきらかにしようとされたものであり、また、国語教育の不動の礎石を求めようとされたものである。国語学者としての研究の発展と深化とを基盤にして、「国語教育」という「方法」「技術」の問題を、理論的に考究されたものである。「言語」「国語」、「学校教育」（この問題のとらえかたには、なお異論もあろう。）についての本質的基礎的省察から、国語教育の主体的考究が導かれていて、整った一貫の体系が見いだされている点は注目すべきである。研究者の側から、とりわけ、国語学者としての立場を基礎に、国語教育学（「方法」を中心にした）をはかられたものとして、国語学、国語教育学の両面から注目させられる。

時枝誠記博士の国語教育研究の拠点は、「言語過程説」であり、その立場は、それにもとづく批判主義の立場であるといってよい。

なお、時枝博士は、昭和二三年（一八四八）三月、雑誌「新しい教室」（中教出版）に、「国語科学習指導要領試案」（総説・購読編）を発表された。博士の「著述目録」（本書所収）によれば、この「試案」は、本書「国語教育の方法」の初稿本ともいうべきもの（一七一ぺ）と述べてある。すると、本書の構想や所見の萌芽は、すでにこの当時に見られたわけである。また、本書の根底をなす言語理論は、昭和一六年（一九四二）一二月、「国語学原論」として、岩波書店から刊行されている。このようにみれば、本書「国語教育の方法」の成立の源流は、実に深く遠いところにあるとしなくてはならない。根底と体系とをあわせもつ、理論の確立と整備には、歳月を要することを示してもいるのである。

一〇

昭和三三年（一九五八）五月、全国大学国語教育学会によって、「国語教育科学講座」全五巻が編まれ、明治図書から刊行されている。すなわち、

第1巻　国語教育科学論
第2巻　国語科教育機構論
第3巻　国語学力論
第4巻　国語学習論
第5巻　国語教材研究論

の五巻から成っている。

この講座の趣旨については、「国語教育科学論」の「まえがき」に、つぎのように述べてある。

「全国大学国語教育学会が結成以来、歩みつづけてきた道は、『国語教育法』『教材研究』の二講座の内容充実のための研究であり、国語教育学を確立させるための努力であった。結成以来、われわれが当面してきた国語教育に関する問題は、数々あったが、学的対象としての国語教育を明らかにすることと、その研究の方法論とが、課題として常に提出されていた。そして、国語教育の研究は理論的研究だけでは事足りず、教育的実践の事実をつかみ、理論と実践との係りあいをもとにして、その研究を積み重ねていかなければならない。すなわち、理論が単なる理論に終わることなく、国語教育の実践を支えるものとなり、実践的方法の研究も単なる技術の研究や現象の記述だけに終わることなく、理論の推進と根拠づけに役立つものでなければならないという見解に到達したのである。こうした理論と実践との係りあいのもとに国語教育の体系づけを行い、原理的な視野をひらくために、学会においては、『国語教育科学講座』の編集を計画し、学会の研究活動の一つの道標を築くこととした。」
（同上書、二ぺ）

この講座（五巻）の内容は、つぎのようである。

第1巻　国語教育科学論
　Ⅰ　国語教育の位置
　Ⅱ　国語教育科学の要請
　Ⅲ　国語教育研究史論
　Ⅳ　国語教育のための諸学
　　1　教育学
　　2　心理学
　　3　言語学

4 国語学
5 国文学
6 解釈学
7 表現学
8 文字学・音声学・意味論・言語美学

第2巻 国語科教育機構論

Ⅰ 国語科教育機構論序説
Ⅱ 国語科学習内容論
Ⅲ 国語科教育指導論
1 児童・生徒
2 教師
3 指導計画
4 指導技術
Ⅳ 国語科教育課程論
Ⅴ 国語科の教育評価

第3巻 国語学力論

Ⅰ 国語学力論序説
Ⅱ 言語発達論
Ⅲ 教育語彙文型論

Ⅳ　学力調査方法論

Ⅴ　読み書き能力論

第4巻　国語学習論

Ⅰ　国語学習論序説

Ⅱ　読解・鑑賞学習論

Ⅲ　作文学習論

Ⅳ　文法学習論

　1　小・中学校

　2　高校

Ⅴ　話しことば学習論

　1　一般

　2　方言

第5巻　国語教材研究論

Ⅰ　国語教科書の変遷

Ⅱ　言語の教材研究

Ⅲ　文学の教材研究

　1　近代文学

　2　児童文学

Ⅳ　古典の教材研究

Ⅴ　諸資料の研究

1　視聴覚関係資料

2　その他の資料

右の各巻の概要については、「まえがき」（第1巻）に、つぎのように述べてある。

「第一巻の『国語教育科学論』においては、国語教育研究の根本に存する問題を主としてとりあげている。そのために、国語教育研究に必要と考えられる関係項目については、広く専門学会の協力を得て、国語教育との関連という立場からの記述を求めている。

第二巻の『国語科教育機構論』においては、国語科教育を成り立たせる諸要因の有機的関係をとりあげ、指導を中心に国語科教育の機構を明らかにしている。

第三巻の『国語学力論』においては、国語学力の実態を明らかにするばかりでなく、学力の意義を解明することにつとめている。

第四巻の『国語学習論』においては、国語学習の意義を明らかにし、教育実践の根底を支える諸事項をとりあげている。

第五巻の『国語教材研究論』においては、国語教材を単なる解説に終わらせず、教育実践との関連のもとに教材研究を論じている。」（同上書、二～三ぺ）

右によって、この「国語教育科学講座」の趣旨・構成・内容（その概要）を理解することができる。学会会員ならびに関連学会の協力によって、それぞれの部門に関する研究を集成したものとして、講座としての一つの試みとなっている。

本講座の第一巻「国語教育科学論」には、「国語教育科学の要請」という題下に、西尾実、時枝誠記、石井庄司、鳥山榛名、望月久貴の諸氏によって、座談会が行なわれている。司会は、鳥山榛名氏である。

この座談会は、「まえがき」にも、「これは本講座編集者五人の話し合いになっているが、もともと本講座の構想について話し合うことであった。しかしそれは、やがて国語教育科学そのものの成立や可能の問題について考えることとなったわけである。話題は、範囲の広いものとなり、国語教育の位置のことにも、また、この研究の沿革にも、その他、関連の諸科学のことにも及び、さらに本講座の全体機構にも関係することとなったしだいである。」（同上書、三ぺ）とあるように、「講座」の構想を話し合うという企画で出発しつつ、かなり広範囲にわたっている。

ここでは、話し合われたことについて、

一　国語教育学のあり方
二　国語教育の研究方法
三　国語教育の実践上の問題点
四　国語教育の対象
五　基礎学力・基礎能力の問題
六　国語教育学の課題

のように、問題別に見出しがつけられている。

国語教育学についての考え方は、西尾実・時枝誠記・石井庄司・望月久貴の諸氏の、今までに発表された見解によっている。とくに西尾実先生のは、「国語教育学の構想」（昭和26年）・「国語教育学序説」（昭和32年）にもとづき、時枝誠記博士のは、「国語教育の方法」（昭和29年）にもとづいている。

「国語教育学」のあり方についての発言の中では、時枝誠記博士のつぎのような発言に注目させられる。

（１）「方法とか技術を窮極の目的にたてて学を考えるのと、学というものを打ち立てるのだということを主目的にするのと非常に違ってくると思うのですよ。」（同上書、三四ぺ）

（２）「それで国語教育の場合はどこまでも学問が問題なのじゃなくて、教育方法とか技術とかいうものが非常に重要なんです。それが窮極で、そこへ漕ぎつけるために学問的な観察とかいうことが必要になってくるのでしょうけれども、それはどこまでも一つの段階にすぎないものだ、こういう意見です。」（同上書、三四ぺ）

（３）「私のいうのは、現場のまず一番素朴な問いの出し方は、教育の方法はいかにあるべきか、どうしたらいいか、それにどういう技術が必要かということだと思います。」（同上書、三五ぺ）

「国語教育の方法」に述べられたことを根底として、これらの発言がなされている。

これに対して、西尾実先生は、つぎのような発言をされている。

（１）「（前略）つまり日本のかつての学問というものがその点で非常に実践から遊離しておったということが、僕は時枝さんのような考え方を生む一つの原因だと思うのです。理論が何かもうレディ・メイドで、できておって、それを実践に移せばいい、こういうふうに考えておった。ところが実際その苦労を積み重ねて来てみると、実践の中から理論を発展させなければならぬ。この二つが一環の働きとして行われなければならない。絶えず実践から理論を、理論から実践を生むというように、これが一つの輪になって健康に行われなければ、方法も前進がない。だから窮極の目的が方法だということはかつての日本の教育であって、新しい日本の教育は理論と実践とが絶えずどちらからも働きかけて、実践から理論を、理論から実践を発展させていくという関係にならなければいけない。僕はそういうものを新しい意味の学問として考えなければ、日本の文化、国語のような日本の文化というものは発展しないかと思います。そういう意味で、教育というものも一つの相関的な発展の中に入れなければならないという意味で、僕は学問にならなければならないと思います。時枝さんの言われる、まず方法だということはわかりますし、またその通りだと思いますが、それは窮極じゃない。やはり方法から一つの新しい理論を生むという、この面を認めなければならない。窮極はどっちともいえない、両方だと思います。僕はそういう意味で国語教育学を考えております。」（同上書、三四～三五ぺ）

（２）「国語教育学は、国語教育の方法でも理論でも、実践を通して研究するのでなくてはならない。ただ方法や理論として研究するというのは今までの意味の学者の仕事なんです。実践を通して築いていくところに国語教育学の意義もあり、必要もあるのです。」（同上書、三五ぺ）

これらには、「実践」を重視し、「実践」から「理論」をという面を大切にする、西尾実先生の考え方が示されている。

この座談会における、「二　国語教育の研究方法」についての項は、国語教育の方法と国語教育の研究方法とついて、発言の混乱が見られ、研究方法よりも、国語教育学の対象が問題にされている。

これらの中で、望月久貴氏は、

「（前略）われわれは国語教育の現象をとりまいた領域において、とにかく何の科学であろうと、すべてのものをつかいこなして、すじをたどるという一つの現象をはっきりさせていく。科学的にはっきりおさえていくということをやれば、それが国語教育学の一つの方法だというふうに考えているわけなのです。」（同上書、三八ぺ）

と発言されている。

また、石井庄司氏は、

「まず研究の方法といいますか、研究の方法は国語教育という技術ですね。すなわち児童・生徒に言葉を身につけさせる。その身につけさせることを対象とする研究が国語教育学にある、こんなふうに思うのですが、それをするためには一般社会科学の方法ということになるかと思います。一つはそれを理論的に究明すること。それを支えるものとしてこの学問の歴史ですね、あるいは技術の歴史といってもいいのですが、カリキュラムをたてること、それから過去のカリキュラムを評価するということ。（中略）理論と歴史と政策、それが先ほど申しております通りに、技術を進めていくもとになる、すなわち現場の要請にこたえられるのじゃないかと思うのです。そしてそのやり方は望月さんがいったように主体性を持っていなければならぬと思うのです。」（同上書、四〇～四一ペ）と述べていられる。

それぞれ、国語教育の研究方法について所見を述べられたものであるが、この「座談会」自体としては、深まりをみせていない。

つぎに、「基礎学力、基礎能力の問題」については、西尾実先生が、

（1）「（前略）国語教育の基礎能力は、話し聞く生活の中の対話・問答であると思います。その意味で、私は、話し、聞くという一番基礎的な簡単なものとして対話・問答というものを認めている。これが一番簡単な話し合いの機構ですからね。これを分析すると、もう機能はなくなって、抽象された要素になってしまう。（後略）」（同上書、四九ペ）

（2）「世阿弥の二曲三体に当る対話・問答は、基本形態で、それをしっかり身につけるように学習することによって、主体的可能力ができてくる。それが言語生活の基礎能力だと考えています。（後略）（同上書、五一ペ）

と、かねての持論を述べられ、時枝誠記博士は、

「先ほど西尾先生がおっしゃった言語生活の分析の問題の中で、発生的にお考えになったのでしょう。つまり音声言語というものが文字言語よりも先に発生してくる。そこに基礎的という考え方を結びつける。その考え方が今度は同じように、対話、問答をやれば、ほかの言語生活もその基礎の上に立っておのずからできてくる。ど

うもそのような発生論的な考え方というものは、教育の場合には危険じゃないかということと、それと西尾先生の根本的な考え方との間に矛盾があるように思えるのです。ということは、西尾さんは言語の具体性ということを強調される。具体性ということを考えると文字言語も一つの具体的な姿であり、音声言語も具体的な姿であって、どっちが基本でどっちが末端的に成立したものであるということは言えないのじゃないかと思います。」（同上書、五三ぺ）

と、みずからの批判的見解を示していられる。これも西尾先生の所説に対する、かねてからの意見であった。

つぎに、国語教育学の今後の課題としては、望月、西尾、時枝の三氏が、左のように発言されている。

（1）望月久貴氏——「これは別に私の独創的な問題ではないのですけれども、やはり考えていることは言語経験を累積することというのが当面の問題であるとすれば、それの経験を可能にする諸能力というものを押えて、その能力を技術と知識と態度というもので一応規定していく、規定していくその過程においては、実践的な面も、あるいは諸科学の活用ということも考えて押えていく。それをしない限りは現在の経験主義の言語学習というものはほんとうに筋金がはいらない、こういう感じを持っております。これは国語教育学あたりで当面の課題になることじゃないかと思います。先ほど西尾先生の能力といわれることがどうもぴんとこないのですね。広い意味の能力なんですけれども、その能力の押え方はどれだけの技術、どれだけの知識というもの、そういうものが行われて、その上に一つの態度というものができ上っていくと、能力がはっきりしてきます。ここのところが価値的な経験だけについてでも行われないと経験学習が崩れていくのではないか、それで偏狭な能力主義というものに陥っていくのではないかという感じを強く持っております。」（同上書、五八ぺ）

（2）西尾実先生——「やはり言語生活を経験させるという累積だけでは足りないと思います。その累積の中から生活体系と私が呼んでおる基本形体を見つけ、それをしっかりとらえて学習させなければ教育は前進しない。

それにしても、そういう発達の土台になる基礎能力を確立させて、発達の推進力にしなくてはならないと思います。（中略）さらに進んでは言語体系というものの知識を身につけさせることでありますけれども、私はそれをも言語生活体系の自覚の上にさせるという位置づけが必要だと思います。もちろんそこまで機能的に進まない間にでも、表現的に言語体系の知識を授ける機会をとらえて、それを学習させると、言語生活そのものの経験が確実になることは当然であります。そういうように、文法などの言語体系を位置づけて、学習させるということが、まだじゅうぶん考えられていないところにも、今後の研究があると思います。それで私は系統学習ということを、そういう意味で言語生活の経験ということのほかにじゃなくて、その言語生活を経験させることから、そういうような生活体系や言語体系という、そういうもっと系統的なものにまで掘りさげる、そういうことに徹底することで、言語生活の経験を生かすことであると思います。（後略）」（同上書、五九ペ）

（3）時枝誠記博士――「まあ国語教育学というものが成り立つにしても、あまりに性急に学問的体系を作りあげることを急ぐよりも、もっと国語教育そのものを観察して国語教育を実践するに当って、どういうような問題があり得るだろうか、そういうことを探索していくということの方が大切じゃないかと思っております。」（同上書、六〇ペ）

以上、今後の課題についての述べかたも、三者三様になされていて、三者の見解はそれぞれ各自の国語教育観から提示されている。

この「座談会」は、はじめから「座談会」として企画されたために、おのずから話し合いの自由な進行を見せていて、その面からは、パネル式の討議のようなまとまりには乏しいうらみがある。けれども、西尾・時枝両氏の「国語教育学」に対する考え方のちがいを主軸に、各氏の見解がそれぞれに相違点を見せつつ展開されているのは、「国語教育学」に関する現在の時点におけるさまざまの見解を率直に示すものとして好ましい。「座談会」という形式からくる制約のため、各自の見解のちがいを徹底してほりさげ、つきつめるところまではいっていない。また、ことがらの性質からして、それらの見解がにわかに止揚されるというものでもない。その点、各発言に一種のあいまいさ、不十分さも見られる。さらに、各発言（とくに、西尾・時枝両氏の）は、多くのばあい、それぞれの発言者の在来の見解に還元しうるもので、この席上、新規に提示された独自の見解や思弁は少ない。

なお、この「国語教育科学論」（第1巻）には、石井庄司氏の「国語教育研究史論」が収められている。これは、氏の立場からの「国語教育学史」ともいうべき性格をもっている。

この「国語教育研究史論」には、つぎのような文献・論文が、主としてとりあげられて、およそ八〇枚もの分量にのぼっている。

1　雑誌「国語教育」	保科　孝一主幹	大正5・1
○2　「国語教授法精義」	保科　孝一著	大正5・4
3　「国語教育および教授の新潮」	保科　孝一著	大正3
○4　「読み方教授」	芦田恵之助著	大正5・4
5　「国語の力」	垣内　松三著	大正11・5
○6　「文学序説」	土居　光知著	大正11・7
○7　「国語教授の批判と内省」	垣内　松三著	昭和2・8
8　「生命の表現」（雑誌「教育研究」臨時増刊「綴方研究号」所収）	垣内　松三稿	大正12・11

9　「丘上雑感」（雑誌「読方と綴方」所収）　垣内　松三稿　大正12・12

10　「形象の概念」　垣内　松三講　大正14・10

○11　「国語教育学」　丸山　林平著　昭和7・11

12　「国語教育学の建設へ」　保科　孝一稿　昭和7・11

○13　「国語教育の科学的研究」（雑誌「教育・国語教育」特集号）　昭和8・4

○14　独立講座「国語教育科学」（全12巻、うち9巻刊行）　垣内　松三著　昭和9・4〜

15　「国語教育と精神科学」（雑誌「丘」所収）　垣内　松三稿　昭和8・1

○16　岩波講座「国語教育」　昭和11・10〜

17　刀江書院「国語教育講座」　昭和26

18　「国語教育革新の問題」（雑誌「教育公論」所収）　西尾　実稿　昭和23・3

19　「国語教育の新領域」　西尾　実著　昭和14・9

20　「国語教室の問題」　西尾　実著　昭和15・1

21　「国語・国文の教育」　西尾　実著　昭和4・11

○22　「国語教育学の構想」　西尾　実著　昭和26・1

○23「国語教育学序説」　西尾　実著　昭和32・4
24「国語教育理論」　輿水　実著　昭和11
（○印は、内容などに比較的くわしく言及されているものである。）

この「研究史論」では、右に掲げた文献・論文が主としてとりあげられ、それらの成立事情を説き、また内容の要点を引用し、あるいは要約して示しつつ、論述するという形式がとられている。

石井庄司氏は、「私は、大正五年（一九一六）を以って、国語教育研究のはじめとしたい。」（同上書、六二ペ）と述べて、主としては、大正五年（一九一六）以降の国語教育研究の歩みを述べ、昭和三二年（一九五七）に及んでいる。これは、石井庄司氏のさきの研究史「国語教育の歩み」（続教育大学講座第7巻「国語科教育」、昭和30年7月30日、金子書房刊、所収）に比べて、文献の数もその説述の量も、はるかに多く、またくわしくなっている。とくに、研究史上注目すべき雑誌論文に言及されている点は、多としなくてはならない。

ただ、国語研究のはじめを、大正五年（一九一六）からとする見解については、その理由が明示されていないこととあいまって、なお異論もあり、別の見解もあろう。

二

「国語教育科学論」（第一巻）には、「国語教育のための諸学」の一つとして、教育学の領域からの考察が、倉沢剛氏によってなされている。倉沢剛氏は、「国語教育と教育学」と題し、これに「国語教育学の理論的基礎」という副題を付している。

この論考において、倉沢剛氏は、国語教育に対する教育学の関連について、まず、

「国語教育の諸問題を総合的に解決しようとするばあい、またこれを根本的に研究しようとするばあい、そこにさまざまな基礎科学ないし関連科学のたすけを求めざるを得ないのはいうまでもない。このような基礎科学、ないし関連科学のうち、もっとも重要な役割をもっているものの一つは、教育学であろう。ところで、国語教育に対する教育学の貢献はきわめて広く、またきわめて深いが、わたしはこれを三つに大別することができると思う。」（同上書、九五ぺ）

と述べて、

1　国語と教育との本質的な関連をあきらかにすることによって、国語教育の全体を理論的に基礎づける礎石をあたえる側面

2　学校教育の全体計画と、各教科の構造関連をあきらかにすることによって、国語科の目標や内容や方法や評価を合理的にする側面

3　国語科の授業以外、学校の内外における生活指導の場と方法を明らかにすることによって、この方面における国語教育の場と方法を示唆する側面

の三側面をあげ、

「第一の側面が、国語教育に一般的な、包括的な、背景ないし基礎をあたえるとすれば、第二の側面と第三の側面は、国語教育に実践的な、具体的な、そして技術的な基礎をあたえるといっていい。これまで国語教育と教育学の関連としては、もっぱら第二および第三の技術的側面がとりあげられたものであるが、わたしはより基本的には、第一の本質的側面をとりくまなければならないと思う。そこで、ここには、国語教育の基本的な問題に焦点をすえ、国語教育学をうちたてるばあいの、理論的基礎ともいうべきものをとりあげることにする。」（同上書、九六ぺ）と述べている。

倉沢剛氏は、国語教育と教育学との本質的な関連を、

1　国語教育の理論的な問題

2　国語教育の実践的な問題

に分けて、考察を進めている。

まず、1　理論的な問題においては、人間形成における国語の役割を問題の中心と考えている。

倉沢剛氏は、現代の教育学における「教育の本質」観を、

「こんにちの教育学では、教育の本質を、個人の社会的参加に求めている。子どもはすべて社会的な環境の影響をうけ、逆にまた環境にはたらきかけ、これによって歩一歩と成長する。この個体と環境との相互作用（Interaction）によって、子どもは次第に周囲の社会環境に参加し、参加することによって、次第に民族の社会的意義を身につける。人間の形成は、このような、個体の社会的参加によって行なわれると見るのが、現代の教育学、とくに経験主義教育哲学の立場であろう。」（同上書、九六ペ）として、

（1）人間形成における国語の役割、とくに言語や文学の役割を、つぎのようにみる。

「こんにちの教育学では言語や文学の社会的性格を、何よりも重んずる。古い教育学では、言語はほとんどいつでも、『思想の表現』（Expression of thought）として扱われるにすぎなかった。言語はもっぱら個人的要素として個人的な側面から、考えられるだけであった。ところが、教育の本質を、個体の社会的参加に見出そうとする現代の教育学では、他の教科の学習と同様、国語学習についても、その社会的な側面を何よりも重んずる。なるほど言語が論理的な用具であることはよくわかる。しかし言語は基本的には、そしてその主要な役割としては、『社会的な用具』（Social instrument）である。すなわち言語はコミュニケーションのための考案《ママ》であり、これによって人が他の者の考えや感情を分ちもつようになるための用具である。人はさまざまな社会関係においてたえ

ず活動しているが、人と人とのコミュニケーションを成り立たせ、思想や感情の分ちあいをすすめる用具が、われわれの言語である。社会的なコミュニケーションをおしすすめる用具として、言語の主要な役割があるのである。もしこの社会的な役割をわすれ、個人が知識を習得したり、すでに学んだことを反唱したりする手段として、たんに個人的側面からだけ考えるならば、言語はその社会的な動機を失い、また社会的な目的をも失ってしまうであろう。

　文学もまたさまざまな社会的経験を表現し、そして、これに解釈をほどこしたものであって、たんなる個人の想像を表現したものと解することはできない。だから文学は、このような社会的経験がさきにあって、その後に生まれるものである。子どもの作文を指導するばあいにも、まず子どもの社会的経験をゆたかにすることが先決だとされているのも、このためである。文学が子どもの社会的成長に大きい価値があるのは、それがさまざまな社会的経験の反射的な表現であり、解釈であるためである。もし文学の社会的性格を見失なったら、その教育的価値は半減してしまうであろう。

　そこで、言語や文学は、社会的なコミュニケーションの用具として、また社会的経験の表現ないし解釈として、個体と環境との相互作用をあきらかにし、思想や感情の分ちあいをうながし、つまりは人間の社会的参加を促進するのであって、人間形成における国語の役割は、まさにこの一点において評価されなければならない。」（同上書、九八〜一〇〇ぺ）

　右のように、人間形成における国語——言語や文学の役割は、その社会的性格や機能から、きわめて大きいものとみているのである。

　つぎに、

（２）国語学習における経験主義と教材主義の問題をとりあげ、

「さらにこんにちの教育学では、教育の本質を、個体と環境との相互作用に求めているから、教育にはいつでも、二つの基本的な要因がある、という前提にたっている。一つは未成熟・未発達の青少年であり、他はおとなの成熟した経験に見られる社会的な目的や意味や価値である。教育の本質は、この二つの要因の適切な相互作用に見出される。そして、この相互作用が、もっとも活発に、もっとも充実して行われるように、二つの要因を結んで考えるのが、教育理論の精髄とされているのである。

　このような現代教育の基礎理論を、国語教育の場に適用すれば、そこからわれわれは、国語教育の本質的なありかたに、光明をなげかけることができないであろうか。

　まず国語教育の基本的な要因は、一方では、まだ未成熟・未発達ではあるが、しかし無限の可能性をひそめた、子どもの言語的興味や言語能力であり、他方では、おとなの成熟した経験に見られる社会的な言語環境ないし言語文化であろう。国語教育の本質は、この二つの要因の『適切な相互作用』(Due interaction)に見出される。そして、この相互作用が、もっとも活潑に、しかも、もっとも充実して行われるよう、二つの要因を結んで考えるのが、国語教育理論の精髄というべきであろう。

　このうち、第一の要因が、国語経験の内的条件だとすれば、第二の要因は、その外的条件だといっていい。そして、この内外二つの条件が、もっとも活潑に、もっとも充実して、相互作用するところに、もっとも教育的な国語経験が成り立つといえよう。さらにまた、第一の要因が国語経験の心理的側面だとすれば、第二の要因は、その社会的側面だといっていい。そして、心理的側面と社会的側面とが、ともによく配慮され、二つが有機的に統合されるところに、教育的な国語学習が行われるといえよう。」(同上書、一〇一～一〇二ぺ)

と述べ、この二要因の対立について言及したのち、それをどう考えていくべきかについて、

「まず現代の教育哲学は、いっぱんに教材中心の立場と、児童中心の立場を、より高い第三の立場に止揚し、

二つの見地を正しく調停する考え方を展開しようとしてきている。」（同上書、一〇二ぺ）「われわれの学習指導とは、子どもの現在の経験から、われわれが教材とよんでいる組織的な体系へとすすむ、連続的な改造にほかならない。子どもの現在の経験や興味や能力は、われわれの教育課程の出発点であり、教科の教材に示されている意味や価値は、われわれの教育過程の到達点にほかならないのである。このように考えてくると、教材中心の見地と、児童中心の見地とは、ほんらい対立の関係にあるものではない。これを相互に対立的に考えるのは、同じおいたつ生命の、幼児期と成人期とを、対立的に考えるようなものである。そこで、児童の経験と教科の教材には、ともに同等の価値をみとめ、両者の相互作用が、できるだけ活潑に、できるだけ充実して行われるように、計画し、指導すべきである。このうち、一方を他方に従属させ、または一方をまったく無視したのでは、教育的経験をもりあげることはできない。」（同上書、一〇三ぺ）と述べている。

つぎに、

（3）国語学習における心理的側面と社会的側面の問題に関しては、

「教育の心理的側面と社会的側面とは、相互に対立するものではなく、真の教育的経験を生みだすための、二つの側面ないし条件にほかならない」（同上書、一〇四ぺ）とし、「このような現代の教育理論は、国語教育の問題にもそのまま適用することができるであろう。教材中心の国語学習と児童中心の国語学習、国語学習における経験主義と系統主義は、一見きびしく対立するもののように考えられるが、じつはより高い立場に止揚され、かえって相互に補充しあう関係にあることが知られる。そのためには、国語の教材と、児童の言語経験とが、程度の差でなしに、質的にちがったものであるかのような偏見をすてなければならない。まず国語の教材は、なにか既製品のように、固定したものでもなく、子どもの経験の外にあるものでもない。その萠芽はすでに子どもの経験のうちにあり、ただそれを純化して、いっそう教育的に組織したものにすぎない。国語は日本人の長いあいだの生活から生みだされたもので、それは日本人の経験の所産である。」（同上書、一〇四～一〇五ぺ）と述べて、「国語学習の心理的側面と社会的側面とは、相互に対立するものではなくして、かえって相互に補充しあい、相まって教育的な国語経験をもりあげる基本的な条件であることがわかるであろう。」（同上書、一〇七ぺ）としている。

倉沢剛氏は、現代教育学の立場から、こんにちの教育理論を、国語学習の分野に適用するというかたちで、国語教育の理論的な問題を以上の、（1）（2）（3）にわたって考察したのである。原理的には、また、望ましいかたちとしては、それにちがいないとしても、現実の国語教育そのものの問題になると、ことはそれほど自明のことはならず、また、理想的には運ばない。そこに問題は深刻にのこっている。

つぎに、２　実践的な問題に関しては、近代における国語教育の革新的研究としての、デューイ学校における国語教育研究をとりあげて、その研究ならびに、根本の考えかたを分析して示し、さらに、デューイ学校の実験から導かれた国語学習の基本原則を掲示している。

つぎには、現代の生活教育における国語指導の基本原則としてつぎの六つを挙げている。

（1）国語は生活および学習の用具として練るべきである。かつては国語はそれ自身が目的であるかのように考えられてきたが、それはあやまりである。国語は目的ではなくして、目的への手段である。実際の生活では、国語は社会生活をいとなむ用具だから、学校でも生活や学習の手段用具と考え、そういうものとして指導すべきである。

（2）国語は生きた実際的な場で練るべきである。かつては国語を、主として教科書という、人為的に作られた場で練ってきたが、それでは生活の用具としての、生きた国語を練ることはできない。教科書の教材も必要であるが、構成的な学習や仕事の学習、科学的な観察や実験なども、国語を活用するゆたかな機会や場をあたえるし、学校新聞・学校放送・児童会などの自治活動もそうである。われわれは、これらの機会や場を活用し、子どもの経験の有機的な成果として、国語を練ることができるのであって、問題はこれらの場や機会を、どのようにして組織的に漸進的に活用したらよいか、にかかっているのである。

（3）生きた目的活動で、国語の必要を痛感させ、進んで熱心に練習するように指導すべきである。国語の必要にも迫られず、意欲もおこっていないのに、むやみに練習をしいても効果はあがらない。子どもたちが、なにか意欲的な仕事を企て、そのために国語の必要をつよく感ずるという、『生きた目的をもった場』（Functional purposeful situation）で、国語はもっとも有力に学習される。

（4）しかし国語の能力を基礎的に育て、子どもの言語生活を、全体として指導するセンターとして、国語科をおき、時間を特設する必要がある。とくに反復練習のため、また系統的に指導するため、国語科の時間がおかれるが、ここでも、教科書を場として、さまざまな活動や経験に訴え、生きた国語能力を練るべきである。

（5）国語を習得する型や速さや質は、一人一人の子どもによって、さまざまにちがうから、個別指導の方法を大いにとりいれる必要がある。国語の進歩はあくまで個性的なものと考え、その能力を一人一人に診断し、それぞれ適切な治療的指導をあたえるべきである。

（6）国語の指導は、たんに読んだり、書いたり、話したりするだけでなく、その内容を解釈し、鑑賞し、反省的に思考し、創作的に表現することなどを学ばせなければならぬ。読む、書く、話すという、神経筋的なメカニズムを身につけるだけでなく、反省や思考や鑑賞や表現や批判などの能力をめざさなければならぬ。国語の指導は、ふかく全体としての子どもの発達につらなり、全体としての人間形成に役だつのでなくてはならない。（同上書、一一三～一一四ぺ）

右のデューイ学校の国語教育研究の紹介と提示は、倉沢剛氏の立場としては、当然でもあろうが、国語教育学界へのそれとしては、注目すべきものである。なお、現代の生活教育における国語指導の基本原則については、その出典なり原拠については明示されていない。現代教育学の立場から、理論・実践の両面にわたって、国語教育学の理論的基礎を考察し提示しようとされたのが、倉沢剛氏の、この論考の意図といえよう。

一二

昭和三三年（一九五八）五月、雑誌「解釈と鑑賞」（第二三巻第五号、二六四号、昭和33年5月号）には、国語教育学に関し、つぎの二氏の論考が見られる。

1　石井庄司氏　国語科教育学にはどんな領域があるか。
2　輿水　実氏　国語教育学は可能か。（国語科教育法の問題点）

いずれも、執筆枚数の制約を受けた小稿であるが、それぞれに緊切な問題について、所見が提示されている。まず、石井庄司氏は、「国語科教育学にはどんな領域があるか」において、国語教育学の史的展開を簡叙し、国語教育学の必要を具体例をもまじえて説いたのち、「私は、国語科教育の研究の分野は理論と歴史と政策の三つと考えている。」（雑誌「解釈と鑑賞」昭和33年5月号、一四ぺ）と述べている。ついで、1歴史、2理論、3政策の面から、国語教育研究の現況を簡明に叙し、とくに教材研究のありかたにも触れている。

また、必読すべき文献としては、

1　「言語学原論」　ソシュール原著　小林英夫訳
2　「国語の力」　垣内松三著
3　「国語教育学の構想」　西尾実著

などが挙げられ、研究法としては、矢田部達郎博士「児童の言語」（昭和31年、新版、東京創元社刊）において、矢田部博士の述べられた初心者のための四か条が引用されている。

もと、この論稿は、新制大学にあって、卒業論文を書こうとする学生のために述べられたものである。それだけ啓蒙的性格の濃いものとなっている。石井庄司氏は、この論稿を、「テーマは、いたるところにいくらでもころがっているといいたい。」（同上誌、一六ぺ）と結んでいる。

つぎに、輿水実氏は、「国語教育学は可能か」（国語科教育法の問題点）において、まず、この「国語教育学は可能か」の問題に、つぎのように答える。

「一、国語教育の科学的研究はたくさんに存在する。アメリカの方でいえば一九五六年の一年間に国語教育で博士論文を書いた人が一一〇名（以上）ある。

二、日本でも科学的な研究がはじまっている。

三、『学』というのは、そういう中身をいれる家屋のようなものである。『学』ということで全体の領域や方法を吟味することによって、個々の研究が一層整理され、有効なものになる。

四、国語教育という領域や仲間が存在して相互に緊密な連絡のもとにあるのに、その研究成果を、心理学、社会学、教育学、言語学、国語学、国文学などに分けておく必要はない。必要がないどころかそれでは三の目的を十分に果すことができない。

『国語教育学は可能か』ということについて、わたしはもちろん『可能だ』とするのだが、それについては、まず、一の、国語教育の科学的研究がたくさんに存在するという事実を認めてもらわなくてはならない。」（同上誌、一五三ぺ）

ついで輿水実氏は、「国語教育の論文のすべてが、国語教育研究の論文ではない。国語教育研究の論文や報告は、日本では非常にすくない。その科学的な価値、学問的な厳密さ、その主張の信頼度なども、いろいろである。」（同上誌、一五三ぺ）とし、これまでに「学」の名を冠した日本の国語教育書群を、

（1）丸山林平　「国語教育学」（昭和7年11月）
（2）垣内松三　「国語教育科学概説」（昭和9年4月）
（3）石山脩平　「国語教育論」（昭和12年2月）
（4）西尾実　「国語教育学の構想」（昭和26年1月）
（5）輿水実　「国語科教育学」（昭和30年3月）
（6）西尾実　「国語教育学序説」（昭和32年4月）

のように挙げ、各書の序文からの引用によって、それぞれの意図・方向・性格を示し、「わたしとしては『学』の主張よりも『学』の内容である科学的研究の存在を重くみる」（同上誌、一五五ぺ）と述べ、「国語教育研究の先進国アメリカの状況について」、つぎのように述べている。

「一九五七年四月号の『エレメンタリー・イングリッシュ』という雑誌に一九五六年度の国語教育論文の目次が出ている。

その中の博士論文の二三の例をあげると、

カリフォルニヤ大学――『パーソナリティと読みの成績との相互関係』
シカゴ大学――『読み方における概念形成の過程』
ハーバード大学――『発音を強調した二つの異った方法によって教授された場合の読みの成功に関係する諸要因の考察』
ボストン大学――『口頭言語技術の客観的テスト構成と評価』

等である。国語教育の博士が一年間に百十人も生産されるという状況であって、マスターの方の論文はもっとたくさんある。

アメリカだけではいけないからイギリスの方でいうと、一九五六年にイギリスのノッチングハム大学の教育研究所で『読みの進歩——異った方法で教授された児童における成功と失敗の比較研究』というパンフレットを出している。これなどは、いろいろの批評もあり得るが、とにかく科学的研究の一つである。』（同上誌、一五五ぺ）

米英の研究展望を、このようにしたのち、輿水実氏は、日本の研究報告の一例として、昭和二九年に長野県教育委員会で出版された「学習能力の発達国語編——長野県実験学校研究報告」を挙げ、それにつづけて、「日本のものが不十分だというのは、それを受けつける機関、始める機関、批評する機関がないからだ。研究者の努力を認めなければ研究はよくならない。外国では国語教育研究が立派な学問的業績として認められているのに、日本では、『学』という名前を使ってはいけないとかなんとかいうような、けちくさいことでは仕方がない。しかし、わたしたち研究者としては『学』という家屋の建設よりも、中身になる一つ一つの研究を積み重ねて行くことが第一だと思っている。」（同上誌、一五五ぺ）と述べている。

右の論稿もまた、日本における国語教育の科学的研究について、アメリカのばあいも参看しつつ、その現状を示し、「学」と個々の研究について所見を述べたものである。なかでも、「『学』の主張よりも『学』の内容である科学的研究の存在を重くみる」という考えかた、「日本のものが不十分だというのは、それを受けつける機関、始める機関、批評する機関がないからだ。」とする見解には、国語教育研究者としての氏の立場を示している。

輿水実氏には、つぎのような国語教育関係主要著書がある。

1　「言語哲学」　大菊判四〇二ページ　東京　不老閣書房　昭和10

言語の形態を主とする小言語学に対して言語の機能を解明する大言語学を要求して、これを言語哲学とした。

附録　文芸学の哲学

2　「解釈学と意義学」　四六判三四八ページ　東京　不老閣書房　昭和10

解釈の問題を意味の構造から説こうとして、哲学的意味論と言語学的意義論との接触を計った。

3　「表現学序説」　四六判二八〇ページ　東京　不老閣書房　昭和11

広く表現理論を追求して、作文の原理として真実性・統一性・妥当性を導き出した。

4　「国語教育理論」　A5一五三ページ　東京　文学社　昭和11

副題「言語哲学と国語教育との連関」。国語教育の基礎となる言語観を求めて、この立場から国語教育学の成立を問題とした。

5　「言葉は伸びる」　B6二八八ページ　東京　厚生閣書店　昭和14（昭和16再版）

小学校における体験に基づいて教科書中心主義を排し、児童生活の全面にわたる「大国語教育」を提唱した。

6　「言語教育概論」　B6二〇四ページ　東京・京都　晃文社　昭和15

国語教育は「生きたことば」の教育でなければならないという立場から、発音・文字・語彙・文法の教育を問題とし、言語教育の学年的段階を説いた。

7　「日本語教授法」　A5三五五ページ　東京　国語文化研究所　昭和16

外国人に対する日本語教授の実践に基づいて直接法教授を主張し、基本語彙・基本文型の実際を論じた。

8　「言語哲学総説」　A5六五五ページ　東京　国語文化研究所　昭和19

意味の哲学・文法の哲学・言語活動の哲学・言語作品の哲学の四つに分けて言語哲学に関する研究を綜括しようとした。

9　「国語のコース・オブ・スタディ」　B6二三九ページ　東京　非凡閣　昭和23（24三版）

機能的言語観を提唱して、学習指導要領の諸問題特に単元に対する考えかたを解明した。

10　「現代の言語哲学」　A5三二四ページ　東京　白揚社　昭和23

フンボルト以後の、哲学的・心理学的・社会学的・新言語学的立場から言語哲学の問題に接近した代表的学者二十五氏について、その説を解明した。

11　「増補　新しい国語教育の方向と実践」　A5　六六ページ　信州　松本附属小学校教科研究会　昭和25

「新しい国語教育と言語観」（昭和25・1・30、長野講演）、（「新しい国語教育の方向と実践」（昭和24・7・9、10　山形県米沢講演）の二つの講演記録を収めたものである。

12　「国語科概論」　A5二六八ページ　東京　有朋堂　昭和25（27七版）

二十世紀前半における国語教育法の進歩の上に立って、わが国の国語教育のありかたを究明し、特に実態調査、教科書、指導過程、学力テスト等を論じた。

13　「国語科教育法」　B6二四一ページ　東京　有朋堂　昭和26（27八版）

「言語は生活の中でどのように働くか」という立場から、小・中・高等学校の教育課程の編成と学習指導の実際を説いた。

14　「国語教育原論」　A5三五四ページ　東京　朝倉書店　昭和27

戦後国語教育の動向を反省して、戦前・戦後を通じて一貫した国語教育の原理を見いだそうとしたものである。

15　「国語科教育学」　A5二四六ページ　東京　金子書房　昭和30

小学校・中学校の国語科教育の現実を前提とし、高校国語科教育についても考慮しつつ、国語科教育の事実をふまえ、原理・組織・方法の三方面について、学問的研究の総合を企てたものである。

16　「読み方教育学」　A5　前編一二三ページ　東京　明治図書　昭和33

アメリカの読みの科学的研究の成果について、かなりくわしく、しかも批判的にとり入れつつ、読み方学習指導に必要な知識を集めて体系的に述べたものである。

17　「国語教育用語辞典」　B6　二五〇ページ　東京　明治図書　昭和35

国語教育の用語を、四部一七領域にわたり、九三一項を選んで解説したものである。

右のうち、11、14～17以外は輿水実氏がみずからその著「国語教育原論」の巻末において述べているものによった。

輿水実氏は、昭和二三年（一九四八）、「現代の言語哲学」の「序」において、

「昭和十年に出した前著『言語哲学』は、自分の最も尊敬する言語学者小林淳男教授に見て頂いて『我国に於ける最初の体系的叙述』という序文を頂いた。その記述の誤りを正し、その後の研究を加えて出したのが、昭和十九年の『言語哲学総説』である。さきに、『国語教育理論――国語教育と言語哲学の聯関』（昭和十一年）という小さい本でその見透しを述べたのであるが、わたくしの今日までの、いろいろな言語教育上の革新意見や実践

は、どれもみな、わたくしの言語哲学的研究と一脈のつながりがあるといっていい。わたくしは、言語哲学ということで、言語の研究、教育、改造を指導し激励する『働く原理』を求めて来たのであった。

本書は、前二者とは少し趣きを変えて、現代諸家、それもわが国に比較的よく名まえの知られている人たち——それにもかかわらずその学説の実際は知られていないものが多い——の学説を、なるべくその人のことばを通して紹介するということを目的とし、それに史的展望を添えた。翻訳権の問題があるので、邦訳のあるものはすべてそれにより、原書から引用の場合はごく短いものの他は要旨をとった。現代言語哲学の入門書のつもりであるが、わが国の哲学的興味も、もう言語哲学まで来てもいいし、それに、なによりも、言語の綜合的認識ということが現代人の課題になっているので、この小著がその一つの媒介となればしあわせである。」（同上書、二～三ぺ）と述べ、氏の立場と「現代の言語哲学」という著書の性格とが明らかにされている。その立場は一貫して広く大きい視野を持ち、言語哲学研究をその拠点としている。独自の立場といってよい。

輿水実氏は、本書の「序説」において、「言語哲学の問題体系」をとりあげ、つぎのように述べている。

「言語哲学の史的展開を考えてみると、古代においては、『言語の起源』がほとんど唯一の問題であった。言語はどうして生まれたか、その素生、由来が疑問であった。そこには言語の微妙な働きへのおどろきもふくまれていた。そして、言語の起源といっても歴史的起源を問題にしていたのでなく、実は言語とは一体どういうものであるかという本質への疑問であった。

十七世紀から十八世紀にかけて、いろいろな言語の知識が進んで来ると、ここに、『言語の評価』『言語の進歩』ということが問題になって来た。オットー・フンケは十八世紀後期のイギリス言語哲学をよく研究して（後出）その問題を整理しているが、いろいろな言語を比較して、どちらがすぐれた言語であるかということをきめること、古代語と近代語とを比較してその優劣を問題にするというようなことが多かったようである。同時にこの時代に、一つの言語、『理想的言語』として、いわゆる『哲学的言語』が考案されたことも、注目される。

他面において、ヴィコをはじめ、ハマン、ヘルダー、フンボルトのような一群の歴史哲学者或はロマン派の人々が、言語の問題を全人間精神の問題としてその重要性を指摘したことは、現代の言語哲学の先駆となっている。事実、これ等の人々では、言語の問題をその思索の一部分として取り上げるとか或は言語の一部分を問題とするとかいうのでなく、その全思索が言語の問題とからみ合っていた。ただよく見ると、個人的にも時代的にも、言語の詩性、文学性、或は芸術性を中心問題にしていたということも否定できない。

そしてこれに対して、最も新しい言語哲学は、言語の記号性、論理性の方により多く注意を向けているといえるだろう。それは言語の問題を論理学及び認識論の中心的問題として、言語の論理学的或は認識論的機構を分析して来ているのである。他面、言語の社会的機能について注意されて来たことも新しい傾向といえよう。

わたくしは、前著『言語哲学』（昭和十年）においては、言語における哲学的問題として、

一、言語機能の問題（言語と生、社会、精神との関係）
二、言語意義（構造）の問題（言語と思惟、外界との関係）
三、言語批判の問題（言語の効用、価値、標準）

ということを挙げておいた。（二一八ページ）

言語哲学の問題は『言語の本質』の問題であるといえばその一言でも尽きるが、それを更にくだいて、過去から現在まで発展的に見ると、大まかにいって、次の三段階、六問題にまとめることができるようである。

一、言語起原論
二、言語発達論、言語評価論、理想的言語論
三、言語機能論、言語機構論

わたくしは、現代の言語哲学の特徴を、その言語機能論と言語機構論とにあると考える。言語が社会や人生や精神と結びついて、全体的に考察され、認識論や論理学の中心問題になろうとしているのが、新しい傾向である。言語機構については、前に『認識論的三角形』というものをあげた。言語機能については、言語は一者から他者に送られるもので、また必ず何事かに関して述べられるものであるから、ことに、

一、伝達機能
二、表現的機能
三、叙述的機能

の三つの機能を区別することができる。第一の機能によってそれは社会を作り、社会の最も重大な手段の一つをなす。第二の機能によってそれは思想感情をあらわし、精神的世界を形成する。第三の機能によってそれは事物を把握させ認識させる。そこでこの三つの機能は、その特徴にしたがって、社会的機能、文学的機能、認識的機能と呼ぶこともできよう。

人間の言語の特徴は『分節音』を使うという点にあるが、機能的にいえば、『叙述的機能』（提示的機能）という点にその特色がある。動物も内心からの叫びごえを発し、或はうったえをする点で、表現と伝達との二つの機能は認められる。しかし、それが事物を提示し叙述するということはない。人間の言語は、常に、何かを叙述しつつ、表現し伝達するのであって、そこにその機構の二重性がある。

これはビューラーの言語機能の研究の一部分の略説であるが、もって現代言語哲学の方向を知ることができるであろう。

更に現代の言語哲学はかつての、『神秘的言語哲学』或は『ロマン的言語哲学』とはちがって、『学的言語哲学』

であろうとしている点に、その特徴がある。即ちユリウス・シュテンツェルなどは『一箇独立の哲学的学科としての言語哲学』を要求している。哲学としてそれは、言語諸科学の基礎づけ、言語観の深化に寄与のあるべきことは、はじめに見て来たところである。」（同上書、二二一〜二二六ペ）

　ここには、言語哲学における問題の状況・体系が平明に示されている。

　かくて、輿水実氏は、現代言語哲学の源泉をフンボルトに求めつつ、さらにつぎのように分類して叙述を進めている。

1　言語哲学の主流――フンボルト、シュタインタール、カッシラー、シュテンツェル
2　論理学的接近――フッセル、クーチュラー、ラッセル、カルナップ
3　心理学的接近――ヴント、ブレンターノ、マルティ、マウトナー、ビューラー
4　言語学的接近――ソシュール、バイイ、ガーディナー
5　解釈学的接近――ディルタイ、フライヤー、ハイデッガー
6　表現学的接近――クローチェ、フォスラー
7　社会学的接近――シュミットロール、ワイスゲルバー（以上、同上書、三九ペ）
8　行動主義的言語観――ワトソン
9　唯物論的言語観――ヤフェティード

以上、現代言語哲学の入門書としての性格をもつものであるが、その学説紹介と展望とは、この領域に新しい視点を導入しえている。

　輿水実氏の言語哲学研究は、

「言語哲学」（昭和10）→「国語教育理論――国語教育と言語哲学との聯関――」（昭和11）→「言語哲学総説」（昭和19）→「現代の言語哲学」（昭和23）

のように、一貫した系流をなして進められているが、一方また、こうした基礎研究に対して、国語教育そのものについての研究も進められている。

一四

昭和二三年（一九四八）六月二五日、「国語のコース・オブ・スタディ」が「新国語教育選書（実際篇）」の一冊として、非凡閣から刊行された。

本書の序文は、昭和二二年一二月二五日に、横須賀市金谷町において、つぎのようにしたためられている。

「国語教育に科学性を与えることは今日の最も大きな課題の一つでしょう。終戦後、教育再建の要望に応じて新教科書が編修され、新指導形態が工夫されつつありますが、これをその根底において規定しているのはコース・オブ・スタディの問題です。コース・オブ・スタディによってその教科の骨格が明かになり、科学性もそなわって来るのです。

こんど文部省から『学習指導要領国語科編』（昭和二十二年度試案）が出ましたが、これを更に磨きあげて真に立派なものにすることはわれわれの責務です。本書では、そこに取りあげられるはずで取りあげられていない問題、ことに、『単元』と『学習活動』と『評価』について、わたくしの研究と所見とを比較的くわしく述べました（第三章、第四章、第五章）。また新国語教育は一体観に立つか道具観に立つかという、実際家からの質問に答えて、序説を書きました。第一章、第二章は『学習指導要領国語科編』に対する所見ですから、引き合わせて読んで頂きたいと思います。附録の『アメリカのコース・オブ・スタディ』は、参考資料として紹介したものです。

本書は、師範学校を出たばかりの青年教師にも読んでもらうつもりで書きはじめました。しかし、書いているうちに、いつか、今までの数々の著書を通して知り合いになった研究家のこと、とくに、雑誌『コトバ』を通して語り合った全国の熱心な指導者の誰彼のお顔が、心に浮かんで来ました。だから程度が少し高くなったところがあるかも知れません。

本書はまた、お健かに古稀の御寿を迎えられた垣内松三先生への祝賀の心持ちをこめて書きました。戦災者のバラックで、雑務に追われ、停電におびやかされて、執筆は滞りがちでしたが、今まで十数種の著書のうち、全部書きおろしの未発表原稿というのは、この本がはじめてです。焼跡に建てられたバラックのように、外形は貧弱ではありますが、先生に、わたくしの言語教育論がどれだけ生長したかを『評価』して頂きたいと思います。

本書の成立は、石森延男氏の、友情に満ちたおすすめに依るものです。また、出征以来今日まで示された石黒修氏、三宅武郎氏の御厚意に対しても、この機会にあつくお礼申上げたいと思います。」（同上書、「序」一～二ぺ）

本書の成立事情は、右の序文によって尽くされている。その問題状況も、当時の研究方向も、その間にあっての著者の態度と意図も、はっきりと述べられている。

さて、「国語のコース・オブ・スタディ」は、つぎのように構成されている。

序　説　機能的言語観

一　アメリカの国語教育

二　旧国語教育からの脱却

三　一体観と道具観

第一章　新しい国語教育のありかた
　一　『学習指導要領国語科編』をみる
　二　社会的必要、興味、身体的条件
　三　文字板、学校新聞、辞書、学級文庫
　四　各分科における重点の移動
第二章　国語教育の範囲と目標
　一　五分科の分類根拠
　二　国語指導の全領域
　三　目的の規定の変遷
　四　目的と効果との区別
　五　理解し使用する能力
　六　日常生活の必要量
　七　五つの指導目標
第三章　単元に対する考えかた
　一　単元の問題
　二　単元に対するアメリカ的考えかた
　三　国語教育の内面的機構

　四　機能的な見かた
　五　国語の力の函数的表示

146

四　作業単元の決定原理
五　単元に対する考えかた総括
第四章　学習活動の実際
一　教材を作業単元とする学習活動
二　小学校中学校各教材の実例
三　教科書に取材する問題単元の実際
第五章　考査と評価
一　評価の目的と方法
二　単元と評価との関係
三　考査問題の改善
附　録　アメリカのコース・オブ・スタディ
一　低学年のコース・オブ・スタディ
二　話しかた・作文のコース・オブ・スタディ
三　英語と日本語との相違から来る問題

終戦直後の国語教育の当面していた諸問題が取り上げられ、それに対する考察がなされ、所見が述べられている。

輿水実氏は、「序説機能的言語観」において、

「『機能的言語学』及び『機能的言語教育』の、より系統的な叙述——これこそいまわたくしの頭脳を支配して

いることですが、それについてはまだ準備が十分でありません。ここにはただ、機能的な見かた、機能的言語観というものを提示して、終戦以来今日までのわが国語教育界の混沌を整序し、新国語教育は機能的言語観に基づく機能的言語教育でなければならない理由を述べたつもりです。」（同上、二七〜二八ぺ）

と述べている。戦前から一貫している機能的な見かたがその根底にあるのである。

また、本書において、「学習指導要領国語科編」（昭和二二年度試案）に対して、所見が述べられているのも、注目に値いする。「学習指導要領」が戦後まとめられるようになったいきさつなどは、いま保留するとしても、その後の国語教育実践に対して大きい役割を担ったことは否めない。その「指導要領」を分析し、解釈し、考察し、かつ批判することは、ぜひとも必要であり忘れられてはならないことであった。その点、輿水実氏のこの「指導要領」考察の試みは、当時にあって格別の意義を有するものである。

「序」にも見られたように、本書では、とくに「単元」・「学習活動」・「評価」の問題がとりあげられている。まず、「単元」については、アメリカ的な単元の方法について、つぎのようにまとめてある。

一、単元の方法のねらいは、学習の機会と経験とを与えることである。また、読みかた、書きかた、話しかた、作文等の言語学習を統合的に行うことである。

二、単元は児童生徒が興味を持つ問題を選び、そこに豊富活溌な言語活動が予想されるのでなければならない。

三、日本の国語教科書の各課は「読む」という経験を与えることが目的であったが、作業単元としては、これを通していろいろの言語活動が期待されなければならない。

四、そのためには読みかた本位の教材から言語活動本位の教材にあらため、またもっと大きな単位にする必要がある。——（新教科書は既に大部この傾向に傾いているが）

五、単元は児童生徒自身の興味から自発的に選ばれていい。むしろそれが本位であろう。

六、単元は必ずしも質問の形で提出されない。

七、単元はかなり大きな学習単位で、学習の結果として評価ということが予想されていなければならない。（同上書、一一二ぺ）

さらに、輿水実氏は、「単元に対する考えかた総括」（同上書、一三八～一四〇ぺ）をされている。

「ここで、次の章に移る前に、単元に対する考えかたを総括しておきたいと思います。わたくしは単元というのは「学習のひとまとまり」であるから従来の「課」と余りちがわない、それがアメリカ的な単元の考えかたであるということをいいました。

わが国の国語教育では、大正十一年に垣内先生の『国語の力』が出て、国語教育において「語」を単元とする従来の考えかたの誤りが指摘され、「文」を単元として、ここに活力のある授業が行われることになりました。だから、わが国の国語教育で「単元」といえば文にきまっていたのです。文の形を四つに分けて、第一、第二、第三、第四の単元とすることは、なにも不思議でなく、実に自然の考えかただったのです。しかし「センテンス・メソッド」が万能ではありません。わたくしはここに更に言語の単元を支持単元として導入し、また「単位」という考えかたをとり入れて行きたいのです。「単元」は「単位」と訳してもよかったのです。

もし「単位」という考えを広くとるなら、抒情詩、随筆、物語、劇は表現科或は文学科の単位といえるでしょう。話しかた、聞き方、作文、読みかた、書きかたは、国語教育の単位で差支えありません。また、発音、文字、語彙、文法は、言語科、或は国語学科の単位であるといえます。われわれの問題は今、国語教育ですから、わたくしは、話しかた、聞きかた、作文、読みかた、書きかた等を「国語科の単位」と考えたいのです。はじめにそれを「国語科の分科」としましたから、むしろその細分である、前掲の、音読、黙読等の二十単位というものを、国語科固有の学習構成単位と考えたいのです。

しかし、前にも述べたように、これをすぐに作業化すること、それぞれに独立して学習することは出来ません。ことばの学習は、やはり一つです。読んだことについて話し合ったり、文を書いたりするという、綜合的な活動によって、ことばの力が伸びて行くのです。ですから、こうした各単位が、仮りに「単位」として承認されたとしても、「作業単位」というものは別に考えなければなりません。

「作業単位」（これは「作業単元」でもいい）というものは、やはり、興味とか精神的疲労とかいう心理的な見地から決定されるものです。わたくしは、前条に、作業単元の決定原理五箇条をあげましたが、興味をもった主題に関するひとつづきの作業であるという点において、その長さを決定する精神的疲労というものも、つけ加えておきたいと思います。

そして、作業単元の決定において、

一、作業の性格を決定するもの——表現形態（表現単元）
二、作業の負擔を決定するもの——言語量（支持単元）
三、作業の地位を決定するもの——学習部門（学習構成単元）

というように、言語と、文学と教育とに関する今までの考察は、その「決定原理」として有力に参与するでしょう。わが国語教育界が「単元」ということばに何か「指導原理」を期待し、そうしたものとしての単元について今日まで論議して来たことは決して、無駄ではなかったのです。もし「単元」即ち「指導原理」であれば、それ等はそれぞれに単元であるといえます。しかしわたくしは、作業単元ということだけで足を停めたいと思います。」

「国語のコース・オブ・スタディ」は、戦後の輿水実氏の国語教育研究の原型にもなっているものであって、その後の研究の展開は、ここに芽ぐみ、ここから伸びていったものとも考えられる。当時の国語教育界にあって、広い視野を確保しえたのは、戦前からの研究と修練とに負うところ大なるものがあったにちがいない。

第三章　「国語教育学会」の役割・業績

一

戦前における国語教育研究を任とする学会組織としては、「国語教育学会」が中心をなしていた。

この「国語教育学会」の成立経過については、「国語教育学会会報」（第一号、昭和11年10月、岩波書店刊）に、つぎのように述べている。

「昭和九年一月二十一日、学士会館に於て創立総会が開かれた。これは多年藤村博士によって主唱計画せられていた趣旨が、機運熟し《ママ》各方面の有力なる学者によって支持せられた結果であった。

午後一時開会。先ず、座長指名に入り、年長者たる駒沢大学教授福井久蔵氏に、満場の議により指名を乞い、氏は藤村博士を推薦し、満場拍手を以て迎えた。

かくて藤村博士座長となり、創立に関する趣旨の説明があり、続いて会則の審議に移った。予て藤村博士の手許で作成してあった案を試案として、これに就《ママ》て熱心なる質疑討論があり、数ケ《ママ》所修正の上、成案として可決（別項）となった。

次いで会則によって役員の選任を行うこととなり先ず会長の推薦から始まった。橋本進吉博士から藤村博士を会長に推薦したき旨を提議され、満場異議なく、藤村博士これを受諾された。
次いで藤村会長から理事、評議員、監事の選任に就て謀りたる上、福井久蔵、池田亀鑑、各務虎雄三氏を詮衡委員に指名し、委員会の報告を承認して左記の如く選定された。

理　事　島津　久基　玉井　幸助　西尾　実　岩田　九郎
　　　　岩永　胖

評議員　久松　潜一　岡崎　義恵　高木市之助　次田　潤
　　　　武田　祐吉　東條　操　土井　忠生　石黒　魯平
　　　　佐伯　常麿　佐伯　梅友　小山龍之輔　田中　辰二
　　　　橘　純一　木枝　増一　平林　治徳

監　事　高木　武　池田　亀鑑

かくて記念すべき国語教育学会の設立を見て午後十時散会した。」（同会報、三ぺ）

昭和九年（一九三四）一月二一日、国語教育学会が設立され、藤村作博士がその会長となったのである。
この国語教育学会の会則は、つぎの通りであった。

国語教育学会会則（主要箇条抄出）

第一章　名称

第一条　本会ハ国語教育学会ト称ス。

第二章　目的及ビ事業

第二条　本会ハ国語教育ノ研究調査ヲ行ヒ国語教育ノ進歩改善ヲ計ルヲ以テ目的トス。

第三条　本会ハ前条ノ目的ヲ達スルタメ左ノ事業ヲ行フ。
一、国語教育ニ関スル諸般ノ研究
一、研究発表会・講演会・講習会・談話会・展覧会
一、授業及ビ施設ノ視察
一、会報・研究図書・研究雑誌ノ出版
一、常設研究所ノ開設
一、其他《ママ》本会ノ目的ヲ達成スルニ必要ナル事業

第三章　事務所

第四条　本会ノ事務所ハ東京市渋谷区幡ヶ谷本町一ノ二七　藤村方ニ置ク。

第四章　会員

第五条　本会ノ会員ヲ分ッテ賛助会員・通常会員トス。
賛助会員ハ本会ノ理事会ニ於テ特ニ推薦セラレタルモノトス。
通常会員ハ本会ノ趣旨ニ賛シ所定ノ会費ヲ納入スルモノトス。

第五章　機関及ビ役員

第六条　会員総会ハ重要ナル事項ニ関シテ審議決定スルモノニシテ毎年一回以上会長之ヲ召集シ本会々員ノ三分ノ一以上ノ出席ヲ以テ成立スルモノトス。会員出席不可能ナル時ハ委任状ヲ以テ出席ニ代フルコトヲ得。
第十三条　本会ニ左ノ役員ヲ置キ夫々執行又ハ議決ノ機関ヲ構成セシム。
一、会長　一名
会長ハ総会ニ於テ推薦ス。

一、評議員　二十名
　評議員ハ総会ニ於テ推薦シ会長之ヲ委嘱シ評議員会ヲ構成ス。
一、理事　八名
　理事ハ評議員会ノ互選ヲ経テ会長之ヲ委嘱シ理事会ヲ構成ス。
　会長ハ理事タルモノトス。
一、監事　一名
　監事ハ評議員会ニ於テ会員中ヨリ之ヲ選挙ス。

　　事務分掌規定

一、本会ノ事務ヲ庶務研究ノ二部ニ分チ理事之ヲ分掌ス。
二、庶務部　組織計画其他《ママ》一切ノ会務ニ従フ。
三、研究部　研究調査編輯ノ事ニ従フ。
四、各部ニ部長ヲ置ク。
　部長ハ理事会ノ議ヲ経テ会長之ヲ委嘱ス。（以上、「会報」第一号、六～七ぺ）

なお、この国語教育学会の事業に関しては、つぎのように報告されている。

一　論文集の刊行

国際的国内的状勢は教育者間に著しく民族的精神の自覚を促進し来ったが、本会はそれの深化発展のために、国語学・国文学・国語教育を枢軸とする論文集を刊行することとなり、既にその第一輯を世に送った。

　第一輯は別記の「日本文学の本質と国語教育」と題する論文集で、理事会及び評議員会の決議に基《ママ》き、内容を決定し執筆者を依嘱してその刊行を見たものである。今回の講座と共に本会が学界並に《ママ》教育界に対する貢献第一歩たるを失わぬ豪華版であった。

二　長期講座の開設

本会事業として論文集刊行と共に遂行したものに長期講座の開設がある。昭和九年十月から、十年二月末までの五ケ《ママ》月間、その第一回を開設した。国語科中等教員もしくは将来、国語科教員たらんとする者のために、講義、演習、参観、批評等の諸項を行い理解と実践との統一的研究を行う計画であった。

定員を五十名に限り、毎週三回、午後六時から九時まで、共同研究団体として、或は聴講し、或は研究討議を行《ママ》って、得る所甚だ多く、本会としても有為の青年教育家諸氏の支持を得ることが出来たのは何よりの収穫であった。これら会員諸氏には今尚協同研究を継続し、将来斯界に貢献すべく努力している人々がある。今後も適当なる機会に於て、かくの如き長期講座を続行すべく、度々協議を凝らしている。

三　国語教育の開発

本会所定の各種の機関の整備は未だ十分に実現せられていない関係上、全国各地の国語教育界との聯携を計るに至っていない。然し、将来これが実現を得て所期の目的を達する為、各大学、各高等師範学校、文部・学務当局と提携して、その組織化を計る予定である。

今夏（引用者注、昭和一一年（一九三六））に於て、本会が直接間接に地方国語教育開発のために送り出した講師は相当の数に上る。多くは個人的交渉によるものではあったが、直接本会が関与したものも相当の数に上った。埼玉県国語教育学会の如きは、浦和市・川越市・深谷町の三個所に亘って講習会を開催し、聴講者は総人員六百五十有余名を数えた。

近く全国各地の国語教育関係者と連絡の上、支部創立の挙に出で、講習会その他による研究網の確立に努力し

たい考えである。（以上、「会報」第一号、三〜四ペ）

さらに、「本会の現状と将来」と題して、学会の現状と将来への抱負が、つぎのように述べられている。

既に本会はこの目的達成の第一歩として、長期講座の開設、論文集の刊行等を遂行し来っているが、更にこゝに講座「国語教育」十二巻の刊行に到達し、同時に会報を有ち、所期の実現を計ろうとする。

昭和九年一月二十一日の創立総会に於て、各種の研究機関の設置を決議し、九年四月二十八日の評議員会は『研究部門』の確立に就《ママ》て決議している。その趣旨は中央地方を打って一丸とした研究網を確立し、全国的な国語教育運動を展開し、国民教育の充実発展に寄与せんとするにあるは言を俟たない。

爾来、個人的に、或は支部的組織によって趣旨実現の緒に就《ママ》ているけれども、機関誌を有しなかった為に、有機的統制を完備するに至らず、随って日常的活動にまで徹することが出来なかったのは遺憾な点であった。

今や講座「国語教育」の刊行を機として全国的に会員募集を行い、多数有力なる同志を得て第二次的活動に入ろうとするに際し本会の現状を輪廓的に叙述し、併せて将来に於ける同志諸彦の協力を得たいと考える。

一　本会の組織的特異性

国語教育界には各種の結社がある。然し、それらはある個人、ある学派、ある学園等を背景としたものであって、多くは雑誌の刊行を事業とした同好会もしくは同窓会の一発展としての性質が著しく、その雑誌の如きも一二の学者乃至は教育者の意見発表の機関以上に出でないものであった。然るに本会は、

第一に、学閥・学派を超越した存在であって、一意各派の意見統一の上に、邦家教育の発展を祈念する立場にある。それ故に、本会は国語学・国文学・国語教育界の有力なる人物をその加盟者として網羅し得ている。

第二、初等教育・中等高等教育・大学教育等各階程に於ける国語教育の研究と発達とを志すと共に、それら全

階程の統一的発展を期し、更に社会的な国語教育の振作にまで及ぼうとすることを強調したい。

第三、理論と実践の統一的研究を志し、その上に立って、国語教育の一大進展を期するものであって、これは、国語教育の史的発展上、又国民教育の現実的要請上、極めて重大な意義を有するものであることを確信する。

かくの如き特異性に立脚して、或は研究・調査し、或は講習会・講演会を設け、或は出版・会合により、国語教育の全面的振興に寄与しようとしている。随ってこの特異性は、諸他の結社に比して著しい特色を有するけれども、この特色は他を排撃しようとするものではなく、他と協同し、戮力しようとするものであることはいうまでもない。

二　研究網

国語学も国文学も国語教育も、孤立的・断片的研究の時代は既に去った。協同的・組織的・機構的にこれが進展を実現する為に、研究網の樹立を企図している。

研究機関の設立組織については別の機会に発表して各方面の御参加を得たいと思っているが、差当り講座「国語教育」刊行に関聯して考えられることは、各地の会員諸氏が、本講座をテキストとして相互研究会をもたれることである。本講座は、執筆諸家が学術的良心と実践的熱意の下に執筆せられた所であるから、そういう研究会の質疑には快く応答せられることは固より、それを機会に研究的提携が成立し、実践的強化力が実現するであろうことが期待せられる。

最初は二名でも三名でも相倚り、相扶けて、理論的に実践的に相互の研究を高め、実践を強くする工夫を持続発展せしめ、本会の地方支部の樹立に至るならば、会員各位にとっても、本会にとっても、極めて有意義なことと信ずる。尚本会は何等かの規定を設け、そういう研究会に対し、力の及ぶ限り聯絡と援助とを惜しまない覚悟である。

講習会《ママ》講演会等は出来得るならば各府県郡市教育会と連絡の上全国的組織的に開催したい。これは一面営々たる研究網の活動に対して発表の機会を与え、一面斯界権威の指導徹底の機会たらしめ得るであろう。

三　発表機関

（一）第一論文集として「日本文学の本質と国語教育」を岩波書店から刊行した。主として文学形態を中心に日本文学の本質を考察し、国語教育に論及した論文十八篇、菊判七百二十余頁の大冊で、斯界の注目する所となった。引きつゞき第二論文集以下続刊の筈である。

（二）今回の「国語教育」講座は、全十二巻、十月第一回配本、明年九月完結の予定で、項目七十八、執筆家百二十余名、国語学・国文学・国語教育界の権威を総動員し、その他関係学科諸権威の参加を得て、国民教育の根幹たる国語教育に対して、根本的研究を行い、理論と実践との統一的発展を期し、初等教育に於ける国語教育の進展上に一時期を劃そうとしている。

第一部に於ては、（1）日本学の体系に於ける国民教育の定位を行わんが為に、国学・歌道・俳諧道・芸道は固より、日本儒教・日本仏教・西洋思想・科学思想の諸項に亘り、日本文化の伝統と教育との関聯を明かにし、（2）国語教育思潮に関して、問題史的体系的考察を行い、（3）国語教育の機構を、学的方法的実際的に論及して、国語教育の地盤と背景と全貌とを闡明することに努め、第二部に於ては、（1）文学形態を基準とした国語教材の研究と、（2）小学国語読本の、各巻各課に対して、編纂概説及び各課要説・解釈・指導・参考の諸項に亘り、懇切なる綜合研究を行い、第三部に於ては、国語教育に関し、歴史的社会的な諸問題を整序し、夫々の権威者によって、当来日本を担うべき国民教育の為に、有力な考案を試みている。

斯界空前の壮挙であり、国民教育の現状に適切な計画であることを堅く信ずると共に、研究網の樹立と相俟って、国語教育の理論と実践との統一的発展に資すべきことを念願してやまないものである。

（三）会　報　創立当時第一回を刊行し、その後は休刊していたが、講座の各回に附録して再刊することになった。或は講座終了後には独立させたい希望もある。（以上、「会報」第一号、四〜六ぺ）

以上によって、「国語教育学会」の成立、性格、特性、事業などのあらましを知ることができる。右の「会報」からの引用には、「岩波講座『国語教育』」の付録であるためもあって、やや宣伝色を帯びている面もある。

二

この国語教育学会では、昭和一一年（一九三六）一二月二二・三・四日の三日間、第一回大会を開く予定であった。大会の目的は、

（一）全国語教育界に健全なる輿論を作り、更に進んでその実現に努力すること。

（二）貴重なる研究調査を公表して、これを全学界、全教育界の公有たらしめ、学界及び教育界の進歩を促進すること。

（三）国語国文学者・国語教育家相互の親睦・連絡・疎通等を図り、学術研究の利便、国語教育の発展に資すること。（「会報」第二号、一ぺ）

であった。第一回大会は、高等学校（旧制）国語科担任者の会合とし、高等学校（旧制）における国語科問題を中心とすることになっていたが、これは「やむを得ない都合のために」（「会報」第三号、二ぺ）延期された。

さきの報告のうち、「国語教育の開発」の中に、「埼玉県国語教育学会」の講習会開催のことが述べてあった。この「埼玉県国語教育学会」のことについては、浅野光良氏によって、つぎのように、「埼玉県に於ける国語教育運動」として、報告されている。

三

「私は埼玉県に於ける国語教育運動――特に本部と連絡関係のある埼玉《ママ》国語教育学会、及び其の支部的形態の一つである川越市を中心とする一市二郡に亘る国語教育学会の設立と運動状況に就いて概観して見たいと思う。埼玉国語教育学会は、遠藤・藤田両浦高教授、逸見川越・下山大宮の両高女校長、本部理事岩永氏等を創設発企者として、別記の如き会則・趣意書を作成し、各中等学校国語科主任の協力を求めて、昨年度見事に其のスタートを切り、夏季休業中に其の第一回講習会を大宮高女の講堂に於て開いたのである。講師は藤村作博士・藤田・小野・下山・岩永・西角井・片瀬の諸氏で、会期は二日間であったが、三百に近き会衆《ママ》を得て可成りの盛況であった。然し、これは一時的の運動としての成功に過ぎないもので、会の実体たる研究方面の作業は、必ずしも其の後に於て発展的傾向を辿りつゝあったとは断言出来ない状態であった。

却説、其の後逸見校長を中心として、川越地方に支部設置の運動が起り、川越市及び入間・比企に亘る一市二郡の小中学教師の有志によって、其の協議会が川越高女に開催された。そして其の実現を見るや、満場一致逸見校長が会長に推され、会則（別記）が決定され、幹事が任命され、賛助員が委嘱されて形態的成立は瞬く間に完成された。そしてこの会は単なる研究作業以外に、小・中・高の三段階の学校間に於て、有機的に縦の連絡を取りつゝ倶に進まんとする体系的統制のある国語教育運動が出来るようにという意味も加味されたものであった。

　実際方法としては毎月一回程度で藤田教授の万葉講義を聴き、其の後で座談会を開く事にして数回之を継続した。同教授も献身的な奉仕を続けられたが、会費や時間の問題その他で、会員も漸次移動的となり、自我《ママ》減少の傾向となって来た。そこで七月には本年度の川越市内各中等学校の入学考査問題を中心とした批判討論研究会を開催し、併せて小・中学の連絡に資しようとした。今後は会員相互の実質的研究に主力を置き、輪読会・研究発表会及び講座『国語教育』等のテキスト活用式方法による批判討論研究会を開催して行きたいと思っている。

　尚、去る八月の休暇中には埼玉国語教育学会主催の下に、浦和・川越・深谷の三箇所で二日乃至三日間の講習会を開いたところ、会衆は実人員六百余名、延人員実に千三百名に近い程の大盛況であった。講師は、藤村・久松両博士、遠藤・藤田・下山・岩永・小野・西角井の諸氏であったが、この種の講習会としてこれだけの成功は実に劃期的のものであったと思う。

　この様な経過を辿って成長し来った我が埼玉国語教育学会及び其の川越支部は、相当多数の教員を動員し、この国家的意義ある教育運動の実績向上に幾分なりとも寄与し得た事と信ずる者ではあるが、今後益々平素に於ける会員相互の熱烈な、而も実質的な研究的態度の持続により、又時に講習会等を開催して一般会衆に国語運動の必要性を理解せしめ、且つその熱を鼓吹し、自覚奮起を促す事等により、而も有機的に本部と連絡を取りつゝ、本会所期の目的を達成したいと念願している次第である。」（「会報」第二号、九～一〇ぺ）

　これによって、当時の地方における国語教育学会の活動状況の一端をうかがうことができる。しかも、東京に近い県の例ではあるが、中央―地方における、地方の側の研究組織・研究状況をよく伝えている。

[1]「埼玉国語教育学会設立趣意書」・[2]「埼玉国語教育学会々則」は、つぎのとおりである。

[1] 埼玉国語教育学会設立趣意書

「現今わが国の状勢は、内外ともに多端の時機となり、国運の発展は国民教育の如何による所甚だ大なるものがあります。而して、国民教育の中心となるべきものは、国語教育でありますから、此の秋に当って、われ〳〵国語教育の事に従う者の責任は、極めて重大であると云わなければなりません。

翻ってわが埼玉の国語教育界の現状を眺める時、果して此のまゝで満足する事が出来ましょうか。勿論熱心なる国語教育家も多々存在致しますが、その多くは、個別的方法或は形式的態度に流れ、未だ一致協力して事に従うの域に達していない事は甚だ遺憾に耐えません。

もしこゝに全県下の国語教育関係者が一つの統整の下に、力強い研究と実践の歩を進めることになるならば、極めて有意義なる成果を得る事は、われ〳〵の信じて疑わない所であります。

而して、教育を実践する礎石たるべき学理を研究し、且健《ママ》実なる輿論を培《ママ》うべき機関を求める声を我々はこれ迄も屢耳にして来ましたが、現下の時勢は、愈々益々かゝる希望、要求を熾烈にするものがあります。よって、我々は此所に鑑みる所があり、相共に国語教育のあらゆる分野に亘って広く深くその研究を進め、且これを熱心に実践するとともに、国民精神の本質、民族文化の真髄を闡明にする機関として、埼玉国語教育学会の設立を提唱し、小にしてはわが埼玉県の為、大にしては広く邦家の為、相提携して共に努力してゆきたいと考えております。

右の如き趣旨によって、われ〳〵は別項記載の如き計劃のもとに事業を進めてゆきたいと思いますから、すべての国語教育に従われる方、又、これに関心を有して居られる方々の賛助を得て、是非その加盟を願い、もって顕著なる実績をあげ得る事を切に希望してやまざる次第であります。」（「会報」第二号、一〇ぺ）

[2]埼玉国語教育学会々則

第一章　名称

第一条　本会ハ埼玉国語教育学会ト称ス。

第二章　目的及《ママ》事業

第二条　本会ハ一般国語教育ノ研究調査ヲ行ヒ埼《ママ》玉県ニ於ケル国語教育ノ進歩改善ヲ計ルヲ以テ目的トス。

第三条　本会ハ前条ノ目的ヲ達スルタメ左ノ事業ヲ行フ。

一、国語教育ニ関スル諸般ノ研究並ニ発表。

一、研究会、講演会、講習会、談話会、輪講会、展覧会。

一、視察、見学、参観。

一、其他《ママ》本会ノ目的ヲ達成スルニ必要ナル事項。

第三章　事務所

第四条　本会ノ事務所ハ浦和高等学校内ニ置ク。

第四章　会員

第五条　会員ハ埼玉県ノ国語教育ニ関与シ且本会ノ趣旨ニ賛成シタル者ヲ以テ組織ス。

第五章　会計

第六条　会員ハ入会ノ際入会金五拾銭ヲ納ムルモノトス。

入会金ハ通信其他《ママ》ノ雑費ニ宛ツ。

第七条　会費ハ当分之ヲ徴集セズ。

第六章　役員及機関

第八条　本会ハ左ノ役員ヲ置ク。

一、会　長　一名
一、副会長　一名
一、顧　問　若干名
一、賛助会員　若干名
一、理　事　若干名
一、委　員　若干名

第九条　一年一回以上総会ヲ開ク。

役員会ハ必要ニ応ジテ之ヲ開ク。（「会報」第二号、一〇ぺ）

右の「埼玉国語教育学会」は、組織の上からも、活動の面からも、よくまとまっている例と見られる。

四

「国語教育学会会報」第二号（昭和11年11月）（岩波講座「国語教育」付録）には、「共同研究会設立の提議」をなしており、岩波講座「国語教育」をテキストとする共同研究会が提唱されている。（同上会報、八ぺ）

五

さて、「国語教育学会会報」第五号（昭和12年2月）には、「国語教育学会研究部」の設立について、つぎのように提唱している。

「本会創立以来研究部設置のことは度々問題になり、既に一二回そういう会合をも試みて見ましたけれども、当時は会員数も少く《ママ》会務繁劇の為に、長期講習・論文集刊行・講座編輯等の外には、その活動を控えている状態でありました。

然るに近年会員も千数百名に達し、益々増加を示しつゝあるのみでなく、各地に研究会が設けられつゝあるのを聞き、愈々研究部開設の要を痛感して居りました。幸い、在京会員中の有志諸氏から研究会を持ちたいという趣旨の下に左記のような規定草案を示されましたので、本会理事会の議を経て左記草案により、着手のことになりました。在京会員諸氏のご入部を御勧めいたします。」（同上会報、九ぺ）

これにつづいて、「研究部規定草案」（六章八条）が掲載され、「国語教育学会研究部創立総会並講演会開催」の予告が、つぎのようになされている。

日時　昭和十一年二月二十一日（日曜日）　午後一時開会
場所　東洋大学講堂
次第　開会
　　経過報告（事業説明）
　　会長挨拶
　　部長挨拶
　　講　演
　　座 談 会

開　会

以上（同上会報、九ぺ）

この「研究部創立総会」については、つぎのように報告されている。

「会報第五号に於て発表した本会研究部の創立総会は、春まだ浅き去る二月二十一日東洋大学の学舎に、学界の先覚並に本会役員福井久蔵・玉井幸助・西尾実・久松潜一・宮崎晴美・岩田九郎・岩永胖等諸先生の御参列を戴き、且つ又有力なる会員五十有余の御参加を得て慶賀すべき開会を見るに至った。

午後一時半開会、先ず岡本貞一郎氏発起人一同に代り開会を宣し、来賓各位に対し深謝の意を述べ、鵜塚寿夫氏経過報告並に趣旨の説明を行い、続いて既に発表せし如き規定草案を根拠として、研究部規定の議定に入った。これに就いては二三の質問応答があって審議の末、一の修正を見たのみにて原案の可決となり（別項参照）、こゝに研究部は名実共にその基礎を確立するに至った。

次いで玉井理事は会長代理として（藤村会長は文部省の指令により会の前日急遽高知県に御出張になったことは全部員の遺憾とする所であった）満場の拍手に迎えられて登壇、別項の如き一場の挨拶を述べられ、部員をして期する所あらしめられた。続いて講演会に移り、久松・西尾両先生の多年の深淵なる御研究と、偉大なる人間性の底に徹した御講演があり（別項参照）、満堂に深い感銘を与えて、最後の座談会に入った。

先ず岡本貞一郎氏の挨拶の後、部員各自の自己紹介があり、来賓諸先生の御高説を拝聴した。殊に福井久蔵先生は、其の高齢に似ず御健康そのものの御容姿にて、常に慈父の温顔を保たせられ、明治初年以後の日本文法研究の発達について興味深き追憶談をせられ、更に西洋文法学の影響を脱し切れず、独自の発展を示していない現在の日本文法学について、その独自性確立のために深き御決意を御示しになり、我々部員にもその奮起を促された。又、玉井幸助先生は『この世いつか神代ならざる葦かびのあたらしき命いまも動けり』の御近詠を示され、語原学的意義より、日本の教育のよって嚮う所を御啓示になった。尚、其他西尾・宮崎・岩永等の諸先生よりも示唆深き御言葉を戴き、次いで会員中からも二三真摯な意見発表があったが、時既に六時、場内の薄暮を見たので一先ず打切り、かくて、全員和気藹々の中に記念すべき創立総会の幕を閉ずるに至った。」(同上会報、六〜七ぺ)

このときの講演は、

歌道と教育　久松潜一

立場の発展　西尾実

の二つで、前者の要旨は、「会報」第六号に、後者のそれは、「会報」第八号に報ぜられている。いずれも、独自の立場からの鋭い指摘である。

なお、「国語教育学会研究部規定」は、つぎのように制定された。

第一章　名称

第一条　本部ハ国語教育学会研究部ト称ス。

第二章　目的及《ママ》事業

第二条　本部ハ国語教育学会ノ研究部トシ学会所定ノ目的達成ノタメ国語教育ノ研究調査ヲ行ヒ国語教育ノ進歩改善ヲ計ルヲ以テ目的トス。

第三条　本部ハ前条ノ目的ヲ達スルタメ左ノ事業ヲ行フ。

一　学会ヨリ指令又ハ委嘱セラレタル事項

一　国語教育ニ関スル諸般ノ研究

一　研究発表会　随時コレヲ行ヒ年一回大会ヲ開ク。

一　講演会　毎月一回開催ス。
一　講習会　毎年一回夏季又ハ冬季休暇中ニ開ク。
一　教授研究会・輪講会・展覧会・見学等ハ随時コレヲ行フ。
一　其他《ママ》本会ノ目的ヲ達成スルニ必要ナル事項。

第三章　事務所

第四条　本部ノ事務所ハ当分神田区一ツ橋岩波書店国語教育編輯部内ニ置ク。

第四章　部員

第五条　部員ハ東京市及《ママ》附近在住ノ国語教育学会々員ニシテ且ツ本部ノ主旨ニ賛成シタル者ヲ以テ組織ス。

第五章　会計

第六条　部員ハ部費年額金一円ヲ納ムルモノトス。
部費ハ講師車代及通信其他ノ雑費ニ充ツ。

第六章　機関及《ママ》役員

第七条　部員総会ハ年一回以上開ク。
但シ例会ハ通常毎月一回宛開クモノトス。

第八条　本部ニ左ノ役員ヲ置ク。
一　部長　一名　部長ハ会長之ヲ委嘱ス。
一　幹事　若干名　幹事ハ部長之ヲ委嘱ス。

このようにして、「研究部」が発足してから、例会がつぎつぎと開かれていった。

1　研究部第一回例会
　　――読方教授の実地研究――
日時　昭和12年3月13日（土）午後一時半開会。
場所　本郷区汐見尋常小学校（市電・市バス共団子坂下　下車）
次第　一　実地授業（自一時三十分　至二時十五分）
　　　　東郷元帥（巻六、二十五）野島秀義氏
　　　一　研究討議（自二時三十分　至四時三十分）

2　研究部第二回例会
　　――新読本の批評的研究――
日時　昭和12年4月18日（日）午後一時開会。
場所　本郷区駒込中学校会議室（本郷区駒込林町　市電本郷肴町・市バス林町　下車）
次第　一　講演「現代文」（国語教育講座第三回配本）について
　　　一　研究討議

3　研究部第三回例会
　　――中等学校改正教授要目研究――
日時　昭和12年5月16日（日）午後二時
場所　本郷区駒込中学校会議室

次第　一　説明「新教授要目について」　岩井良雄

一　研究討議

4

研究部第四回例会

——高等女学校に於ける国語講読の実地授業——

日時　昭和12年6月18日（金）午後二時十分

場所　東京女子高等師範学校附属高等女学校（市電・市バス共、大塚窪町　下車）

次第　一　実地授業（自二時十分　至三時）

第三学年（平家物語抄本、鹿の谷の事）

指導者・石井庄司氏

一　研究討議（自三時十五分　至五時三十分）

5

研究部第五回例会

——綴方教育に於ける生活指導の問題——

日時　昭和12年7月21日（水）　午後六時三十分

場所　本郷区駒込中学校会議室（予定）

〃　汐見小学校（実施）

次第　一　発表　滑川道夫氏

一　研究討議（午後十時まで。）

6　研究部第六回例会
　――新読本の解釈的研究――
日時　昭和12年9月26日（日）午後二時三十分
場所　本郷区駒込中学校会議室
次第　講演　新読本各課の解釈を試みて
　　　　　　　東京高師教授　　玉井幸助氏
　　　所感　　　　　　　　　東条　操氏
　　一　研究討議

右の研究部例会のほか、研究部後援の研究会の一つとして、つぎのような予告も、「会報」第九号（昭和12年6月）に見られる。

　綴方共同批評公開授業
日時　昭和12年6月19日（土）午後一時半
場所　千葉県市川市　市川尋常高等小学校
後援　教育科学研究会、言語教育研究部会、国語教育学会研究部
次第　一　授業（自一時三十分）
　　　一　座談会（自二時三十分）

なお、右の研究部第五回例会で、滑川道夫氏の発表されたものの大要は、「会報」第十二号（昭和12年9月）に、収録されている。

綴方教育に於ける生活指導の展開

滑川道夫

今日は「綴方に於ける生活指導の問題」について私が問題提示の役割を仰せつかりましたので、一応「生活指導」が何時頃からどんな意図で叫ばれ、それが如何に進歩して来たかということを客観的に眺め、その後で私見を申し述べまして皆様の討議の対象にしたいと思います。その前提として、現況に一寸触れてみたいと存じます。

現代の綴方教育が一見大変進歩しているように思われていますけれども、それは特殊な研究家の一部に限られているようで、所謂綴方教育者の前衛部隊に限られているようであります。一般的には意外に低劣でありまして《ママ》他教科よりもむしろレベルが低いのではないかとさえ考えられます。「私は読方は出来ますが《ママ》綴方はむつかしくて手が出ません。」という人がかなり多いようであります。それには種々の理由があると思います。

先ず第一に指導の具体的目標が明示されていないということが挙げられましょう。綴方をやる人は、文学的教養のある人でなければ外の人には手が出ないと考えられ、読方や算術の様に指導の具体的手がかりを簡単につかめないという傾向があります。これは、文部当局が此の科について、具体的な指導実践の目標を定めておられないことに起因していると観ることが出来ましょう。明治三十三年八月の小学校令施行規則の条文だけでは、実践的な手がかりはもとめにくいわけでしょう。しかしそのことが逆に綴方教育研究を自由に溌剌と展開させた所以でもあったわけです。第二は作品処理が労力を要し、困難を伴なうことが挙げられましょう。六十人、七十人の作品を見るのに労力を要するばかりでなく、文章観が一般に不安定であり、評価の客観的規準が確立していないこともいわれましょう。またこれまでの師範教育では文芸的教養が低かったことも関聯する事実として否定出来ないと思います。その教師に文芸的教養が少《ママ》い、従って表現機構に対する理会がない、其処に綴方教育が不知不識のうちに軽視されてくる原因がひそんでいると考えられます。それが第三の理由です。第四の理由としては生活表現として綴方の重要性がはっきり徹底的に認識されていないということです。即ち児童の生活と緊密な関聯を有する綴方の価値に対して認識が深まっていないことです。百の個調査簿を作成するよりも、その児童の表現を通した方が生きた性格が掴めるばかりでなく、具体的な直接的な生活教育が出来ると思います。それはほんの一例に過ぎません。生きた児童の姿の認識に全教育の基礎があることはいうまでもありませんが、綴方ほど児童の生活がわかり、その発達が見えるものはないといいたい――これは決して我田引水の類ではありません。教育に於ける綴方の重要性が認識されてないから、他の教科に綴方の時間をつぶしたり、作品をストーブに燃してしまったりすることになると思います。

　現今の綴方教育者の前衛的な人々は、今までのように単に綴方の範囲内にいることは出来なくなっています。単なる生活を表現したものを綴方として表現技術的に見ていられなくなっています。突込んで行けば行く程、こどもの生活が見え《ママ》その現実的なしかも内面的な生活に触れて来ますので、表現を契機として、生活教育へ展開する、いやしなければならなくなります。此の意味からいっても、この会が生活指導の問題を新しく取上げられたことは非常に重要な意味があると思います。

　さて、いよ〳〵生活指導という「ことば」が何時頃から用いられたかを考えて見たいと思います。生活指導という言葉が最初にあらわれたのは、大正十年頃です。広島の田上新吉氏の「生命の綴方教授」に現《ママ》れた思潮に見ることが出来ます。勿論大正九年には河野伊三郎氏の「創作本位の綴方」等がありますが、はっきり定位を示していません。最も旺盛に唱えられたのは、大正十三年の「生活創造の綴方教育」（田中豊太郎氏）であり、昭和三年の教材集録特輯号の「現代綴方教育大観」（丸山林平・千葉春雄・宮川菊芳・五味義武・池田小菊共著）に最も高潮されたものがみられます。それ以後「生活指導」は一般的に生活主義の綴方として論議せられるようになったと見る方が妥当かも知れません。

その当時の綴方教育の目的について一言いたしますと、「児童の精神生活を助長せしむる」というのが綴方教育の目的でありました。それ以前の明治の自由主義写《ママ》生主義の綴方においては綴方は表現方法だけの指導であって、生活の如何にかゝわらず、文章の型だけを指導したのであります。そこで、文章の型を指導するのみでなく、綴方は生活に即さなければならないという思潮が生まれたのであります。これはパンフレット（「現行綴方教育の動向と批判」）の八十一頁にも要約的に書いておきましたが、

> 生活は文を生む母胎である。指導者は第一義的に生活に着眼すべきである。文の型や表現技術を教師が如何に力説しても、何らの効果を齎すものではない。母胎を培わずして何の表現ぞ。新たなる生活があってこそ、そこに新たなる表現が生まれる。広き生活こそ題材を拡張し、深き生活こそ作品に価値あらしめるものである。

というのであります。指導者は先ず児童の生活に即さなければならないと叫びます。表現を指導する前にその母体である生活を指導すべきであるというのです。広い生活こそ題材を豊富にし、深い生活こそ価値ある作品をつくるというのであります。即ち、教育作用としては二方面の指導が考えられました。

(1)　表現母胎である生活の創造を促す指導

(2)　表現された作品を生活価値的に眺めそこから生活の成長を促す指導

即ち(1)は生活から表現への指導、(2)は表現から生活への指導であります。更に前者は、(A)生活指導は単に綴方によってのみ希求されるものではなくして、教育一般の問題であるとするものと、(B)綴方科こそ、最も適切に直

接に、全体的に他教科の上位にあって他教科の生活指導を統一し得るものであるという二つの態度が生じております。

結局、生活指導と表現指導を二つに分けてしまって、分けられた生活指導を分析しているのであります。この生活と表現とを、二元的に分離して考えたことが、この当時の生活指導の特色であり、注意すべき点であります。一般的に生活主義の特色ともいえましょう。一般的にいえば、「生活」を抽象的に考えて、深い思索がなかったようであります。

然らば当時の「生活指導」というものが指導の実践に於てどんなことをしたかといいますと、第一に表現以前の生活指導としましては、

(1)　国語的な生活を豊富にさせる

ということでした。「読書は思想の根源」であるとして、児童の読物の調整奨励ということをさかんにやったのです。

(2)　生活の時間的空間的な範囲に拡充深化をはかる

ということであります。即ち、個人生活から社会生活、現在・過去・未来のあらゆる生活、空間的には家庭生活、朋友との生活、学校生活、社会生活という風に拡げて行くことであります。

前に申し述べました「現代綴方教育大観」の中で、某氏は次のように言っています。

(1)　第一に物の観方・考え方を導く《ママ》

(2)　学校生活、友人との生活、社会との交渉を導く《ママ》

(3)　環境の調整としては国語的な環境の整理をなすこと《ママ》

第二の表現から生活への指導としては、作品を生活的立場に立って表現動機及び表現されない部分の生活を察

して指導を図る。作品から抽象した生活を評価してやる。あるいは道徳的に判断してよりよい生活にしてやる手続きをとる。この生活をよりよくするという言葉も当時盛に用いられましたが、これを生活主義の教育が如何に「生活」を漠然と、抽象的に考えていたかを物語る注意すべきものであります。少しも目的的でなく、現実的でなく、観念的生活論であった証左であります。話が横道に入りましたが、更に一方に於ては「生活指導」を極端に狭く考え、之を書く生活の指導という意味に限定して考えた一群もありました。これは狭い表現指導と同義であります。鉛筆を原稿用紙の上に走らせている生活の指導というぐらいの意味であります。

大正の末頃から、昭和の初頃にかけて自然主義的なリアリズムの文芸主義的綴方に於ては、生活指導はまともに取りあげられないで、たゞ文芸的な生活指導で感情感覚等の芸術的な調整、文学的な物の見方を表現以前に於て指導するという方向をとっているぐらいのものでした。従って生活とは何であるかについても一般的に深く考えることをしなかったようであります。

生活という概念内容によって、生活指導に自ら深浅が出来てくるわけですが、結局当時の「生活」は児童中心主義の教育が齎した心理的のものであったようです。児童の心理的発達の各段階に於ける一般的な生活傾向が表現意識の発達というものを根柢としていたわけです。従って、現実生活よりも、何年生はこういう傾向が強いからこういう文を作らせた方がいゝという風な考え方をしていたのです。最も進歩的な人々でも「如何にして現実生活を描かせるか」ということに止っていて、それ以上を出ていません。一般教育の上では生活化の教育が勢力を占めていた時分ですから、綴方に於ても、「生活化」の方向をとっていたわけです。「綴方の生活化」は「生活指導」と同じ概念であったといってもいいくらいです。「化」する教育はすべて上から下への教育です。児童が社会的現実を表現したとしても、それは教室の窓から社会を見るように覗いた程度のものでしかなかったわけです。社会的現実の生活に立っていなかったからです。適切な引例ではありませんが、坪田氏の「風の中の子供」

でも、「おばけの世界」でも《ママ》「村は晩春」でも、すべて子供の世界を実によく描いて、うっとりとしてしまうくらいの表現で、全く絶妙さに驚かされます。しかし坪田氏の子供の世界は心理的なものを出ていません。童心至上主義といったら誤るかも知れませんが、心理的に見事な分析をしているのですが、社会的な子供の姿がありません。即ち心理的な生活が描かれていても社会的存在としての子供の姿が描かれていない。背景に社会を描くことでなく、社会の中に生きる子供を観るということはないと思います。「全日本子供の文章」の中で、坪田氏が童心のないこと、子供らしさがないことを歎じて批評していることも、その明敏な反映であろうと私は考えています。結局、これまでの教育の思潮も、綴方教育の考え方も、この「風の中の子供」達であったと思います。即ち現実の社会に口がいっても足がいっていなかったといえましょう。

現今の「生活指導」は全くその逆でありまして、社会に立っている子ども、そこから生活指導を導く上から生活化して進むのでなくして、下から盛上った生活をもり立てて行く方向です。生活創造、生活構成、子供の生活を組織し構成し、それを表現を通して指導するというあくまでも表現を離れず、二元的な考え方としないで綴方のあらゆる指導が生活指導であるというように考えます。表現指導が即ち生活指導にならなければならぬそうです。表現指導と生活指導が綴方教育に於ては別々であるものではなく、一つのものです。「生活の表現」という場合にも《ママ》この「の」に関わる一元性を問題にします。私の著書にはこの表現機構を詳しく書いたつもりですが、今日は時間もありませんので略させていただきます。

私の考《ママ》ではこの意味で生活指導の問題を実践的に検討するとならば、

一、製作指導（取材指導・課題製作と自由製作の問題をも含めて）

二、鑑識指導・作品研究

三、推敲指導

四、処理・評価の問題

という風に分けて一々について研究して行く方法しかないのです。綴方の一切の指導は生活指導であり、表現指導であるから、特に生活指導としてかく〳〵の教育的操作があるなどとは考えられないと思います。鑑賞でも作品研究でも、推敲でも批評でも、生活指導と乖離するからして形式的な所謂技術的なものに陥ってしまうのだと思います。

新しい綴方教育は表現行動を通して生活を積極的に組織させ、構成させて行くという方向を巡りつゝあります。その全部が生活指導であり、表現指導であります。こんな言い方さえいけないのです。一元の指導であります。従来《ママ》する様な社会的現実を如何にリアルに描き出すか、如何にして精密な生活断面図絵を描写させるかという点に規範を設定する必要がないわけです。社会現象、環境から足を離さないが、しかも現実を単に描写することに止ってはならないのです。現実の中に真実をもとめ、それを表現することによって生活を組織させ、構成させて行きたいと思います。現実を重視することは同様ですが、現実よりもその中から発見する真実をこの上もなく愛するのです。生活指導とは、「教育」の別名に外ならないのであって、真実に生かすことであるといえましょう。一年生では一年生なりの真実が発見され、二年生には二年生なりの真実があって、それを求めつゝ発展する。綴方教育はそれをあくまでも表現を通して求めさせるのであります。生活の現実を現実的に描かせることに努力して来た綴方教育は、生活の真実を現実的に表現させることに努力しなければならなくなっていると思います。（文責記者）（以上、「会報」第一二号、五〜九ぺ）

この報告の行なわれた、例会の模様については、同じく「会報」に、

「定刻午後六時三十分開会、先ず篠原利逸氏の司会の挨拶後、滑川氏立って前掲の如く、「生活指導」を綴方の

歴史的発展に位置づけ、更に「生活構成の綴方」に論究して降壇、続いて討論会に移り、同氏主張の「生活構成（組織）の綴方」を中心に、「栗の実の落ちる頃」「進ちゃんとこのために」等の児童作を実例として、真摯活溌なる論戦が展開せられ、尚、最後に西尾実氏の極めて示唆に富んだお言葉があって、頗る有意義且つ盛会裡に十時散会した。」（同上「会報」、九ぺ）
と述べてある。

「国語教育学会」の「研究部」例会では、

Ⅰ　実地授業を中心とする研究　２
Ⅱ　教授要目・教科書を中心とする研究　３
Ⅲ　国語教育上の問題を中心とする研究　１

などがとりあげられていた。

右に掲げた、滑川道夫氏の報告は、Ⅲに属するものであって、この学会にふさわしい、注目すべき内容を蔵していると言えよう。これはまた、当時の「研究部」例会の報告水準の一面をも示すものである。

「研究部」例会の研究討議においては、西尾実氏が指導者としての役割をしておられたようである。研究上の根本問題を提示したり、研究の位置づけ・方向づけをしたり、その中心的役割には、注目すべきものがある。

六

「国語教育学会会報」第八号（昭和12年5月）には、岩田九郎氏が「『話方研究部』の提唱」を、つぎのようにされている。

「実は研究部の例会でお話したいと思っていたのですが、時間の都合でその機会がなかったので、この会報を借用して少し考える所を述べさせて戴きたいと思います。

前号に詳細な報告が載せられている通り、読方教授や綴方教授は実に詳細綿密な教授の実際研究が進んでおりますが、話方教授の方は一向問題にする人がないのはどういうわけでしょう。固よりその重要性も異っている事ではありましょうが、文部省の要目にも『話方』という部門があるのですから、その話方自体の研究でもよし、また話方の実地指導の研究でもよし、話方の資料である読物の研究でもよし、何れにしても『話方』に属する部分の研究が、我が会員によって着手せられるよう切望するものであります。

御承知の通りこの方面の研究は全く手が着けられていないのですから、少し真面目に研究をつゞけてゆけば、その業績は忽ちあがって来て、それだけ児童の幸福となるわけであります。固より誰もやっていないだけに、目標がはっきりしなかったり、径路が十分にわからなかったりする困難はあると思いますが、それだけにまた新鮮味もあり、個性も出しうるというわけです。

『話方』教授だけは、他の読方や綴方とちがって特に研究会なるものが必要なのであります。教授者自らの話方や、児童たちの話方なども、みな一人二人でない多くの会員の助力を仰ぎ《ママ》意見を求める事が最も賢明な方法であって、それだけ進歩も著しいし、また進路もはっきりするわけです。

元来『話方』は、教授者の趣味と天才とを幾分必要とするのでありますが、併し専門家になるわけではなく、一通り児童の話方の指導が出来、また自分もその能力を得る位は、少し研究さえすれば必ず誰でも出来る事なのであります。幸に今度生《ママ》れた研究部には、多士済々で種々なる方面に秀でた人々が集《ママ》っていられるのですから、その研究部の一方面として、また全国的に見て殆どその設立を聞かない『話方研究部』を設立せられて、有力な研究の結果を報告されたら、それこそ我が国の国語教育界に於て、未だ拓かれなかった方面に大なる貢献をなすものではありませんか。

話方研究部の設立は、啻に中央部に於てのみならず、地方に於ても切実な必要を感ずるのであります。中央部の人々は、教授者も児童も多く標準語に習熟しておりまして、その言語による思想発表も極めて自在で巧みでありますが、地方の児童は方言や訛音をもつものが少くないので、話方教授の必要が一層切に感じられることと思われます。従って、各地の教育会又は研究会等で、話方研究部を設け、中央の研究部と連繋を保って進んでゆけば、その便宜と進歩とは非常なものであろうと思います。一例をいえば、中央部の研究者が出張してその研究の報告を実地にして、直接話方の指導をするならば、地方の研究に重大な影響を及ぼすことは疑いないと思われます。また中央の研究部員にしてみれば、それだけ実地の経験を重ねるわけですから、これまた決して無駄ではないのであります。

特に研究会という性質上多くの研究者がいるために、教育者以外の話方の堪能な人とも容易に連絡を取ることが出来ます。一人では遠慮すべきことも、会の名に於て行うことが出来る場合が多く、研究上好都合なのであります。

わが国語教育学会の研究部も設立されてまだ日数も浅いことではあり、そう多くの註文も出来ませんが、私はその中の一人でも中心になる方が出れば、これは直ちに出来る事であるし、殊に最も都合のよい強味は、会員諸君は常に対照《ママ》をもっているという事であります。即ち児童は常に話方の時間を待ち憧れているのですから、少々拙い話でもよろこんで聞いてくれるし、また児童自らも喜んで練習に参加するのであります。しかもそれが、具案的のものであり、研究的のものであるならば、その精神的効果は偉大なるものがあるので、いわば一石二鳥で、話方の練習をしながら《ママ》一方には実際の情操教育をする事となるわけであります。

これを要するに百の議論も一の実行には如かずで、どの一角からでも「話方」の研究が、国語教育者の中から叫ばれ、この国語教育学会の研究部の一方面として、その部が設立されることを熱望するものであります。」（同上「会報」第八号、一～二ぺ）

右の提案をしている、岩田九郎氏は、当時、学習院教授、俳文学者であるが、岩波講座「国語教育」にも、「話方教授体系」を執筆されていた。この提案は、切実な問題をとらえて、周到になされている。

「会報」第九号（昭和12年6月）には、心理学者、松本金寿氏が、第三回配本の岩田九郎氏「話方教授体系」を読んで、「話し方教授に就いて」と題して、所見を寄せている。これは、話方教授の不振の根本原因を指摘し、この教科の独自の使命はもっと強説されてしかるべきことを説いたものである。

岩田九郎・松本金寿両氏による、話方研究部・話方教授についての提案・発言は、当時の国語教育界において、話すことの教育がようやく重視されてこようとしている、一つの傾向と時代相とを示すものである。

七

昭和一二年（一九三七）七月一六日、「国語教育学会臨時大会」が開かれた。この臨時大会のことについては、「会報」第一一号（昭和12年8月）に、つぎのように報告されている。

「文部省に高等学校教授要目改正に関する国漢講習会が開催せられたのを機とし、本会臨時大会を急遽七月十六日上野静養軒に開くこととなった。集《ママ》る者は全国高等学校及び大学予科教授を始め東京並びに近県在住会員一百数十名であったけれども、火急のこととて全国各地会員には通知を発する余裕さえなかったことは遺憾の極みであった。

定刻午後開会、先ず理事島津久基氏開会の挨拶を行《ママ》い、本大会開催の由来と共に、会則規定の総会は成立が困難な事情にあり、しかも総会に於て行うべき役員の改選の時期に達しているから、この大会を以て総会に代えるのが便宜である所以を述べて降壇し、次いで藤村会長は満場の拍手を浴びて登壇、別項の如き挨拶を試み、更に理事西尾実氏は別項の如き本会事業の大要を報告せられた。

かくて藤村会長は議長席に着き、役員改選に関して会則改正の要をあげ、（一）会則第六条中の『会員総会ハ本会々員ノ三分ノ一以上ノ出席ヲ以テ成立スルモノトス』という条文は、既に会員数一千五百名を越え、而も全国津々浦々に分布されている現状に於ては、その実行は、事実上困難で、これでは却って自縄自縛となり、会務の運用遂行が出来なくなる所以を説き、改正の必要を説かれ、（二）次に会員増加の結果、会則第十三条評議員二十名とあるのを五十名に増加の要があること、及び（三）本会に顧問を置くことが本会の発展上、是非必要なる理由を明らかにし、第六条を『会員総会ハ重要ナル事項ニ関シ審議決定スルモノニシテ毎年一回以上之ヲ召集ス』と改め、従来の『本会々員三分ノ一以上ノ出席……』以下の条文を削除することを原案として提案し、審議の結果、全員の賛成を得て可決、第十三条の評議員の増加、顧問の推戴等も亦原案通り可決し、藤村会長は会務運用の要から改正会則は即刻有効なることとしたしと宣して会則変更の件を議了し、改正会則による役員改選に移った。

先ず藤村会長から、評議員は総会に於て推薦することになっているが、その方法を如何にするかと諮り、会長指名説・詮衡委員説が現れた結果詮《ママ》衡委員をあげることとなり、山田孝雄・橋本進吉・垣内松三の三氏を詮衡委員に委嘱し、一時休会を行った。詮衡委員会を別室で行った結果について藤村会長より発表があり、本日列席せられた方々の承諾を求めると共に、列席せられない方々には書面を以て委嘱すべき旨を述べ《ママ》満場の賛成を得て評議員推薦のことを了した。

尚、藤村会長は顧問推戴のことを謀り、満場拍手をもって賛成の意を表し、本会顧問推戴のことが行われた。かくて、時まさに六時、大会の行事予定全部終了したるによって、島津理事起って閉会を宣し、こゝに意義深き臨時大会は盛会裡にその幕を閉じ、別室で文部省講習会懇親会が開かれた。」（同上「会報」第一一号、一～二ペ）

この臨時大会で、藤村作会長は、そのあいさつの中で、つぎのようなことに触れて述べている。

1「本学会は只今から三年前に設立されたものでありますが、どうかして国語国文学会国語教育界を通じ、全国的な学会を持ちたいという希望は、既に早くから聞いていたものでありまして、私共東京に居ます者として、発起しなければならないと考えた次第であります。幸《ママ》に皆様の御賛成を得まして、設立を見、私はその第一期の会長を命ぜられ、只今までやってまいったのであります。」

2「実は一昨年（引用者注、昭和一〇年〈一九三五〉）も昨年も総会をやらなければならないのでありましたが、草わけの時期の事業に忙しく、その運びに至らず、役員中、評議員・理事・監事の改選の如きも、二箇年の任期がまいっていたのでありますが、前年来（引用者注、昭和一一年〈一九三六〉来）計画し、編輯いたしました国語教育講座も進行中であり、次から次へと事業の進行を謀らなくてはならなかった為に、殆ど年月を忘れてしまうという状態で今日に至りましたようなわけで、御諒承をねがいたく存じます。」

3「本会の活動につきましては、今日まで種々御不満多かったことではありましょうが、何分にも全然資金を持たない会でありまして、その活動自体が自営出来るものでなくてはなりませんので、研究調査にしましても、教育運動といたしましても、存分なことが出来ないで今日に及んだ始末でありました。それだけに役員諸氏の御尽力は容易ではありませんでしたが、幸に本会の性質なり存在なりが多少とも学界教育界に認められ、国語学・国文学・国語教育の全野に亙って、全国から一千五百余の会員を得るに至りましたことは、本会将来の発展をト

するに足るものがあろうかと存じます。」（以上、同上「会報」、二〜三ペ）

この臨時大会で、西尾実理事のした事業報告は、つぎのとおりである。

「本会は、昭和九年一月二十一日藤村先生を発起人として、学士会館にその創立総会を設け、今日に至ったのであります。当日は福井久蔵氏が年長の故を以て推されて藤村先生を議長に指名され、藤村先生が議長となって趣旨の説明、会長の議定等を行い、次いで役員の選任に移り、橋本進吉氏から、藤村博士を会長に推薦いたされたき旨の提案があって、全会の賛成を得、藤村先生が会長となられました。続いて評議員の選任が行われ、この評議員中から更に理事、監事が互選によりまして、理事として島津久基・玉井幸助・石黒魯平・岩田九郎・岩永胖の五氏並びに私が、監事として高木武・池田亀鑑の二氏が選ばれました。

かくて先ず全国の各大学・専門学校・高等学校在任の方々に加盟を求めた結果、有力な方々五十九名の御賛成を得、爾来中等・初等教育に従事せられる方々に及び、現在では一五二六名の多数となり、更に申込のカードがまいっている状態であります。

本会の事業につきましては、昭和九年四月二十八日学士会館に評議員会を開催いたし事業計画の結果、第一着手といたしまして、『論文集』の刊行が行われました。これは主として、高等・中等学校の国語教育を対象とした研究発表で、加盟者中から十八篇《ママ》の論文を得て、昭和十年三月『日本文学の本質と国語教育』と題し《ママ》岩波書店から刊行いたしました。

第二の事業といたしましては長期講習会の開催であります。この講習会は比較的会期を長くし、将来の国語教育の進展を担うべき人材を得たいと考え、昭和九年十一月から翌年の二月末までの四箇月間、毎週火・木・土の三回開講いたしました。其の時の講師は在京加盟者中から、藤村作・高木武・島津久基・玉井幸助・西尾実・久松潜一・湯沢幸吉郎・山岸徳平・能勢朝次・岩田九郎・藤田徳太郎・池田亀鑑・塩田良平・倉野憲司・岩永胖の十五氏でありました。この会は全く資金のない会でありましたので、この講習会では会員の会費を月額二円といたし、それによって経費を支出し、講師の如き、殆ど犠牲的に御出講を願った次第でありましたが、熱心に講義を継続せられ、会員四十余名は数に於て多いといえませんけれども、毎回熱心に聴講せられ、質的に大へんよい成績を上げることが出来ました。

第三は国語教育講座の編輯であります。これは、特に小学校の国語教育を対象とし、理論と実践との統一的発展を意図したもので、さきの論文集と併せて本会所期の目的達成に進出した企でありました。計画は昭和十年十一月で、爾来案を練り書店と交渉して昨十一年七月執筆を依頼し、刊行のことを岩波書店に託し、同年十月から毎月一回発行し只今ではあと二回で完了の運びとなって居ります。

第四の事業としては『会報』の発刊であります。創刊号は昭和九年六月に発行し、昭和十一年十月講座発行と同時に第二号を発行して、爾来毎月一回講座の付録として刊行いたして居ります。

第五の事業は、会の研究部の活動であります。会といたしまして、研究部を持ちたいということは既に以前から申していたのでありますが、前年開講しました本会講習会に出られた方々から是非研究部を持ちたいとの意見が提出されて、本年（引用者注、昭和12年）一月以来、同講習会の会員であった方々を中心として多数部員の参加を得て、研究を致して居ります。その事業の概略を申し上げますと、

二月　創立総会（引用者注、研究部）――講演会。

三月　小学校の研究授業。

これは小学校側を主とし中《ママ》学校・高等専門学校・大学等各立場から参加いたしまして、従来のこの種会合と趣を異にいたしています。

四月　新読本の研究会。
五月　改正教授要目の批判研究。
六月　高等女学校に於ける国語講読の研究教授。
甚だ簡単ではありましたが、これを以て本会事業の報告といたします。（文責記者）」（同上「会報」、三〜四ぺ）

右の「事業報告」のうち、「会報」について、昭和九年（一九三四）六月に、その創刊号を出したとあるが、これについては未見である。なお、昭和一一年一〇月、講座発行と同時に第二号を発行してとあるが、これは通算二号の意味である。「講座」附録としては、「会報第一号」となっているのである。

八

「国語教育学会会報」は、岩波講座「国語教育」附録として、「国語教育学会」で編集され、岩波書店から刊行され、第一号から第一二号に及んでいる。その間の総目録は、つぎのとおりである。

第一号（昭和11年10月）
1「国語教育」講座の刊行　藤村作　一
2「国語教育」講座の成立と特色　二
3 国語教育学会の成立経過　三
4 本会の事業　三

2　地方国語教育と国文学者の任務　岩永　胖　三
3　執筆者名鑑　六
4　会員名簿（三）　九
5　後記　一五

第四号（昭和12年1月）

1　所懐　藤村　作　一
2　蜃気楼漫録　葛城　山人　二
3　感想・希望　五
4　執筆者名鑑　七
5　会員名簿（四）　一一
6　後記　一五

第五号（昭和12年2月）

1　教育に於ける学問の位置　岩永　胖　一
2　慣行自治と村里の教育　宮本　常一　三
3　国語教育学会研究部の設立　九
4　執筆者名鑑（三）　一〇
5　会員名簿（五）　一三

第三章 「国語教育学会」の役割・業績

8 執筆者名鑑（七） ……………………………………………………………………… 一八
9 会員名簿（十一） ……………………………………………………………………… 二〇
10 後記 …………………………………………………………………………………… 二〇

第十二号（昭和12年9月） 滑川道夫
1 終刊に臨んで 高木 武
2 まこと 藤村 作 一
3 綴方教育に於ける生活指導の展開 三
4 研究部第五回例会 五
5 研究部第六回例会開催 九
6 会員名簿（十二） 九
7 本講座に対する批判と感想 一一
8 後記 一四
9 岩波講座「国語教育」の合本 一四
10「小学国語読本綜合研究巻十」予告 一六

九

以上の会報（12号）に載せられている会員名簿によってみても、「国語教育学会」の会員は、千二百名を越えていたのではないかと思われる。

昭和九年（一九三四）一月二一日に設立されてから、昭和一一年（一九三六）一一月、岩波講座「国語教育」が、「国語教育学会」によって編集されて、岩波書店から刊行されたのをきっかけとして、入会者が増加していったもののようである。

当時の国文学界・国語学界に、藤村作会長の占める位置は大きく、その世話をしていく立場としては、最もふさわしいものがあった。藤村作博士を中心に、「学会」は組織化され、役員に人を得て、かなりに意欲的に動いていった。

研究者と実践者とを分離させず、大きく協力体制につくりあげたのは、この「学会」の最も大きい特色と見ることができる。組織化されて、それによって、積極的に国語教育を開発していこうとした意欲は、認めなくてはならない。

ただ、「国語教育学会」が大同団結を特性とする、組織化されたものではあったが、学会員は、多く小学校の現場にある人であり、その点で、純然たる研究集団というべきものではなかった。むしろ、実践集団としての性格を多分に有していた。この点を、見のがすことはできない。

この「学会」の性格は、学会の事業に、一面、啓蒙的な役割をになわせないではおかなかった。

会員数は、つぎのとおりである。

この学会の会員数については、昭和一二年（一九三七）七月一六日の臨時大会の席上、西尾実氏が、一五二六名と報告している。その後、同年八月末までの入会者を合計すると、一五五六名にも達している。このうち、一〇六名あまりの人たちが、旧制の大学・専門学校・高等学校などの国語学・国文学専攻の研究者で、あとのほとんどは、小学校に勤めている人で、そのほかに、旧制の師範学校・中学校・高等女学校などに勤めている人、ならびに国文専攻の学生もいた。この学会の構成状況はまた、この学会のありかたを語るものであった。

一〇

「国語教育学会」の「会報」は、昭和一二年（一九三七）九月、その第一二号をもって終刊した。「学会」は、ひきつづき、昭和一三年（一九三八）一月から、「学会」の機関誌として、「国語教育誌」を編集し、岩波書店から刊行するに至った。これによって、「学会」の活動状況を知ることができるのである。「国語教育誌」は、第一巻第一号（昭和13年1月号）から、第四巻第九号（昭和16年9月号）に及んでいる。ただし、このうち、第四巻第七号（昭和16年7月号）は、都合によって刊行されなかった。ために、「国語教育誌」は、計四四冊をかぞえることができる。

いま、「国語教育誌」の内容を、さらに分類して、その類ごとにまとめてみると、以下のようになる。まず、それを掲げることにする。

『国語教育誌』論文目録（昭和13年1月号～昭和16年9月号）

Ⅰ巻頭言
Ⅱ論考
Ⅲ共同討議・研究授業記録・実践報告

Ⅳ随想
Ⅴ国語教育試論
Ⅵ国語教育時評
Ⅶ談話室
Ⅷ会員の頁
Ⅸ国語教育学会消息
Ⅹ新刊紹介

Ⅰ巻頭言

○「新しい」と「堅実」	藤村　作稿	1の1所収	昭和13・1
○老熟練達を尊重せよ	〃	1の2〃	〃13・2
○学制の改定	〃	1の3〃	〃13・3
○知育の不徹底	〃	1の4〃	〃13・4
○教育年限短縮論について	〃	1の5〃	〃13・5
○「作文の虐待」	〃	1の6〃	〃13・6
○「学校教育の延長」	〃	1の7〃	〃13・7
○「校長論」	〃	1の8〃	〃13・8
○「国語教授者の卑屈」	〃	1の9〃	〃13・9
○「皇室神官に対する敬語の不妥当」	〃	1の10〃	〃13・10
○「学業成績評点」	〃	1の11〃	〃13・11
○「教科目の重点」	〃	1の12〃	〃13・12
○「会話読本編纂の急務」	〃	2の1〃	〃14・1
○教育審議会の建議に就いて	〃	2の2〃	〃14・2

○軍部の長所に倣へ	〃	2の3	〃	〃	14・3
○教育界に於ける信の欠乏（一）	〃	2の4	〃	〃	14・4
○教育界に於ける信の欠乏（二）	〃	2の5	〃	〃	14・5
○教育社会の無気力	〃	2の6	〃	〃	14・6
○国文学課を設けよ	〃	2の7	〃	〃	14・7
○会談用語	〃	2の8	〃	〃	14・8
○軽卒浅簿を戒めよ	〃	2の9	〃	〃	14・9
○家族的利己心	〃	2の10	〃	〃	14・10
○修身と国語	〃	2の11	〃	〃	14・11
○高等師範廃止の議に就いて	〃	2の12	〃	〃	14・12
○次代の為に――統制経済と社会道徳心――	〃	3の1	〃	〃	15・1
○皇紀二千六百年所感	〃	3の2	〃	〃	15・2
○会長藤村作博士の渡支	西尾　実稿	3の3	〃	〃	15・3
○国民学校案所感（一）	藤村　作稿	3の4	〃	〃	15・4
○書方と習字――国民学校案所感――	〃	3の5	〃	〃	15・5
○注目すべき提言	西尾　実稿	3の6	〃	〃	15・6
○国語調査審議機関の設置はどうなるか	藤村　作稿	3の7	〃	〃	15・7
○北京に日系大学を創設せよ	〃	3の8	〃	〃	15・8
○国民学校案実施の備へ	西尾　実稿	3の9	〃	〃	15・9
○忠君愛国を各自の職場から	藤村　作稿	3の10	〃	〃	15・10
○新体制と教育制度の改革	宮崎晴美稿	3の11	〃	〃	15・11
○時事偶感	佐藤幹二稿	3の12	〃	〃	15・12
○芭蕉の言葉	能勢朝次稿	4の1	〃	〃	16・1

○国語の表記法について	藤村　作稿	4の2	〃	〃16・2
○表音記号の制定	〃	4の3	〃	〃16・3
○国民科国語	久松潜一稿	4の4	〃	〃16・4
○日本語教授改善統一の方法	藤村　作稿	4の5	〃	〃16・5
○使命達成のために	西尾　実稿	4の6	〃	〃16・6
○国語と漢文	久松潜一稿	4の8	〃	〃16・8
○国民教育は個人生活の低級に反省せよ	藤村　作稿	4の9	〃	〃16・9

Ⅱ論考

○口語研究の不備	東条　操稿	1の1	所収	昭和13・1
○意義学に於ける言語史の問題	斎藤清衛稿	1の1	〃	〃13・1
○防人の歌	宮崎晴美稿	1の2	〃	〃13・2
○小学生と文章構造への興味	片岡良一稿	1の2	〃	〃13・2
○芭蕉の敬神	佐藤幹二稿	1の3	〃	〃13・3
○一つの感想	近藤忠義稿	1の3	〃	〃13・3
○初心不可志	久松潜一稿	1の4	〃	〃13・4
○都と田舎	能勢朝次稿	1の4	〃	〃13・4
○初等教育と国文法	福井久蔵稿	1の5	〃	〃13・5
○国語の訓練	湯沢幸吉郎稿	1の5	〃	〃13・5
○古事記の開闢神話の意義	次田　潤稿	1の6	〃	〃13・6
○国語の正確な認識	山岸徳平稿	1の6	〃	〃13・6
○「虫の声」の研究	岩田九郎稿	1の7	〃	〃13・7
○解釈に於ける文法の領域	小林為三郎稿	1の7	〃	〃13・7

○若松賤子と教化文学	塩田良平稿	1の8	〃	〃	13・8
○教材研究の不足について	池田亀鑑稿	1の8	〃	〃	13・8
○日本の理想と国語教育	藤田徳太郎稿	1の9	〃	〃	13・9
○若松賤子と教化文学	塩田良平稿	1の9	〃	〃	13・9
○古典文学と国語教育	高木　武稿	1の10	〃	〃	13・10
○読方指導過程の究明	青木誠四郎稿	1の10	〃	〃	13・10
○鑑賞に先行するもの	片岡良一稿	1の11	〃	〃	13・11
○文章心理学的研究	波多野完治稿	1の11	〃	〃	13・11
○指導案について	波多野完治稿	1の12	〃	〃	13・12
○蕉風俳諧の成立過程	山本善太郎稿	1の12	〃	〃	13・12
○新読本の完成を祝して	西尾　実稿	2の1	〃	〃	14・1
○読本を書く心	井上　赳稿	2の1	〃	〃	14・1
○祝詞に現はれた日本民族の理想	宮崎晴美稿	2の2	〃	〃	14・2
○国語教育に於ける水準	松本金寿稿	2の2	〃	〃	14・2
○日支文化工作について	宮崎晴美稿	2の3	〃	〃	14・3
○中等学校に於ける国文法取扱ひの問題	木枝増一稿	2の3	〃	〃	14・3
○国語政策と言語教育	城戸幡太郎稿	2の4	〃	〃	14・4
○標準語と東京方言	東条　操稿	2の4	〃	〃	14・4
○習作としての写実	西尾　実稿	2の5	〃	〃	14・5
○ことば・こゝろね	古田　拡稿	2の5	〃	〃	14・5
○国語教育と満・支留学生の作品	小池藤五郎稿	2の6	〃	〃	14・6
○国語科に於ける思索指導	岩井義郎稿	2の6	〃	〃	14・6
○国語整理の課題	木村房吉稿	2の7	〃	〃	14・7

○日本言語社会学の提唱	本田喜代治稿	2の7	〃	〃	14・7
○国語教育の疑義	留岡清男稿	2の8	〃	〃	14・8
○読み方の時間文法の時間	今泉忠義稿	2の8	〃	〃	14・8
○国語の語感醇化保持のために ——漢語・漢語訳の佐変活動詞化の現状——	白石大二稿	2の9	〃	〃	14・9
○国民学校案と国語教育	石山脩平稿	2の9	〃	〃	14・9
○解釈と文法	若林為三郎稿	2の9	〃	〃	14・9
○国文学と国語教育	山本善太郎稿	2の9	〃	〃	14・9
○小学校の語法教授	西原慶一稿	2の9	〃	〃	14・9
○青年学校の国語教育	斎藤清衛稿	2の10	〃	〃	14・10
○人と自覚——国語教室覚え書——	小池藤五郎稿	2の10	〃	〃	14・10
○生活日記の指導	和泉田原之稿	2の10	〃	〃	14・10
○小学校における語感と語法 ——小学校の語法教授（二・完）——	西原慶一稿	2の10	〃	〃	14・10
○小学読本の漢字	桧田文之稿	2の10	〃	〃	14・10
○言語の道具説と形象論批判	波多野完治稿	2の11	〃	〃	14・11
○言葉に就ての雑感	石井庄司稿	2の11	〃	〃	14・11
○外地と国語——「解釈の民族性」についての覚え書——	村上広之稿	2の11	〃	〃	14・11
○十年	岩永　胖稿	2の11	〃	〃	14・11
○国語問題の一年——展望と批判——	石黒　修稿	2の12	〃	〃	14・12
○綴方の教科性の問題（国語教育問題の展望と批判）	百田宗治稿	2の12	〃	〃	14・12
○国語教育と日本語教育（〃）	岡本千万太郎稿	2の12	〃	〃	14・12
○国語科と国民科（〃）	梅根　悟稿	2の12	〃	〃	14・12

○児童読物と国語教育（〃）　滑川道夫稿　2の12　〃　〃　14・12
○国語教育における形象の問題について　城戸幡太郎稿　3の1　〃　〃　15・1
○児童文化運動の展望　菅　忠道稿　3の1　〃　〃　15・1
○山――国語の多義性――　田中重太郎稿　3の1　〃　〃　15・1
○半島国語教育断想　高尾九州男稿　3の1　〃　〃　15・1
○知識の問題　近藤忠義稿　3の2　〃　〃　15・2
○句読点の社会学　長谷川鉱平稿　3の2　〃　〃　15・2
○支那語ハカナデ書ケルカ　下瀬謙太郎稿　3の2　〃　〃　15・2
○語彙と国語教育　大槻芳広稿　3の2　〃　〃　15・2
○（提案）初等国語教授への注文　梅根　悟稿　3の3　〃　〃　15・3
――国民学校国語科の組織について――
○（検討と希望）所感　石井庄司稿　3の3　〃　〃　15・3
○（〃）国民学校における国語科の問題　石黒　修稿　3の3　〃　〃　15・3
――梅根悟氏の提唱を中心として――
○（〃）国語教育と科学的精神　岡本千万太郎稿　3の3　〃　〃　15・3
○（〃）初等国語教育は大切にしたい　木枝増一稿　3の3　〃　〃　15・3
○（〃）国民学校国語科への注文について　佐久間鼎稿　3の3　〃　〃　15・3
○（〃）註文四ヶ条について　滑川道夫稿　3の3　〃　〃　15・3
――梅根氏の国民学校国語科の組織を読んで――
○（〃）根本問題の看過　西尾　実稿　3の3　〃　〃　15・3
○（〃）提案について　能勢朝次稿　3の3　〃　〃　15・3
○（〃）提案に関聯して　波多野完治稿　3の3　〃　〃　15・3
○文学的といふ批難について　輿水　実稿　3の4　〃　〃　15・4

○漢字の読みを決定するもの　白石大二稿　3の4　〃　〃　15・4
○芭蕉の基本的体勢　山本善太郎稿　3の4　〃　〃　15・4
○古典的時間　長谷川鉱平稿　3の4　〃　〃　15・4
○解釈を学問的にするために　風巻景次郎稿　3の5　〃　〃　15・5
○国語の所謂科学的研究　今泉忠義稿　3の5　〃　〃　15・5
○小学校の発音教育　中里政一稿　3の5　〃　〃　15・5
○科学的と云ふこと　小松摂郎稿　3の6　〃　〃　15・6
○最近の感想　波多野完治稿　3の6　〃　〃　15・6
○提案者としての所感　梅根　悟稿　3の6　〃　〃　15・6
○国語教育の科学的建設　青木誠四郎稿　3の7　〃　〃　15・7
○国文学と新体制　久松潜一稿　3の8　〃　〃　15・8
○学、行、場　能勢朝次稿　3の8　〃　〃　15・8
○児童文学史研究ノート（一）　菅　忠道稿　3の8　〃　〃　15・8
○日常の国語　安藤正次稿　3の9　〃　〃　15・9
○ネズミノヨメイリ　白石大二稿　3の9　〃　〃　15・9
○絵本のことば　佐伯郁郎稿　3の9　〃　〃　15・9
○児童文学史研究ノート（二）　菅　忠道稿　3の9　〃　〃　15・9
○言語の主体性　大西雅雄稿　3の10　〃　〃　15・10
○話し方教育に於ける標準語と方言　菊沢季生稿　3の10　〃　〃　15・10
○児童文学史研究ノート（三）　菅　忠道稿　3の10　〃　〃　15・10
○敬語と方言　今泉忠義稿　3の10　〃　〃　15・10
○国語力に関する一調査　石井庄司稿　3の10　〃　〃　15・10
○官庁文のかなづかひについて　塩田良平稿　3の11　〃　〃　15・11

○児童文学史研究ノート（四）　菅　忠道稿　3の11　〃　〃　15・11
○国語力の練成　篠崎徳太郎稿　3の11　〃　〃　15・11
○言語教育の確立　沢田辰一稿　3の11　〃　〃　15・11
○農村に於ける国語教育と環境の問題　国井　恒稿　3の11　〃　〃　15・11
○新国語教科書に望む――綴方教材を読本に併置せよ――　今泉運平稿　3の11　〃　〃　15・11
○話し方教育の基本問題　石井庄司稿　3の12　〃　〃　15・12
○話し方指導法試案　原　勝稿　3の12　〃　〃　15・12
○昭和十五年国語教育界の展望と批判　輿水　実稿　3の12　〃　〃　15・12
○児童文学史研究ノート（五）　菅　忠道稿　3の12　〃　〃　15・12
○児童の生活と文章　波多野完治稿　4の1　〃　〃　16・1
○「引用」論　山口　正稿　4の1　〃　〃　16・1
○話し方教育の新秩序　飛田多喜雄稿　4の1　〃　〃　16・1
○話し方教育について　奥田勝利稿　4の1　〃　〃　16・1
○話し言葉の特質とその教育　石黒魯平稿　4の2　〃　〃　16・2
○近ごろの文章　片岡良一稿　4の2　〃　〃　16・2
○言葉の空白　能勢朝次稿　4の3　〃　〃　16・3
○国語の基準　今泉忠義稿　4の3　〃　〃　16・3
○日本の言語と文学　岡本千万太郎稿　4の4　〃　〃　16・4
○児童文学史研究ノート（六）　菅　忠道稿　4の4　〃　〃　16・4
○芭蕉の教育者としての一面
　――教師の主観強要の問題――　稲田伊之助稿　4の4　〃　〃　16・4
○中学一年の国語教室から　阿部喜三男稿　4の4　〃　〃　16・4
○現代詩の語法と表現　鳥山榛名稿　4の5　〃　〃　16・5

○東京語の形成　中村通夫稿　4の5　〃　〃　16・5

○研究会記録について（2月号の実地研究に関して）　宮下忠道稿　4の5　〃　〃　16・5

○言葉遣としつけ　真下三郎稿　4の5　〃　〃　16・5

○中等学校の国語教育　石井庄司稿　4の6　〃　〃　16・6

○国民教育の精神　藤田徳太郎稿　4の6　〃　〃　16・6

○俳諧道に於ける師匠と門人　山本善太郎稿　4の6　〃　〃　16・6

○朝鮮における国語教育上の諸問題　森田悟郎稿　4の8　〃　〃　16・8

○東京語アクセントの再検討（一）　金田一春彦稿　4の8　〃　〃　16・8
——諸方言との比較から観た東京語アクセント——

○格助詞「が」と「を」との誤用　白石大二稿　4の8　〃　〃　16・8

○国文学に於ける一二の問題　久松潜一稿　4の9　〃　〃　16・9

○東京語アクセントの再検討（一）　金田一春彦稿　4の9　〃　〃　16・9
——諸方言との比較から観た東京語アクセント——

○左千夫の歌——特にその語法に就て——　安井憲三稿　4の9　〃　〃　16・9

Ⅲ　共同討議・研究授業記録・実践報告

○中等学校入学試験国語科問題の検討批判　藤村・西尾　1の2所収　昭和13・2
——昭和十二年三月施行の各校問題を中心として（研究討議）　藤原・東条他

○読方の実地と批判　泉節二指導・西尾　2の2　〃　〃　14・2
高野篠原ほか

○国語講読の実地と研究　浅野信指導　3の7　〃　〃　15・7

○読方指導の実地研究　斎藤英一指導　4の2　〃　〃　16・2
西尾ほか

○「尻取り」について	中里政一稿	4の3 〃	〃 16・3

Ⅳ　随想

○声写実相	吉田　拡稿	1の3所収	昭和13・3
○小松教訓の事	塩田良平稿	1の5 〃	〃 13・5
○教育の効果	西尾　実稿	1の11 〃	〃 13・11
○切抜帖	X　Y　Z	4の3 〃	〃 16・3
○詩的技巧		4の5 〃	〃 16・5

Ⅴ　国語教育試論

○小学国語読本の完成と中等教育	石井庄司稿	1の1所収	昭和13・1
○解釈学的方法	大久保正太郎稿	1の1 〃	〃 13・1
○国語教師の道	鈴木睿順稿	1の1 〃	〃 13・1
○国語教育は綜合教育	藤田徳太郎稿	1の1 〃	〃 13・1
○解釈に於て求められる具体性	西尾　実稿	1の1 〃	〃 13・1
○実践者の本領	野島秀義稿	1の1 〃	〃 13・1
○国語の歴史性と陶冶性	城戸幡太郎稿	1の2 〃	〃 13・2
○方法以上	篠原利逸稿	1の2 〃	〃 13・2
○方言について	大白逸策稿	1の2 〃	〃 13・2
○指導過程の問題	西尾　実稿	1の2 〃	〃 13・2
○指導操作の基本的なるもの	西尾　実稿	1の3 〃	〃 13・3
○国語教育学建設の要望	石山脩平稿	1の3 〃	〃 13・3
○教授を超えて教育へ	加藤　因稿	1の3 〃	〃 13・3

○実践と理論との相補性	国井　恒稿	1の3	〃	〃	13・3
○綴方作品の構成的研究	山田清人稿	1の3	〃	〃	13・3
○科学的教材への注意（新読本巻十一の活用）	石原　純稿	1の4	〃	〃	13・4
○古事記と源氏物語（〃）	島津久基稿	1の4	〃	〃	13・4
○古典文学教材（〃）	西尾　実稿	1の4	〃	〃	13・4
○巻十一の短歌（〃）	森本治吉稿	1の4	〃	〃	13・4
○虫の声（〃）	山本善太郎稿	1の4	〃	〃	13・4
○新しさ	稲田伊之助稿	1の5	〃	〃	13・5
○覚習	大野　静稿	1の5	〃	〃	13・5
○国語教育の領域	塚本勝義稿	1の5	〃	〃	13・5
○実用主義的動向	滑川道夫稿	1の5	〃	〃	13・5
○国語学の国語教育学的再建	藤原与一稿	1の5	〃	〃	13・5
○豆腐製作と文章の構造	山内才治稿	1の5	〃	〃	13・5
○註解の位置（註解論）	西尾　実稿	1の6	〃	〃	13・6
○註解の実際問題（〃）	野島秀義稿	1の6	〃	〃	13・6
○註解に於ける一つの問題（〃）	篠原利逸稿	1の6	〃	〃	13・6
○自由読の存在理由（自由読の問題）	西尾　実稿	1の7	〃	〃	13・7
○自由読について（〃）	飯田広太郎稿	1の7	〃	〃	13・7
○自由読の方法（〃）	佐藤末吉稿	1の7	〃	〃	13・7
○自由読と指名読の関係（〃）	岡島　繁稿	1の7	〃	〃	13・7
○自由読の方法	西尾　実稿	1の8	〃	〃	13・8
○自由読の位置	大和　競稿	1の8	〃	〃	13・8
○平談俗語を生かす	稲田伊之助稿	1の8	〃	〃	13・8

○国語教育の一基調　米田達吉稿　1の8　〃　〃　13・8
○表現者の志向　国井　恒稿　1の8　〃　〃　13・8
○解釈の実践（解釈論）　秋田喜三郎稿　1の9　〃　〃　13・9
○訳から釈へ（〃）　川西　清稿　1の9　〃　〃　13・9
○解釈の生長（〃）　松田宗一郎稿　1の9　〃　〃　13・9
○解釈と指導（〃）　宮下忠道稿　1の9　〃　〃　13・9
○解釈と立場（〃）　鈴木只一稿　1の9　〃　〃　13・9
○解釈上の問題（〃）　田中豊太郎稿　1の9　〃　〃　13・9
○文学的教材について（小学国語読本巻十二の研究）　斎藤清衛稿　1の10　〃　〃　13・10
○文化教材私観（〃）　片岡良一稿　1の10　〃　〃　13・10
○和歌教材私観（〃）　森本治吉稿　1の10　〃　〃　13・10
○生活教材について（〃）　滑川道夫稿　1の10　〃　〃　13・10
○解釈と解釈の指導　坂本　豊稿　1の11　〃　〃　13・11
○生産の立場　沖山　光稿　1の11　〃　〃　13・11
○語る言葉　宮本常一稿　1の11　〃　〃　13・11
○国語教室の拡充　稲田伊之助稿　1の11　〃　〃　13・11
○国語教師の基礎任務　丹慶英五郎稿　1の11　〃　〃　13・11
○国漢教育者の急務（中等学校に於ける国語科の諸問題）　西尾　実稿　1の12　〃　〃　13・12
○女学校国語科（〃）　佐藤幹二稿　1の12　〃　〃　13・12
○中等学校作文雑感（〃）　藤田徳太郎稿　1の12　〃　〃　13・12
○陶冶意識と指導の限界（新読本に於ける日本精神の顕現）　泉　節二稿　2の1　〃　〃　14・1
○一つの実践的要望（〃）　飛田多喜雄稿　2の1　〃　〃　14・1
○理会と探求（〃）　名取広作稿　2の1　〃　〃　14・1

○日本精神について（〃）	大久保正太郎稿	2の1	〃	〃	14・1
○ふりがな廃止の次に来るもの	上田庄三郎稿	2の3	〃	〃	14・3
○和歌俳句の創作と小学生	石田吉貞稿	2の3	〃	〃	14・3
○言葉の味	長島俊三郎稿	2の3	〃	〃	14・3
○小学校と中学校との聯絡について	稲田伊之助稿	2の3	〃	〃	14・3
○語感への関心	茅野粛々稿	2の4	〃	〃	14・4
○事変と発音教育	神保 格稿	2の4	〃	〃	14・4
○話し言葉の教育	平井昌夫稿	2の4	〃	〃	14・4
○国定読本と標準語	湯沢幸吉郎稿	2の4	〃	〃	14・4
○小学国語読本に於ける構文上の特徴一二 ——巻十一・巻十二の口語の紀行文について——	白石大二稿	2の4	〃	〃	14・4
○初等教育に於ける文法的教授	今泉忠義稿	2の4	〃	〃	14・4
○国語運動の立場から	石黒 修稿	2の4	〃	〃	14・4
○文字教育と解釈教育	波多野完治稿	2の4	〃	〃	14・4
○小学校の言語訓練	平野婦美子稿	2の4	〃	〃	14・4
○子供の方言詩二つ	百田宗治編	2の4	〃	〃	14・4
○直線の進路（綴方教育試論——実践人としての設計と批判——）	菊地知勇稿	2の5	〃	〃	14・5
○綴方向上の一路（〃）	清水幸治稿	2の5	〃	〃	14・5
○小学教育としての綴方教育（〃）	田中豊太郎稿	2の5	〃	〃	14・5
○綴方教育に於ける生活構成の在り方（〃）	滑川道夫稿	2の5	〃	〃	14・5
○必要に即く綴方（〃）	加藤周四郎稿	2の5	〃	〃	14・5
○生活線に沿うて（〃）	武藤 要稿	2の5	〃	〃	14・5
○生活面の拡大（〃）	松川亀森稿	2の5	〃	〃	14・5

○生活の青き茎立ち（〃）　富原義徳稿　2の5　〃　14・5

○児童詩指導の方向（〃）　岩崎　覚稿　2の5　〃　14・5

○読方指導に於ける要素的なるもの　向山忠夫稿　2の7　〃　14・7

○読方教育所感　真鍋顕名稿　2の7　〃　14・7

Ⅵ　国語教育時評

○国語教育時評　玉井幸助稿　1の1所収　昭和13・1

内容〈国語の特質について（土井忠生）〉〈小学国語読本巻十を読む（石山脩平）〉〈直感的と観察的（輿水実）〉〈純情（金原省吾）〉〈小学国語読本の千代の句（志田義秀）〉〈課題制作再検討（滑川道夫）〉〈口語文の用法と語法（佐久間鼎）〉〈「読む」の進行とその指導形態（勝部謙造）〉〈新読本巻十を手にして（原田直茂）〉

○国語教育時評　岩永　胖稿　1の2　〃　〃　13・2

内容〈文の指導と情調の感得（佐藤末吉）〉〈知見（金原省吾）〉〈韻文研究の観点と立場（垣内松三）〉〈読方教室批評の問題（坂本豊）〉

○国語教育時評　篠原利逸稿　1の3　〃　〃　13・3

内容　理論と実際とを超克した彼岸――実践の道――に立脚して、勝部謙造博士の「文の機構と『読む』の進行段階」（国語教育、昭和13年1月・2月号）についての見解

○国語教育時評　石井庄司稿　1の4　〃　〃　13・4

――小学国語読本巻十一を手にして――

○国語教育時評　西尾　実稿　1の5　〃　〃　13・5

内容　芦田「教式」について

○国語教育時評　大久保正太郎稿　1の6　〃　〃　13・6

内容　一、綴方教育　二、読方教育　三、言語教育　四、国語教師論

○国語教育時評　西原慶一稿　1の7　〃　〃　13・7

──国語国字問題における啓示的と説教的──　輿水　実稿　1の8　〃　13・8

○国語教育時評
内容　国語教育界の話題　(1)国語問題との関係　(2)古典教育の問題　(3)指導過程の問題

○国語教育時評　石山脩平稿　1の9　〃　13・9
内容　1国語政策の実践　2古典へのあこがれ　3世界的日本人

○国語教育時評　篠原利逸稿　1の10　〃　13・10
──指導案作製の問題──

○国語教育時評　大久保正太郎稿　1の11　〃　13・11
内容　素材研究の重要性について（小学国語読本巻十二の教材を例にして）

○国語教育時評　吉田澄夫稿　1の12　〃　13・12
──国語国字問題展望──

○国語教育時評　西原慶一稿　2の1　〃　14・1
──「国語教育誌」について──

○国語教育時評　百田宗治稿　2の2　〃　14・2
内容　ふりがな廃止の問題・文学者と国語改善の問題

○国語教育時評　滑川道夫稿　2の3　〃　14・3
内容　一、児童文化運動に関聯して　二、生活構成の綴方　三、国語読本完成にふれて

○国語教育時評　黒滝成至稿　2の4　〃　14・4
内容　反省を通して発展へ──生活言語教育の立場から──
一般の有様について　教室の実践について　教師の態度について
研究の中身について　新しい方向について

○〔時評〕綴方教育時評　上田庄三郎稿　2の5　〃　14・5
内容　時評貧困の原因　綴方と文学との問題

○〔時評〕言語教育への動き　大久保正太郎稿　2の5　〃　〃　14・5
　内容　一、生活綴方と文芸性　二、言語教育としての綴方　三、言語教育と生活教育
○国語教育時評　秋田喜三郎稿　2の6　〃　〃　14・6
　内容　最近の国語教育の動向
○時評　輿水　実稿　2の7　〃　〃　14・7
　内容　日本語、綴方、芦田さん
○国語教育時評　大久保正太郎稿　2の8　〃　〃　14・8
　内容　国語教育における言語教育の位置と意義について
○国語教育時評　篠原利逸稿　2の9　〃　〃　14・9
　内容　国語教育の局外批評の問題

Ⅶ　談話室

○型と伝統　久松潜一稿　2の11所収　昭和14・11
○師範学校の国語科　東条　操稿　2の11　〃　〃　14・11
○時代は移れり　宮崎晴美稿　2の11　〃　〃　14・11
○学ぶ者の喜び　能勢朝次稿　2の11　〃　〃　14・11
○打明話　佐藤幹二稿　2の11　〃　〃　14・11
○国語教育の一転回点　西尾　実稿　3の1　〃　〃　15・1
○地図の読方に触れて　石井庄司稿　3の1　〃　〃　15・1
○尊敬語と丁寧語　今泉忠義稿　3の1　〃　〃　15・1
○国語教師の立場　沢登哲一稿　3の1　〃　〃　15・1
○過去・現在・未来　重友　毅稿　3の2　〃　〃　15・2
○知と行　藤田徳太郎稿　3の2　〃　〃　15・2

○文章の力　藤森朋夫稿　3の2　〃　〃　15・2
○汽車の中で　伊藤角一稿　3の2　〃　〃　15・2

Ⅷ　会員の頁

○語彙の整理　長島俊三郎稿　2の11所収　昭和14・11
○皇軍慰問文　小田正義稿　2の11　〃　〃　14・11
○国語教育所感　中山　健稿　2の11　〃　〃　14・11
○農村教師二題　中津慶甫稿　2の11　〃　〃　14・11
○河鹿園　松田宗一郎稿　2の11　〃　〃　14・11
○（夏季講座の思ひ出）　加藤玄一稿　2の11　〃　〃　14・11
○会員諸君に想ふ　布山清一稿　2の11　〃　〃　14・11
○（雑誌にのぞむ）　上甲幹一稿　2の11　〃　〃　14・11
○（雑誌について思ふことと反省）　加藤清志稿　2の11　〃　〃　14・11
○指導論者の責任　大槻芳広稿　2の12　〃　〃　14・12
○小学一二年の漢字　上飯坂好稿　2の12　〃　〃　14・12
○（地方との提携と援助と指導を）　西尾政市稿　2の12　〃　〃　14・12
○教師としての問題　神波利夫稿　2の12　〃　〃　14・12
○文法教授について　S・T・R稿　3の2　〃　〃　15・2
○国語の技術性　O・K・B　3の2　〃　〃　15・2
○文学的といふ内容について　今泉運平稿　3の5　〃　〃　15・5
○文章を見る眼　大久保正太郎稿　3の5　〃　〃　15・5
○夏期講座の感想　伊佐治光雄　沢田　辰一　大和久一枝　3の8　〃　〃　15・8
上野　勇　篠崎徳太郎　峯田儀右衛門

Ⅸ　国語教育学会消息

宮下四郎稿

○国語教育学会新役員	1の1所収	昭和	13・1
○国語教育学会理事会	1の1　〃	〃	13・1
○上田万年博士御逝去	1の1　〃	〃	13・1
○日本諸学振興会　第一回国語国文学会	1の1　〃	〃	13・1
○日本諸学振興会　国語国文学公開講演	1の1　〃	〃	13・1
○国語教育学会研究部例会	1の1　〃	〃	13・1
○研究部第九回例会予告	1の1　〃	〃	13・1
○国語教育学会研究部例会	1の2　〃	〃	13・2
○研究部第十回例会予告	1の2　〃	〃	13・2
○垣内松三氏還暦記念	1の3　〃	〃	13・3
○国語教育学会研究部例会	1の3　〃	〃	13・3
○小学国語読本綜合研究巻十	1の3　〃	〃	13・3
○小学国語読本綜合研究	1の3　〃	〃	13・3
○国語教育学会理事会	1の4　〃	〃	13・4
○国語教育学会顧問推戴	1の4　〃	〃	13・4
○国語教育学会理事会	1の4　〃	〃	13・4
○小学国語読本綜合研究	1の4　〃	〃	13・4
○国語教育学会理事会	1の5　〃	〃	13・5
○国語教育学会事務所変更	1の5　〃	〃	13・5
○国語教育学会研究部例会	1の5　〃	〃	13・5

○小学国語読本綜合研究巻十一上・下巻	1の5	〃	〃	13・5
○斎藤清衛新文学博士	1の6	〃	〃	13・6
○国語教育学会理事会	1の6	〃	〃	13・6
○国語教育学会研究部例会	1の6	〃	〃	13・6
○研究部例会	1の7	〃	〃	13・7
○国語教育学会理事会	1の10	〃	〃	13・10
○国語教育学会研究部例会	1の10	〃	〃	13・10
○小学国語読本綜合研究巻十二	1の10	〃	〃	13・10
○国語教育学会理事会	1の11	〃	〃	13・11
○国語教育学会研究部例会開催	1の11	〃	〃	13・11
○国語教育学会理事会	1の12	〃	〃	13・12
○国語教育学会評議員会	2の2	〃	〃	14・2
○小学国語読本完成祝賀会	2の2	〃	〃	14・2
○国語教育学会研究部例会	2の2	〃	〃	14・2
○小学国語読本綜合研究巻十一・巻十二	2の2	〃	〃	14・2
○国語教育学会理事会	2の5	〃	〃	14・5
○国語教育学会理事会	2の5	〃	〃	14・5
○研究大会準備委員会	2の5	〃	〃	14・5
○国語教育学会理事会	2の5	〃	〃	14・5
○国語国文学研究発表会開催	2の5	〃	〃	14・5
○国語教育学会理事及調査部委員会	2の6	〃	〃	14・6
○大会準備委員会	2の6	〃	〃	14・6
○国語教育学会研究部例会	2の6	〃	〃	14・6

○国語教育学会調査部委員会	2の6	〃	〃	14・6
○国語国文学研究発表会開催	2の6	〃	〃	14・6
○国語教育学会総会開催	2の6	〃	〃	14・6
○国語教育学会総会	2の8	〃	〃	14・8
○国語国文学研究発表会	2の8	〃	〃	14・8
○国語教育学会新理事会	2の9	〃	〃	14・9
○国語教育学会夏期講座	2の9	〃	〃	14・9
○理事会	2の11	〃	〃	14・11
○研究部例会	2の11	〃	〃	14・11
○研究調査部委員会	2の11	〃	〃	14・11
○研究部十二月例会予告	2の12	〃	〃	14・12
○研究調査部委員会	2の12	〃	〃	14・12
○寄贈図書	2の12	〃	〃	14・12
○文部省推薦児童図書	2の12	〃	〃	14・12
○研究部十二月例会	3の1	〃	〃	15・1
・藤村作　西尾実　各務虎雄三氏の支那視察談				
○理事・研究調査部会	3の3	〃	〃	15・3
○藤村会長をお送りする会	3の3	〃	〃	15・3
○藤村会長の御出発	3の3	〃	〃	15・6
○能勢理事の名誉	3の3	〃	〃	15・6
○本会第二論文集の刊行	3の3	〃	〃	15・6
○（雑録）日本語教師養成講習会	3の3	〃	〃	15・6
○（〃）国際文化振興会の編纂事業	3の3	〃	〃	15・6

○国語教育学会夏期講座	3の6	〃	〃	15・6
○理事会	3の6	〃	〃	15・6
○研究調査部会	3の6	〃	〃	15・6
○研究部例会	3の6	〃	〃	15・6
○国語教育学会第二回夏期講座	3の7	〃	〃	15・7
○理事会	3の8	〃	〃	15・8
○第二回夏期講座	3の8	〃	〃	15・8
○藤村会長の出発	3の9	〃	〃	15・9
○標準語と国語教育	3の9	〃	〃	15・9
○（雑録）日本方言学会の誕生	3の10	〃	〃	15・10
○研究調査委員会	3の12	〃	〃	15・12
○研究部例会	3の12	〃	〃	15・12
○第二回夏期講座の橋本進吉教授の講義	3の12	〃	〃	15・12
○叢書第一輯「児童文化論」	3の12	〃	〃	15・12
○研究調査部座談会「国語教育の動向」	4の2	〃	〃	16・2
○理事会	4の2	〃	〃	16・2
○「児童文化論」の紹介	4の3	〃	〃	16・3
○藤村会長の帰任	4の4	〃	〃	16・4
○「児童文化論」の発売	4の4	〃	〃	16・4
○理事会	4の5	〃	〃	16・5
○研究調査部会	4の5	〃	〃	16・5
○第三回夏期講座について	4の5	〃	〃	16・5
○国語教育学会第三回夏期講座（案内）	4の6	〃	〃	16・6

○国語教育学会川口支部結成（山本善太郎記）　4の8　〃　〃　16・8
○国語国文学関係者懇親会　4の8　〃　〃　16・8
○川口支部の結成　4の8　〃　〃　16・8
○理事会　4の8　〃　〃　16・8
○夏期講座の中止　4の8　〃　〃　16・8
○藤村会長の帰朝　4の8　〃　〃　16・8
○（雑録）国語国文学会　4の8　〃　〃　16・8
○（〃）雑記「日本語」の発刊　4の8　〃　〃　16・8
○評議員会　4の9　〃　〃　16・9

X　新刊紹介

○小学国語読本綜合研究巻十（国語教育学会編）　1の1所収　昭和13・1
○綴方教室（大木顕一郎・清水幸治共著）　1の1　〃　〃　13・1
○童詩読本（滑川道夫著）　1の1　〃　〃　13・1
○現代語訳枕草子（玉井幸助訳）　1の1　〃　〃　13・1
○形象論序説（垣内松三著）　1の3　〃　〃　13・3
○文芸鑑賞新講（小山龍之輔著）　1の3　〃　〃　13・3
○国文朗読〔レコード〕（島津久基吹込）　1の4　〃　〃　13・4
○日本文学論攷（垣内先生還暦記念論文編纂委員会編）　1の4　〃　〃　13・4
○国語教育道（恵雨会編）　1の6　〃　〃　13・6
○国文朗読〔須磨巻小原御幸〕（島津久基吹込）　1の9　〃　〃　13・9
○教式と教壇（芦田恵之助著）　1の9　〃　〃　13・9
○国語教室以前（西原慶一著）　1の9　〃　〃　13・9

○山田美妙研究（塩田良平著）	1の10	〃	〃	13・10
○日本精神と日本文学（高木武著）	1の10	〃	〃	13・10
○創作心理学（波多野完治著）	1の12	〃	〃	13・12
○言語理論と国語教育（黒滝成至著）	2の1	〃	〃	14・1
○読方教育思潮論（石井庄司著）	2の5	〃	〃	14・5
○芭蕉（潁原退蔵著）	2の8	〃	〃	14・8
○現代文章の日本的性格（金原省吾著）	2の8	〃	〃	14・8
○国語教育の新領域（西尾実著）	2の10	〃	〃	14・10
○国語教室（古田拡著）	2の10	〃	〃	14・10
○言葉は伸びる（輿水実著）	2の10	〃	〃	14・10
○言語の構造（泉井久之助著）	2の10	〃	〃	14・10
○日本文芸の様式（岡崎義恵著）	2の10	〃	〃	14・10
○現代短歌（石山徹郎著）	2の10	〃	〃	14・10
○徒然草（西尾実著）	3の1	〃	〃	15・1
○綴る生活の指導法（平野婦美子著）	3の1	〃	〃	15・1
○国語教室の問題（西尾実著）	3の2	〃	〃	15・2
○（受贈新刊図書）女流日記（佐山済著）	3の3	〃	〃	15・3
○（〃）日本語会話巻一・二・三（松宮弥平著）	3の3	〃	〃	15・3
○（〃）日本語教授法（松宮弥平著）	3の3	〃	〃	15・3
○（〃）A Grammar of Spoken Japanese（松宮弥平著）	3の3	〃	〃	15・3
○（〃）言語形象性を語る（垣内松三著）	3の3	〃	〃	15・3
○万葉集（久松潜一著）	3の5	〃	〃	15・5
○意味論――文法の原理――（中島文雄著）	3の5	〃	〃	15・5

○万葉集（久松潜一著）　3の9　〃　〃　15・9
○児童心性論（波多野完治著）　3の9　〃　〃　15・9
○文体論（山本忠雄著）　3の9　〃　〃　15・9
○国語のはたらく教室（西原慶一著）　3の9　〃　〃　15・9
○国民科読方教育（山内方治著）　3の9　〃　〃　15・9
○日本文学入門（近藤忠義著）　3の10　〃　〃　15・10
○日本語の問題（石黒修著）　3の10　〃　〃　15・10
○世阿弥十六部集評釈（上）（能勢朝次著）　3の10　〃　〃　15・10
○近代名家俳句鑑賞（石井庄司著）　3の12　〃　〃　15・12
○国民学校生活国語教育（滑川道夫著）　3の12　〃　〃　15・12
○国民学校国語教育の研究（国語文化学会編）　4の1　〃　〃　16・1
○国語学史（時枝誠記著）　4の1　〃　〃　16・1
○日本語教科書　基礎編・巻一（国際学友会編）　4の3　〃　〃　16・3
○国語問題篇（国語文化講座第一巻）　4の9　〃　〃　16・9
○国語国文学年鑑（久松潜一編）　4の9　〃　〃　16・9
○方言地理学（上野勇著）　4の9　〃　〃　16・9

二

以上の「国語教育誌」（44冊）の総目録のうち、Ⅰ　巻頭言　は、主として、学会長、藤村作博士が執筆されている。四四回のうち、三五回までは、藤村博士の執筆にかかる。

藤村会長に代っての執筆は、西尾実（四回）・久松潜一（二回）・宮崎晴美（一回）・佐藤幹二（一回）・能勢朝次

（一回）らの諸氏である。

「巻頭言」には、当時のわが国の教育上の時務的問題が随時にとりあげられている。領域を、国語教育にのみ限らないで、広い視野から発言されている。これは一つには、会長藤村作博士の大局的立場にもとづき、その考え方に由来しているのであろう。発言の根底に、皇国主義の存在していたことも、また顕著な事実である。

つぎに、Ⅱ　論考　は、「国語教育誌」の中心内容をなすものである。国文学者・国語学者・心理学者・教育学者・哲学者・現場実践者などから、一三五編が寄せられている。

ここでも、対象を狭義の国語教育には限定していない。それぞれの立場から、研究問題・研究主題がとりあげられている。

これらの論考のうち、約七〇編ばかりは、国語教育に関連した問題を扱っている。いずれも、本格的な論文というわけにはいかぬが、それぞれの立場での問題意識を中心にして、まとめられているものが多い。

また、これらの中には、梅根悟氏によって、「初等国語教授への註文――国民学校国語科の組織について――」という提案（昭和15年3月号）がなされ、さらに、それをめぐって、九氏の検討と希望とが寄せられている。こうした一種の特集形式も採り入れているのである。

Ⅲ　共同討議（1）、研究授業記録（3）、実践報告（1）のほか、Ⅳ　随想など五編、Ⅶ　談話室一三編、Ⅷ　会員の頁　の一八編を、かぞえることができる。

これらのほかに、「論考」についで、注目すべきものとして、Ⅴ　国語教育試論　がある。この「試論」は、すべて八五編ある。執筆者は、国文学者・国語学者・心理学者・教育学者・現場実践者など、各方面にわたっている。これらは、文字通り、「国語教育」に関する建設的「試論」であって、一編の分量は至って少ないけれども、その見解には、注目すべきものが多い。昭和一三年（一九三八）一月から昭和一四年（一九三九）七月に至る、この年代の、「国語教育試論」として見るとき、国語教育の動向を反映せしめている点が多いように思われる。

これらの「試論」のうち、西尾実氏が、八編を執筆されているのも、注意してよいことの一つである。

なお、Ⅵ　国語教育時評　は、昭和一三年（一九三八）一月から、昭和一四年（一九三九）九月まで、[1]玉井幸助・[2]岩永胖・[3]篠原利逸・[4]石井庄司・[5]西尾実・[6]大久保正太郎・[7]西原慶一・[8]輿水実・[9]石山脩平・[10]篠原利逸・[11]大久保正太郎・[12]吉田澄夫・[13]西原慶一・[14]百田宗治・[15]滑川道夫・[16]黒滝成至・[17]上田庄三郎・[18]大久保正太郎・[19]秋田喜三郎・[20]輿水実・[21]大久保正太郎・[22]篠原利逸の諸氏によって、担当されている。担当回数の多い、大久保正太郎氏は、学会関係者でもあった。

これらの「時評」内容は、個々の担当者によって、自在にとりあげられているもののようである。「国語国字問題」なども、「時評」問題として、とりあげられている。

おしまいに、X　新刊紹介　は、昭和一三年（一九三八）一月から昭和一六年（一九四一）九月まで、毎月ではないが、国語教育・国文学・国語学関係の新刊書（レコードを含む）が紹介されている。その数は五一種にのぼっている。

これらの新刊書の中には、国語教育の領域において、[1]「綴方教室」（大木顕一郎・清水幸治共著）・[2]「形象論序説」（垣内松三著）・[3]「国語教育道」（恵雨会編）・[4]「教式と教壇」・[5]「読方教育思潮論」・[6]「国語教育の新領域」・[7]「国語教室」（古田拡著）・[8]「言葉は伸びる」（輿水実著）・[9]「国語教室の問題」・[10]「日本語教授法」（松宮弥平著）・[11]「言語形象性を語る」（垣内松三著）・[12]「国民学校国語教育の研究」など、注目すべきものが紹介されている。

「国語教育誌」は、学会機関誌としては、小冊子ではあり、本格的な論文を掲載するところまではいかなかったけれども、当時の国語教育界のさまざまな問題意識を反映していく機関誌としての役割を果したものと考えられるのである。

国語教育が小学国語読本（サクラ読本）編纂を契機として、大いに興隆していった期間を中心に、昭和一六年（一九四一）九月、太平洋戦争勃発を前にして、日中事変のしだいにけわしかった時代までの、国語教育界の情報は、これら四四冊の小冊によくとらえられているといわなくてはならない。

一一

さて、昭和一三年（一九三八）一月以降の「国語教育学会」の活動状況は、「国語教育誌」掲載の「学会消息」によって、知ることができる。

「国語教育誌」（第一巻第一号、昭和13年1月号）には、さきの臨時大会（昭和12年7月16日）で推薦された新役員氏名が、のち承認を得て、つぎのように発表されている。

新役員（五十音順）

理　事	佐藤幹二	島津久基	玉井幸助	東条　操	西尾　実
	宮崎晴美				
評議員	麻生磯次	安藤正次	池田亀鑑	岩田九郎	岩永　胖
	岩城準太郎	今園国貞	上田英夫	植松　安	岡崎義恵
	沢潟久孝	春日政治	片岡良一	加藤　因	倉野憲司
	小林好日	小山龍之助	近藤忠義	五味義武	斎藤清衛
	佐藤幹二	佐野保太郎	守随憲治	島津久基	鈴木敏也

千田　憲　　高木市之助　　高木　武　　橘　純一　　田中辰二
玉井幸助　　次田　潤　　東条　操　　時枝誠記　　西尾　実
西下経一　　沼沢龍雄　　林　伝次　　久松潜一　　平林治徳
藤田徳太郎　　宮崎晴美　　山岸徳平　　湯沢幸吉郎

監　事　　志田義秀　　沼沢龍雄

全国の大学・高等学校（旧制）・専門学校の国文学・国語学関係の担当者が評議員に選ばれていることがわかる。
ついで、「国語教育誌」（第一巻第四号、昭和13年4月号）には、学会の顧問として、つぎの諸氏（一四名）が推薦されて、発表されている。

五十嵐力　　尾上八郎　　垣内松三　　幸田露伴　　佐々木信綱
高野辰之　　新村　出　　橋本進吉　　福井久蔵　　藤井乙男
保科孝一　　松井簡治　　山田孝雄　　吉沢義則

「国語教育学会」は、昭和一四年度の総会を、昭和一四年（一九三九）七月一日、東京文理科大学講堂において開催した。そのときの様子は、つぎのように報告されている。

「まず藤村会長の挨拶の後、西尾理事本会の沿革・現状及び今後の事業計画に関して詳細な事業報告を行い、続いて佐藤理事昭和十三年度の会計報告を行った。つづいて役員の改選に移り、福井顧問座長となって議事を進めたが、会長はその指命《ママ》によって藤村博士の重任を見たので、藤村会長は再び議長席に就いて、就任の挨拶をなし、ついでその指命《ママ》によって役員を左の如く決定した。（五十音順）

理　事　佐藤幹二　※沢登哲一　西尾　実　※能勢朝次　※久松潜一
宮崎晴美
（※印三名が新任――引用者。）

評議員　麻生磯次　安藤正次　池田亀鑑　岩田九郎　岩永　胖
岩城準太郎　今園国貞　上田英夫　植松　安　岡崎義恵
沢潟久孝　春日政治　片岡良一　加藤　因　小林好日
小山龍之助　近藤忠義　五味義武　斎藤清衛　佐藤幹二
佐野保太郎　※沢登哲一　守随憲治　島津久基　鈴木敏也
千田　憲　高木市之助　高木　武　橘　純一　田中辰二
玉井幸助　次田　潤　東条　操　時枝誠記　西尾　実
西下経一　沼沢龍雄　※能勢朝次　林　伝次　久松潜一
平林治徳　藤田徳太郎　宮崎晴美　山岸徳平　湯沢幸吉郎
（※印は新任者――引用者。）

監　事　志田義秀　沼沢龍雄

かくして総会の行事を終り、会長の閉会の辞あって五時盛会裡に散会した。」（「国語教育誌」第一巻第八号、昭和13年8月10日刊、一七ペ）

藤村作会長は、昭和一五年（一九四〇）三月四日、北京国立師範学院名誉教授として赴任するため、東京駅を出発している。「国語教育誌」（第三巻第三号、昭和15年3月号）では、昭和一五年二月二六日、曙荘において、藤村会長の送別会を開いたこと、藤村会長は、一年のうち約半分を北京に、約半分を内地にすごす予定であることなどを、その「消息」欄に報じている。

なお、昭和一六年（一九四一）八月二五日午後七時から、神田一ツ橋学士会館において、評議員会が開かれた。このときの模様は、つぎのとおりである。

「出席者は、藤村会長のほか、[1]池田亀鑑氏、[2]近藤忠義氏、[3]佐藤幹二氏、[4]沢登哲一氏、[5]志田義秀氏、[6]守随憲治氏、[7]高木武氏、[8]西尾実氏、[9]久松潜一氏、[10]宮崎晴美氏、[11]湯沢幸吉郎氏、の十一名であった。まず藤村会長から、理事・評議員・監事の任期が、来年の七月で終《ママ》るが、時局の関係で総会をひらくことは遠慮したいし、したがって役員の任期も向こう一ヶ年間《ママ》任期したいということがはかられたのにたいし、満場異議なく承認、理事・評議員・監事は現在のまゝ一ヶ年間留年することに決定した。（中略）

ついで西尾理事の事業報告（夏期講座、第二論文集『標準語と国語教育』の刊行、叢書第一輯『児童文化論』の刊行、研究会の状況、川口支部の結成、今後の事業計画等）佐藤理事の会計報告があり、終《ママ》って藤村会長を中心に、北支における教育問題に関して話しあい、十時会をとじた。」（「国語教育誌」第四巻第九号、昭和16年9月10日刊、一七ぺ）

「国語教育学会」の役員は、第一期（昭和9年1月～）、第二期（昭和12年7月～）、第三期（昭和14年7月～）、第四期（昭和16年8月～）と、推薦ならびに改選が行なわれたわけであるが、このうち第四期は、時局（太平洋戦争への緊迫した情勢下）の重大化にともない、そのまま第三期の役員が任期を一年延ばすことになったのであった。

一三

さて、学会の「研究部例会」は、その後もつづけられている。さきに、第六回例会までは掲げたから、それ以下の状況を、つぎに見ていくことにする。

7　研究部第七回例会――国語教育雑感――

日時　昭和12年1月24日　午後一時

場所　本郷区駒込中学校会議室

次第　一　講演　国語教育雑感　島津久基氏

8　研究部第八回例会

日時　昭和12年11月28日　午後一時

場所　本郷区駒込中学校会議室

次第　一　講演　日本神話の基礎的解釈　橘純一氏

9　研究部第九回例会――中等学校国語科試験問題の検討――

日時　昭和13年1月16日　午後一時半

場所　本郷区駒込中学校会議室

次第　一　研究討議　中等学校入学試験国語科問題の検討批判

――昭和十二年三月施行の各校問題を中心として――

10　研究部第十回例会――研究発表――

日時　昭和13年2月27日（日）午後一時半

場所　本郷区駒込中学校会議室

次第　一　研究発表

1 芭蕉俳諧の日本性について　山本善太郎氏

2 新読本の鳥瞰　稲葉和三郎氏

一　研究討議

11　研究部第十一回例会――小学校における読方の実地指導――

日時　昭和13年7月8日（金）午後一時

場所　王子区神谷小学校

次第　一　実地指導　小学国語読本巻十一虫の声　愛媛師範付小主事　古田拡氏

一　研究討議

12　研究部第十二回例会

（昭和13年9月中に行なわれたものか。記録なく、詳細不明。）

13　研究部第十三回例会

日時　昭和13年10月15日　午後二時

場所　本郷区駒込中学校会議室
次第　一　講演　虫の名――カマキリの方言分布――　学習院教授　東条操氏

14　研究部一月例会――読方の実地と批判――
日時　昭和14年1月28日　午後一時
場所　東京女子師範付属小学校
次第　一　実地指導　南極海に鯨を追ふ《ママ》（巻十）　泉節二氏
　　　一　研究討議

15　研究部五月例会
日時　昭和14年5月14日　午後一時
場所　本郷区駒込中学校会議室
次第　一　研究討議　指導に関する問題

16　研究部十月例会――読方の実地指導――
日時　昭和14年10月6日　午後一時
場所　豊島区長崎第四小学校
次第　一　実地指導　「早鳥」（尋二、男子組）　須藤克己氏
　　　一　研究討議

17　研究部十二月例会
日時　昭和14年12月16日（土）　午後二時
場所　本郷区駒込中学校会議室
次第　一　講演　支那視察の旅を終えて　藤村作氏　西尾実氏　各務虎雄氏

18　研究部六月例会――古典講読の実地授業
日時　昭和15年6月22日（土）　午後一時
場所　東京府立実科工業学校
次第　一　実地授業（本科四年）
　　　金子元臣編「新編中等国語読本」巻七、四「自然のあゆみ」（徒然草抄）　浅野信氏
　一　研究討議

19　研究部十二月例会――読方指導の実地研究――
日時　昭和15年12月14日（土）　午後一時
場所　下谷区谷中尋常小学校
次第　一　実地授業　「コブトリ」（尋一）（巻二第十二）　斎藤英一氏
　　　一　研究討議

「国語教育誌」の「学会消息」などに見えるかぎりでは、以上のとおりであって、昭和一二年（8回）、昭和一三年（4～5回）、昭和一四年（4回）、昭和一五年（2回）、となっていて、1、授業を中心とした実地研究（7回）と、2、講演を中心とした研究（7回）と、3、研究発表を中心とした研究討議（2回）と、4、研究討議を中心としたもの（2回）という、研究部例会の四方式がとられていたといえよう。

これら四方式の中では、1の実地授業研究は、その記録がのこされていることと共に、きわめて注目すべき国語教育研究をなしている。2の講演中心の研究も、講師陣に恵まれている本「学会」の特色の一つと見られる。

なお、この「学会」には、研究部のほかに「調査部」を設け、調査部委員会を設置し、その第一回委員会が、昭和一四年五月一四日に開かれている。その委員には、石井庄司・岩永胖・沢登哲一・波多野完治・鈴木睿順・大久保正太郎・篠原利逸氏らがなっていた。

この「研究調査部」では、昭和一六年（一九四一）二月一七日(月)、午後六時から、神田一ツ橋如水会館で、「研究調査部」主催の国語教育の動向を語る座談会が催されている。これについては、

「特に西尾理事・小川一郎氏の参加を得、話し方教育の問題を中心に、愉快な座談会が行《ママ》われた。」「出席者は西尾・小川の両氏のほか、研究調査部員側として今泉忠義・大久保正太郎・沢登哲一・篠原利逸・鈴木睿順・波多野完治の諸氏。」（「国語教育誌」第四巻第二号、昭和16年2月号、一九ぺ）と述べられている。

岩田九郎氏によって、「学会」に、話方研究部を設けよとの提案がなされていたが、そのことは、そのままは実現しなかったにしても、時世の要請として、話し方教育の問題を、とりあげざるを得ない状況下にあったといえる。「学会」の機関誌「国語教育誌」上にも、話すことの教育関係の論考は、見られるようになっていったのである。

一四

「学会」主催の「国語・国文学研究発表会」が、昭和一四年（一九三九）六月三〇日・七月一日の両日、東京文理科大学講堂において開催された。

その行事内容は、あらましはつぎのようであった。

一、行事

1研究発表	第一日	自午前八時	至午後四時
2特別講演	第一日	自午後四時半	至午後五時半
	第二日	自午前八時	至午前十時
3協議会	第二日	自午前十時	至正午
諮問事項答申報告	第二日	午後	
4見学			
5懇談会	第一日	自午後五時	至午後八時

一、研究発表の内容　国語学・国文学・国語教育

一、討議会の問題　国語教育に関するもの

この「国語国文学研究発表会」の報告は、つぎのようになされている。

第一日

この日先ず一同入場。来賓席には文部省の井上図書監修課長代理及び倉野監修官、本会の顧問福井久蔵・垣内松三・橋本進吉氏等列席され、役員席には藤村会長以下の理事・評議員二十数名列席し、一般会員席には東京及び九州・四国の果てから各府県の有力なる会員約五百十数名参集してさすがに広大を以てほこる大講堂も余席いくばくもないほどの盛況を呈し、開会前既に真摯の気が場内にあふれた。宮崎理事の簡単なる開会の辞の後、一同起立して宮城を遥拝し、次いで「君が代」を奉唱して聖寿をことほぎ奉った。かくて一同の着席を待って藤村会長登壇し、こゝに国語国文学研究発表会を開催することに至った理由と経過を説明し、東亜の新秩序建設には日本文化の新発展と共に、その世界的拡充が必要なることを説き、更にその為には国語国文学の研究及び教育が重要なる任務を帯びていることを指摘して、会員一同の奮起を促し、この二日間の研究会をして十分意義あらしめたいと結んだ。次いで文部大臣諮問事項協議に移り、まず井上監修課長代理登壇して文部大臣の諮問事項「新東亜建設に於ける国語教育の使命如何」の趣旨を細かに説明して降壇。続いて藤村会長議長席に就《ママ》き、本諮問に対する協議を全会員にはかったが、種々協議の結果、まず委員を設けて草案を作製し、会期中に答申することと決定し、尚委員任命は会長一任として文部大臣諮問事項の協議会は一まず休会した。因みに答申案起草委員には、岩城準太郎・橘純一・小池藤五郎・沢登哲一・西原慶一の五氏が任命せられた。かくして、いよ〳〵研究発表会に移り、次のような題目と順序によって真摯な研究発表が行われた。

1 小学国語読本に用ゐられた助詞「に」と「へ」とに就いて　今泉忠義
2 漢字教育の再検討　井上　赳
3 神皇正統記の史観　森本治吉
4 国語教育と日本語教育　岡本千万太郎

5 文芸と国文学　風巻景次郎
6 俳句教材とその取扱ひ　小池直太郎
7 中世歌論に於けるテニヲハ論について　笹月清美
8 謡ひの発音について　岩淵悦太郎
9 国語教室の機構　西原慶一
10 国語教師の六根　古田　拡
11 児童読物の調査に就いて――文献報告――　波多野完治
12 明治浪漫主義の様相　塩田良平
13 禅竹の至道要抄について　能勢朝次

午後四時半、研究発表を無事終了して《ママ》特別講演に移り、久松潜一博士の「国文学に関する一二の問題」を拝聴して《ママ》この日の行事を全部終了した。よって司会者は第二日の行事を予告し第一日の閉会を宣した。時に午後五時半。一同は三々五々薄暮漸くせまる中を懇親会場の山王ホテルに向かった。

第二日

この日定刻午前八時開会。まず遠路はる〳〵東上せられた京都帝国大学名誉教授吉沢義則博士の特別講演「習字科中等教員検定組織に関する希望」を一時間に亘って聴講した。次いで協議会に移り、こゝで全員は第一部と第二部とに分かれ、第一部は大阪女子専門学校長平林治徳氏司会のもとに「入学試験に於ける国語問題の具備すべき条件」及び「語法教授の意義及び方法」の二題につき、第二部は奈良女高師教授岩城準太郎氏司会のもとに「言語・文芸に於ける日本的性格」をそれ〳〵論議したが、何れも真摯なる意見の発表と討論が行われ、予定時間を超越すること三十分、零時三十分にして漸く昼食となった。午後は一時再開、藤村会長立って、前日の諮問に対する委員会の報告を促したるに対し、岩城委員長登壇して報告、会長これを全員に計り、一二の質疑応答あって満場一致次の如き答申案を可決した。

文部大臣諮問事項答申案

新東亜建設に於ける国語教育の使命は、先ず、内に在りては、普く国民をして、国語が国民の精神的血液にして、国文学が国民の文化的生命たる所以を自覚せしめ、外に在りては、正確且適切なる日本語を普及せしめて東亜の共通語たらしめ、更に進んでは、世界的日本文化の創造発展を期するにあり。

これが実現の方策中刻下の急務左の如し。

一　標準語の確立を始め、国語教育発展の根柢となるべき国語に関する諸問題を速かに解決する為、強力なる調査統一機関を設置すること。

一　教科書検定の方針を確立し制度を完備して、堅実なる日本精神を昂揚し雄大なる興亜の気魄を振起するに足る有効適切なる教科書編纂の指導をなすこと。

一　海外に正しき日本語を普及せしむる為、指導者養成機関を設置すること。

一　国内に於ける国語教育と海外各地に於ける日本語普及との連繋を密接ならしむる為、文部省を中心として、関係諸官庁及び各地諸機関との連絡機関を設置すること。

かくて一まず休憩し、宮内省式部職楽部の人々によって伊勢海《ママ》（催馬楽）・林歌（管絃）・嘉辰（朗詠）・雞徳（管絃）の四つの雅楽が演奏せられた。雅楽終了後、藤村会長登壇し有意義に行事すべてを終了し得たことを感謝し、会員の今後の努力と自愛を祈って閉会の辞とし、こゝに二日間の研究発表会を盛会裡に終了した。（以上、「国語

教育誌」第二巻第八号、昭和14年8月号、一六～一七ペ）

中日事変下の「学会」として、その開催形式・内容には、戦時色がにじんでいる。しかし、国語学・国文学・国語教育の各界の研究者・実践者を一堂に集結させての研究発表会としては、戦前、ここまで盛りあがらせている点、注目すべきものがある。狭義の国語教育にのみ限定せず、総合的に運営していこうとする方針をもつ「学会」であってみれば、その長所の一面が、ここには見られよう。

行事内容としては、多彩であり、多面的に構成されているといってよい。

一五

昭和一四年（一九三九）・昭和一五年（一九四〇）の八月、「国語教育学会」主催の「夏期講座」が開かれた。

第一回夏期講座は、つぎのような要領で開かれた。

期日　昭和14年8月1日（火）～4日（金）

場所　東京府西多摩郡三田村武州御嶽山上　御嶽小学校

題目及び講師

1 古事記と古代日本（六時間）　一高教授文検委員　次田潤氏

2 万葉集の文芸的性格とその作例
——混沌・象徴・写実・幽玄・素樸——（六時間）　日大教授　森本治吉氏

3 歴史物語の解釈的研究（六時間）　文理大教授文検委員　山岸徳平氏

4 自照文学としての徒然草（五時間）　東京女子大教授　西尾実氏
5 言語地理学と方言学（五時間）　学習院教授　東条操氏
6 特別講演（三時間）　文学博士　藤村作氏
座談会　会期中三晩、それぞれの講師をかこんで、座談会を開く。
定員　一〇〇名。資格の制限なし。

この第一回夏期講座については、学会消息として、つぎのように報告されている。

本会主催第一回夏期講座は、八月一日から四日まで、武州御嶽山上に開かれた。遠く北海道・秋田・石川・長野等各地の有力な会員の参加を得て、まことに本会にふさわしい、内容の豊富な講座であった。
前日（三十一日）
会員の大部分は三十一日午後五時頃までに合宿所である須崎宮治氏宅に到着。夕食後名刺交換を行い、各地の教育状況の報告、学会に対する希望、国語教育誌の批評などに花を咲かせた。
第一日（一日）
午前六時起床。御嶽神社参拝。朝食ののち全会員ケーブル山上駅まで西尾講師のお迎えにゆく。九時から西尾講師の開講式。つゞいて正午まで同講師の「自照文学としての徒然草」を聴講。午後は森本講師を迎えて「万葉集の文芸的性格」を聴講。夜は懇親会。森本講師の郷里熊本の俚謡を皮切りに、各地のお国自慢に賑わう。殊に伊那におそだちになった西尾講師の伊那節妙を得たり。コンクール一等は加賀国松任の人布山清吉氏の山中節。
第二日（二日）

午前六時起床。神社参拝。七時から西尾講師、森本講師の御講義。午後は次田講師を迎えて「古代日本と古事記」の御講義を聴く。夜は会食ののち、次田講師をわずらわして座談会を催し、各地の伝説と古代文化等について御指導を受けた。

第三日（三日）

前日の通り朝の行事をすませ、七時から十一時まで次田講師の御講義。昼食前御嶽神社の宝物殿を拝観、種々の古代の遺物について《ママ》次田講師の御高説を仰いだ。午後は山岸講師を迎え、「歴史物語の解釈的研究」を聴講。講義が終ってから山岸講師の先達で、御嶽の奥をあるく予定であったが、あいにく雨のため中止。同講師をかこんで座談会。

第四日（四日）

午前山岸講師。午後藤村会長の御来山を得て閉会式。全会員打揃って下山、五時半から九時まで御嶽駅前、多摩の清流に臨む河鹿園に於て藤村会長の招宴に預り、一同深く感激、今後の活動を誓って散会した。（「国語教育誌」第二巻第九号、昭和14年9月号、二二一ぺ）

右の報告によれば、この「夏期講座」の予告に挙げてあった、東条・藤村両講師の講義・特別講演は、それぞれ保留されたもののようである。

つぎに、「国語教育学会」主催、「第二回夏期講座」は、つぎのような要領で、昭和一五年八月、開催された。

期日　昭和15年8月1日～5日

場所　東京帝国大学（文学部第三十七号教室）

講座

1 国語問題の方向　東大名誉教授・文学博士　藤村　作
2 音声言語　東大教授・文学博士　橋本進吉
3 方言の語法現象　学習院教授・東大講師　東条　操
4 規範文法から歴史文法へ　東大助教授・文学博士　金田一京助
5 言語性と文学性　東大教授・文学博士　久松　潜一
6 文体論の現状　東京文理科大学　講師　波多野完治

研究発表会

1 敬語と方言　国学院大学教授　今泉忠義
2 構文上の一問題　東京府立三中夜間中学教諭　白石大二
3 国語力に関する一調査　東京女高師教授　石井庄司
4 中学一年生を通して見た国語力　東京府立第十五中学校長　沢登哲一
5 漢字力に関する一考察　国語教育学会研究調査部員　大久保正太郎
6 教師と生活　埼玉県立川越中学校教諭　岩永　胖
7 赤城南麓の方言分布について　群馬県大間々農業学校教諭　上野　勇

協議会

国民科国語　司会者　東京女子大教授　西尾　実

懇談会

見　学（東京帝室博物館）

古代の遺物

夏の服飾

定　員　　一〇〇名まで。資格の制限はない。

右の第二回夏期講座の報告は、つぎのようにされている。

「参加者約八十名。（中略）国民科国語に関する協議会（第一日。文部省説明、井上図書局編修課長。司会、西尾実氏）、（中略）帝室博物館見学（第三日）、懇談会（第四日。軍人会館）等が行われ、開講式には西尾理事から本学会の使命・事業等についての説明があり、閉講式に当っては、藤村会長から、国語教育者の使命についての見解が披瀝された。」（「国語教育誌」第三巻第八号、昭和15年8月号、一九ぺ）

なお、この第二回夏期講座については、その受講感想が七名の会員から寄せられている。（「国語教育誌」第三巻第八号、一〇～一四ぺ）

さて、第三回夏期講座も、昭和一六年（一九四一）八月に開催される予定であった。

その予定題目などは、つぎのとおりであった。

講座

1 日本語教授と国語問題　東京帝大名誉教授・文学博士　藤村　作

2 題未定　東京帝大教授・文学博士　橋本進吉

3 標準語の諸問題　学習院教授・東京帝大講師　東条　操

4 本居宣長と日本の学問　東京帝大教授・文学博士　久松潜一

5 能楽の文化史的意義　東京文理科大学助教授　能勢朝次

6 表現の問題　　　東京文理科大学教授・文学博士　務台理作

7 題未定　　　東京女子大教授　西尾実

研究発表（発表時間一人あて二十分。）

懇談会

しかし、この第三回夏期講座は、時局の切迫によって、中止された。

一六

昭和一六年（一九四一）七月五日、国語教育学会川口支部が結成された。このことについては、同支部の山本善太郎氏がつぎのように記している。

「このたび国語教育学会川口支部が結成された。昭和一六年七月五日（土）午後一時から川口市第六国民学校に於てその結成式が行われた。折からの照りつける真夏の様な暑さの中を、本部から久松潜一先生・西尾実先生・宮崎晴美先生・沢登哲一先生の各理事をはじめ西原慶一・石井庄司・岩永胖・滑川道夫・井本農一・真下三郎・白石大二・大久保正太郎・鈴木睿順の諸先生が出席せられ、なお特に学会外の石川謙先生《ママ》金子彦二郎先生も本支部の結成を喜ばれて参加せられた。斯くの如く我が国の国語教育界の諸権威を一堂に招待することは本市として実に空前のことであり、今や本市の国語教育振起の秋に当って正に歴史的な発足をなすべき好機を与えたものであった。本市側からは中学校長並びに中学・工業・女学校・国民学校の関係職員百二十余名が出席し、特に高石市長、門平市視学も出席せられて、まことに豪華な支部結成式が挙行せられた。先ず結成式は次の順序で行われた。

一、開会の辞　二、宮城遥拝　三、黙祷　四、経過報告
五、役員選任　六、幹事長挨拶　七、来賓祝辞　八、閉会の辞

今この結成式の次第を略記すれば、（四）経過報告は本市国民学校国語研究部長たる第五国民学校の大島校長が当られ、今回の結成式が如何なる経過を以て辿られたかを詳細に説明された。次いで役員選任にて理事・幹事長・幹事を決定し、市長・市教学課長・市視学を本支部顧問として推戴することとなった。次に川口中学校山本教諭から幹事長就任の挨拶あり、来賓として久松先生・西尾先生・石川先生・門平先生の祝辞があって、結成式を目出たく終了した。

結成式終了後直ちに研究授業があった。授業は第六国民学校四年生（小学校読本、巻七、十六、木下藤吉郎）の男組で、教授者には同校の友道があたった。授業が終了したのは既に午後四時半であった。それから直ちに合評批評会が開かれた。

先ず最初に久松先生から本日の研究授業に関聯して国語教育の在り方についてお話があり、東京本部より御出席の諸先生から所謂「歯に布《ママ》を着せざる」底の忌憚なき御批評があった。或は教案の立て方に、或は授業の進行の様子に、或は生徒の発問に、実に細大にわたって洩らすことのない御批評であった。これは実に国語教育学会でなくしては見られない熱心な真剣なしかも和やかな空気の中に進められ、本市の国語教育はこの機会に反省し改革すべき多くの問題を見出すことが出来たと思われる。特に最後の西尾先生の御批評は友道訓導に対して延いては広く本市の国語教育に対しての一大痛棒であり、会員たる我等に取って実に意義深き感激的なものがあった。斯くして午後六時に中学校長梅根先生の閉会の辞を以て終了した。」（「国語教育誌」第四巻第八号、昭和16年8月号、一二ぺ）

この川口支部の結成については、「学会」消息の中にも、そのいきさつが述べられている。

「（前略）、こんど川口市に最初の支部が結成されたことは、まことによろこばしいことである。本年の四月、川口市に市立中学校が新設され、本会とも関係の深い梅根悟氏が、埼玉県立本庄中学校長から川口中学校長に転じられた。梅根氏は単に学校の経営ばかりでなく、その学校所在地である地域の教育ならびに文化の向上促進に大きな抱負を持ち、本庄中学校に在任中すでに相当の実績をあげられたのであったが、川口市に転任するに及んでもさっそくその抱負を実践にうつし、各方面に着々実績をあげつゝある。同氏が川口市の国語教育振興のために学会の支部を結成しようと計画されたことは、まことに当然であった。さらにその梅根氏の計画を助けたのが、山本善太郎氏である。山本氏は本会研究部の会員として、早くから学会の仕事を助けてこられた人であるが、やはりこの四月、梅根校長の懇請によって東京成蹊高等女学校から川口中学校に転じ、梅根校長を助けて支部結成のために奔走されたのである。そうして遂に川口市の国民学校長会、国語研究部会が動いて、盛大な結成式をあげるに至ったのである。その詳細な模様は別項所載のとおりであるが、高石市長をはじめ市の関係当局者まで参会して援助を約束されたことは、支部の将来の活動にとって大きな幸福を予想させるのであった。そういうわけで、川口支部は単なる会員の結合にとゞまるものではなく、川口市全体を打って一丸とした研究団体であるという点に大きな特色があり、今後の活動を期待させるものがあるのであって、本会の最初の支部としてこういうりっぱなものが結成させるということはまことによろこばしいかぎりである。ちなみに川口支部は、藤村会長の帰朝を待って正式に承認された。」（「国語教育誌」第四巻第八号、一六ぺ）

さきに、埼玉国語教育学会、同川越支部が結成されていたが、ここに、川口支部が結成された。その結成経過は、右に見てきたとおりである。

この川口支部の結成は、学会の組織化の問題として、とくに現場における国語教育の研究組織化の具体例の一つとして、いろいろ考えさせるものをもっている。

一七

さて、西原慶一氏は、「国語教育誌」（第二巻第一号、昭和14年1月号）の「国語教育時評」に、「国語教育誌」（第一巻、昭和13年1月～12月）を、時評対象としてとりあげている。

西原氏は、この「国語教育誌」ならびに「国語教育学会」のありかたを、精細に分析して、批判している。

国語学者・国文学者が「国語教育誌」に参与する発表のしかたについても、実践者としてのつつましい立場にかえることが自然のことではなかろうかとし、教説的立場を捨てていくようにと、要望している。

この見解は、国語学者・国文学者が幹部として、中心をしめていた、「国語教育学会」のありかたを、鋭く批判したものでもあって、注目すべきものである。

一八

さて、「国語教育学会」からは、四冊の論文集が刊行されている。すなわち、つぎの四冊である。

1 「日本文学の本質と国語教育」　国語教育学会編　昭和10年3月10日第一刷　岩波書店刊菊判七二三ぺ
　昭和14年6月15日第四刷

2 「標準語と国語教育」　国語教育学会編　昭和15年9月28日　岩波書店刊菊判四四四ぺ

3「児童文化論」　国語教育学会編　昭和16年4月22日　岩波書店刊四六判二八三ぺ

4「現代語法の諸相」　国語教育学会編　昭和18年6月15日　岩波書店刊四六判二七四ぺ

右の論文集のそれぞれの所収論文は、つぎのごとくである。

1「日本文学の本質と国語教育」

1	古典文学と国語教育	藤村　作	一〜一七
2	国文学研究法と国語教育	久松　潜一	一九〜四九
3	日本文化の特質と国語教育	斎藤　清衛	五一〜八七
4	古事記と国語教育	倉野　憲司	八九〜一〇八
5	現代日本に於ける万葉集の意義	森本　治吉	一〇九〜一四六
6	平安朝物語の本質と国語教育	岩永　胖	一四七〜一八八
7	枕の草子を国語教育的に	五十嵐　力	一八九〜二三六
8	日記文学と国語教育	阪口　玄章	二三七〜二八〇
9	歴史物語と国語教育	山岸　徳平	二八一〜三二〇
10	古今・新古今と国文教育	西下　経一	三二一〜三七〇
11	戦記物と国語教育	高木市之助	三七一〜四〇六
12	徒然草作者の人間観と教育の問題	西尾　実	四〇七〜四四二
13	謡曲狂言と国語教育	能勢　朝次	四四三〜四七九
14	国語教育に於ける俳文学の特殊性	岩田　九郎	四八一〜五二二

32 児童語彙	松本　金寿	二七七～二九七
33 仮名遣要覧	松尾捨治郎	二九九～三三一
34 国語教育の動向	西尾　実	三三三～三四二
35 国語学の動向	岩渕悦太郎	三四五～三六四
36 文法教育の動向	土井　忠生	三六五～三八二
37 海外に於ける日本語教育	山口喜一郎	三八三～四〇二
38 ラヂオと標準語（ママ）	小尾　範治	四〇三～四二三
39 国語調査事業について	保科　孝一	四二五～四四四
3 「児童文化論」		
40 児童文化の理念と体制	波多野完治	一～七七
41 児童文化と国語教育	滑川　道夫	七九～一八七
42 児童文化の実践	小川　一郎	一八九～二八三
4 「現代語法の諸相」		
43 中央語と方言——形容詞、動詞の活用の比較など——	東条　操	二～二四
44 江戸言葉と東京語	湯沢幸吉郎	二五～一二五
45 現代の敬語——その教養と教育と——	今泉　忠義	一二七～二七四

246

以上、四冊の論文集には、四十五の論文が収められていた。

いずれも、国語教育本来の論文は少なかった。これは、この「学会」の性格にもとづくものであり、国語学・国文学を中心とする立場に立っての、国語教育への寄与を意図するものが多いことによるのである。

一九

「国語教育学会」の最も大きい業績の一つは、「講座国語教育」十二巻を編集したことである。この講座は、つぎのような構成になっていた。

第一巻

日本学の体系と国民教育		配本回数
1 日本学の樹立	藤村　作	12
2 国学と教育	山田　孝雄	10
3 神道と教育	河野　省三	6
4 日本儒教と教育	西　晋一郎	12
5 日本仏教と教育	花山　信勝	11
6 歌道と教育	久松　潜一	2
7 俳諧道と教育	小宮　豊隆	10
8 能と教育	野上豊一郎	1

9 茶道と教育	奥田　正造	12
10 西洋思想と教育	安倍　能成	6
11 科学的精神と教育	石原　純	1

国語教育思潮

1 国語教育問題史	海後　宗臣	4
2 論理主義と心理主義	石山　脩平	2
3 文化主義と民族主義	岩永　胖	2
4 文芸主義と言語活動主義	西尾　実	6

第二巻

国語教育の学的機構

1 日本文学史	島津　久基	11
2 日本文献学	久松　潜一	8
3 国文学の文芸学的研究	高木市之助	12
4 日本文法学	福井　久蔵	1
5 日本文法史	小林　好日	11
6 国語史	安藤　正次	10
7 国語学と国語教育	橋本　進吉	12
8 国語表現学	城戸幡太郎	11
9 国語解釈学	勝部　謙造	4

10	文芸哲学	垣内　松三	8
11	言語哲学	小林　淳男	8
12	言語美学	小林　英夫	7
13	言語心理学	波多野完治	2
14	言語社会学	田辺　寿利	2
15	方言学	東条　操	9
16	昔の国語教育	柳田　国男	10
17	国語教授の根本問題	長田　新	7

第三巻

国語教育の方法的機構

1	読方教授体系	古田　拡	5
2	綴方教授体系	西尾　実	12
3	話方教授体系	岩田　九郎	3
4	書方教授体系	各務　虎雄	11

国語教育の実際的機構

1	教師論	西尾　実	9
2	児童論	松本　金寿	3
3	小学読本編纂史	井上　赳	5
4	学習論	青木誠四郎	11

5 学校論　岩永　胖　6
6 教室論　古田　拡　12

第四巻　国語教材の形態的研究

1 神話　倉野　憲司　1
2 伝説　島津　久基　7
3 史話　山岸　徳平　9
4 童話　金田　鬼一　1
5 歌謡　藤田徳太郎　2
6 和歌　尾上　八郎　7
7 物語　池田　亀鑑　6
8 俳諧　岩田　九郎　7
9 日記・紀行・随筆　玉井　幸助　2
10 軍記　高木市之助　4
11 謡曲・狂言　能勢　朝次　9
12 浄瑠璃　高野　辰之　3
13 歌舞伎　守随　憲治　4
14 現代文　片岡　良一　3
15 現代詩　湯地　孝　8

16 童謡　葛原　𦱳　3

第五巻

国語教育の諸問題

1 国民生活と国語教育　藤村　作　1

2 現代社会と国語教育　保科　孝一　5

3 現代社会と国語教育　佐佐木秀一　11

4 国語運動と国語教育　新村　出　12

5 諸家国語教育論叙説　石山　脩平　7

6 中世以降に於ける国語教育の発達　石川　謙　5

7 海外に於ける国語教育　佐野保太郎　4

8 国語国字諸問題　安藤　正次　6

9 国語と民間伝承　金田一京助　9

10 国語学力測定法　武政　太郎　4

11 漢字の話　附、新読本の字体　大岡　保三　10

12 節々深義を含んで全体はさらりと　五十嵐　力　11

13 古典及び古典教育について　岡崎　義恵　12

14 ラヂオによる国語教育　埼山　正毅　8

第六巻

小学国語読本綜合研究　巻一　一〜三十六

〃　巻二　一〜十九

第七巻　小学国語読本綜合研究　巻三　一〜二十四

〃　巻四　一〜二十一

第八巻　小学国語読本綜合研究　巻五　一〜二十五

〃　巻六　一〜二十五

第九巻　小学国語読本綜合研究　巻七　一〜二十六

〃　巻八　一〜二十六

小学国語読本綜合研究　巻九　一〜二十八

「国語教育講座」は、右のように、

一　日本学の体系と国民教育

二　国語教育思潮

三　国語教育の学的機構

四　国語教育の方法的機構

五　国語教育の実際的機構

六　国語教材の形態的研究
七　国語教育の諸問題
八　小学国語読本綜合研究

の八項から成っている。国語教育の領域と体系とを、このようにとらえ、まとめていくのは、当時としては、すぐれた着想であったと見られる。

しかし、よく考えてみると、全体系の整備については、さらに考慮の余地が残されていた。

二　国語教育思潮　についても、もうすこし、歴史的観点を導入してもよく、三　国語教育の学的機構　の[16]昔の国語教育　柳田国男　五巻　[6]中世以降に於ける国語教育　石川謙　なども、含めてもいいように思われる。また、別に歴史部門をたててもよかったように思われる。

執筆者の執筆項目・題目にひきずられて、全体の分類のほうが整っていない面もうかがわれるのである。

小学校の国語教育ならびに国語教師を対象にしたこと、国語学者・国文学者・教育学者を大きく動員して、研究・執筆に参加させたこと、「小学国語読本」（サクラ読本）の綜合研究を企てたこと――これらは、すべて、この講座を画期的な意義深いものにしている。と同時に、この講座を、やはり啓蒙的なものにもしている。また、ほんとうに国語教育学としての統一と体系とを備えたものにしなかったうらみが残る。

第二巻　国語教育の学的機構　という項目なども、国語教育の基礎学ないし補助学にあたるものを並べているのであって、国語教育そのものの学的機構については、これでは追求されていないにひとしいのである。

岩波講座「国語教育」の内容と組織は、つまりは、「国語教育学会」の性格や特色そのままの反映でもあった。国語学者・国文学者を主体とし、その国語教育への総参加・協力を企てた学会設立は、この「講座」においても、その設立の趣旨を生かしえているといえる。

「国語教育講座」全体にわたっての特色・意義・限界などは、右に述べたとおりであるが、「講座」所収の論考の中には、注目すべきものも少なくない。

西尾実博士の執筆にかかる、[1]文芸主義と言語活動主義、[2]綴方教授体系、[3]教師論、などは、いずれもその後に影響を与えた論考であった。

なお、この学会によって、「国民科国語の指導　ヨミカタ一」（昭和18年1月30日、岩波書店刊）が編まれた。分担執筆したものを、西尾実氏ほか六名の手によって編修したものである。

二〇

「国語教育学会」は、藤村作博士を中心として、設立され、運営された。この学会の設立・運営については、藤村博士が当時の国語・国文学界に占めていた地位や声望によるところが大きかった。また、その行政的手腕に待つところもすくなくなかった。

国語学者・国文学者など、旧制高専・大学の学徒が積極的に参加し、協力されて、小・中・高専・大の協同体制が作られていったのは、最も特色深く、意義深いものであった。

「学会」の事業そのものも、「論集」・「講座」・「講習」（長期・夏期）、「研究部活動」、「機関誌発刊」など、まことに目ざましいものがあった。

ただ、「学会」として、総力体制・協同体制を作りあげたわりには、なおじゅうぶんといいえないものがあった。これは、国語教育学が提唱されていたけれども、国語教育そのものを学として専攻する者が少なかったことにも由るであろう。つまり、「学会」として、限界のあったこと、これはやむをえなかったことである。

第四章　「国語の力」の成立過程

第一節　「国語の力」の研究課題

一

「国語の力」研究に関して、西尾実先生は、「われわれは、もう一度、『国語の力』を読みかえして、いまの国語教育のありかたを、その原頭に立って省察することが、これからの進展に欠くことのできない用意のひとつではないかと思う。」（「『国語の力』の現代的意義」、有朋堂版「国語の力」所収、八ぺ）と述べられ、また、時技誠記博士は、「私が、いつも勧める言葉は、もう一度『国語の力』に立戻って、そこに示された国語教育論や方法を再吟味し、それを乗越えて行く冷静さとねばり強さがほしいものだということである。そこには、我々の先輩の築いた一つの確かな道がある。それを再検討し、乗越えて行くところに本当に自主性のある国語教育の道が開かれるのである。」（「国語学研究者のために」、同上書、一八ぺ）と述べられて、いずれも、「国語の力」を基盤にして、国語教育研究を進展させていくようにすすめられている。また、輿水実氏は、「国語教育の学問的研究を心がける者は、アメリカの研究成果の断片的紹介よりも、まず垣内学説、その中でも『国語の力』を読んでこれを基盤として、ここから出発すべきである。』（「国語教育の学的研究のために」同上書、二七ぺ）と述べ、西原慶一氏も、「垣内文献は先生の死によって、その溢れる情熱の余燼をおさめたのであるから、冷静に、客観的に、学問的対象として誠実にとりあつかわねばならない。」（「実践者のために――垣内的秘奥――」同上書、三二一ぺ）と述べている。

なお、「国語の力」についてのみ言われたものではないが、倉澤栄吉氏は、「今後の国語教育は正しく、実践的思考の学として樹立されなければならないが、そのためには、垣内先生の残された学風に立ちながら、その体系の肉付けをしていくべきであって、それができあがるまでは垣内先生は、地下で、眼を光らせておられるはずである。」（「垣内先生と今後の国語教育」、「実践国語」昭和27年11月1日刊、一二〇ぺ）と述べ、また波多野完治氏は、「あらわれたものとしての、垣内学説をではなくて、あらわれたものの背後にあるものとしての垣内学説の真髄をとらえ、それを発展させてこれを体系にまでもち来すことこそ、垣内学説の信奉者、そのあらゆる関係者の、今後努力すべき点ではあるまいか。」（「あらわれたものの背後にあるもの」、「コトバ」昭和14年11月1日刊、八二ぺ）と述べている。垣内学説の継承発展について、それぞれ述べられているのである。

しかし、ここに要望されているような「国語の力」の研究、「垣内学説」の研究、国語教育研究は、やさしい仕事ではない。それだけ慎重に、国語教育学説史研究の立場からも、国語教育実践の立場からも、この課題がとりあげられなくてはならない。

二

「国語の力」は、大正11年5月8日に、不老閣書房から刊行され、昭和17年に絶版になるまで、数多くの版を重ねていった。その重版過程は、つぎのようである。（×印、未見）

初版　大正11年5月8日　不老閣書房
再版　大正11年5月20日
三版　大正11年5月30日
四版（訂正）　大正11年7月20日（7月10日となっているのもある。）
五版　大正11年8月20日
六版　大正12年2月10日
七版　大正12年7月5日
八版　大正12年11月15日
九版　大正13年5月5日
一〇版　大正13年5月15日
一一版　大正13年6月10日
一二版　大正13年10月10日
一三版　大正13年10月20日
一四版　大正14年1月20日
一五版　大正14年3月20日（3月15日となっているのもある。）
一六版　大正14年5月10日
一七版　大正15年2月5日
一八版　大正15年2月10日
一九版　大正15年2月20日
二〇版　大正15年3月5日
二一版　大正15年4月5日

二二版　大正15年7月10日
二三版　大正15年10月10日
二四版　昭和2年7月1日
二五版　昭和2年12月1日（昭和3年6月8日となっているのもある。）
二六版（改版）　昭和3年6月25日
二七版　昭和3年7月17日（昭和4年2月5日となっているのもある。）
二八版　昭和4年2月1日
二九版　昭和5年5月5日
三〇版　昭和6年12月25日
三一版　×
三二版　×
三三版　×
三四版　昭和7年10月2日
三五版　×
三六版　昭和8年8月10日
三七版　×
三八版　×
三九版　×
四〇版　（記念改版）昭和11年5月27日
（絶版）昭和17年
復刊　昭和28年8月20日　有朋堂

右によってみれば、大正末期から昭和初期にかけて、とくにひろく読まれたことがうかがわれる。「国語の力」が読者に与えた感銘はどのようなものであったか。それは、つぎに掲げる諸氏の回想・記述によって、その一面を察することができる。

1　「朝鮮にいました大正十一年五月のある日、垣内先生から御高著『国語の力』をいただきました。通読していくうちに、解釈の力の条下、六『センテンスメソッド』から見た読方の現状という所に、私が取扱った『冬景色』が、実例として引用されていました。

　私が漢文教授の方法を継承した我が国語教授にあきたらないで、壇上で悶えたり、考えたりして到達した『冬景色』の教授が、垣内先生のお見出しにあずかって、お役に立ったことは、ただもうありがたいという外に言葉はありません。私も二度目に東京高師付属小学校にはいってから、足かけ十八年、こつこつ壇上に働いた足形が、これによって酬いられた訳です。」（芦田恵之助著「第二読み方教授」四一一〜四一二ぺ、大正14年9月15日刊）

2　「思えば自分は、大正十年の春の学期にはじめて先生から『文学史』と『文学概論』の講義を聴き、大正十一年の初夏に『国語の力』の新著を得て更に叙上二種の講義を続け聴き、大正十二年春から特に頼んで有志の者だけでモウルトンの原著の講読をお願いしたのであった。モウルトンに明けてモウルトンに暮れたのであった。その後久しく先生の許を離れていたが、先生から『国文学と国語教育』の題を与えられて一書を纏めてみたが、結局自分は先生の『国語の力』時代の下にあって、その後の発展の迹を追って行くことが出来ないような気がした。その代り『国語の力』の勢力は殆ど絶対的で到るところに浸透している。之を改めて説こうとすると、いつも直接先生の言葉か他人の言葉を採用して説くより外ない。」（石井庄司著「読方教育思潮論」一五五〜一五六ぺ、昭和14年2月5日刊）

3　「（前略）しかし強いて過去の思出を語るなら、あの『国語の力』の出た時の感激である。当時（大正十一年）

東京高師に入学したばかりで国文学の研究法に疑問を抱いていた私は、此の書に依ってどれほど国文学に対する研究情熱を鼓吹されてたかわからない。それから特に御指導を仰ぐようになり、外国の文学研究法に関心を持ちつつ国文学の研究法を考察して今日に及んだ。（渡辺茂稿「垣内先生と私」、雑誌「国語教室」昭和13年1月1日刊所載）

4　「今日までの永い研究生活を振返って見て、得難い経験と考えられることは、大学卒業と同時に、中等学校の国語教師として教壇に立ったことである。」「（前略）私は絶えず生徒と共に行動し、彼等を知ることに興味が集注されたが、国語教授ということが、全く未知な世界であったことには私は非常な不安を感じた。その頃垣内松三氏の『国語の力』に接したことは、全く暗夜に燈を得たような思いであった。私は感激を以て熟読し、その難解な叙述の中にも、何か清新な光が漂っているのを感じたのである。これを国語教師の無二の指針として、読み且つこれを実演することに努めた。西尾実氏が同僚の先輩であったことも、後年同氏の著書に親む機縁となった。」（時枝誠記著「国語研究法」四二～四三ぺ、昭和22年9月30日刊）

5　○「私が垣内先生を間接に識ったのは『国語の力』が初めて世に出た時で、光を投げかけられ奮い起つ力を付与されたようなあの読後の感激は、今もまざまざと想い出すことが出来る。」（滑川道夫稿「国語教育と垣内先生」、雑誌「コトバ」昭和13年2月1日刊）

○「わたしの熟読した『国語の力』（初版大正十一年五月）は、昭和三年六月第二十六版改版発行のものであるから、すでに国語教育の名著として先進の国語人にもてはやされ、国語教育に心を寄せるものの必読書として認められていたころである。」（滑川道夫稿「『国語の力』の位置」、雑誌「実践国語」昭和27年11月1日刊所載）

6　「（前略）先生のおすがたとともに思い出すのは先生の名著『国語の力』である。わたしは、あの書を読んで、この書によって、そのころのわたしの国語教育の情熱が、しんから定着したような気がした。」「わたしが教壇に立った大正四・五年ごろには、まだ、国語教授は形式即ち文字、語句、文章の構造、文法などを教えるのが主か、内容即ち、文の中に書いてあることがらを教えるのが主かという論が盛んにおこなわれていた。」（田中豊太郎稿「垣内先生と国語教育」、雑誌「実践国語」昭和27年11月1日刊所載）

7 「先生の名著『国語の力』に接したのは、もう三十年も昔のことである。その当時、語句中心の読解指導に終始していた私には、大きな啓発であった。それが少しのみこめたのは、芦田恵之助先生の『冬景色』の指導の実例によるところが大きかった。垣内先生の文章は難解であるというのが、一般の人々の批評である。ところが、この『国語の力』は、そうでもないように思える。で、私は『冬景色』の指導例と深い理論的説明とによって、新しい国語教育の行き方がわかったような気がした。」（志波末吉稿「垣内先生と国語教育」、雑誌「実践国語」昭和27年11月1日刊所載）

8 「昭和三年に学窓を出た私は、自分が経験して来たと同じ方法で、児童たちに、読んで、語釈をして、書取練習をするという読方と、前期的な実用性と形式に重点を置いた綴方教育を唯一の国語教育方法と考えて熱心に指導した。」「（前略）これではいけない。教室にも自然な和やかさを、国語にはもっと生き生きした迫力を、ことばの教育は日常生活に直結しなければならない。そんな考えを素朴ながら持ち、周囲の友人にも話し、しかもその道が開けずなやんでいた時、手にしたのが垣内先生の『国語の力』である。むさぼるように読んだということは、今日までそう数多く経験しないが、『国語の力』は、まさしく私にとって、むさぼるように読んだ第一の書物であった。朱線を引きながら何べん読んだかわからない。」（飛田多喜雄稿「垣内先生と国語の力」、雑誌「実践国語」昭和27年11月1日刊所載）

9 「先生の著にはじめて接したのは、大正十二年十一月『国語の力』を講読した、師範学校三年生の秋であった。それ以来この書は、わたしの座右の書となっている。」（沖山光稿「追憶」、雑誌「実践国語」昭和27年11月1日刊所載）

10 「垣内先生に、私の教壇を見ていただいて御指導を受けたのはもう二十年あまりも前のことであるが、今もなおその時の先生のお姿と、一言一句が強く思い出される。名著『国語の力』を読んだ感銘――国語教育の奥深い道に、いつの間にかふみこんだのも、先生の感化があずかって力となっている。」（泉節二稿「故垣内先生をしのんで」、雑誌「実践国語」昭和27年11月1日刊所載）

11　「不朽の名著『国語の力』を、吸いつくように手にしたのは、多分大正十一、二年頃だったと思う。それ以来国語の力という着眼が、私の拙い研究の方途を明示して下さったのである。お書き下さった『雪片を手にして、その微妙なる結晶を見んとする時、掌上に在るものは、一滴の水なり。』の御立言が私の心奥に喰入って、それ以来私は国語教育の深遠な境地を求めて、ひたむきに進むようになった。しかし『国語の力』は一二回の読破では、凡骨の容易にその真髄をかみしめることはむずかしかった。私は先生の御著書全部を読もうと図った。」（加茂学而稿「愛国の情熱」、雑誌「同志同行」昭和13年2月1日刊所載）

12　「深い感銘を以て二年前に熟読してから絶えず脳裏を去らない『国語の力』の学説が、先生にお目にかゝることに依《ママ》て全く、新鮮な迫力を以て、脳裏に蘇って来るのを感じた。」（奥田勝利稿「垣内先生と私」、雑誌「国語教室」昭和13年1月1日刊所載）

13　「私如きも此の書に依って始めて国文学研究及国語教育の真諦を明示された事を有難く嬉しく拝誦したものである。実に私が先生を敬慕するに至った最大の要因も此の一書にあるのである。その後厖大なる著述が次々に刊行されたけれども遂に此著を源泉としてその拡充発展の姿を示している様に思う。」（大野静稿「垣内学説の学的実践的優位」、雑誌「同志同行」昭和13年2月1日刊所載）

14　「大先生の御研究に接することが出来たのは、師範卒業当時、大正十一年頃であった。その不朽の名著『国語の力』を求めた時である。此の名著を買い求める心になったのは、当時老師の高弟であった、宮城師範付属の訓導である山本清吉先生に勧められたからである。山本先生は、私の小学校の恩師である。当時の私は、垣内松三教授の御名をも知らぬ青二才であった。読み浸ったものの、理解出来よう筈もない。唯記憶力に訴えて、『国語の力』には、などと口にして、沐猴然として得意がったものであった。思えば流汗三斗である。」（安田孝平稿「孫弟子」、雑誌「同志同行」昭和13年2月1日刊所載）

右の諸例によって、「国語の力」がその刊行当初、またそれにつづく昭和初期に、どのように受けとられ、読まれたのか、その一面をうかがうことができる。どの例も記述が簡単であって、これらをもって「国語の力」の受けとりかたの全貌を示すものとみてはならない。しかし、共通に見いだせることは、「国語の力」を感銘深く受けとり、そこから多くのものを吸収し、あるいは吸収しようと努め、それぞれの国語教育研究や実践の上に、大きい影響を受けているという点である。そこには、国語教育実践者、もしくはそれに準ずる立場で、「国語の力」を読み、各自の実践の上に生かそうとする態度がみられる。

さらに、戦後の教育学部学生が「国語の力」を読んでの感想は、つぎのようである。

15Ｋ・Ｋ（満22歳）のばあい

①通読所要時間（11時間25分）（6日間）

②読後感

(1)〝国語の力〟についてかたむけられた情熱と、広く深い考察とは、読むものに新しい力を与えてくれる。批判と把握と追求の強さがわたくしに迫ってくるようだった。

(2)全体の構成は、自由にはばたく論の翼を思わせ、ひきつけられていった。自己の立場さえきまっていれば、どこからでも教えられ、目覚めさせられる。文法教育・言語教育についてもそうであった。

(3)「解釈の力」を読んだあとは、わたくしの内部にある解釈の心が、この文章によって、形としてひき出されたように思われた。そしてなんだか国語教育論の歴史的生命といったものを感じた。

(4)「国文学の体系」は、いかなる文学概論よりも身につくものがあり、いかなる文学教育論よりも豊かな深い示唆を得たとさえ思うほどである。そして自分なりに一つの文学における焦点をきめて、その持続的展開を研究してみたいという気持にかられた。抒情文学などについての論はとくに心に残った。

(5)文章は流れるように読める場合と、長く時間がかかるところとある。これも独自性のもたらすところであろう。全体的に割合にセンテンスが長いように思う。「引用」は卓抜なものであるが、時には悩まされることもある。そらされる感じを抱くこともある。

(6)文学史の目的についての叙述はすばらしい。

(7)「文の形」は中心をなすものであろうと思うのであるが、残念ながらもっとも受けとりにくかった。ゆっくりと考えながら、読まなければならないところであろう。まだわたくしの力がおよばないのか。

③現代的意義　現代的意義は大いにあると思う。国語、国文学、国語教育に関心があるものなら、幾度、だれが、いつ、読み返してもよいと思う。その時、必ずなにか新しいものをうるだけの力が、この著にはある。現状の一般的国語科観を考える時、いくらも推進されていない感をいだき、いつも新たに考えなければならぬことと思った。もっともっとわたくしたちには受けつぐべきこと、考えつつ行わなければならぬことがあることを知らされた。（昭和29年4月10日記述）

16M・Y（満22歳）のばあい

①通読所要時間（25時間）（7日間）

②読後感

非常にむずかしいものと思い、緊張した気持で「国語の力」に向かったが、思いもよらぬ興味にひかれて、垣内先生のことばが全身に伝わるようであった。わずかな箇所をのぞいては容易に理解し得て、読後かくも明日への力を得たものは数少ないように思う。しかし、これもまだ「読み」が浅いのではないかという反省をうながされる。

(1)学問に対するきびしい心の据え方を感じる。――洗練された直感の重要性。

(2)それに関連して、自由な考案を試みたあとがうかがわれる。

(3)内面的な関連が明瞭でまとめがしっかり把握できる。

(4)研究の力の向け方を考えさせられる。

(5)一道がはっきりきわめられて書きとどめられ、自信あるものが伝わってくるようである。

(6)「項目」が理解をはばむ面があったようである。

(7)部分的にはかなり難解な箇所があった嫌いがあるが、大きなものの把握によりおのずから快く理解されたようである。

(8)自分の心の中にうやむやとしていたものが、はっきり掘りおこされたような気持がしきりである。

(9)もっと早く熟読すればよかったという気持もするが、今読んだ故により効果的であったという気持が起こってくる。これまで「私のもの」となったものが体系づけられたということに基づく。

③何を考えさせられたか

(1)実践に即した方法の考案――国語教育において、根本的にはこれ以上のものはないという思いでいっぱいである。かかる心強いものの上にしっかりと足を踏みしめて、われわれのなすべきことは、実践に即して限りなき展開の方向を確実に把握することであると考える。国語教育は人間に関することであるから、実践ととりくみ、普遍的なものにしていきたいと思う。

(2)研究態度について――垣内先生の言われる「持続的な本質の把握」は、われわれが常に心深く考えなければならぬ点であると思う。しかし、教師の性格・環境により、研究すべき一対象に集中することも忘れてはならないと思う。研究の対象と対象との関連――「持続的な本質」――については、垣内先生のご意見により明白に理解されるが、この関連の全体（あらゆる面で）を展望する面と、研究の一対象を凝視する面とは、意のままに連続しないものと考える。研究の出発点において、またその途上において、研究者の性格、環境、その他条件に挙げられることを十分に考察して、全体につながる確とした研究の目標を、心ゆくまで展開せしめることが大切である。今後、多くの努力と工夫に待たなければならないことを痛感する。

(3)自己の研究態度の反省――卒業論文を書いた直後、心の内の自信ある面と自信なき面が明白に形作られる。研究の一対象の大きな把握もさることながら、根拠を細かくえぐりとらなければならぬことを考えさせられる。「一語」なりともおろそかにし得ぬことばに対するつつましい心の態度が、この根底になるべきであると思う。読みつつ私の態度を反省する時、「国語の力」をもっともっと熟読したいという気持にかりたてられる。

(4)わが国の国語の向上の希求――常に考えていることではあるが、今さらのように新しいものとして、心にきざまれる。大きな視野の下にゆうゆうとして求めていきたい。

(5)韻律的考察の重要性と困難さの自覚。

（昭和29年3月23日記述）

右の二例もまた、「国語の力」から多くのものを吸収し、感銘をきざまれたことを示している。

三

つぎに、「国語の力」考察の基本問題として、

1「国語の力」をささえる「実践」の問題
2「国語の力」付録、「国語教授と国語教育」の「立場」の問題
3「国語の力」にみえる「心の面前」の問題

の三つの問題をとりあげたい。

1「国語の力」をささえる「実践」の問題

垣内松三先生は、「国語の力」序において、「この叢書に述べたことは、既に二十余年の間唯一人で考えもし行っても来たことであるが、それを話して見たのは附録講演が始めてである。」（有朋堂版「国語の力」四ぺ）と述べていられる。このうち、「既に二十余年の間唯一人で考えもし行っても来たこと」の「行っても来たこと」とあるのは、狭い意味では、国語教育の実践体験そのものを指しているかとおもう。

垣内松三先生は、明治四五年から大正七年まで、東京女高師に奉職され、そこで、「徒然草」、現代文などの講読、修辞学の講義、それに含めての作文の指導などを担当された。そのころの講義ぶりについては、当時の聴講者であった三浦ひろさん、稲村テイさんが、回想して具体的に述べていられる。

たとえば、三浦ひろさんは、「有難い先生」（「同志同行」昭和13年2月号）において、「この大正五年、即ち私の文科一年の頃垣内先生は私達をお教え下さったのですが、直接私が先生に御指導いただいたのは、後にも前にも

この大正五年という年たった一年だけでした。しかし在学四年間の中一番感銘の深い御指導で先生の時間といえば、いつも心の躍るようなよろこびを与えられたものでした。」（一〇六ペ）と述べ、垣内先生の講義のことが回想されている。

また、稲村テイ氏も、「その頃の先生」（「コトバ」昭和13年1・2月合併号）において、「垣内先生の時間――修辞学、現代文鈔、徒然草――どの時間を思い出しても先生の御態度やら御言葉やらがはっきりと浮かびます。『特別にいい頭の時でないと垣内先生の御授業はわからない。』いつとはなしにこうした心がまえが生徒の中に出来て、誰も彼もが溌剌とした気持で輝やかしい眼ざしで先生をお教室にお迎え致しました。然し一時間中殆んど何も解らずに過したことも一度や二度ではございませんでした。徒然草は女学校時代から受験準備にかけて幾度となく繰返し読みましたので、かなり親しい本ではございましたけれども垣内先生にお習い致しました時、本の読み方にはこうした世界もある物かと不思議な感が致しました。（中略）垣内先生にお習い致して居ります中に私共は新しい世界に国語を勉強することの喜をだん〴〵強く感ずるようになりました。その頃私の得られましたものは、ほのかなものでございましたでしょうが、其の後今日まで国語の勉強への大きな力になって居ります。私の女高師の勉強時代に先生のいらっしゃいましたことは大きな誇でございます。」（一三四～一三五ペ）と述べて、女高師時代の垣内先生の授業のことを回想している。

これらによってみても、垣内松三先生がまじめに熱意をもって、実践にあたられたことがわかる。「国語の力」は、単なる思弁の産物ではなくして、すでに垣内松三先生が実地に試みられ、実践を通してえられたものがその裏づけになり、足場になっているとおもわれる。

たとえば、「国語の力」の中に引用され、説明されている「徒然草」九二段の「ある人弓射ることを習ふに……」の解釈も、女高師での「徒然草」講読で扱っていられるものがもとになっているし、「国語の力」に引用されている夏目漱石のことも、女高師での先生の時間に、よく話されたということである。また、「国語の力」の本文の中にも、センテンス・メソッドを論じられた一節に、「かようにいうのは学説の上から考えた思いつきでない。長い教授の経験の上から明言することもできる。」（有朋堂版「国語の力」一一ぺ）と述べていられる。

「国語の力」においては、実践をぬきにした単なる方法論が、本文の随処にさしはさまれた具体例によって説明されているというのではない。「国語の力」序に、「これまで『国語』を学ぶ人教える人から『国語』の学習に就いて、いつまでもこんなことをして居てもよいのかと尋ねられたことが、いく度あったか知れない。併しながら同じ不安をいだいて、その答を求めて居たわたくしには、その疑いを尊重するほど、それに就いてありあわせの答をすることは慎まねばならなかった。」（有朋堂版「国語の力」一ぺ）と述べてあるのを見ても、垣内先生自身の「国語教育実践」の体験とその反省と、それにもとづく思索が根底にあることを忘れてはならない。

「国語の力」の成立過程を考え、その内容分析をしていくばあい、それをささえている垣内先生のこのような「実践」の側面をみのがさないようにしたい。

2「国語の力」付録、「国語教授と国語教育」の「立場」の問題

「国語の力」の付録の長野講演の筆録「国語教授と国語教育」は、「国語の力」成立のきっかけになったものであり、また垣内先生の考えかたが集納されている点で、今までも重くみられてきた。たとえば、輿水実氏は、「『国語の力』の中で特に国語教育研究の問題を取りあげているのは附録の『国語教授と国語教育』のところである。これは附録といっても実際は『国語の力』全体の原形であり集約であることは、序文に見えている。この中で研究上特に重要なのは、講読・作文・文法は単に『系素』であって、その『合体した体系がはじめて学的思惟の対象になる』として、全体から出発しておられる点である。もうひとつ、人々はすぐに教授法を問題にするがそれ

について今何か思いつきを述べたのでは『屋上屋を架する』だけで、『一歩深くその内面的考察から出発することが落ちつきを得られる』といっていられる点である。」（「国語教育の学的研究のために」、有朋堂版「国語の力」補説、二二一ぺ）と述べていられる。この講演は、長野師範において、長野県下の中等学校の先生がたを対象になされたもので、中等学校の国語科の問題が正面からとりあげてある。講演のはじめに、「本日、この会に於て更に所見を申上ぐる機会を与えらるゝに当りまして、各学校に就いて申述べました実際問題とは別に純学問的立場から、国語教授と国語教育に関する私見を申上げたいと存じます。」（有朋堂版「国語の力」一九三〜一九四ぺ）と述べてあるように、旧制中等学校の国語教育の根本問題が「純学問的立場」から扱ってある点を重視したいとおもう。

この講演が「国語の力」成立のきっかけの一つになったことは、もとより大きい意義をもつ。しかし、この講演は「国語の力」そのものから切りはなして考えても、旧制中等学校における国語科教育論史の上で、独自の意義をもっている。この講演は国語教育学の源流の一つとして、とくにその「立場」に注目すべきものをもっている。

3 「国語の力」にみえる「心の面前」の問題

「国語の力」の叙述面の問題の一つとして、「心の面前」といういいかたをとりあげたい。

「国語の力」には、「心の面前」「自己の面前」の用例として、つぎのようなものがみられる。

(1)「第二に希求する点はかくの如くにして得たところを自己の面前にひしと捉えてもっと高次的な立場からの解釈を求むることである。」（有朋堂版「国語の力」四八ぺ）

(2)「故にこの批評の立場に於ては常に作品の形象を心の面前に於てひしと捉えてこれに面することであらねば

ならぬ。」（同上書、五八ぺ）

(3)「もし文の文意を会得して、これを解釈せんとする理性が作用する時には、こゝに心の面前に現前するものが作者の思想の姿即ち『文の形』であって、解釈の作用が文の形から始められるのが、最も確実なスタートの切り方であると考えられるのは、独り教授の経験からでもなく、実験心理学の論証からでもなく、真に文の本質に接近すると考え得るからである。」（同上書、六八ぺ）

(4)「この不快な経験の累積の間から、そうした主観的態度に沈潜することなく、事物的対象に惑乱さるゝことなくして解釈の要求を充たすために、文の形をひしと心の面前に置いて、それを研究の対象とする作用を意識しなければならぬことを切に感ずる。」（同上書、九四〜九五ぺ）

(5)「師の注意を聞くと直ぐに、むら〳〵と胸中に起った反感と、それを心の面前に引き据えて凝視して居る自己との押し問答である。」（同上書、九九ぺ）

(6)「センテンス・メソッド、解釈法、批評法に於て、文の主眼点の直下の会得を以て出発するのは、こゝにいう『文の形』を観取して、心の面前に現前せしむることを意味するのである。」（同上書、一一七ぺ）

(7)「然らば文中の言語を解釈する着眼点はその定着性の上に注がねばならぬ。而してそれを文の全意に関係せしめつゝ、文の解釈した一つの仮定を心の面前に捉えて、其の真意味を求むることから、言語の活力を見出し仮定の中から定説を推論することであらねばならぬ。」（同上書、一三四〜一三五ぺ）

(8)「（前略）、緊切な問題は日本文学の本質の展開を研究の対象となるまでに浮かみ出させて心の面前に据えることである。」（同上書、二四八ぺ）

(9)「現在、我々の心の面前にある日本文学の展開の姿は、政治史的に一まとめにした書史学的群聚である。」（同上書、二四八ぺ）

⑽「日本文学の全面をかように統一する時に、日本文学の体系的発生的なる展開が、研究の対象として心の面前に現われて来るであろう。」（同上書、二六五ぺ）

⑾「若干の愛読の書を所有して常に照心の光を心の前《ママ》にかゝげることは『読むこと』の極致である。」（同上書、二八〇ぺ）

これらの例に見られる「心の面前」「自己の面前」「心の前」は、特定の用語でも基本的術語でもないが、垣内松三先生のことばづかいとして、その「文」そのものに、「文の形」そのものに、「日本文学の本質の展開」そのものに、ひたむきに直面していく態度を示すものとして、また研究対象や観察・解釈の対象を、どうひきすえるべきかを示すものとして、注目すべきものをもつ。

以上、「国語の力」考察の基本問題として三つをとりあげた。

1の「実践」の問題の考察は、「国語の力」の成立過程を追求し、内容を分析していくばあいの一つの手がかりとなろうか。

2の「国語教授と国語教育」の「立場」の問題の考察は、国語教育学の源流としての「国語の力」の性格をあきらかにしていくのに役立つであろう。

3の「心の面前」の問題の考察は、「国語の力」の内容を分析し、さらに垣内松三先生の学問の態度・方法を考えていく上に一助となるであろう。

「国語の力」は、国語教育学説史研究の対象として巨大な存在である。ここでは一、二、三、四を通じて、「国語の力」についてのいくつかの基礎作業をこころみたにすぎない。

四（「国語の力」研究〔参考〕文献目録）

○第二読み方教授　芦田恵之助著　大正14・9・15　芦田書店

○現代読方教育の鳥瞰と批判　吉田弥三郎 鈴木　源輔 著　昭和4・1・5　日本教育学会

○垣内先生の御指導を仰ぐ記　芦田恵之助著　昭和7・7・5　同志同行社

○国語教育科学史　飛田　隆著　昭和8・7・19　「国語科学講座」所収　明治書院

○国語教育史　渡辺　茂著　昭和8・11・30　「国語科学講座」所収　明治書院

○形象理論の教育的批判　石山　脩平稿　昭和10・6・1　雑誌「教育」三の六　岩波書店

○「国語の力」にあらわれた言語哲学的思想　輿水　実稿　昭和12・12・15　晩翠会紀要「言語文化体系」所収　不老閣書房

○国語の力　金原　省吾稿　昭和12・12・15　晩翠会紀要「言語文化体系」所収　不老閣書房

○垣内先生の「国語の力」改版　名取　堯稿　昭和12・12・15　晩翠会紀要「言語文化体系」所収　不老閣書房

○国語の力　大場　俊助稿　昭和12・12・15　晩翠会紀要「言語文化体系」所収　不老閣書房

○純粋なる「と」を求めて　輿水　実稿　昭和12・12・15　晩翠会紀要「言語文化体系」所収　不老閣書房

○垣内先生と私　芦田恵之助稿　昭和13・1・1　雑誌「国語教室」四の一　文学社

○言語・国語・国語の力　東条　操稿　昭和13・1・1　晩翠会紀要「形象論と国語教育」所収　啓文社

○垣内先生の学説 ——言語文化学説研究第一篇——　輿水　実　昭和13・1・11　文学社

○「石叫ばむ」と「国語の力」	金原 省吾稿	昭和13・2・1	雑誌「コトバ」八の一	コトバの会
○「国語の力」出版まで	中西浜太郎稿	昭和13・2・1	雑誌「コトバ」八の一	コトバの会
○荊のみち――国文学界に於る先駆者垣内教授の辿れる道程――	斎藤 清衛稿	昭和13・2・1	雑誌「コトバ」八の一	コトバの会
○垣内先生と国語教育界	西原 慶一稿	昭和13・2・1	雑誌「コトバ」八の一	コトバの会
○国語教育者としての垣内先生 ――「国語教授の批判と反省」を中心に――	石井 庄司稿	昭和13・2・1	雑誌「コトバ」八の一	コトバの会
○文学史家としての垣内先生	関根 孝三稿	昭和13・2・1	雑誌「コトバ」八の一	コトバの会
○垣内先生の文学思潮論	名取 堯稿	昭和13・2・1	雑誌「コトバ」八の一	コトバの会
○国語教育と垣内先生	滑川 道夫稿	昭和13・2・1	雑誌「コトバ」八の一	コトバの会
○形象理論に於ける学的問題 ――垣内先生に関連して――	輿水 実稿	昭和13・2・1	雑誌「コトバ」八の一	コトバの会
○その頃の先生	稲村 テイ稿	昭和13・2・1	雑誌「コトバ」八の一	コトバの会
○垣内学説の学的実践的優位	大野 静稿	昭和13・2・1	雑誌「同志同行」六の一一	同志同行
○愛国の熱情	加茂 学而稿	昭和13・2・1	雑誌「同志同行」六の一一	同志同行社
○孫弟子	安田 孝平稿	昭和13・2・1	雑誌「同志同行」六の一一	同志同行社
○有難い先生	三浦 ひろ稿	昭和13・2・1	雑誌「同志同行」六の一一	同志同行社
○読方教育思潮論	石井 庄司著	昭和14・2・5		晃文社
○「石叫ばむ」と「国語の力」	金原 省吾稿	昭和14・3・18	「国語表現」所収	啓文社

○国語教育の方法論より観たる形象理論への批判
――垣内教授及び石山・輿水両氏に教えを乞う―― 山下 徳治稿 昭和14・10・1 雑誌「教育・国語」九の一〇 厚生閣

○形象理論の批判を読みて 輿水 実稿 昭和14・10・1 雑誌「教育・国語」九の一〇 厚生閣

○国語教育史に於ける形象論の影響について 渡辺 茂稿 昭和14・11・1 雑誌「コトバ」一の二 国語文化研究所

○シムポジウム
垣内学説の真髄と今後の動向に就いて 昭和14・11・1 雑誌「コトバ」一の二 国語文化研究所

○発表者 神崎 修稿

○観念主義の内部における摩擦 山下 徳治稿

○あらわれたものの背後にあるもの 波多野完治稿

○形象理論によって形象理論のうえに 石井 庄司稿

○シンポジウム感想 斎藤 清衛稿

○形象理論は如何なる哲学か 輿水 実稿

○形象理論と言語教育（上・下） 輿水 実稿 昭和15・9・1 昭和15・10・1 雑誌「同志同行」九の六、七 同志同行社

○国語研究法 時枝誠記著 昭和22・9・30 三省堂

○国語教育概説 倉澤栄吉著 昭和25・9・20 岩崎書店

○「国語の力」（国語教育文献解題） 輿水実稿 昭和26・8・5 国語教育講座「国語教育資料」所収 刀江書院

○「国語の力」（再稿）（国語教育文献解読） 輿水実稿 昭和26・8・5 国語教育講座「国語教育資料」所収 刀江書院

○文章論の一課題 時枝誠記稿 昭和26・11 雑誌「国語研究」八 愛媛国語研究会

○国語教育原論　輿水実著　昭和27・8・31　朝倉書店
○国文学に遺された業績　斎藤清衛稿　昭和27・11・1　雑誌「国語と国文学」二九の一一　至文堂
○その頃の垣内先生　西尾実稿　昭和27・11・1　雑誌「国語と国文学」二九の一一　至文堂
○垣内先生のことなど　久松潜一稿　昭和27・11・1　雑誌「国語と国文学」二九の一一　至文堂
○「国語の力」はよみがえる　西原慶一稿　昭和27・11・1　雑誌「実践国語」一三の一四七　穂波出版社
○垣内先生の学問的業績　輿水実稿　昭和27・11・1　雑誌「実践国語」一三の一四七　穂波出版社
○国文学研究法と垣内松三先生　久松潜一稿　昭和27・11・1　雑誌「実践国語」一三の一四七　穂波出版社
○先生の国文学研究（思い出風に）　斎藤清衛稿　昭和27・11・1　雑誌「実践国語」一三の一四七　穂波出版社
○形象論　金原省吾稿　昭和27・11・1　雑誌「実践国語」一三の一四七　穂波出版社
○国語学における垣内先生　大西雅雄稿　昭和27・11・1　雑誌「実践国語」一三の一四七　穂波出版社
○垣内先生と日本語　石黒修稿　昭和27・11・1　雑誌「実践国語」一三の一四七　穂波出版社
○先生の学風　能勢朝次稿　昭和27・11・1　雑誌「実践国語」一三の一四七　穂波出版社
○垣内先生と国語の力　飛田多喜雄稿　昭和27・11・1　雑誌「実践国語」一三の一四七　穂波出版社
○垣内先生の武蔵野時代　飛田隆稿　昭和27・11・1　雑誌「実践国語」一三の一四七　穂波出版社
○「国語の力」の位置　滑川道夫稿　昭和27・11・1　雑誌「実践国語」一三の一四七　穂波出版社
○垣内先生と私　井上赳稿　昭和27・11・1　雑誌「実践国語」一三の一四七　穂波出版社
○垣内先生の学窓　大西雅雄稿　昭和27・11・1　雑誌「実践国語」一三の一四七　穂波出版社
○垣内先生の思い出　熊沢竜稿　昭和27・11・1　雑誌「実践国語」一三の一四七　穂波出版社
○追憶　沖山光稿　昭和27・11・1　雑誌「実践国語」一三の一四七　穂波出版社

○垣内先生と国語教育　田中豊太郎稿　昭和27・11・1　雑誌「実践国語」一三の一四七　穂波出版社
○垣内先生と国語教育　志波末吉稿　昭和27・11・1　雑誌「実践国語」一三の一四七　穂波出版社
○垣内先生と今後の国語教育　倉澤栄吉稿　昭和27・11・1　雑誌「実践国語」一三の一四七　穂波出版社
○垣内先生と国語教育　沖山光稿　昭和27・11・1　雑誌「実践国語」一三の一四七　穂波出版社
○垣内先生の学説　飛田隆稿　昭和28・3・15　雑誌「国語」二の一　西東社
○読むことの学習指導の史的考察　西原慶一稿　昭和28・7・18　国語教育実践講座「読むことの学習指導」所収　牧書店
○「国語の力」の現代的意義　西尾実稿　昭和28・8・20　刊行会本「国語の力」所収　有朋堂
○先生の日本文学論研究　斎藤清衛稿　昭和28・8・20　刊行会本「国語の力」所収　有朋堂
○国語学研究者のために　時枝誠記稿　昭和28・8・20　刊行会本「国語の力」所収　有朋堂
○国語教育の学的研究のために　輿水実稿　昭和28・8・20　刊行会本「国語の力」所収　有朋堂
○実践者のために―垣内的秘奥―　西原慶一稿　昭和28・8・20　刊行会本「国語の力」所収　有朋堂
○垣内先生の学業と「国語の力」　渡辺茂稿　昭和28・8・20　刊行会本「国語の力」所収　有朋堂
○垣内先生の学績・論文・著述　渡辺茂稿　昭和28・8・20　刊行会本「国語の力」所収　有朋堂
○国語科教育学　輿水実著　昭和30・3・10　金子書房
○国語教育学の理論と歴史　石井庄司稿　昭和30・7・30　続教育大学講座7「国語科教育」所収　金子書房
○国語教育科学期以前　西原慶一稿　昭和30・11・15　「国語教育の諸問題」所収　光風出版
○近代における国語教育の史的展望　渡辺茂稿　昭和31・7・1　明治図書講座「国語教育の進路」所収明治図書
○形象理論と国語教育　大場俊助稿　昭和32・1・5　「国語教育辞典」所収　朝倉書店
○言語教育の歴史　輿水実稿　昭和32・1・5　「言語教育」所収　河出書房

○「国語の力」と「文化意識」　藤井信男稿　昭和33・4・1　雑誌「実践国語」一九の二一〇　穂波出版社

○「国語の力」の錯間　石井庄司稿　昭和33・4・1　雑誌「実践国語」一九の二一〇　穂波出版社

○国語教育研究史論　石井庄司稿　昭和33・5　「国語教育科学論」所収　明治図書

○垣内学説の成立過程（1）～　石井庄司稿　昭和40・12　雑誌「実践国語」三一三～　穂波出版社

第二節　「国語の力」の成立過程

一

「国語の力」の成立契機の一つについて、西尾実先生は、つぎのように述べていられる。

「大正八年、先生は、外遊を機として、東大を退かれ、帰朝後は、東京高等師範学校に転じられた。大正十年、松本女子師範学校に在職していたわたくしは、県の視学から、『県下中等学校における国語教育の臨時視学委員を迎えたいが、適当な学者はないだろうか。』という相談を受けた。わたくしは、自信を以て、垣内先生の名をあげて答えた。その年の秋、県内の中等学校の視察があり、最後に長野の師範学校で、中等学校国語科担任者に対する講演があった。その講演筆記は『国語の力』に附録せられている『国語教授と国語教育』である。垣内先生の国語教育に関する御考案を、はじめて伺ったわたくしは、垣内先生を長野駅頭にお見送りして、『国語教育に関する所説は、雑誌をみても、著述をみてもあまりに低調なように思われます。先生のようなお考えを是非御発表願いたい。』と申しあげたところ、先生は、案外気がるに、『書きましょうか。ぼくは、書きはじめると早いんですよ。』といわれた。翌年五月、先生から送られた小包を開いてみると、黒地に『国語の力』という金文字をうかせ、背を緑にした表装の、あかね色の見返しに、『大兄のおすすめによりて筆を執りましたので。』と墨書された一本であった。もとより、先生としては、多年胸中に貯えられていた蘊書の披瀝であったことはいうまでもないが、はじめて国語教育の講師として長野県に出張されたことが、この著を公にされる機縁の一端であった

かと思う。」[注1]（有朋堂版「国語の力」所収、「国語の力」の現代的意義、二〜三ぺ）

これによって、「国語の力」をまとめられた機縁の一つをうかがうことができる。その根底には、垣内――西尾という師弟関係があったことも認められる。また長野講演の筆録がまとめられて、雑誌「信濃教育」（大正11年2月号）に掲載されたことも、一つの手がかりになったかと思われる。

つぎに、「国語の力」出版までの経過・事情については、不老閣書房の中西浜太郎氏が、以下のように述べている。

中西氏は大正三年の春ころ、東洋大学教授であった田部重治さんから、はじめて垣内先生に紹介され、[注2]それからはしばしば先生のお宅にもうかがうようになり、大正六年には「日本文学の思潮」を出版させていただくことになり、予告をしたという。「先生は愛住町から、寺町へ御越しになる、日は流れて大正も十年となりました。先生の御著を早く出させて頂きたい、今日は強くお願いしてみようと、固い決心で出かけた日も、早何十回になるか分からない。先生のお話しに恍惚として、お願いの言葉もださずに帰ったこともまた数しれぬ。今日こそはと、秋の暖い日、山王山の石段の一階ごとも心をこめてお伺いした。御在宅で、二階に御とおし下さった。すぐれて晴々しいお声で、長野での御講演のお話をして下さった。先生の所説を最もよく理解されたのは、長野県であったと非常にお嬉《ママ》びであった。この様に理解する人が多くなったから本を出してもよいと、プランを御示め《ママ》し下さったのが彼の『国文学習叢書』十二巻である。翌十一年の一月から、第一巻『国語の力』の原稿をいただくことになり勇躍して帰途についた。その年の暮はながかった。

明くれば大正十一年一月も二、三回御伺いした。二月の初めに漸く三十頁計りの原稿をいただいたときはほんとに嬉しかった。よく、あの高い山王山の石段を踏みはずさずに降りたと思う位、飛ぶようにして、春日町の印刷所へ駈けつけた。それから殆んど毎日、原稿をいただきに伺った。休みの日もありました。三十枚四十枚といただいては印刷所に送る。御伺して原稿をいただけた日の先生のお顔は誠に晴やかに感ぜられましたが、いただけない日は、鈍感な私にも、そのお苦悩のほどがいかばかりであるかを、痛く感ぜられました。雪の降る日雨の夜などのゆきまに、畫家が絵をかかぬ間の苦しみの話など思い浮べ、坂下の氾濫した溝の中へ落ちこんだときなどでも、弱い心を引きしめました。

製本の意匠も、先生に見本をいただきましたので、どうか先生の御意に副うようにと、先生の処へお伺いしない日は、その方へ飛び歩きました。江戸川の紙器会社を尋ねても、見本のようなクロースは先ず機械から造らねばならないとのことに、到底これは問題にならず、方々尋ね廻ったあげく、向島の百花園の隣り方に、染物の名人が居るとのことに、尋ねて行く。七十を已にいくつ過ごせしかと思わるゝ枯骨に、まだ陰のこる名人肌の一徹、軽くは中々引受けない。いろ〳〵事情を話してすがると、やって見ようと一言、やっと安心して帰宅、早速材料をとどけました。

それからは、先生の御用のないときは、印刷所、向島と廻る。染物の老人は二、三度やって見たがうまくゆかない、しかしどうしてもやってやるとの強い返事でやっと安心して帰りますものの、どうかなあ?と思う心の不安から、白髭神社、あるいは浅草の観音様と合掌することもありました。

又、カットの図案です。これも先生から見本をいただきました。幸《ママ》親戚に上野の美術学校出の洋画家がありましたので、見本をもとに描いて貰うことにしました。出来たものを先生にお目にかける。此の線がついてはいけぬ、これは細く、と一々御指示を受け、描きなおしする。その精密、精確さに、流石の畫家も驚いた。かくて五六回もかきなおしに、尚先生の御気に召さぬ点もありましたようですが、我慢していただきました。

愈々印刷は上る。クロースも出来る。いざ製本となりました。喜んで製本所について見ますと、ところが大変です。染めました老人は旧幕生き残りで腕は達者ですが、純日本式、製本やは洋式。洋式の製本では、箔をいれるにも、薬と熱を要し、背を固めるにも、熱いにかわを使う、この熱を考慮に入れないで染めた布である。薬熱の作用で、折角苦心して染めだされた色も変り、型も崩れてしまう。さあ大変、向島へ行く、神田へ飛ぶ。染物やの老人と製本やの主人で評議したが結局うまくゆかない。余儀なく、熱加減で兎も角も進行することにした。かくて出来上ったのが『国語の力』の初版三千部であります。

永い間研磨蘊書されられ《ママ》た思想を、更に一字一句に真に鏤骨の苦をもって著わされた『国語の力』、装幀には以上な《ママ》様な不備な点がありましたが一度世上に出ますと、忽ち全国から驚きと喜びとで迎えられました。以来十有七年、版を改むること三回、今尚昔日の如く愛読せらるることは、誠に先生の永きうみのなやみのみ魂が深く宿って居るからと思えます。

思えばながいことです。『国語の力』に書かれた御思想の端々を、私がお伺いしてからでさえ、同書が出来るまで約十年、私が御伺いした回数も幾百回に近いものと思います。」（「国語の力」出版まで、雑誌「コトバ」第八巻第一号、昭和13年2月1日、コトバの会刊、一四〇～一四二ぺ）

これによれば、「国語の力」の刊行準備について、著者側・出版者側のそれぞれの事情を知ることができる。垣内先生が中西氏に話されたところからも、「国語の力」の成立に、長野講演（大正10年11月20日、長野師範学校において）が直接のきっかけになっていることを知る。直接のきっかけはそうであっても、「国語の力」そのものの内容は、垣内先生の胸底においてながく準備されつづけたものであった。そのことは、中西氏の右の文章の「思えばながいことです。『国語の力』に書かれた御思想の端々を、私がお伺いしてからでさえ、同書が出来るまでに十年、私が御伺いした回数も幾百回に近いものと思います。」（同上誌、一四二ぺ）という結びにもうかがえる。「国語の力」初版が刊行されるまでの、出版者としての苦心と活躍ぶりは、右の文章の至るところにうかがわれる。ひとりの読者として読んでも、感動をおさえることができない。

また、中西氏の文章からは、「国語の力」の執筆状況もうかがえる。中西氏の記憶によれば、大正11年2月初めに、三十ページばかりの原稿をもらい、それから毎日原稿をもらいに出かけ、三十枚四十枚ともらっては、印刷所へ送ったという。はじめの三十ページばかりというのは、「国語の力」の「一　解釈の力」の、一「読む力」から、一〇「センテンス・メソッドの理論的基礎」までくらいでもあったろうか。準備期間のほとんど二十余年に及ぶのに比べれば、「国語の力」の執筆期間は、かなり短期間であったといってよかろう。大正11年2月はじめには、中西氏に第一回の原稿を渡され、大正11年3月31日には、「国語の力」の「序」を書いていられるのである。

この間のことについて、垣内先生はみずから、つぎのように述べていられる。

『国語の力』の校正にあたって居たのは恰も春の半頃であった。もう十数年以前になるが、花時になると毎年その頃の書斎の生活が思出される。原稿を書き初めたのは前年（引用者注、大正10年）の暮からで、そのまとまったのは三月の初めであったと思う。その半頃から校正にとりかゝったが、校正の間に新に書き加える分が出来たり、また校正の上に校正を加える必要が生じたりして、その仕事を続けて居る間に、花が咲いて、麗らかな春の日が続いていた。その頃の生活を想い起すと、レンブラントの畫面と同じような色彩が今も目の前に見えてくる。外はのどかな春の陽が輝いて居るのに、昼も窓を締切って、電燈の下に校正を進めて居た。夜も昼も区別のないような生活をつゞけて居た。」（「言語形象性を語る」、昭和15年2月11日、国語文化研究所刊、三一〜三二ぺ）

これによってみても、執筆期間は、ほぼ二か月から三か月であって、校正をしながらさらに手を入れられたことがわかる。

「国語の力」は、はじめ、「国文学習叢書」12巻の第一巻として企画されたものである。「国文学習叢書」全12巻は、つぎのように予定されていた。

1　国語の力（全）
2　徒然草黄筆（全）
3　古今集の調（全）
4　平家物語の象（上）
5　平家物語の象（中）
6　平家物語の象（下）
7　新古今集の影（全）
8　萬葉集の響（全）
9　紫文の光（全）
10　芭蕉の揺（全）
11　一茶の馨（全）
12　国語学習辞典（全）

この叢書については、垣内先生みずから、「国語の力」序において、

「これまで『国語』を学ぶ人教える人から『国語』の学習に就いて、いつまでもこんなことをして居てもよいのかと尋ねられたことがいく度あったか知れない。併しながら同じ不安をいだいて、その答を求めて居たわたくしには、その疑いを尊重するほど、それに就いてありあわせの答をすることは慎まねばならなかった。この叢書はようやくその答えを形に現わして見たものであるが、何となく物足らぬ感じは自分でもよく知って居る。しかし今の自分の力ではそれをどうすることもできない。

この叢書で語ることが右のようであるから、第一巻から第十二巻まで『国語』の学習の方法的考察を以て始終

して居る。第一巻は研究法《メトドロギー》・批評学《クリチシズム》及び言語学的諸研究・文学概論を整理して、これを『読む』という作用の上に集め、『読方』ということを実際に結びつけて新しい仕方で話して見たいと思ったのである。第二巻より第十一巻に至る解釈は第一巻で主題とした『解釈《インタープレテーション》』（読方・批評）を実例で証明して見たいと考えたのである。もし普通の註釈であったらとてもそれに従うことはできないのであるが、実際の問題の考え方を取扱うために、特にそれ等の作品を選択して解釈を試みたのである。第十二巻はそれに関聯して附加えたのである。行くては遠い研究の道程に於ける第一歩を踏み出したものに過ぎない。」（有朋堂版「国語の力」一～二ぺ）

と述べて、叢書の意図と性格をあきらかにしていられる。

「国語の力」の成立の動機として、現場からの問いに答えるという、それも、こうした国文学習叢書の形で答えるという面のあったことを見逃がしてはならない。「国語の力」成立の契機は、国語教育学習の新生をどうしてはかるかという問題の胚胎にあったと見られるであろう。

なお、垣内先生は、「序」において、「この叢書に述べたことは、既に二十余年の間唯一人で考えもし行っても来たことであるが、それを話して見たのは附録講演が始めてである。それはどうしても、話さねばならぬところまで追いつめられたから、話さねばならなかったので、全くとりかえしのつかぬことをしてしまったのであるが、それから思いきってその責任を明かにするために第一巻を書くことにした。それを書き記したために新に思いついたことも少なくない。」（有朋堂版「国語の力」四ぺ）と述べて、長野講演による、私見公表への責任をあきらかにしようとされて、まとめられたことをつけ加えていられる。長野講演のことについては、「言語形象性を語る」（昭和15年2月11日、国語文化研究所刊）においても、「帰朝して見ると、自分の職場は、自分には概ね閉されていた。そこで、よし、筆を把って立ち上ろうかと考えた。内心さみしくはあったけれども、一種の昂奮を感じないでもなかった。楽しい憶出の一つである。しかし、今から考えて、むしろ幸であったと思うのは、その年、文学概論と文学史の講義をする位置が見つかったこと、と、或る地方の国語教育の視察を嘱託せられたことが、自分の生涯にとって偶然な転回点となって、こゝに形象理論の問題に回帰する機会が再生したのである。その大要は、『国語の力』に於て披瀝した如くである。」（同上書、三〇ペ）と述べられ、生涯にとって偶然な転回点となったとされている。

西尾実先生を、媒介者・触発者としての、垣内松三先生の長野講演は、「国語の力」の成立には、非常に大きい役割をはたしたものといえよう。さらに、「国語の力」を刊行にまで運ぶのには、中西浜太郎氏の出版者としての熱意と誠意があずかって大きかったと思われる。

つぎに、「国語の力」という書名については、垣内先生がみずから、つぎのように述べていられる。

「外はのどかな春の陽が輝いて居るのに、昼も窓を締切って、電燈の下に校正を進めて居た。夜も昼も区別のないような生活をつゞけて居た。そして、最後にこの書物の標題を、何と名づけようかということに行きつまった。その校正が終る間際までそれを決定することが出来なかった。ところが、ふとしたはずみで、突然『国語の力』という文字が浮んで来た時には、何とも言えない喜びを感じた。この『力』ということばは、その後いろいろに釈解《ママ》されたが、其の当時の心持及び現在まで持続けて来た、自分の学的体系の統一原理としての『力』ということばは、実はそれより二十年も前より持続けて来た考え方を結晶したのであって、それから今日まで、又これから後も続けようと思って居る学説全体を象徴するようなことばとして用いたのであった。その時決定した『国語の力』という標題は、この文字から聯想せられる、個々人の学力とか、個人間の共通性とかいう考え方と同じものではないが、またそれと別のものであるという理由もない。ともかく、この標題を決定したことは、自分の学問の統一を得たと同じことである。何となく安らかな心持であった。それに、それを決定する当時の心持には、我が国に於ける学問なり教育なりの状態を観察した結果に対して所思を明かにする要求もあったのである。間近の十年ほどの徒労に近い生活の断層が、そこに、文字を以て刻みつけられてあることを、附加えて置いてもよかろうと思う。」（「言語形象性を語る」、三一～三三ぺ）

「国語の力」の目次によると、

一　解釈の力
二　文の形
三　言語の活力
四　文の律動
五　国文学の体系
附録　国語教授と国語教育

となっている。すでに、「解釈の力」「言語の活力」と、内容を示す章の題目に、「力」の語がみえているのであって、それらを統括する書名として、「国語の力」という名称が選ばれても、ごく自然である。しかし、右の文章において述べられたように、この「国語の力」という標題は、垣内学説全体をも象徴するものであった。

なお、「国語の力」成立の根底には、垣内先生の「国語教育実践」の体験とその反省があることを忘れてはならない。[注3]「国語の力」が「国文学習叢書」第一巻の形をとって企画されたことにも、垣内先生の国語教育の新生への願いがこめられていたのである。

二

「国語の力」（大正11年5月8日、不老閣書房）の刊行に先だって、垣内先生の随想集「石叫ばむ」が、大正8年

7月8日、不老閣から刊行されている。「石叫ばむ」は、「国民生活叢書」の一つとして書かれたもので、一二一ページから成る。

この「石叫ばむ」と「国語の力」とは、どういう関連にあるか。「国語の力」の成立を考えていくのに、この問題を考えてみたい。

「石叫ばむ」の「序」は、「大正八年六月二十五日、欧米社会事業及び学事視察の途上に上るの日近みつゝ、忽忙の裡に」、つぎのようにしるされている。

1　国民生活（Privat-Leben）は国民的生活（Öffentlicheleben）ではない。併しながら世界の大勢は刻々に国民生活の実力は国民生活の基礎の上に打ち建てられたる新らしき秩序の創造と信念の教養とに在らねばならぬことを強く且つ明かに意識せしむる。

2　国民的生活の研究は其の対象と其の資料とが明白であるから歴史的科学的研究が比較的に容易であるけれども、国民生活の研究（たとえば有識故実、家政学、家事教育等に関する事項）は其の対象性が不明であるために学問的価値も実際的機能も欠けて居るのである。

3　国民生活に関する研究、感想、芸術的作品等を雑誌や四季評論よりも自由な形に於て発表又は紹介して世局の推移に伴う国民生活の研究と国民的生活の開展の参考に資せんとするのがこの叢書を編纂する目的である。

4　この叢書は嘗て指導せる家事教育家諸氏の教育的精神の参考に資する為に、試みに我が国民生活史の立場から講述せる日本家政史の叙述を全くちがった形に書き改めたものである。又この小冊子はその序説の精神を山上の新春の印象に生かされて三の小品に分けて見たのである。多少の予科から前の計画を改めたことの当否さえ考えない内に、時は流れて今は手を加える時間の余裕もないので、このまゝ刊行する。

5 国民生活の理想は建国以来、明るく浄く正しき（直又は貞の二字をも用いる）奉仕の精神に生きんとすることであった。今や晴朗なる世界文化革新の黎明に於て我が国民的生活の品位と威厳と栄誉とのために、もっと明るい浄い正しい国民生活の意識の新生を祈らざるを得ぬ。

6 私の旅は十数年来持続した私の学業の必然なる要求であって且つ当然なる推移であるに関わらず、至純なる真実の精神を以てこの行を送らるゝ知友の厚意に対しては謝するの辞さえも知らぬ。唯、別離に際して先ずこの小冊子を献げ、再び相見ん日まで諸君の上に幸多からんことを祈る。（「石叫ばむ」序、一～三ぺ）

本叢書、本書の目的は、右の3・4によってうかがうことができる。「国語の力」が国語教育の現場からの質疑に答える形をとり、「国文学習叢書」に位置づけられていたのに似て、「石叫ばむ」は、垣内先生のかつての教え子である家事教育にたずさわっている人たちの教育的精神の参考に資するために、「国民生活叢書」の一つとして、まとめられたものである。本書は、右の6にもあるように、垣内先生の外国の旅に赴かれるにあたっての、献呈の書ともなっている。

「石叫ばむ」の内容は、右の序の4にも述べられているように、山上の新春の印象によって、三つの小品に分け、

一 迷彩（生活の内面性に関する五つの小話）
二 草の春（国民生活の単位及びその歴史）
三 春浅し（HumanismとHumanitarianism）

の三つから成っている。ここにいう「山上の新春の印象」とは、本書の末尾に、

「硝子窓を透して――

窓の前にはうす赤くふくらんだ芽をつけた小枝が朝の微風に緩やかに揺れて居る。浅青の色の浮んで来た向うの連山は朝日の光をうけて青泥を一抹したように輝いて居る。山嶺の真上に純白な雲の塊が紺碧の大空を西の方へと徐く流れて行く。山の頂から麓の方へくの字を幾つも重ねて描いた山路の尽きるあたりから薄紫の煙靄が低く地を匐うて林や藁屋を裹むように纏れて居る。何んという静かな和やかな厳さであろう。春の光の洽ねく輝らす下に春の風の緩やかに吹く中に萬象は皆、新生の歓喜に躍って居る。きっとあの枯野の路傍の石でさえ歓呼を揚げて居るにちがいない。（四月三日、朝、仙石原にて）」（「石叫ばむ」、一二〇～一二一ぺ）

とあるように、垣内先生にはきわめて印象ぶかく映じていた、箱根仙石原での山上の印象を指すものであろう。特異の「石叫ばむ」という書名も、[注4] ここから採られたものである。

「石叫ばむ」は、序の3にもみられるように、きわめて自由な形式を採用している。しかも、それまで研究してこられた、有職故実や国民生活史などの研究の集約が企てられている。「国語の力」がながい準備期間をへつつ、長野講演という機をえて触発され、結晶したように、「石叫ばむ」も、垣内先生の外遊が一つの機となって、それまでの国民生活史方面の研究のまとめを思い立たれたものではないか。したがって、「石叫ばむ」と「国語の力」は、それまでの垣内先生の研究領野のそれぞれに、おのおのその結晶を与えようとされたものと見ることができよう。

そのように研究領野のそれぞれをまとめたものであるが、「石叫ばむ」の中にみられる、たとえば、

1 「偉い人ほど拘束の多い中から自由を自分で創造するのである。勿論、外から頂戴するものじゃない。」（同上書、一二三ぺ）

2 「もうそろ〳〵疲れて恐《ママ》しい目つきで、他《アザーネッス》を見まわして居るじゃありませんか。」「うんあれが自《セルフ》に還って来ねば世に人にまた自分に対して自己のありかゞ判然せぬ。判然したら始めて謙遜と平和と敬虔と静粛

とが生れて来る。自分に人に世に対して真に同朋同行となれる。まだ〳〵もっと苦い寂しい思いをさせなければならぬ」

「そういう意地のわるいことをいうお前は一たい誰れだ」

「わしは元初以来人性を統率する概念だ。そういう生ぬるいことをいうお前等は何ものだ。」（同上書、四〇～四一ぺ）

3　「『花をのみめづらむ人に』――この句を低誦した宗易の心には、花や草の姿でもなく、花や草で象徴された観念でもなく、きっと花盛りのような紅葉の輝くような豪奢な華麗な生活の光景が見えたことであろう。この浮薄な放縦な耽溺の生活に対する反感も伴生したことであろう。それよりももっとよく聞きとりたいのは微妙に織り込まれて居る内省の心である。」（同上書、四八～四九ぺ）

4　「まことや一の事に透徹すれば萬の事は暁れるのである。」（同上書、五一ぺ）

5　「されば日本国民の最小生活の研究者として、生活の単位の創見者として見る時、利休よりも宗易よりも千の与四郎の名にもっと親しみを感ずるのである。」（同上書、五八ぺ）

6　「戦局の未だ終結せざる世界の面前に於て、各国は既にこの根本的研究から旧習を打破して国家の実力の涵養に鋭意尽瘁して居るのを見て国民生活の現状に及べば多大の感慨なきを得ない。」（同上書、五九ぺ）

7　「然るに実際に於ては人性を荒ましめ良心を破壊せしむる暴虐なる事実が数多く吾人の面前に行われて居るのを否むことのならぬのは遺憾である。」（同上書、一一六ぺ）

などには、「国語の力」に見られる態度や用語と共通する面を認めることができる。3の「内省の心」や、5の「日本国民の最小生活の研究者、生活単位の創見者」という考えかた、見かたには、垣内先生の内省的立場がみられる。また、6・7の、「世界の面前に於て」、「吾人の面前に」などは、「国語の力」にみられる「心の面前に」という用いかたの先行例と考えることもできよう。金原省吾氏は、その論考「『石叫ばむ』と『国語の力』」（雑誌「コトバ」、第八巻第一号、昭和13年2月1日、コトバの会刊）において、「石叫ばむ」の内容を要約して示した後、「以上の如き立場が、『石叫ばむ』の示す処であるが、これが更に『国語の力』に到って、この一般《ママ》立場が国民言語文化の問題に集中してくる。」（同上雑誌、九ぺ）と述べられている。「石叫ばむ」→「国語の力」に、一つの集中化を認めているのである。

　また、西尾実先生は、「『国語の力』の現代的意義」において、「石叫ばむ」にふれて、

「東大における垣内先生は、関根正道講師の後を受けて、『有職故実』の講義を担当された。わたくしが聴講したのは、『武家故実』であったが、後年には、『国民生活』の研究を講じておられる。その間に、『国文学研究法』がさしはさまれている。先生の処女出版である『石叫ばむ』が国民生活叢書の第一篇として刊行され、その序に、国民的生活の実力は、国民生活の基礎の上に打ち建てられた、新しい秩序の創造と信念の教養とに在らねばならぬことを力説しておられるように、文学研究者としての先生が、国文学の根底に、国民生活があるということを発見されたところに、先生の学説の根底が樹立されていることは注目に価する。先生の国語教育論は先生の文学研究から導かれているが、さらにその根底は、国民生活の探究と創造に裏づけられていることを見落してはならない。先生の『国語の力』が三十年後の今日、なお有力な課題を提示し、新鮮な情熱を喚起するのはこの故である。」（有朋堂版「国語の力」補説、三ぺ）

と述べていられる。垣内先生の国語教育論がその文学研究から導かれつつ、さらにその根底には、国民生活の探究と創造が存したということの指摘は卓見である。この観点から「石叫ばむ」と「国語の力」の関連も、見ていくことができるであろう。「石叫ばむ」は、垣内先生の国民生活史研究のまとめの一つであると同時に、それは「国語の力」をはじめとする垣内国語教育学の基礎の一つでもあったとみることができよう。

三

「国語の力」成立以前の、垣内先生の研究状況については、みずから、

「文学形態学を手にしたのは大正四年であった。其頃までは、文学作品を韻文・散文に二大別して、その特性を解説するのが一般の情勢であった。形態学は先ずその雑然とした考え方を根底から打ち砕いたものであった。（中略）形態学は、そうした伝統的な考えをとらないで、先ず文学世界の鳥瞰図を描き、文学作品群の在り方、その相互関係を整序することを、その目標とするのであった。これだけの事を見ても、その当時の、また現在に至るまで引続いて居る文学の研究の根本的革新を示唆する考え方であったことは言うまでもない。この基準から観ると、我が国の文学に関する研究は殆んど文学地図さえもっていない情態にあったから、はか〲しく進めない。故にそれは直ちにその批判と見てもよいほどであった。それで、大正四年以後の数年間はこうした立場から、日本文学の理論的、歴史的考察を整理することが、当面の主要な課題であった。しかし、前に述べた如く、それは自分の問題とは別のものであるから、これに対して、内心の抗争を抑止することの出来ないものがあった。（中略）唯、今から思い出して見ると、自分の属する学界の現状に不満であり、外来の学説を統合するほどの定見もなく、徒らに焦燥の数年が過ぎたように思う。孤立の状況が目立って来たのも、この頃からである。」（「言語形象性を語る」、二二一～二二五ぺ）

と述べていられる。

この当時の、垣内先生の東大における講義については、西尾実先生が、つぎのように述べられている。

「わたくしは、大正元年九月から大正四年七月まで、東大の国文科で、垣内松三先生の『武家故実』と『国文

学研究法』の講義を伺った。（中略）垣内先生が大正三年九月から大正四年七月にわたって講義された『国文学研究法』は、イギリス、フランス、ドイツなどにおける文学研究法を紹介されながら、日本文学の研究に関する方法体系を樹立されようと試みられたものの一部分であったと記憶する。わけても、ドイツ文献学のKarl Elzeの方法体系を分析され、日本文学研究法の未開拓が解釈から批判への発展にあることを指摘されたごときは、今にいたっても、適切な批判であったと思われる。」（「国語と国文学」三四三号、昭和27年11月号、四八〜五〇ぺ）

また、斎藤清衛先生は、当時の東大における「国文学研究法」の講義内容について、

1「しからば、教授が、文科大学に於て最初発表された研究法の内容はいかなるものであったかというに、その大系は嶄新というよりも寧ろ穏当に近いものであったというべきである。序論の次に、文書批評・語釈法・内語論の三章が次々に出され、ベークの学説の参照されていた外、エルチェの研究分類法なども引用されていた。こうした文芸哲学以前のドイツ文学研究法に就《ママ》てはこれを紹介祖述するというより、寧ろ日本文学の立場より批判的に参考にしてゆくという方法であって、これらの教授の学説を、ドイツ学説の踏襲などと評するのは全く一片の証言にすぎない。思潮の展開に就ては、モウルトンの文学論が引かれ、語象の問題ではクローチェの美学説が参考とされていた。のみならず、文学の研究は、作品の理解に始まり、批判に終るとするドイツ的の学説は、夙にわれわれにも承認されていたところで、教授の説は理解の方法を創作の心理過程に対し逆行せんとする深みを有しているものに過ぎなかったのである。

特に、教授の態度を以て、文献学、書目学的研究を軽視するもののように憶測するのは早計の甚だしいものであり、『第二章、書目学』の中では、周到微密な資料さえが掲げられていた。曽て、自分は躬ら教授の蒐集された書目カードを借覧したこともあったが、後に毛利氏との共著とはなっているが『国文学書目集覧』の編述を見るを得た如きも教授としては偶然のことではないのである。

さてこの関係は、第三章の註釈研究の態度にも闡明されているところであるが、その立場はつねに認識の統一という点に係っている。一、表現の研究。二、語象の闡明。三、内容探求はその章の要目となっていたものであるが、後の解釈学的学説の萌芽はそこから誰にも充分観取されるだろう。当時、ディルタイの解釈学説は未だ日本には紹介されていなかった。教授も勿論、介意されなかったらしいのであるが、教授の解釈法が多くの点でドイツの解釈学と冥合している事実は興味なしには考えることを許されない。

かくて、註釈法は、第四篇の内語論に到って、註釈と批評との一致融合を示してくる。その内語という言葉は、かのヒュイ等心理学者の用語をそのまゝに踏襲されたものらしかったが、この一篇の内容は、同時に文学本質論を構成するものと評することが出来る。特に『心』と『語』との融和点の上に語象を定位づけんとするそうした立場は、教授の後年の学説の中心をなす形象理論を予想せしめるに充分であった。読みの心理についても、眼球の運動とか身振とか生理学的説明の多いのは、教授の学風の心理的一面を語るに足っていよう。その他、想形、想態、想韻等の各章は、叙述的機構、表現的機構、象徴的機構などというように発展していった後年の文学形象論を想像さすに足る。かくて『客観批評の終点』という一篇を以て、この『国文学研究法』は結ばれていたのである。」（雑誌「コトバ」八の一、昭和13年2月1日、コトバの会刊、三五〜三六ペ）

2　「自分は、大正五、六年前後在学していたものであるが、その間、幸い、先生の講筵に終始列ることが出来た。（中略）特に、『国文学研究法』という題目のものには、多く、独逸の文芸学が参照されてあったが、体系的に研究法というものを持たなかった自分の如きは、少からずその聴講によって啓発させられた。即ち、その第一篇の中に研究部門として提示された心理学的・純文学的・民族性的三分類に就てもそうであるが、スタインタール、パウル、ヴントの流を持つ心理学的研究を日本文学に応用する企などは全く無かった時代なのであった。その講義内容では、エルチェヤベークやの名が悉しく紹介され、エルマアティンゲルとか、ディルタイとかの名はまだ聞かれなかったけれど、英米の学者の名としては、すでにモルトンが出され、勿論ヒュイの如きも出されていた。なお、先生の形象学理論はその中にも予見されていたので、自分は、第三篇、『内語論』に最も多く興味を抱かされた。文学は言語を以て表象された意識の流れであるがために、読者にとっては、同時的、非分析的の全一体であるというようなことが、その冒頭に於て述べられてあったと記憶する。その他、先生が、術語に凝られる態度はその当時から顕著であって、想形・想態・想韻などという自分には始めて耳にするような用語が続出された。更に、一般に於ける心理的研究には、先生の研究が絶えず初等国語教育と聯関していることを裏書するものが多く、言語が『文』を単位とすべき説なども屡々繰更されていたように思う。なお、当時、近世文学を研究題目としていた一友人が、先生の『国文学研究法』には何等応用すべきものがないと嗟嘆していたのを耳にしたが、近松や西鶴やに関してもその因襲的研究範囲では、全く交渉なき方法論であったこともまた間違いないところであろう。この点、とにかく先生の講義は一般から好感を持たれなかったということが憚りなく、云《ママ》えるかもしれない。」（雑誌「国語教室」四の一、昭和13年1月1日、文学社刊、九～一一ぺ）

3　「顧えば、自分は、大正四年に初めて、先生の大学の講義を聴講した一学徒なのだが、その年の講義題目は『日本文学の背景』と『国文学研究法』という両面になって居た。（中略）なお垣内学には、文学として何等か中世的の香り、仏教としては禅的なものが、かさねて対象化されている点争えぬところである。先生の大学院在学中の研究論文題目も『国学の発達』というのであった。これは先師芳賀教授の思想の影響によるものであるが、結極《ママ》、垣内学の中には一人の哲人と一人の科学者とのあやしくも、微妙な抱合が見られる。そのために、評論においても、『執筆の手順、研究の方法』ということを恒に口癖の様に出されていたが、講義題目としての『国文学研究法』も、その半ばは、文書批評・解釈・形象等の理論であって、方法の実際指導に亘る部分は極めて稀であった。先生の講義について、これを当時、『序論講義』と批評し陰口をきく学生も居たのだが、ある講義においては最初の方法理論があまり詳細にすぎた嫌いのものも実は無いではなかった。しかし、研究法は、自然科学においてだけでなく、人文科学においてもまた肝要な根基をなすものである。特に、垣内学の研究方法の内容は、英仏学からはモルトン説の如きを容れると共に、他方ドイツからは解釈学を採用されるという風で、その結果、古典に関する理会にも極めて嶄新なものが見られた。大正十二年『講座』（大村書店）の中で発表された『自照の文学』はその点著しい例証であるが、かの名著『国語の力』の中にも、断片的ながら、その類の新解釈がしばしば窺われる。もっとも、『国語の力』という書名などが暗示してもいるように、国文学の研究も、ことばの問題に大半の努力が注がれていたことは事実である。『国文学研究法』の講義の序で、先生自ら、文学研究には『言語研究』『審美研究』『国民性研究』の三分野のあることを指摘されていたが、審美研究では、エルスター説に準じ、文学科学の如き問題が特に重視されていた。」（「国語と国文学」三四三号、昭和27年11月号、四五～四六ペ）

4　「大正四年の秋、わたくしは当時の東京帝国大学の文科大学に入学し垣内先生の講義を聴いた。その中『日本文学研究法』と題された方の講義は、第一章が『方法論の方法』という題目となっていただけに方法の具体的解説というより、むしろ方法論であり文学の思想的釈明の部分の多いのに、いささか面喰った。しかし講義の時間毎に、何か深刻な暗示をうけとるという風で、それはアルプスの諸嶺を埋め漠々とした雲霧の間に展望される状にも比較されて、研究の便りは明らかでも、その実体は充分に掴めないという心理にも類するものであった。」（有朋堂版「国語の力」補説、昭和28年8月29日、九～一〇ぺ）

と述べていられる。

以上、垣内先生の「国文学研究法」の講義がおよそどのようなものであったかが、大正三年、四年、五年の聴講者であった西尾・斎藤両先生によって述べられている。垣内先生がモウルトンの「文学形態学」を入手されたのは大正四年であるから、この時の講義には、すでにそれが参考にされ、とり入れられていたわけである。

「国文学研究法」の講義は、すでに、明治四三年に、東洋大学、東京女高師においてなされている。東京大学においても、大正三年から開講されている。また、大正九年には、東洋大学において、「日本文学思潮」とともに、「日本文学研究法」を講義された。これらのうち、東大における「国文学研究法」の内容は、すでに西尾・斎藤両先生が回想して述べていられるが、のちの「国語の力」の内容の基礎資料となっていると見ていいであろう。「国語の力」の「序」に、「第一巻は研究法《メトドロギー》・批評学《クリチシズム》及び言語学的諸研究・文学概論を整理して、これを『読む』という作用の上に集め、『読方』ということを実際に結びつけて新しい仕方で話して見たいと思ったのである。」（有朋堂版「国語の力」序、二ぺ）とあるように、「研究法」、「批評学」、「言語学的諸研究」などは、すでに年来、「国文学研究法」において、求めつづけてこられたものであって、それらが「国語の力」において、新しい形で整理され、まとめられたのである。

講義「国文学研究法」が、「国語の力」の成立に、とくに大きい役割をはたしていることは、西尾・斎藤両先生の回想、記述されている講義から推察しても認められるであろう。

なお、「国語の力」のまとめられる有力な契機をなした長野講演についても、西尾実先生が垣内先生を講師として推薦されたのは、「東大における『国文学研究法』の感銘をよりどころとしたもので、先生が国語教育のことをどう考えておられるかは何も知らなかったのである。」（「国語と国文学」三四三号、昭和27年11月号、五〇ぺ）と、西尾先生みずから述べられていて、「国文学研究法」が直接の機縁の一つになっていたことを知ることができる。

注1　長野講演において、西尾実先生が垣内先生を迎えられるようになった事情については、このほかに、雑誌「国語教室」（四の一、昭和13年1月1日、文学社刊、一七ぺ）にも、また、「国語と国文学」（三四三号、昭和27年11月号、五〇ぺ）にも、記されている。

注2　田部重治氏、不老閣（中西浜太郎氏）、垣内松三先生の接近については、田部重治氏の「垣内松三君の想い出」（雑

誌「実践国語」一三の一四七、昭和27年11月1日、穂波出版社刊、六九ぺ）に述べられている。

注3　この問題については、雑誌「国語教育研究」（広大教育学部光葉会、昭和35年2月10日刊）の小稿「国語の力（垣内松三著）について」を参照されたい。なお、本書第一節参照。

注4　この書名について、西尾実先生は、「先生の最初の著書は『石叫ばむ』であったかと思う。この書名は、おそらく、バイブルのなかの文句から採られたものであろうと思われる。」（「国語と国文学」三四三号、昭和27年11月号、四九ぺ）と述べられている。

四

垣内松三先生は、大正五年（一九一六）三月、雑誌「国語教育」（第一巻第三号、大正5年3月1日、育英書院刊）に、「読方能率の調査」を発表していられる。「読方能率の調査」は、三節から成る未完の論稿である。筆者「垣内松三」の肩書は、「東京女子高等師範学校教授　文学士」となっている。いま、その論稿を、つぎに掲げる。

一

画家は自分の仕事を正しく観察し思索するために時々画架を離れて己が画き来った跡をうち眺めながら暫時静慮に入る。この静慮こそ作品を完成する上に貴い心の作用である。人間の目も手も心もあまりあてにならぬ。あてにならぬ目や手や心をあてにして仕事をあせる噪がしい心を叱して重厚な謙虚な心を以て自分の仕事を省察する時に、矛盾や衝突や齟齬を発見してどうしてもこれを補正しなければならぬという努力を生じ来るところに作品完成の立派な動力が潜んで居るのであると思う。

このことは独り画の上のことのみではない。国語教育の徹底を望むものも只声高に仕事の仕ぶりを説き立てるのみでなく、仕事の出来ばえに就いて画家が時々入るような省察と静慮とを要するのではあるまいか。

茲に読方能率Efficiencyの調査に就いて所見を陳述して大方の示教を仰ぐのは国語教育の改良進歩を考究する根本問題が先ずこの点に関わるところが多いことを思うからである。

二

在来国語教育に関する理解や方法に関しては随分多くの主張や主義を学んだ。しかし私の是非とも承知したいことは、其等の主張や主義の結果としてどれだけ効果が挙がったかというのっぴきならぬ問題である。もとより理論や方法は其の実績の有無如何に関わらず価値意義のあるものであることを信じてその研究を尊重するのであるが、それは教育的心理学や実験心理学の研究としてゞ《ママ》ある。国語教育という活ける事実の問題から観る時には、只研究の結果を応用して得た臆測や推断に満足することを得ぬ。どこまで効果が挙ったかという問に対して真剣の答を得ねば満足し得ないのである。又我が主張主義に依ってこれだけの効果を挙げ得るという確信を聞くことを望むのである。この決答を迫らるゝ時なお漠然たる曖昧なる押し問題に逃がるゝ、理論や方法は空理である空想である。私は国語教育に関する研究の大勢はもはやSollenやMüssenの中に逃避する得々たる高言を後にしてもっと真剣な熱誠な真実な要求の方に突進して来て居るのであると思う。再びいう。過去及び現在の国語教育の効果はどこまで挙って居るか。どこに長所があり、どこに欠陥があるか。更にいう。この問に対して科学的正確を以て考究した真率な誠実なる答案があったか。若しこの問題に対して確実なる答案を有しないならば国語教育の改良進歩は到底望むべくもないのである。私はこのことを思うにつけて常に留意した点は生徒の国語力を観測する方法に関する研究であったが、国語学習の習慣は既に長い間継承されて全く化石して了って居る為にいろいろの試験法も其の効果を得ず一再ならず失望したのであった。然るに偶然ニューハンプシャーの学校で計画せられ実行せられた読方教授の能率測定法に関するブラウンH. A. Brown氏の報告を得て、私の研究の上に強い暗示を得たのである。

三

先ずブラウン氏の報告の大要を述べて見たい。

読方の能率を査定するには三つの事項を考察せねばならない。㈠読み方の速度㈡内容把捉の分量㈢内容把捉の性質である。

何となればもしここに読書力を同じくする二人の読者があってその読み方の能力を測定すると仮定すれば、優劣を判定する標準は一定の時間内に読み得る分量の多少に由って定めねばならぬ。次に一定の時間内に同じ分量を読み得る二人の読者の優劣は其の内容把捉の分量の大なる方が優れて居るのである。更に把捉の分量が同じことがあったらその判定は把捉の正否に由って決定せねばならぬ。故に最上の読書力は一定の時間内に最多量を読み、その読んだことの大部分をしかも正確に再現し得る能力をいうのである。故に読み方能率の測定法は㈠速度㈡把捉の分量㈢把捉の性質の三方面より測定すればその大要を察し得るのである。

以上の理由に拠って実際にこれを施行する際には、各学年級の学力に応じて選択した一ページ半ばかりの印刷した文章を読ませて見た。印刷は活字の型も行数も頁の形も各年級用の読本に準じたものであった。先ずこれを裏返しにして児童の机の上に置かしめ教師が一定の合図をすると同時に一斉にそれをかえして読み始めしめた。一分時の後にまた合図をして読むことを止めさせると同時に、読んだところまで記号を記《ママ》るさせた。それから後十分を与えて今読んだことを記憶しているだけ書き記るさせた。

右のようにして得た答案から

一、読み方の速度

二、再現の分量

三、再現の性質

を測定することができたのである。

然るにこの測定を行って見るといろいろの事実が発見された。例えばある児童は読み方の速度と再現の分量は大であっても再現の性質がよくない。又ある児童は速度は遅いが再現の分量と性質とのよいのもある。この孰れが読方の能力の優れて居るのであるかは議論の生ずるところである。これは一個人一学級一学校に就いても考えて見ねばならぬ問題である。茲に於てか測定の標準を定める必要がある。そこでこれには便利な標準を定めることゝした。即ち再生観念の分量の百分率と性質の百分率とを平均した数に速度を表わす語数を乗じた積を以て読書力としたのである。

この実験測定は七の学校に実行して見た。この七校はある点に於てはそれぞれ異った教授法で読方を教えて居たのであったが、この実験から教授法の効果を分析して、いかなる教授法が最も有効であるかを査定することを得たのである。特に読書力の三要素の関係に就いて重大なる問題が具体的に表示せらるるに至ったのである。即ち速度が早く分量が多く性質が良ければ読み方教授は最も有効に行われて居るのであるが、もし速度は早くても再現の分量や性質が不良なれば教授法はよろしきを得て居ないのである。速度分量性質共に小なれば読書力は無いのである。

　こういう測定結果が図表に示されてその学校の読方《ママ》教授の能率が露骨に明白に曝露されて来たると同時に、読み方教授の根本的革新を暗示するに至ったのである。ブラウン氏がこの報告を結ぶに当りて「単なるしき《ママ》りで行われて居るばかりで少しも科学的の基礎に立たない現今の学校の実際教育は一度科学的測定評価の利刃に遭えば忽ち裁断せらるるものではあるまいか。而して新しくして且つ正しい読み方教授の基礎が定められてその上に初歩の読み方教授法から建設せらるべきものではあるまいか。更にこの問題と関聯して読方の心理及生理に関する全問題の分野を吾人の眼前に開展するのである。厳粛なる科学的分析の眼を豁いて既に知られたる事実を考慮し選択し精査し、全ての貧弱なる分子を排斥して最も有効なる方法を形成するように進めることは教育上最も重要なることである。」と論破した結論は果して外国に於ける一報告一警告として看過してよいことであろうか。一たび我が国語教育の実際に考え及ぶ時に実に痛切なる感想を禁じ得ないのである。（以下次号）（雑誌「国語教育」一の三、九六〜九八ペ）

　右に引用した論考は、H.A.Brown氏の読方教授の能率測定に関する調査報告の紹介であるが、単なる紹介におわっていない。それは切実な問題意識に支えられて、わが国語教育界への批判的提言ともなっているといえよう。国語教育の改良進歩を考究する根本問題として提示されているのである。

　この紹介が切実な問題意識に支えられているのは、垣内先生みずから、「私はこのことを思うにつけて常に留意した点は生徒の国語力を観測する方法に関する研究であった」（同上誌、九六ペ）と述べていられように、ブラウン氏の調査報告に接する前から、この問題に深い関心が寄せられていたからであると考えられる。

　また、論稿の冒頭に、画家の制作時における「静慮」の問題を提示し、「この静慮こそ作品を完成する上に貴い心の作用である。」（同上誌、九六ぺ）と述べてあるのからもわかるように、すでにこのころ、内省的立場への関心が深められていたことも、問題意識を切実にしていったと思われる。

　国語教育の論究や論述に、他の諸領域から具体事例が引用提示されるのは、垣内先生の発想の一つであるが、この画家の「静慮」もそれに属する。「国語の力」成立の機縁となった長野講演「国語教授と国語教育」の中にも、「画家が筆を採ったまゝ、よく画架から離れて熟視の後、一点一線を加える時に、画面が忽ち生気を帯びて来るように、教材の研究に於ても、時々自ら内省して研究の上に活趣を喚び起さねばならぬ事があると感ずるのであります。」（有朋堂版「国語の力」二九六ぺ）とあるのは、この論稿の冒頭部のそれと一致する。長野講演の内容には、この「読方能率の調査」が相当に収められていると考えられる。

　長野講演「国語教授と国語教育」は、その中心内容が、

　一　教材の研究の仕方
　二　教授の結果の見方
　三　教授の方法

の三部から構成され、その順序によって述べられている。これらのうち、「二　教授の結果の見方」には、主として、ブラウン氏の「読方能率調査法（測定法）」をふまえて垣内先生ご自身で視察され、測定された読方速度（分量）が示されているのである。（有朋堂版「国語の力」三〇七～三一一ぺ）。ブラウン氏の調査報告を紹介するだけでなく、その方法を採用して、視察の国語教室で実地に測定を試み、その結果を資料として活用されるところに、垣内先生の熱意の深さを見ることができる。

　この「読方能率の調査」は、長野講演の成立に一つの大きい役割を担ったものといえよう。

「国語の力」↑↓「国語教授と国語教育」（長野講演）

一　「国文学研究法」（講義）など
⇅
二　「読方能率の調査」（論稿）

「国語の力」成立に関し、この論稿「読方能率の調査」を、右のように位置づけて考えることができる。

五

つぎに、「国語の力」の成立過程におけるヒューイ（Huey,E.B.）著「読方の心理と教育」（The Psychology and Pedagogy of Reading, 1910（明治四三））のはたした役割について考えたい。

垣内先生は、「国語の力」の「序」に、「ゼームス、ヴント、センツベリー、モウルトン、ヒューイ、コーエン、クローチェ等の諸家の所説に負う所が尠くない。」（有朋堂版「国語の力」序、三ぺ）と述べていられる。なかでも、「ヒューイ」「モウルトン」には、負うところが多いように思われる。

ヒューイ著の「読方の心理と教育」は、昭和2年10月10日に、木下一雄氏により、「ヒュエイ読方の心理学」として、飜訳刊行されている（日東書院刊、四六判四八四ぺ）。それによれば、同書の内容は、「原序」のほか、つぎのように、四編二二章から成っている。

第一篇　読方教授の基礎論
　第一章　読方の神秘と問題（3節）
　第二章　読書中の眼の働き（17節）
　第三章　読書停読中知覚さるゝ読書物件の範囲（5節）
　第四章　読書中に於ける視覚の実験的研究（10節）

第五章　読書に於ける知覚過程の性質（4節）
第六章　読書の内部的発語及び発語の精神物理的特質（6節）
第七章　読まれて居るもの、知覚に於ける内部的発語の機能（4節）
第八章　読まれるもの丶相互的関係及び意味の性質（6節）
第九章　読書の速度（5節）
第二篇　読方及び読書方法の歴史
第十章　態度及び絵画の相互関係と読書の起源（5節）
第十一章　アルファベット及びアルファベットの記号に依る読書の進化（9節）
第十二章　印刷物の進化（5節）
第十三章　読書方法及び教科書の歴史（5節）
第三篇　読方の教育学
第十四章　現代式方法及び初歩的読方の教科書（7節）
第十五章　初期の読方に関する代表的教育家の意見（6節）
第十六章　家庭に於ける読方学習（8節）
第十七章　学校に於ける読方学習（7節）
第十八章　訓練として又書籍の有効なる使用の訓練としての読方（5節）
第十九章　読むべき物、青年期の読書（5節）
第四篇　読方の衛生学と結論
第二十章　読書の疲労（5節）

第二十一章　書籍及び新聞紙の衛生学的要求（5節）

第二十二章　読方及び印刷術の将来（3節）

右の項目によってもわかるように、ヒューイのこの著は、読方の心理と教育に関して、実験研究の成果をまとめ、歴史的考察の展望をなした、基礎論、方法論の両面にわたる概論書である。なお、本書の成立と性格とに関しては、ヒューイみずから、つぎのように述べている。

「著者は読方に対する研究を約十年以前に始めたが、それは当時自分の友人であり、又研究室に於ける研究仲間で、今はミツウスウリ大学の教授であるG. M. Wipple氏に依って持ち出された心の内で発音する事なしに読書が可能であるか否かと云う事に関する問題に依って最初の暗示を受けた為である。長い間私には読方の過程は思考の過程と相照し合うものの様に思われていた。斯くて読方過程は心理的分析に対する適当なる問題である様に思わるゝ様になった。其の他読書より生ずる特種の疲労は、其の疲労の原因を知らんとする好奇心を私に起さしめた。そして又読書率（読書の速度）に多大の変化と制限があると云う事からして、此処に何等かの改良の可能性のあることを暗示せられた。

斯かる考えが私の実験的研究を生ぜしめたのである。研究の分野は明瞭と思われた。熱心に文献を探索した結果、本来の所謂読書法に関するものとしてはJavalと其の門下生及びRomanes, Quantz, の予備的実験のみしかないことが解った。Erdmann 及びDodge が其の当時彼等の研究を完成しつゝあったのであるが、彼等の研究の事は其の後一年を経て知った。斯くして試験家に提示された読書法の問題は実際に未だ手のつけられない分野である。

実験心理学が以って誇るに足る発達が十年間に此の分野に成されたのである。Dodge, Zeitler, Messmer, Dearborn, 及び其の他の人々は読書法の重要なる方面を完全に研究した。そして其等集められたる諸研究は、今日では包含されている重要なる過程に関し相当なる記録を示しているのである。随って此の研究に対して概論を作る要があると私は思うのである。併し此の概論は此の問題の結末をつけるものではなくて、それは今後の研究に対する新らしき出発点を供するものであり、新研究に対する概観を与えるものである。」（木下一雄訳著「ヒユエイ読方の心理学」原序、一～二ペ）

右の序は、一九〇七年一二月二五日に、ペンシルバニア、ピッツバーグにおいて、しるされているから、ヒューイは、一八九八年以前から、この研究を始めたことになる。明治三〇年代のはじめあたりから研究に着手し、明治四〇年ころにまとめられたわけである。十九世紀末から二十世紀初頭における読方研究の成果を、できるだけ広く集成したものといえる。

六

「国語の力」刊行第十五周年記念改版（昭和11年5月27日、菊判、四〇版）には、序の前のページに、

> 雪片を手にしてその微妙なる結晶を見んとする時掌上に在るものは一滴の水なり。[注1]
> 水滴を分析して結晶の形象を見んとするが如きは今の国語・国文学習の態度なり。
> 言語文学の本質を研究せんとせば先づ直下にその微妙なる形象を観ざるべからず。

と、採録されている。このうち、とくに有名なのは、最初の一文である。これについては、ヒューイの「読方の心理と教育」の中に、つぎのように出ている。

「文を一瞥する為に、その文を中間に於て切断せんと企てる事は、ジェームス氏の図解に於ては、温い手の上に一片の雪の結晶を得んとするが如きものである。一片の雪は最早結晶ではなくて、それは一滴の水である。」（木

下一雄訳著「ヒュエイ読方の心理学」第六章第五節　文の本質、一四五ぺ）

垣内先生も、ここにそのヒントを得ていられるのではないか。しかし、それは単なる借用・引用ではなく、第二、三の文とあわせ読むとき、それはすでに「国語の力」の立場に立ち、それを要約しての批判的提言となっている。ここにヒューイからの摂取・消化の典型を見る。

さらに、「国語の力」においては、ヒューイの書物からとられているものが、つぎのように見られる。

1　「今日我々は、読むことに就いて少しも驚異を感じない。したがって、その作用に就いて考えて見る心も起らないほど日常のことであるが、ヒューイの『読方の心理と教育』に記るすところに依れば、リビングストンが毎日本を読むことを異しみ、且つ畏れたアフリカの蛮人が、どうかしてその秘密を知りたいと思って、とうとうその本を盗んで食って見たという小話に見える蛮人の心は、原始時代に於ける読むという作用に対する原始人の驚異を示すに足るものである。読むことは神聖なことでもあり神秘なことでもありヨブ（呼）という語源と通じて居るのでも分るように、音律的な読方から不思議な力が読む人の上に在るように思われた。」（有朋堂版「国語の力」一　解釈の力　一　読む力　二～三ぺ）

1′「古代人にとっては読方は、其の実行に於ても、其の起源に於ても、最も神秘な技《ワザ》の一つであった。近代に於ても、リビングストンが、旅行の困難であった事を書き残して居た一冊の書籍を、毎日読むのを見て、アフリカ民族が、如何に不思議と畏懼とを感じたかと云う話を、思い出すのである。此等、野蛮人にとっては、彼が書籍を読むと云う事は、非常に不可解の事柄であったのである。それが為に、彼等はその書籍を読むと云う事、及び此の書籍から白人の満足を奪うと云う事に就て、彼等の知っている最も良い方法として、終に彼等から其の本を盗み、それを『食った』程である。此の読書の神秘は、自然古代人の間に於ける印刷された語や、書籍及び読書、読書家に対する尊敬に導いた。読書は神々しい力を持って居る人に依って為される神聖なる仕事となって来た。そして書籍は、一つの物神《モノガミ》（崇拝物）となった。書かれたる語は、野蛮人には常に神秘なる意義を示した。」（木下一雄訳著「ヒユエイ読方の心理学」第一章第一節　読方の意義、三ぺ）

２「而してこの心が覚めて、我々の読方を内省する時に、我々の読む力が因襲に抑塞せられてすくすく伸ばされて居ないことに気づいて憤りをすら感ぜずには居られないであろう。そうしたら、ヒューイの謂った『リビングストンの本を食わせた驚異に似た新らしい疑問』は、亦我々の問題ともなるのではないであろうか。」（有朋堂版「国語の力」一　解釈の力　一　読む力　四ぺ）

2′1′に引用した箇処のほか、「而して精神生理学的作用としては、読書其《ママ》のものは、殆んど奇蹟にも等しいものである。普通の読者にとっては、各頁を読んでゆく作用は、リビングストンの読書を、野蛮人が理解したよりも充分には理解されて居ない。事実二十五年前迄は、科学は優れた専門的説明を示す事は出来なかったのである。本書の研究の内の心理的部分は、読書の作用に対する、私自身の単純なる驚きと、その機構《メカニズム》を知らんとする好奇心とより、主として生じたるものである。而してこの驚畏は、アフリカ人のそれよりも異った方向に表われたので、之の各時代の神秘を解く為に努力するに当って、其の他の驚畏との科学的協力、及び科学と云うもの、優れた道具を使用したのである。如何にして読書するかと云う事を研究する事は、一生涯の仕事として充分な問題である！」（木下一雄訳著「ヒユエイ読方の心理学」第一章第二節　読方の進歩　六〜七ぺ）

３「ヒューイが『文は思想の統一的表現である』といったのもヴントが『文は綜合的にして分解的なる過程である』とか『同時的、継続的なる全体』であるといったのも、この作用を明かに示すものと考えることができる。解剖の前に直下に会得したものは文の綜合的同時的なる統一体であるが、それは通読作用の第一の終点であり解剖の後に来る帰結は第二の終点である」（有朋堂版「国語の力」一　解釈の力　一〇　センテンス・メソッドの理論的基礎　三二ぺ）

′3 「言語は文と共に始《ママ》る。そしてこれは如何なる処に於ても言語の単位である。一つの文は一つの思想の統一的表現である。一つの思想は時としては一語の内に表現され得るでもあろう。この場合にはこの語は文的語(Sentence Words) である。」（木下一雄訳著「エヒユイ読方の心理学」第六章第三節　発語の性質　一三八ペ）

″3 [注2]「而してヴントに従えば、この文は『意識内に表れる全体のその部分への分解』である。従って文を作る事は分解的である。何故なれば、それは全体の部分の分解であるからである。然しそれは又意識の焦点に於ける部分の継続的現出であると云う点に於て、綜合的でもあると彼は考えている。彼は付け加えて言って居る。『然し乍ら就中それは分解的過程であると。』」（木下一雄訳著「エヒユイ読方の心理学」第六章第五節　文の本質　一四三ペ）

‴3 「心理的に考えられる時には、文はそれ故に同時的全体であると同時に継続的全体である――個々の第二義的要素は偶然には消失するであろうけれども、文の構成の各瞬間に於て、文はその全範囲に於て意識内に存在するが故に、同時的であると云い得る。」（木下一雄訳著「エヒユイ読方の心理学」第六章第五節　文の本質　一四四ペ）

4 「文を熟読して、文意を黙会する時、文の上に作者の思想の形が内視せらるゝように、又作者の思想の律動が内聴せられるのである。愛誦する詩歌を読む時に、かすかに唇の顫えることを覚ゆるのは、我々のよく経験するところである。ヒューイの内辞説Inner speechはこれをいうのであって、発音機関を動かして音読する外辞Outer speechと区別して、発音せざる心の中の辞を指示するのである。而して外辞が、高低・強弱・音色の性質を有つように、内辞はこれらの性質を有する心の中の辞の響きを示すのである。」（有朋堂版「国語の力」一解釈の力　二六　解釈の着眼点　七三～七四ペ）

′4 ヒューイの内辞説は、「第六章　読書の内部的発語《インナー・スピーチ》及び発語の精神的物理的特質」（木下一雄訳著「エヒユイ読方の心理学」一三〇～一五九ペ）に述べられている。

5 「ヒューイが文は同時的継続的全一Simnltaneous and successive wholeであるというのは、文の性質の両方面を統一した考えであって、解釈の作用をこれと同じような見方に依りて統一することができる。」（有朋堂版「国語の力」一　解釈の力　二七　解釈の三方面の統一　七七ぺ）

´5「心理的に考えられる時には、文はそれ故に同時的全体であると同時に、継続的全体である――個々の第二義的要素は偶然的には消失するであろうけれども、文の構成の各瞬間に於て、文は其の全範囲に於て意識内に存在するが故に、同時的であると云い得る。そして他方、確定的観念は逐次に焦点の中に表われ、他のものは不明瞭になってゆく。けれども全体はその意識内容に於て、各瞬間毎に変化するが故に、継続的であると云い得る。」（木下一雄訳著「ヒユエイ読方の心理学」第六章第五節　文の本質　一四四ぺ）（なお、ここは、ヴントのVoluer Psychologie, vol.2, p.236 ffにもとづいている。）

6「ヒューイが、昔の運搬や転送に比して我々の旅が、蒸汽や電気の発明によって経済的にも愉快になり、天才的発明家の鋭い根気のよい努力に依って電信や電話が発明されて通信が便利になったように、印刷や製本も常に注意深く持続的に改良されて来たが、読方の上にはまだ実現されないといったのは、この場合にも考え合わせられる。」（友朋堂版「国語の力」三　言語の活力　二三　文の形態学的研究　一七四～一七五ぺ）

´6「人類の思想は、運搬及び移動の因習的方法を合理化し、遂に吾々は、蒸汽及び電気機関車を有するに至り、近代の旅行の経済及び愉快を有するに至ったのである。隔地間に於ける通信の手段には、発明的天才の最も鋭敏なる、而して最も永続的なる努力が向けられた。電信学及び電話に関する近代の奇蹟はその結果である。印刷術及び書籍の製造さえも、注意深い研究及び継続的な改良を行って来たので、遂に印刷業者の技術に関する奇蹟は目前に迫るに至ったのである。斯くの如くであるが尚印刷された頁其れ自身の全ての本質的特性及び吾々が多数の時間を要して意味を把持するところの読書過程の全ての本質的特性は、読者の時間、精力、或は愉快の為に決して合理化されて居ないのである。」（木下一雄訳著「ヒユエイ読方の心理学」第二二章　読方及び印刷術の将来　第一

節　文化と読書　四七二〜四七三ぺ）

７「クアンツ、ディヤボルン、ヒユーイ等の実験に依れば、発音法も、黙読法（唇を動かして）も別に文の解釈に注意を集中する力とはならぬのである。」（有朋堂版「国語の力」四　文の律動　二〇　視読の音感　二二三〜二二四ぺ）

７′「読書に於ける口唇の使用は、注意の集中或は理解を助ける者としては見出されなかった。尤もそれは注意の集中の結果として、屡々生じたのであるが。一般に口唇の運動は読書の速度に対する大なる障害であると見られた。」（木下一雄訳著「ヒユエイ読方の心理学」第九章第二節　読書の最大限度と障害　一九八ぺ）

８「前に『あつい！』という一語の中から、一文を構成する内容を読むのは、その音感に由るものであることを述べたが、ヒユーイが『おとうさん！』という一語をその音調によりて『おとうさん！　こゝへいらっしゃい』とも『ごらんなさい、おとうさん』『おとうさん、これをしてください』とも読み得るというように、音調高低等はその文字や綴音の形よりもよく話す人の意味を表わすのである。」（有朋堂版「国語の力」四　文の律動　二〇　視読の音感　二二四〜二二五ぺ）

８′「『パパちゃん』は『パパちゃん此処にいらっしゃいよ』『パパちゃん御覧よ』『パパちゃんして頂戴よ』の如き意味を調子等の変化及前後の状態に従って表すのである。屡々調音、アクセント又は韻律は語それ自身よりも充分に話す人の意味を表現するものである。そして前者の要素は、全体として文に属するのである。」（木下一雄訳著「ヒユエイ読方の心理学」第六章第三節　発語の性質　一三九ぺ）

９「私のこれまでの中等学校に試みた多くの記録から得た平均は、一分間に二五〇—三〇〇字というわかり易い数字に翻訳することができる。（クアンツ、ディヤボルン、ヒユーイ等の実験もあるが、我々の場合に直ぐさま移すこともできず、又その研究も充分なものではない）。」（有朋堂版「国語の力」四　文の律動　二一　通読の速度

二二九ぺ）

’9　読書の速度に関しては、第九章　読書の速度（木下一雄訳著「ヒユエイ読方の心理学」一九四―二〇七ぺ）に述べられている。

10　「ヒューイは一時間二十五分で普通の小説三百二十頁を読了した一数学家の実例を挙ぐるのであるが、この挙例には我々の読方の速度を考える対照として手がゝかりとする条件を明示してないから比較の便を欠くのであるが、私の実験では同じような場合に於て、六十頁から百頁内外が普通である。」（有朋堂版「国語の力」四　文の律動　二二　通読の速度　二三一ぺ）

’10　「数学家である一人の大学生の友達は、私に次の如き事を知らしてくれた。即ちそれは三百二十頁の代表的小説全部を、彼は二時間十五分で読み終ったと云う事である。かゝる速かなる読書に関する偶然的な、しかも極めて稀な例は、印刷された記号を取扱うに当って吾々は、吾々の可能性の遥か内にあるであろうと云う事を暗示するのである。」（木下一雄訳著「ヒユエイ読方の心理学」第九章第四節　読書率の条件　二〇六ぺ）

11　「ヒューイが文の能産の作用をボール擲に比較して、それを分析すれば、ボールの握り方、腕の揚げ方、振り方、最後に投げ方の複合であるが、ボールを擲げる刹那に、誰れがかような作用を別々に意識するものがあるか、文を産出するのもそれと同じことであると謂った比喩を、こゝに文を読む作用の説明にも用いることができる。」（有朋堂版「国語の力」四　文の律動　二二　総括　二三三ぺ）

’11　「実際一つの文を話す場合の活動はスケートをしたり、ダンスをしたり、玉を投げたり、或はかゝる統一的複雑なる筋肉運動と同種類のものである。例えば玉を投げる場合に、玉を握むと云う、其れ自身極めて複雑なる補助的運動がある。腕を挙げる事及び平衡せしめる事、及びそれ等を行うに当って、必要なる全ての事が行われる。そして又複雑なる最後の投げると云う行動がある。扨握る事平衡ならしめる事、投げる事は各々それ自身に向けられたる充分なる注意を以て、別々に行われるであろう。しかし彼が狙って、そして投げる時に、かゝる区別された運動を考える者があるだろうか?全行動の意味、即ち標的を打つと云うは、全ての事を導き支配し統一化するのであって、各運動が単独である場合より、各々の運動を区別せしめるのである。各々の補助的運動は、全ての配景の中になされるのである。」（木下一雄訳著「ヒユエイ読方の心理学」第六章第六節　発語の生理　一五六〜一五七ぺ）

以上、「ヒューイ」の語が直接に引用されているものだけでも、11例にのぼっている。これらのうち、「国語の力」の内容に即してみれば、

一　解釈の力　1、2、3、4、5
二　文の形
三　言語の活力　6
四　文の律動　7、8、9、10、11

のように引用され、一　解釈の力、二　文の律動、に集中している。
これらの引用を、ヒューイの「ヒユエイ読方の心理学」に即してみれば、

第一章　1（1の1）、2（1の1、1の2）
第六章　3（6の3）、4（6）、5（6の5）、8（6の3）、11（6の6）、雪片（6の5）
第九章　7（9の2）、9（9）、10（9の4）
第二十二章　6（22の1）

のように、第六章　読書の内部的発語及び発語の精神的物理的特質、および第九章　読書の速度　に集中してい

る。なかでも、第六章　第三節　発語の性質、第五節　文の本質、第六節　発語の生理が主としてふまえられ、また、読書の速度（第九章）にも多くの関心がはらわれている。

「国語の力」の「序」に、「第一巻は研究法《メトドロギー》・批評学《クリチシズム》及言語学的諸研究・文学概論を整理して、これを『読む』という作用の上に集め、『読方』ということを実際に結びつけて新しい仕方で話して見たいと思ったのである。」（有朋堂版、二ぺ）とあるように、「読む」ことを中心の問題にすえてあるだけ、ヒューイの考えかたから摂取していくばあいも、その内辞説や読みに関する実験研究に、関心が向けられたのもしぜんである。

事例、挿話などの引用のしかたにも、垣内先生の独特の読みとりがうかがわれる。鋭く巧みに、切りとってあるといってよく、そこに、垣内先生の、詩的燃焼を汲みとることもできるようである。

なお、「国語の力」の本文には、ヒューイからと明示されてはいないが、ヒューイの「読方の心理と教育」をふまえて述べられたものがある。

たとえば、

1「実験心理学の方面から現われた読方の心理の研究は、読方の教授の方まで進んで居る。こゝに読方教授の実際と結びついて、学校の国語科に於ては、生きた読方を新らしい時代の人々に教授しようとする作業の上にそれを現わして居る。」（有朋堂版「国語の力」四～五ぺ）

2「先ず読方の心理の研究を一瞥する。読方の教育は、各国に於てそれぞれ長い歴史がある。これを分ちて三とすることができる。元来読方の心理的過程に於ては、まず第一には文字を覚えねばならぬ。それと伴うて文字の訓方、即ち発音の仕方を習わねばならぬ。その次に言語の結合に対する注意が現われるのである。この心理的過程は、やがて読方の歴史であって、今日に於ても、そのどれかが特に強調された読方が残存して居る。併しながら現今一般に行われて来た読方は、所謂文自体から出発するSentence methodであって、以上の全ての読方を

綜合し、文を以て之れを統率する方法である。その上から種々の工夫が行われて居る。」（有朋堂版「国語の力」九〜一〇ぺ）

3「雪片を手に執りて、その微妙なる結晶の形象を見んとする時、温い掌上に在るものは、唯一滴の水である。」（有朋堂版「国語の力」八四ぺ）

などは、ヒューイからとことわってはないが、それをふまえられ、参考にされたものではないかと推察される。

「国語の力」の内容は、大きくわけて、

Ⅰ　解釈の体系

Ⅱ　国文学の体系

の二つになる。[注3] このうち、とくに、Ⅰ解釈の体系を、

一　読方

二　解釈法

三　批評法

から考究探索していくのに、ヒューイをふまえられた面が多いのである。なかでも、一　読方　二　解釈法　の面で、さらには、解釈各論のうち、「文の律動」の面で、しばしば引用され、ふまえられている。

二　解釈法　三　批評法　に対して、一　読方（なかんずく、センテンス・メソッド）を考察され、それをとりあげていくのに、ヒューイの著述・所説は、大きい拠点の一つになったと考えられる。

注1　この文は、「国語の力」（有朋堂版、二　文の形、一　文の形と想の形、八四ぺ）の本文中にも、口語で書かれている。

注2　ヴントのことについては、別の機会に触れたい。
注3　輿水実氏は、「国語の力」の結構について、つぎのように図示されている。

読方の力
解釈の力 ｝「解釈の力[1]」（読書の力）｛「文の形[2]」を見る力
批評の力 　　　　　　　　　　　　　　　 文の生命（「言語の活力[3]」）を見る力
　　　　　　　　　　　　　　　　　　　　（「文の律動[4]」）を見る力。

右の数字は、「国語の力」の章の番号。「言語文化体系」（昭和12年12月15日、晩翠会編）所収、「『国語の力』にあらわれた言語哲学思想」（一六六ぺ）による。

七

「国語の力」の成立過程において、ヒューイ（Huey, E. B.）著「読方の心理と教育」（The Psychology and Pedagogy of Reading, 1910）〔明治43〕のはたした役割は大きい。

右の書物のヒューイの述べた部分からの引用については、すでに考察した。「「国語の力」には、ヒューイの書物からの、ヒューイ以来の研究者からの引用もすくなくないかに思われる。いま、それらの引用状況を見ると、つぎのようである。

（1）スクリプチュアから

1　「こういういろいろの実例を考える時に、スクリプチュアが『言語は多くの声音の連続であって、文字はその連続の目だった点を不完全に現わしたものに過ぎない。』という学説を思い浮べる。特に漢字と仮名と結びついた不完全な表記法を透して文を読む我々に於ては更にその感を深くするのである。」（有朋堂版「国語の力」一　解釈の力　二六　解釈の着眼点（三）七四ぺ）

1′「スクリプチュアー教授は、其の著実験発音学原論（Elements of Experimental Phonetics）に於て次の如き事を見出して居る。（中略）『一つの語は、音の無限数の継続的一連である不完全な仕方に於て、文字は之の一連の内の或る特質的点より以外のものを示すものではない。』一つの母音の音でさえ、歌う場合ではないが、話す場合には其の調子が、常に異ると云う事が見出されたのである。」（木下一雄訳著「ヒユエイ読方の心理学」第六章第六節　発語の生理　一五一～一五二ぺ）

2「スクリプチュアが辞は文字・綴語・詩脚というように断片的に分つことのできない流動であるといった如く、一語々々はその流動の一つの勢を示すものであるから、たとえば、『をしむ・ござ《ママ》んなれ・にくし・乞へ』というような場合に於ても、その語の含む意味よりも、いろ〳〵の複雑なる感情が纏わって居る意味を示すものである。」（有朋堂版「国語の力」四　文の律動　九　内辞に於ける単語　一九三ぺ）

2′「実際スクリプチュアー教授は、次の様な事を断言している。即ち『実際的場合を代表しないところの、純粋に任意な方法に於ける場合を除いては、発語は聴覚及び自働的精力の流れであって、文字、シラブル、語、脚《フィート》等の如き、区々たる断版に分割される可能性は何等伴わないのである。』」（木下一雄訳著「ヒユエイ読方の心理学」第六章第六節　発語の生理　一五三ぺ）

（2）エッジャーから

1「エッジャーが、読むということは文字の連続を辞Speechに翻訳することであると謂ったように、文の形を見、その各部分を明にすることは静的な見方である。もしそれを辞に翻訳すれば文自体が動的に現われ、作者の心情の律動が文の上に現前すると共に、この点から文の解釈、言語の更正せらるゝ場合が少くない。」（有朋堂版「国語の力」一　解釈の力　二六　解釈の着眼点（三）　七三ぺ）

1′「そして常に大部分の読者にとっては、『読むと云う事は事実書き物を言葉に翻訳することであると』《ママ》、

吾々はエッガー氏と共に言い得る。」（木下一雄訳著「エヒユイ読方の心理学」第六章第二節　内部的発語の心理　一三七ぺ）

（3）ツァイトラー、ゴールドシャイダー、ミュラーらから

1「（前略）『読む』という作用が文字から内に内にと深まって行く時の、作用の起頭があり〳〵と見える。ツァイトラー、ゴールドシャイダー、ミュラー等の文字の知覚と聯想との研究は、この機微を捉えて釈明を試みたものである。もの、終と始めとは明に見えるが、終から始に移る境は見つけ難いものであって、精緻なる観察と思索とに須たなければならぬ。」（有朋堂版「国語の力」二　文の形　一　文の形と想の形　八七ぺ）

′1「ゴーヅツシャイデル及びミュラー氏は、無意味文字、綴字、語、句等の一連を眼の前に曝した。そして彼等は次の事を見出した。即ち語の『視覚的記憶像』はその語の文字の不完全なる連続に依り容易に喚起された、曝された語の中に表れた場合には、或る種の文字は無視されたのであった。或は或る種の文字は省かれるでもあろう。そして、認識はより容易に表れるであろう。或る一定の語の認識を決定するに至って、特に使用される如く思われる文字は『決定的文字』（determining letters）と云われた。其の他『無関係文字』（indifferent letters）と云われる。無視されたる、又は欠如したる文字の場所は、曝しがなされた場合に、主観的に満されるであろう。時としては正しい文字が実際にそこにあっても間違った形に依ってそこに見出されるであろう。」（木下一雄訳著「エヒユイ読方の心理学」第四章第四節　語句の知覚　八三〜八四ぺ）

″1「意味を有する章の露出に於て、多くのものが読まれた場合、ツァイトラー氏は次のことを発見した。或る支配的『綴り音、集合物』（Syllable complexes）――普通語の意義を有して居るものであるが――は統覚された。そして残りのものは聯想的に補充された。もしも最も親しい文が眼の前に曝された時には、そこには支配的文字がある。そして時としてはこの支配的文字の知覚は、全文の認識に充分である。文の『無関係なる』語に於ける変更は、若しくばその欠如は注意されずに終るであろう。文は同様に同化されるのである。」（木下一雄訳著「エヒユイ

読方の心理学」第四章第五節　文の知覚　九〇ぺ）

2　「前節にツァイトラーやゴールドシャイダーやミュラーの文字の知覚と聯想との関係の研究を一言したが、文字に現われた文の形に因われないで、想の形を捉える心理はこれ等の人々の盲人の読方の研究に就て見ることができる。盲人が点字を読む時には右手の指で単語の全形を検べ、左手の指で文字を辿りながらその一部分を探ぐると、残りの部分を直下に感じて了う。かくのごとく一語の著しい部分を感じたら、直ちに全語を知るという事実から、知覚と聯想との関係の電光の如き力を見た。」（有朋堂版「国語の力」二　文の形　三　盲人の読方　九二～九三ぺ）

′2　「之等の著者の意見に依れば盲人の読者は、語を知覚する場合に行うこの方法の組合せを例証する様に思われる。突起した文字の頁を読む事になれた読者は、語の大体を調べる為に右手の指を進める。然るに左の他の指は、文字の上を連続的にすべり乍ら、それに従ってゆくのである。然し普通には指が点にはふれずに文字の上を通ってゆく間に、文字の一部分のみが調べられるのである。賢明なるそして注意深い盲の読者は、彼等が斯くして文字の一部分のみを読み、他は之を推則《ママ》すると云う事を云って居る。」（木下一雄訳著「ヒュエイ読方の心理学」第四章第四節　語句の知覚　八七ぺ）

（4）クァンツ、ディヤボルン、アベルらから

1　「又、発音の声音的訓練に於て文の解釈の力を増すことができるということも強ち認められない。クァンツ、ディヤボルン、ヒューイ等の実験に依れば、発音法も、黙読法（唇を動かして）も別に文の解釈に注意を集中する力とはならぬのである。」（有朋堂版「国語の力」四　文の律動　二〇　視読の音感　二二三～二二四ぺ）

′1　「読書に於ける口唇の使用は、注意の集中或は理解を助ける者としては見出されなかった。尤もそれは注意の集中の結果として、屢々生じたのであるが。一般に口唇の運動は読書の速度に対する大なる障害であると見

られた。」（木下一雄訳著「ヒユエイ読方の心理学」第九章第二節　読書の最大限度と障害　一九八ぺ）

２「私のこれまで中等学校に試みた多くの記録から得た平均は、一分間に二五〇―三〇〇字というわかり易い数字に翻訳することができる。（クァンツ、ディヤボルン、ヒューイ等の実験もあるが、我々の場合に直ぐさま移すこともできず、又その研究も充分なものではない）。」（有朋堂版「国語の力」四　文の律動　二一　通読の速度　二二九ぺ）

′2「デヤボン氏は、多数の読者の読書率を試験した結果、読書物件の或る種類に対しては、最も速い読者は最も遅い者よりも三倍早く読むと云う事を見出した。彼は又三人の大学卒業生を試験した。一人は中等学校の教員、最後の一人は心理学者であったので、実験は文学及科学から抜粋せられたる各種類の読書物件に対して行われたのである。之等三人の各々は、異った種類の読書物件に対し、極めて異りたる読書率を有して居った。

然し乍ら、彼の最も興味ある問題に於ける最も速い読者は――之の場合には数学者であったが――全ての種類の読書物件を最も速く読んだ。中等学校の教員は全ての種類の読書物件に対しては、数学者より遅く読んだ。

そして心理学者は、一種類のものを除く、他の全ての読書物件に於ては、なお遅く読んだのである。デヤボン氏は之の材料から結論を下して次の如く云って居る。『読書物件の一定の型及び種類に対し、速かに読む者は或る認められたる制限内に於ては、読書物件及び型の性質如何に拘らず、遅い読者よりは幾分比例的に速く読むであろう。』と。」（木下一雄訳著「ヒユエイ読方の心理学」第九章第四節　読書率の条件　二〇二〜二〇三ぺ）

″2　なお、読書の速度に関しては、第九章　読書の速度（「ヒユエイ読方の心理学」一九四〜二〇七ぺ）に述べられ、クァンツのことも引用されている。

３「而して普通の音読に於ては一秒間二・六対三・九の個人差であるが、クァンツがウィスコンシン大学生五十人に試みた視読速度実験は一秒平均三・五対八・八、最高速度に於て三・五対十二・二語の差を示して居るように視読に於ては（発音作用の意識から解放された）かような個人差を示すのである。而して達読者は遅読者よりも記憶（再現）が正確であるのみならず原文に書いて無いことをも導き出す余裕のあることをも示して居る。
こうした達読者の多くは、『唇を動かすこと』（読方の注意集中法として考えられて居る）に馴らされて居る人や、『発音法』に馴らされた人ではない。却ってそれ等は、達読を妨げるものであることを示すのである。却《ママ》てクァンツが『視る力』を以て速度の根抵とした学説に首肯される実例が多いのである。」（有朋堂版「国語の力」四　文の律動　二一　通読の速度　二三〇―二三一ペ）

’3「ジェ・オ・カンツ博士は、ウィスコンシン大学の最高級及び初年級の学生五十人に就き、読書に於ける彼等の普通なる、及び最大限の率を決定する為に試験を行った。尚次には読書率が倚存する要素及び条件を決定する為に、彼等に就て実験を行った。彼の試験した読者は、最も遅い者の一秒三・五語と、最も速い者の一秒八・八語の間に於て異って居った。

但し読書は普通の速度で行われたのである。最大の速度では、率は一秒三・五語より、一二・二語の間であった。之は黙読の場合であった。普通の速度で声を出して読む場合には率は一秒二・六乃至三・九語の範囲内にあった。一般に普通の速度で早く読む人は、最大限の試験に於て優勢であった。そして遅い読者は一般に、普通の速度及び最大限の速度の両方に於て遅かった。

読んだものを再現する能力を試験して彼は、次の如き事を見出した。即ち早い読者は、平均三十七パーセントだけ、その働きの質に於て、遅い読者よりは優って居ったと云う事である。『速い読者の優越は、又彼の読書の内容の記憶が、遅い読者のそれよりもより正確であった。と云う事実に依っても示される。彼は最初の抜萃《セレクション》に於て、見出されなかった思想の三分の二だけを導くのである。

読書に於ける口唇の使用は、注意の集中或は理解を助ける者としては見出されなかった。尤もそれは注意の集中の結果として、屢々生じたのであるが。一般に口唇の運動は読書の速度に対する大なる障害であると見られた。従って読書の才能に対する大なる障害であると考えられた。『十人の速度の遅い読者は、十人の最も速い読者よりは約二倍の口唇の運動を示した。』然るに『読書範囲の広い人々の中、誰れも見られ得る程度に於て口唇を動かさなかった。』『読書の範囲は口唇の運動に反対に直接に働く。そして読書の範囲は中庸に口唇を動かす人の間に於ける場合を除いては、実際的にはかゝる事を行うところの只一つのものである。』」（木下一雄訳著「ヒユエイ読方の心理学」第九章第二節　読書の最大限度と障害　一九七〜一九八ぺ）

〃3　「視覚的型の人は、『聴覚的型の人よりも極く少し速い読者である。』と云う事を、カンツ博士は見出した。色、語或は円、正方形、菱形の如き幾何学的形態の速かなる認識に於て示されたる、視覚的知覚の迅速と云う事は、『或る人の読書率を決定するに当って、一つの重大なる要素』である事がわかった。速い読書に寄与すると彼が考えた全ての要素を考えた結果、其等の要素は『その重要の程度に従って列べると』次の如くである。『視覚的知覚、小児時代からの読書の練習、集中力、最初《オリジナル》の構成《コンポジション》の迅速さに依って見積られたる精神的注意、学校の成績に依って示さる如き学者能力』の順である。之等の結果は実験したる読者に対し、普遍的であった。

そして特種なる確証としては、実験した全ての読者の速度より遥かに速い読書をなした人は、速い読書に関する上記条件の全てに対し、実際著しく卓越して居った。読者が遅いか、中庸か、又は速い読者であるかと云う事に関して、彼等自身が行った判断は、後に示す如く、カンツ博士の速度に関する試験の結果と、極めてよく一致すると云う事は興味ある事柄である。（木下一雄訳著「ヒユエイ読方の心理学」第九章第三節　読書率と知覚型　一九九ぺ）

4　「アベル、クァンツ等の記録は、遅読者が一語一語を辿るのに、達読者は一目の下に節・句・もしくは文全体を観取するのであって、それは全く明敏なる理解力と聯想力とに依るものであることを示して居る。」（有朋堂版「国語の力」四　文の律動　二一　通読の速度　二三二〜二三三ぺ）

4　「一八九四年十月のEducational Reviewに於て、アデライド、エム、アベル嬢は、ウェルスレイ大学の女学生四十人の、読書率に関する実験を報告した。その実験は、コルキンス教授の指導の下に行われたのである。女学生等は、授業が始まる少し前に、或る一定の時間、短い物語り《ママ》を読んだ。そして読書の時間を計った。因みに此の女学生達は、実験の目的を知って居なかったのである。授業が始った時に、その女学生達は、記憶に依って出来るだけ逐語的に其の物語りを書いた。

最も遅い読者は、其の読書に於て、最も早いものよりは六倍の時間を要したと云う事がわかった。この再現試験は、読書後極く短い時間の後行われたものであるからして、それは記憶の試験と云うよりは、寧ろ理解の試験として考えられた。之の結果は次の様な事を示して居る。即ち大部分の読者は『比較的に遅い事に依って、効果を得た。』『しかし二人の者は迅速及び理解に於て、他の者より優って居た。』

そして之等の読者は、読まれる物が不明瞭である場合を除いては、『彼等は其の思想を、速かなる読書に於て、より容易につかむ事が出来る』と云う事に一致した。『早いのと、中庸のと、最も遅いのとの之等読者の三種別の中、或る者は充分、他のものは可成り、又は貧弱に理解した。』この事は『理解は絶対的読書率に無関係である』と云う事を示して居るものである。

然し乍らアベル嬢は大体に於て早い読書は必要的に理解を減少すると云う様な事なしに時間を節約すると云う事を見出した。彼の《ママ》女は読書率は『聯想の速度の増加、聯想の反復及び倍加、興味及び注意の緊張』に依りて増加せしめられ得ると考えて居る。読まれる語の実際的、或は想像的発音は、遅い読書の『特質的心髄』である事がわかった。

そしてアベル嬢は之を障害——習慣的である時には——及び子供の時に打勝ち得る一つの傾向と考えて居る。『私の実験した女子の内、遅い読者の他の一特長は、速い読者が一瞥で句《フレーズ》を、クローズを、時には文をさえ握むに反し、遅い読者は或時間内に一語を読むと云う事である。』と彼の女《ママ》は附言して居る。『各個人は彼の理解及び聯想の自然的速さに依って決定された』各々の最大率を恐らく有して居るであろうけれども、『一般の読書率を増加すると云う事は、或る程度迄は可能で、望ましい事とある。』と彼の女《ママ》は結論して居る。」（木下一雄訳著「ヒュエイ読方の心理学」第九章第一節　読書率と理解　一九五～一九七ぺ）

（5）ヴント・ゼームスらから

1　「読書百編意自通ということは、いつまでも変らぬ真理であって、読方の極意はこの外にはあり得ないと信じて居るのであるが視読に於てはこの真理に反きがちであり易い。故に視続作用に於ける読方に於ては、その過ちを避ける工夫を必要とする。視覚から神経に連る心理的の過程は、音読から導かる丶心理的過程とはもとより同一の作用ではない。これを心理的に分析すればヴントが文に対する時の心の動き方の初めを『暗室である画に向って居る時突然一方から光がさしこんだら先ず初めに画の全体に形が現われて次第に部分々々が明《ママ》に見えて来るように先ず文の形が見えて来る』といったのは第一回の視読に於て着眼しなければならぬ要点である。少なくともこれを捉えんとする意志によりて精神が統一せられて文字を凝視する時にこの心の捉え方から読方が正しい方向に導かる丶ということができる。（読方心理の研究に於ては多くの人人の心理を研究するのであるからその実験の結果はヴントやゼームスと意見を異にしたジューベルトなどの学説もあるがそれは読方のさま〴〵の心理現象であるので、その心理の中の孰れが読方の力を伸ばす正しい且つ自然の道程であるかという考察の前にはそれは一つの参考にはなるが読方の原則と見ることはできぬ）」（有朋堂版「国語の力」一　解釈の力　九　実例の考察（二）二四～二五ぺ）

1　「ヴントは前記の書（五六三頁《ママ》）〈引用者注、Volker Psychologie（民族心理学）（vol.1）を指す。〉に於て次の如く言って居る。即ち『私が文を始める瞬間に於ては、其の文の全体は全観念として私の意識の中に既に存在する』然し乍らヴントは附言して、文は其の場合は主たる輪廓に於てのみ感ぜられる。と云うのは文の構成部分は、最初は不明であり、発語が進むにつれて生じて来るものであるからであると云う事を言って居る。『この過程は複雑なる絵画を俄に明くして、見る如きものである。其の場合に於ては人は最初、其の絵の全体の一般的印象のみを受けるので、其の次に継続的に個々の部分を見るので、その部分は、全体に対する関係に於て既に見られているところのものである。』

斯くしてのみ吾々は、前に複雑なる文に反射される事なしに一つの複雑なる文に依って、話す人が話を正しくしてゆくと云う事実を説明し得るのであるとヴントは考えて居る。」（木下一雄訳著「ヒユエイ読方の心理学」第六章第四節　語の発生学的考察　一四二〜一四三ペ）

″1　なお、右の1のうち、ジューベルトが引用されているが、彼については、つぎのように引かれている。
「（前略）〈ジェームスの図解についての説明の一部〉、それから4を通じては、テーブルが最も強く現れるところの部分である。この流《ママ》は其の初めよりも、其の終りに於て高く描いて居る。何故かなれば、内容を感じる最後の方法は、最初の方法よりも、より豊富であるからである。ジューベルト氏が云っている如く『吾々は、吾々が云わんと意味して居るところのものを、吾々が云ってしまった後に於てのみ知り得るのである。』」（木下一雄訳著「ヒユエイ読方の心理学」第六章第五節　文の本質　一四八ペ）

2　「ヒューイが『文は思想の統一的表現である』といったのもヴントが『文は綜合的にして分解的なる過程である』とか『同時的・継続的なる全体』であるといったのも、この作用を明かに示すものと考えることができる。」（有朋堂版「国語の力」　一　解釈の力　一〇　センテンス・メソッドの理論的基礎　三二一ペ）

′2　「而してヴントに従えば、この文は『意識内に表れる全体のその部分への分解』である。従って文を作る事は分解的である。

何故なれば、それは全体の部分の分解であるからである。然しそれは又意識の焦点に於ける部分の継続的現出であると云う点に於て、綜合的であると彼は考えている。彼は付け加えて言って居る。『然し乍ら就中それは分解的過程であると。』（一）

更にヴントは、文を全体として意志された『任意的行動』であると考えて居る。事実それは複雑なる行為である。

けれども音節其の他の構成的運動は、他の統一的行為の構成的運動と同じく、自働《ママ》的に動くものである。吾々は『思想に方向を与える。』そして『必要なる語は、それ自身吾々の中に流れ込むのである』即ち『それ等の語は現に存在して居る全観念の影響の下に於て、最初に刺戟された語に対する観念（word-ideas）より聯想的に喚起されるものである。』心理的に考えられる時には、文はそれ故に同時的全体であると同時に、継続的全体である――個々の第二義的要素は偶然的には消失するであろうけれども、文の構成の各瞬間に於て、文は其の全範囲に於て意識内に存在するが故に、同時的であると云い得る。

そして他方、確定的観念は逐次に焦点の中に表われ、他のものは不明瞭になってゆく。けれども全体はその意識内容に於て、各瞬間毎に変化するが故に、継続的であると云い得る。」（二）（（一）"Völker Psychologie", vol.2. P. 236, （二）ibid, vol. 2, P236, ff）（木下一雄訳著「ヒユエイ読方の心理学」第六章第五節　文の本質　一四三〜一四四ぺ）

3　「ヴントが文を読む時の心を説明して、恰もこみ入った画の上に、突然光がさしこんで来た時に、初はたゞ全体の印象のみであるが、それから全体との関係に於て部分部分が引続いて見えて来るように、文も初は輪郭が見えてそれから初めには暗かった部分々々が分って来ると述べたように、文意はこれを示す『言語の縁暈』であり『輪郭』である。」（有朋堂版「国語の力」一　解釈の力　二五　解釈の着眼点（二）　六九ぺ）

′3　「ヴントは前記の書（五六三頁《ママ》）に於て次の如く言って居る。（中略）『この過程は複雑なる絵画を俄に明く《ママ》して、見る如きものである。其の場合に於ては人は最初、其の絵の全体の一般的印象のみを受けるので、其の次に継続的に個々の部分を見るので、その部分は、全体に対する関係に於て既に見られているところのものである。』」（木下一雄訳著「ヒユエイ読方の心理学」第六章第四節　語の発生学的考案　一四二〜一四三ぺ）

4　「エルステルが『叫び』を文学の原型とし、ヴントが言語の起源説に於て、『叫び』をその根底とするように、言語の本質的なる姿は、一韻に於ても一語に於ても聴くことができるのである。

又ヴントがラテン語のamavi一語で一文である。これを示すのにラテン語族ではego habeo amatum、j'ai aimé（余は愛せり）という三語を以てするのであるが、今日我々の話す言葉は、こうした表現から発達したものであって、我々の『文』というものも『長い一の語』である。音の長い連続であるといわれるかも知れぬ。唯、表記法又は印刷の習慣からこれを一々に離して表わすために分析されたる一語一語の意識を生ずるのであるが、生きた語に於ては我々が書いたり印刷したりした文に見るように引離されたものでなくして、文自体に於て有機的に結合されたる全一である。」（有朋堂版「国語の力」一　解釈の力　二〇　視読の音感　二二五ぺ）

′4　「古代の言葉に於ては、単一なる表現が屡々語及び文であり得た。ヴントは其の著Volker Psychologie（民族心理学）（vol.I. P561）に於て次の如く言っている。即ち『ラテン語のamaviは語であると共に文である。ローマ語は、このamaviと云う思想を三つの語に分ける。

即ちego habeo amatumの三語に分ける。これは仏語のJ' ai aimé（私は愛した）を意味する。従って或る方面に於て明かにより原始的発達程度の言語と、より発達をした言語とを他方に於て一つの同じ言語の初期のものと後期のものとを比較して見るならば、各所に品詞の区別は其れ自身、語が属して居る全体から、語が徐々に分離する其の過程を示したものである。即ち全体とは、文である。――之は語に比較的大なる独立性を導き、之の語の独立的意味と同時に、語の文法的形態を固定せしめる過程である。文が語或は品詞の差異なく、シラブルの音の継続の中に話される言語が、今日存在している。或は換言すれば、その言語の中に於ては、文は一つの長い語であるとも云い得られよう。吾々の英語及び同類の言語は品詞等に分解した。そして吾々の印刷の方法は、この分解の結果を極めて明かに吾々に意識せしめる。然し会話及《ママ》思考の日常使われる話し《ママ》では、之等の品詞は原本的な文全体中に機械的《オーガニカリ》に内在する。而して実際的構造は吾々が次に知る如く、書かれた或は印刷された表現よりは極めて異るものである。」（木下一雄訳著「ヒユエイ読方の心理学」第六章第三節　発語の性質　一四〇～一四一ぺ）

5[1]「『文の形』はさま〴〵の立場から（修辞学文法等）これをいろ〴〵に命名することができるが、その本質的なる同時的継続的全一としての形を見る時に、ゼームスが意識の連続を小鳥の生活にたとえたように、唯文の中に流動する『飛ぶこと』と『止まること』との交互に連続した意識の飛翔を見る。いろ〴〵の思想は言語群の中に溶解していい表わされて居ると共に、それが句読に到りて立止りて憩うて居る。その交互の連続の間に統一的全体が在る。句の上に見る『飛ぶ』作用の中に少しく『止まる』姿を接続詞や助詞の上に眺められる。それ等の『飛ぶ』ことゝ《ママ》『止まること』の連続の中に、交互間の関係が常に翔って行く。句と句との連続から我々の意識し得るところはその形でなくしてその飛翔の姿を見る。ゼームスが、それは唯、こゝそこにSubstantive starting Points, Turning points, Conclusionsを見るのみであるといったように、文の内面に動く意識の連続の姿は文字の形に上ると否とにかゝわらず記号の内に連続する飛翔の波形である。」（有朋堂版「国語の力」二　文の形　一三　意識の飛翔　一一六ぺ）

5[2]「更にゼームスが特にその三点を示したことは、言語のInner utteranceの着眼点を指示する親切なる助言である。」（有朋堂版「国語の力」二　文の形　一三　意識の飛翔　一一七ぺ）

5[3]「ゼームスが意識の流れを小鳥の生活に比した時に、意識の飛翔の中に含まるゝ次の意味と前の意味との関係は、その止まる時に一層深く現われて来ると云った比喩的の説明に於て、小鳥が枝に止まって、いずれの方に向ってか飛び去らんとする姿勢に比すべきものは関係を示す言語である。」（有朋堂版「国語の力」三　言語の活力　七　言語の可動的定着性　一四二ぺ）

′5 「ジェームス教授は、彼の文に関する心理学を彼の意識に関する見解の上に基礎づけて居る。彼の見解の下に於ける意識は『継続的断片の質に於ける、急激なる対象に依って、割れ目が作られる』ところの過程の断続的流れを意味する。意識は吾々に、事物を認めしめる。

而して事物は、分立し不継続的であるが故に、屢々爆烈的現出をなしつゝ、そして互に対（twain）にならしめつゝ、連続して吾々の前を通過するのである。』しかし之等のものは、感情の継続、肉体的感覚等と共に、之等のものを考えるところの思考の流れを破るものではない。

然し乍ら外観上の破綻はある。之は実際に『他動的個所』速かなる流《ママ》の個所、一つの実質的休息個所の棒から他のそれへの飛行の個所である。――思考が感覚的像中で、温《バスク》められるところの場所、或は恐らく結論に向っての飛行の個所即ち意識生活は、小鳥の生活の如きものである。飛び立つことゝ棒《ママ》にとまる事との二者択一からなっている。『言語の韻律は、この事を表現している。即ちその場合には、各思考は文の中に表現せられ、而して各文は、ピリオドに依って閉じられる。』

飛行の個所は、動的又は静止的の関連の考《ママ》に依って満される。その関連は比較的休止の間に考えられた事物の間に於て得られるものである。吾々の思想及び文は、大部分之等の一時的な過渡的過程から作られて居るので、斯くて内省する事は極めて困難なものとなる。」（木下一雄訳著「ヒユエイ読方の心理学」第六章第五節　文の本質　一四四〜一四五ぺ）

″5 「文法的意味をなすところの或《ママ》文を読むに当って、其処に意味其れ自身に関する感覚が下に横たわっている。そして之は文が物語るところのものよりは全然独立せるものである。ジェームス氏が云って居る如く『或る種の言語的《ヴァーバル》聯想、満たされたる或る文法的予想は、文が意味を有すると云う吾々の印象の大部分を示すものである。……文法的形式に於ける無意味なる事柄は、半ば合理的に響く。文法的関連に関する感覚は、吾を無意味なものにしてしまうのである。』吾々の読書に於て屢々吾々は、可成りの範囲に亘って、この感覚的意味の感情に満足するのである。恰も無意味なる事の意味を聞きつゝ子供が半ば理解されたる事柄を有頂点なる注意を以て聞く様に。『彼等の思考は、吾々の思考が速《ママ》である場合に於けると同様な形態にある。両者とも、言われたる文の大部分の上を飛ぶのである。そして吾々は僅かに実質的出発点、転向点及び諸々の結論に対してのみ注意を向けるのである。』（一）」（（二） James' "Psychology". Vol.I. P255-265）（木下一雄訳著「ヒユエイ読方の心理学」第八章第六節　読方と意味の意識　一九〇ぺ）

第十九図

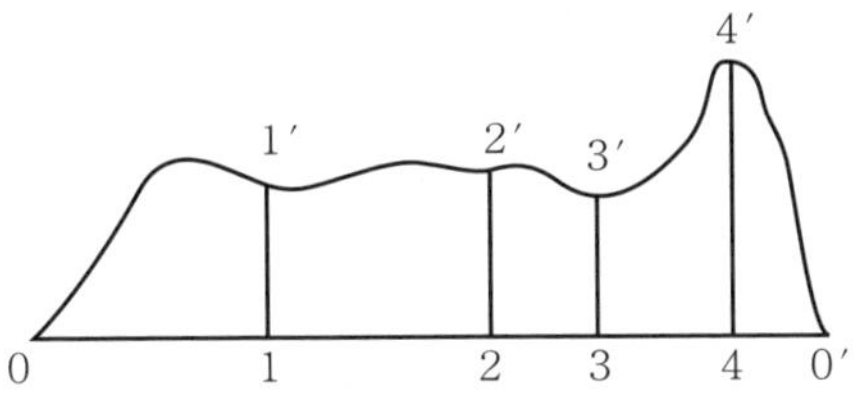

6　「ゼームスが、ある思想を発表する前に心の中にいわんと欲する意向の形が見える。その流れを一つの図表《ダイヤグラム》を以て現わせば、始の方より終の方が高くなって、その間に主なる部分が隆まりつゝ連続する形として見ることができると述べて居る。」（有朋堂版「国語の力」四　文の律動　六　内辞の聴き方（一）　一八八ぺ）

6′　「文の各部分が、発音せられる時に感じられる全体的統一として文を見る場合に於て、そして発音に先行する意識内に幾分存在して居る全体的統一として、文を見た場合に於て、ジェームス氏はヴント氏と見解を同じくして居る。即ちジェームス氏は言っている。『吾々が話す為に口を開く前に於てさえも、其の文を云わんとする意思の形に於て、全思想が吾々の心の中に現れているのである』更に『其の文の最後の語が話された後に、吾々は吾々が内面部にその完成されたる意見を実現する時に、其の全内容を再び考えるものであると云う事を全ての人は認めるであろう。』茲に示すジェームス氏の図解は“The pack of cards is on the table”と云う文の発音を通じて生ずる意識の進歩を示しているものである。水平線は時間を表わし、上の空間は之の時間内に於ける意識内容を表すのである。文の全部的思想が、その文の最初及び最後に現れるのみならず、又図解の他の部分を通じて作られたる全ての垂直的部分は、文の意味を感ずるに当っての他の方法に依って相互に満されるであろう。

例えば

2を通じてカードは、心に最も強められて現れる目的物の部分であろう。それから4を通じては、テーブルが最も強く現れるところの部分である。この流は其の初めよりも、其の終りに於て高く描いて居る。何故かなれば、内容を感じる最後の方法は、最初の方法よりも、より豊富であるからである。ヂューベルト氏が云っている如く『吾々は、吾々が云わんと意味して居るところのものを、吾々が云ってしまった後に於てのみ知り得るのである。』」（木下一雄訳著「ヒユエイ読方の心理学」第六章第五節　文の本質　一四七〜一四八ぺ）

（6）　スタウト、プレヤー、スウィートらから

1　「スタウトの黙会 Implicit apprehension の如き作用に依りて、読方の自然な作用に於て心の面前に現わる丶のは文の文意 Total meaning である。それから文の部分的継続的表現が意識に上ると見ることができる。文に面して最も直接的に接触するものは文の全一なる統一である。」（有朋堂版「国語の力」一　解釈の力　二一四　解釈の着眼点（一）六七ぺ）

1′　「故にスタウト氏は Implicit Apprehension と云う名で『部分の識別なくして生ずる全くの理解』と云う事を彼は暗示して居る。殆んど全ての語は、多くの個別を代表する擬念全体を代表するものである。単一なる名でさえ幾分斯様であるので、個人の歴史に於ける異りたる局面を代表すところの全てを代表して居るのである。スタウト氏の全議論に於ける主眼点は、か丶る代表的全を『その成分的詳細な事柄の全部或は或るものを識別する

ことなしに、その統一及び明確の内』に考える事は可能であり、普通であると云う事である。」（木下一雄訳著「ヒユエイ読方の心理学」第八章第四節　意味の注釈　一八四ぺ）

2「プレヤーが子供が叫んだHot!（あつい！）という辞の中にはThis drink is too hotの意味を見ると解する時に、この一語が克く一文を現わす力があると感ずるのは、単にこの一語意の辞書的解釈ではなくして、この一語の有する意味を内聴したからであろう。」（有朋堂版「国語の力」一　解釈の力　二六　解釈の着眼点（三）七四ぺ）

2′「例えばプレヤー氏の子供が彼のミルクのコップを速《ママ》に下に置いて、そして『熱い！』と云った如きものである。この一つの語は『この飲み物は熱過ぎる』と云う事を意味するものであった。プレヤー氏が云って居る如く、それは『一シラブルの中に於ける全部の主題』である。『この飲物は熱つ過ぎる』と云う事を暗示し、そして話された時に意味の全部を浸すところの意味は、僅かに少しの言葉しか知らなかったこの子供にとっては、その表現として『熱い』と云う一語に依って暗示されたのである。」（木下一雄訳著「ヒユエイ読方の心理学」第六章第三節　発語の性質　一三八ぺ）

3「又声音学的言語学派の人々、たとえばスウィートが文を『音群』と解し『言語を適切に分つのは、呼息群で切ることである』という意味は、一つゞきの音群から次の音群へ移るには、其の間に一呼吸が要せられるからである。」（有朋堂版「国語の力」一　解釈の力　二六　解釈の着眼点（三）七五ぺ）

3′「英国の言語学者であるスウィート教授は、彼の著発音学入門書（Primer of Phonetics）に於て言っている。『言語の中に実際的になされる只一つの分割は、呼吸の群（“breath-groups”）への分解である。吾々は肺の中に於ける空気の存在量を、新らしくする事なしに、継続的に或る数以上の音を発音する事は不可能である。之等の呼吸の群は、部分的には文への論理的分割に相応ずる。各文は必然的に呼吸の群である。しかし各々の呼吸の群は、必ずしも完全なる文ではない。』」（木下一雄訳著「ヒユエイ読方の心理学」第六章第六節　発語の生理　一五三ぺ）

以上、ヒューイの書物からの引用と目されるものを掲げた。これらを、「国語の力」の内容に即して見れば、

一　解釈の力（1）の1、（2）の1、（5）の1、（5）の2、（5）の3、（5）の4、（6）の1、（6）の2、（6）の3

二　文の形（3）の1、（3）の2、（5）の$5_{1\cdot 2}$

三　言語の活力（5）の5_{3}

四　文の律動（1）の2、（4）の1、（4）の2、（4）の3、（4）の4、（5）の6

のように引用され、一　解釈の力　四　文の律動　に集中している。ヒューイの語を引用しているものは、二　文の形　には見られなかったが、ヒューイ以外の引用は、三例もなされている。

これらの引用を、ヒューイの「ヒュエイ読方の心理学」に即して見れば、

第四章（3）の1（4の4、4の5）、（3）の2（4の4）

第六章（1）の1（6の6）、（1）の2（6の6）、（2）の1（6の2）、（5）の1（6の4）、（5）の2（6の5）、（5）の3（6の4）、（5）の4（6の3）、（5）の5（6の5）、（5）の6（6の5）、（6）の2（6の3）、（6）の3（6の6）

第八章（5）の5（8の6）、（6）の1（8の4）

第九章（4）の1（9の2）、（4）の2（9の4）、（4）の3（9の2、9の3）、（4）の4（9の1）（注、かつこの中、9の1は、第九章第一節を示している。）

のように引用されている。主として、第六章　読書の内部的発語及び発語の精神的物理的特質、および第九章読書の速度　から引用されている。ヒューイの引用に比べると、第四章　読書中に於ける視覚の実験的研究、第八章　読まれるもの、《ママ》相互的関係及び意味の性質　からの引用が新しくなされている。

右に見たように、引用者は、1スクリプチュア、2エッジャー、3ツァイトラー、4ゴールドシャイダー、5ミュラー、6クァンツ、7ディヤボルン、8アベル、9ヴント、10ゼームス、11スタウト、12プレヤー、13スウィートらに及んでいて、それぞれ所論にふさわしく用いられている。

これら一三名にも及ぶ人たちからの引用がヒューイの「読方の心理学」にのみ負うているとは、にわかにはいえない。一つ一つ、出典が示されているわけではなく、またヒューイのそれに拠るとことわってあるわけでもないからである。ただ、引用個所や引用のしぶりからすれば、ヒューイの「読方の心理学」に負うている面は、かなり大きいのではないかと考えられるのである。

それにしても、自在な引用であり、縦横の活用というべきであろう。それぞれの所論・叙述の要点をよく理解し、その適切な活用が意図されていて、その成果もあげられている。基本的な考えかたからも、資料の面からも、ヒューイの「読方の心理学と教育」は、「国語の力」の成立に大きく寄与していると考えられる。

八

「国語の力」の成立過程において、「ヒューイ」と並んで、一つの重要な役割を担ったのは、「モウルトン」である。その所説に負うことのすくなくないことについては、すでに垣内先生みずから、「国語の力」の「序」に述べられている。

モウルトン（Richard Green Moulton）（1849-1924）は、アメリカ（イギリス生まれ）の文学者で、イギリスの神学者・聖書学者であったWilliam Fiddian Moulton）（1835-1898）の弟にあたる。一八九二年、シカゴ大学の教授となり、のち、一九〇一年から一九年まで、シカゴ大学文学部長を勤めた。

主著には、

○Shakespeare as a dramatic artist, 1885
○The modern reader's Bible, 1895-1923
○The moral system of Shakespeare, 1903
○World literature, 1911
○The modern study of literature, 1915

などがある。（「岩波西洋人名辞典」、昭和31年10月16日、岩波書店刊、一五五〇ぺ、による。）

モウルトンとの交渉について、垣内先生みずからは、つぎのように述べられている。

「その頃耽読したモウルトンの『文学の近代的研究』（本多顕彰氏訳岩波書店発行）の訳出されたこともなつかしく思う。モウルトンの研究を広く世に薦めたのは、その著わされた一九一五年より数年に亘って居る。その頃はよく講義に於ても、文章の中にも、それを問題的に取扱ったのであるが、その批判には目もくれないで、若い人たちから、その名を自分の綽名として用いられたことも、今は憶出の一つとして微苦笑される。

モウルトンに遠ざかったのは、クローチェのエンスリー訳が読まれた頃であるから、余り長い間ではなかったように思うが、その後までも手を離さなかった。クローチェから東洋的な考方《ママ》の方へ転回し、本来の方向を取戻してからは全く別の方向を採って今に至って居るが、今この訳書を手にして、その頃のいらいらした心もちを追憶することが或るなつかしさを誘うのも、一にモウルトンの篤実温厚な学風を景仰した印象の深かった為であろう。

この訳書の出ずる前に、その文学形態論（芦田正喜氏訳）だけは読まれて居るのであるが、その解釈学に関する部分は一般には読まれて居なかったかも知れぬ。われわれが今も興味を持つのは、文学理論の方面よりもその解釈学的立場である。この訳書に依りて、この方面が一層よく知れわたるようになったら、われわれが長い年月の間、関与して居る問題が一層明かに問題的になされるであろうことを想って悦びに堪えない。そのことが今日から始められるとしても、決して遅過ぎるということはない。」（雑誌「国文学誌」第二巻第一二号、昭和7年12月1日、不老閣書房刊、「解釈学片影（四）」四〜五ペ）

右に示されている、モウルトン著「文学の近代的研究」の、本多顕彰氏による訳出刊行は、昭和七年一一月一五日になされ、昭和一〇年一月一五日には、すでに第四刷が発行された。訳書は菊判六〇九ページ（本文）にも及ぶ大冊で、「文学の近代的研究」という書名には、「文学の理論及び解釈の序論」という副題もつけられている。

同じく右の回想において示された、芦田正喜氏の訳出というのは、その訳著「芸術鑑賞論」（大正14年1月15日、広文堂刊）（四六版三三四ページ）に収録されている。この訳著は、もともと、サンタヤナ George Santayana (1863-1952) の「芸術に於ける理性」(Reason in art) から抄出したものであって、モウルトンのものの訳出は、その付録となっているのである。「文学の近代的研究」から、「芸術の概念とその機能」（本多訳、第四篇文学批評、第二一章、思索的批評——詩の基礎的概念と職能、一以下）が訳出されている。

右に引用した回想によって、垣内先生のモウルトンに対する立場・態度などをうかがうことができる。若い人たちから、モウルトン教授と呼ばれたという「微苦笑」に、モウルトンへの傾倒・耽読ぶりとその批判的扱いに対する反応ぶりとが微妙に写し出されている。

また、垣内先生は、モウルトンの所説との交渉について、その著「言語形象性を語る」（昭和15年2月11日、国語文化研究所刊）に、つぎのように述べていられる。

「よく人は、形象理論は内容と形式との綜合であり、その弁証論的発展であるという様に言われることもあるが、一応それにちがいない。そして他からは、外面的にそう言われないこともないが、内面的にはそうした抽象的な推論で片づけられはしない。物を見、考え、作る、具体的現実からは、多分に其の成立を異にするものである。それと同時に、もう一つ思い出される重要な事柄は、古人の残した、作品を見ると、そこには、単に内容と形式というものでは説明しきれない、素材から脱化して磨きをかけた光彩が示現せられるということに心づくようになると、その根源は何であるかということを知ろうとする要求が、明治の末期から大正の初めにかけて一層強くなったように思う。それであるから、そうした内面に潜んでいる秘奥を明かに知りたいという要求が一層この研究に拍車をかけさせた。そういう不遈な要求には、刀鍛冶の弟子が師匠の手伝をしながら、ふとその湯加減を見た一刹那に腕を斬り落されたというような危険が伴わないとは言われない。その頃、形象の問題を理論的に考察する進みが一頓挫した状況を今でもまざまざと思い起すことが出来る。

その困難な問題に遭遇したのは、研究の中心点から離れて、当時の精神諸科学の方向へ逸れたことで、言わば底の知れない沼池に捨石を放り込むという様な果てし無い仕事に数年がたったように思う。これについて少し書き加えて置きたいのは、エヤマーチンガーの『文芸哲学』に依ると、その頃、リッカートやウヰンデルバンドの学説が現われて研究の転換が行われかかっていることが分る。その一般状況はわれわれにも感ぜられたが、言語学では早くからヴント学説を始め音声学、文法学等への見透しがついていたのに、文学の方面では、もう崩れかかった文献学の研究法しか持合せていなかった。英国風の修辞学や文学評論の方はよく知られて居たが、それさえ美学の進展と共に微力となっていた。その頃、モー《ママ》ルトンの『文学の近代的研究』を手にしたのであって、いち速くその論旨を紹介し、或は批判を試みたのであったが、文学の研究としては過渡的な考え方であるという様なことが当時の所見であった。数年前にその翻訳が現われたから今では周く知られている。そこで、文学形態学と形象理論との関係は、後には言語形象性の一層に収めたが、それより以前から文献学研究法に根拠をもっている形象理論の整理が、俄《ママ》に目前に必要となった。形象理論を整えるまでの、初期の状態は大体こんなことであったように思う。[注1]（一二・一・一四）

　文学形態学を手にしたのは大正四年であった。其頃《ママ》までは、文学作品を韻文・散文に二大別して、その特性を解説するのが一般の情勢であった。形態学は先ずその雑然とした考え方を根底から打ち砕いたものである。この考え方は今でも反省せられないで、例えば小学国語読本の教材の研究という様な場合にも、そうした目標によって行われて居るのを見うけるが、韻律形態の有無を以て文学作品を分つのは理由のないことであると見るのであった。又、文学作品を抒情詩・叙事詩・劇と分つことは常識となって居たが、それはギリシヤ時代という古代の、又ギリシヤという社会の文学分類の仕方であって、それを現代に於ても、又あらゆる民族文学にも適用するのは不合理であると見るのであった。これに評論の一項を加えるのが、其の当時から今日に至るまで、我が国の文学概論の定型として考えられて居る。然るに形態学は、そうした伝統的な考えをとらないで、先ず文学世界の鳥瞰図を描き、文学作品群の在り方、その相互関係を整序することを、その目標とするのであった。これだけの事を見ても、その当時の、また現在に至るまで引続いて居る文学の研究の根本的革新を示唆する考え方であったことは言うまでもない。

　この基準から観ると、我が国の文学に関する研究は殆んど文学地図さえもっていない情態にあったから、はか〴〵しく進めない。故にそれは直ちにその批判と見てもよいほどであった。それで、大正四年以後の数年間はこうした立場から、日本文学の理論的、歴史的考察を整理することが、当面の主要な課題であった。しかし、前に述べた如く、それは自分の問題とは別のものであるから、これに対して、内心の抗争を抑止することの出来ないものがあった。国学院大学がまだ神田にあった頃、そうした所感を講演した簡単な記録があったが、今、手もとにないから、正確に述べることは出来ない。唯、今から思い出して見ると、自分の属する学界の現状に不満であり、外来の学説を統合するほどの定見もなく、徒らに焦燥の数年が過ぎたように思う。孤立の状況が目立って来たのも、この頃からである。

文学形態学ではどう考えて見ても、外面的であるから、それに対する内面的な世界が対立しなければならない。更に、その外面的・内面的聯関は何であるかという問題ももっと突きつめなければならない。然るにそれこそ、自分にとっては、早くから疑問として居る問題であるから、この解明に当らなくてはならなかった。文学形態学の理論的基礎の他の一つは『展開』の概念であるが、それは『世界文学』という観点から、文学現象に於ける進化の跡を明かにしようとするのであって、その立場として、実証主義的解明の方法を採るのが、物足らぬところがあった。即ち理論的に、歴史的に、内面に鬱屈して居る疑問と一致しないものがあった。しかも、その頃は、当時の精神科学の勃興の気運の中にあり、且つ時代の徴候としての思潮の激動もあった。保守と進歩、理想と現実等々の相克の渦中に踏み込んで居たのであったから、文学形態学にも、心理学的美学にも、文学論その他にも追随することはできなかった。こうした内面に於ける苦悩が、外面に露出するに至っては、決して今日から見て正当とは思われない。今思い出しても、内心の苦痛をさえ感ずるのである。唯、その心事が、寸毫といえども私心を含んでいないことは明治時代の先進の感化に依るところである。その頃が恰も明治以来建設された学問に於ける境界線をなしているかと思う。良識と知性と技術との交錯がもみくちゃにされるようになった。おそらく、その当時の学界に生きた何人でもこうした問題に悩まされたのであるが、自分としては、自分の課題に於て、自分の考え方の上に深刻さを加重しなければならなかった。

文学形態学が大体に英米の学風であるとすれば、それよりはドイツ学風というべき方向が早くから自分を捉えて居た。精神科学の思潮が我が国の思想界に導入されたのは、あたかもその頃であって、リッカート、ヴィンデルバンド等の学説は明治四十年代には、既に周く知られて居たように思う。その趨勢が直接にドイツ文献学に影響を及ぼして、大なる衝動を感じさしたのも、その当時である。その詳細は分らなかったが、それに関りなくそれが自分の心を強く刺戟したものであることは言うまでもない。元来その問題には、早くから関心をもっていたのであって、しかも相当長く持続して居たのであるから、当然この方面に向って深入しないわけにはいかなかった。そこで直接の問題としては、文学の外面的・内面的研究の中間の見透しを、この方面と結びつけて考えることであるが、それが精神科学的考察として、自分の目前に逼って来れば来るほど身心共にいたく衰え、それを打開しなければならない促迫を感ずるほど、焦るだけであって、手を下すことができなくなってしまった。

勿論、この課題は、後になって見ると、既にディールタイ及びその学派の人によって取り上げられている問題であったのであるが、その事についても、その当時は全く知らなかった。それは後に大正末期から昭和初期まで、周囲からの排撃を避け、外界との関係を断ち、或《ママ》意味に於て、自ら五年間の謹慎を自分に命じて、書斎に閉じこもった頃、それ等の書物を読み耽った時に、初めてその当時に於ける同じ問題が全く未知の領域に於て考察せられて居たことを知ったのであるが、この当時に於て、解釈学の成立も、芸術史、文学史の目ざましい進出も、文学理論の清新な考察をも、全く知らなかったということは、今に於てかえす〲遺憾に思って居る。少くとも、この当時に於ては、この疑問を抱いて、自分を深く掘り穿つという一手のほか、手のつけようがなかったのである。立っても居てもたまらないような促迫を感じて、海外へ旅する心持が浮んで来たのもその頃であったと思う。その頃は、モー《ママ》ルトンは既にシカゴ大学を退職して、その消息は明らかでない頃でもあったし、又ヨーロッパは世界大戦のさ中であって、学界の動静についても、これを知ることが出来なかったが、精神科学、精神史、文化史というような課題に就いて、多年持続した研究を補強するため、世界大戦直後に、海外へ旅立った。[注2]」（「言語形象性を語る」二一〇～二一九ペ）

右には、垣内先生がモウルトンの「文学の近代的研究」を入手し、研究し、紹介し、批判された当時の学界の情況が述べられている。大正四年（一九一五）に入手されて、大正八年（一九一九）欧州に出張されるまでの、垣内先生の学問上の苦悩も端的に述べられている。

垣内先生みずから、モウルトンの所説との交渉・関連について述べられるところは、以上に見たとおりである。以下には、垣内先生と親しかった人や先生に教えを受けた人々の述べるところを中心に、垣内先生とモウルトンとの関連を見ていきたい。

まず、田部重治氏は、明治末年から大正一〇年代にかけての当時の状況について、つぎのように回想されている。

「明治四十五年の四月から私は東洋大学に一週に二時間教えることになった。或日、教授室の火鉢のめぐりにいると、外に二人の先生が同じ火鉢のめぐりにいて石坂養平の『文学と哲学との間』（多分、『帝国文学』に公にされたと思う）のことについて話しているのをきいた。一人は得能文先生で、私の郷里の大先輩、私は前からよく知っていた。先生は私をもう一人の先生に紹介されたが、それが思いがけなくも、嘗て桜井天壇氏の家で見た面白い手紙の書き主である垣内松三君であった。一週に二時間しか教えない私が、垣内君と同じ日の同じ時間に出講したことが、私と垣内君とを結びつける大きな機縁となったわけである。それから私は垣内君と話す機会が多くなった計りか、一緒に飲む機会も多くなった。議論もよくやったが、私がよくペーターをもち出したことも忘れられない。

大正二年になって私の東洋大学の時間が多くなり、垣内君と接触する機会も、益々多くなった。

私がペーターの『ルネッサンス』の翻訳を公けにしたのは第一次世界戦争の始まった翌年、即ち大正四年の五月で、それに就いて忘れられないのは、この書物の中にペーターの用いていたカルチュア（Culture）は独逸語のKulturにあたり、今迄よく用いられて来た修養の意味とは異なっているので、何と訳してよいかに苦しみ、初めて教養という訳語を作り、土居君（引用者注、光知氏）や垣内君に相談して見た。両君ともそれがよかろうと云うことで思い切って用い出した。この言葉は、私が初めて作ったと深く信じている。

垣内君と土居君とが知合いになったのは慥かに私を通じてだったと記憶している。しかしいつ頃であったか、はっきり覚えていない。土居君はその頃から日本文学に興味をもち出したことを私に話したので、私は、是非垣内君に会って見たらどうだと云ったことがある。その内に土居君のところから垣内君を訪ずれたと云う報告があり、その報告の中に垣内君に会った感激が述べられてあり、垣内君を日本文学の最も深い理解者と感じたと云うような言葉があったのを覚えている。

三人が知合になってから我々は相当ペーターの思想や当時流行していた新カント派哲学の思想を語り合ったが、垣内君から日本文学の新しい一つの研究書として五十嵐力氏の『国歌の胎生と発達』に対する賞讃の言葉があり、何かの序でに賀茂真淵と独逸のヴィンケルマンとの比較論も出たように覚えている。

不老閣から大正五年に出た年四回発行予定の『現代批判』は私と土居君とで発案し、稲垣末松、紀平正美、野上豊一郎、四宮憲三君などに相談し、垣内君にも多分、相談したように覚えている。このあたりのことについての私の記憶は可なりぼやけていた。しかし不老閣と垣内君とを結びつけたのは私に相違ないことだけは慥かである。その結果として、垣内君の随筆『石叫ばむ』が大正八年に不老閣から発行されるに至った。（中略）

得能文先生、垣内君及び私の三人が、東洋大学に文化学科を創設したのは、大正十年の四月で、垣内君が欧州を遊歴したあとのことではなかったかと思う。この学科は文学と哲学、それに法律経済などを加味して実際社会に有為な人間を養成する機関で、三年間に修業するものであった。学科を編成する際、垣内君は欧州の傾向から見て将来司書学の有望なことを説いて、それを入れることを主張し、遂にその案が採用されるに至った。この学科は数年にして入学者が減少したため廃止されるに至ったが、その卒業生が今や東洋大学の中堅となって働いている現状を考える時、それが大きな存在の意義をもっていたことを痛感するのである。

垣内君が東洋大学を去ったのははっきり覚えていないが未だ昭和にならぬ大正十幾年かのことだったと思う。

しかし私とは個人的に交際していた。」（雑誌「実践国語」第一三巻第一四七号、昭和27年11月1日、穂波出版社刊、「垣内松三君の思い出」、六八〜七〇ペ）

この田部重治氏の回想には、モウルトンのことは出てこないが、垣内先生がモウルトンの「文学の近代的研究」を入手され、考察されていた同じ時期の側面は、よくうかがえる。垣内先生の学問研究の環境の一面もうかがえるように思う。

垣内先生がモウルトンの「文学の近代的研究」を大正四年に入手されてからの、モウルトンの考察・紹介・批判をこめた講義の状況については、その受講者としての西尾実・斎藤清衛両博士の回想によって、すでにその一部を知ることができた。[注3]

また、久松潜一博士は、「垣内先生のことなど」という回想において、「『国語の力』ははじめ国語解釈を主とした十二巻の国語学習叢書の総論として書かれたようであるが、この一巻だけで後は出なかった。しかし『国語の力』は先生の日本文学研究と国語研究と国語教育との三方面の基底をなして居た。これを文学研究の上から見るとエルツェ等の独逸文献学的方法に加うるにモウルトンの『文学の近代的研究』その他が多くとり入れられ更にデルタイの解釈学的方法も加えられたように思われた。終りの章をなす国文学体系は解釈学的立場から出た文学研究の方法、体系の素描であったと言い得る。そうして日本文学史をば『日本文学の思潮』と『日本文学の形象』というこの点から把握しようとされた。この場合の思潮も日本文学に現れた思潮よりは日本文学そのものの思潮であったと思われるが、形象も形式よりは内容と形式との一体となった姿であり、『さま』であった。このような形象を中心とする見解はそれ以後の垣内学説の中心をなしたと思われる。」（雑誌「国語と国文学」、第三四三号、第二九巻第一一号、昭和27年11号、五三ぺ）と述べ、また「『国語と国文学』の創刊に当っては『文学反響』という論文を書かれた。これはモールトン教授の『文学の近代的研究』にあるそれにもとづいて発展させられて居るが、文学の反響という語も好んで用いられた語であった。それに必ずしも影響されたというわけでもないが私も近く『文学の反響』という一文を書いた。垣内先生の学説はそれ自身すぐれて居るが、その反響という点に於ても大きなものがある。国語教育界に於ける反響は言うまでもない。」（同上誌、五四ぺ）と述べられている。

さて、欧州留学から帰られて、垣内先生がなさった講義はどのようなものであったか。東京高師にあって、その講義を聴講された、石森延男氏は、つぎのように述べていられる。「わたしがはじめて先生の教えを受けた大正十年の春から、亡くなられる昭和二十七年の夏まで、一貫して迫るものは、先生の『生きることの厳しさ』の一語につきる。」「先生が欧州留学をおえて、初めて講義された教室に、わたしは幸にも座っていた。『日本文学史』と『文学概論』との学問を二ヵ年間つづけてお聴きすることができた。そのころ老眼鏡をかけたばかりで、先生は、かけては外し、はずしてはかけして、きらりきらり光るものを発散させながらで淡々と講ぜられた。青くさいそのころの学生たちには、理解できるものではなかったが、わたしは、しがみついて聴きつづけた。

低く垂れこめた雲に蔽われていたわたしの頭脳が、しばらくしてどこかに、一点の青い空をみつけた。青い空は、少しずつひろがっていった。わたしはそれまで、文学には反逆児であった。とくに国文学には失望をし、軽蔑さえしていた一人である。芸術は音楽だけのように、信じきっており、どうかするとそちらに脱出しようともがいていた。しかし、わたしは手綱でぐっと首をひきもどされた。わが国の文学への眼が開かれた。忘れることのできない熱をおびた講義主題は、次々とわたしを魅了したからである。日本文学史における——合唱・抒情詩・物のあわれ・自然と奔放・遠白き道・叙事文学の三面・俳諧・分裂と統一・宗祇など。文学概論における——文学の本質・創作と批評・直観即表現・芸術家の任務・シラーの芸術観・芸術と生活・芸術品と社会との関係・文字形象の起点など——いまだに記憶の幕に匂っているのは、先生が文学の『真実性』を語った時である。これでも、文学に真実性はないというのかと、二たび、三たび教卓を打《ママ》んばかりに頬を紅潮された。あの講義の一齣である。

『文学の本質に内在する真実性に関しては、人生との交渉の上に精密なる考察をほどこさなくてはならない。この問題をさらに縮めると作者の人格の内面における作用において観察しなければならない。なんとなれば、文学すなわち芸術の世界は、人格的統一の上に立つ個性的具体的なものであるからである。その立場において文学の当為について考えることが文学の正しい理解に導く出発点でなければならぬと思う。換言すれば、作者の直観の検討においての問題が解決されると思う。アーノルドのことばに「文学は人生の批評原理である」というのがある。その意味は文学の研究はそのあるがままに人生の姿を見る力であるということである。これは文学研究の一時期を作った考えであるが、さらにこのことばを分析して考えてみると、如実にものを見るということは、科学の機能にして、観察分析とによってますます微細な専門をつくるのである。かくのごとき人は、アーノルドの人生ということばによって示されるものと両立し得ない。人生が科学的の研究をほどこされた時には、たとえば社会学でも、心理学でも、生理学でも、人生の分解された断片が明晰に考究されるのであるが、人生ということばによってつらぬこうとする作用は、この中からは起ってこない。人生および人生の研究は全一であり、総合であらねばならぬ。

人生をみるという時にも、その意味はけっして特殊的・分析的なものではなく、もっと霊話《ママ》的人生の意味なのである。特殊の知識的研究は全一の姿において人生をみるという可能性はない。ただ文学においてのみかくのごとき作用をふくみ得ると解釈しなければならない。かかる意味における文学は、はたして真実性を欠くものであろうか。人生の研究と称する学問は人文科学である。生理学で研究することは人生の広い一面にすぎない。しかしその中に人生ありやいなや疑問である。神経の抹消まで研究しても生命はない。人生の内面を研究するとき、科学的に研究されてもその極限は見えない。また、同じ理論を比喩的にモールトンがいっている、「文学と科学との関係はあたかも祖国と植民地の関係である」と。文学は祖国、植民地を開拓していく時に、その母国として領地を支配する。科学は母国をはなれて開拓の領分を広めていくが、その拡大にかかわらず祖国はつねに全一地点にあって母国の精神の上に立っている。このように文学も人生の祖国として永劫不変にその立場を失わない。科学は特殊化され専門化されて、その抹消にいたってかえって母国とはなれた領地が形成されるのである。アーノルドのいうところとモールトンのいうところとその叙述において異っているが、その帰趨においては一である。文学の本質は、その特殊化されたものではなく、それらの全体の統一である結果なのである。これを作者の創作態度にもってくるならば、もっとも自由なる人格的統一の作用であるといい得る。すなわちその内容はなんら限定されない自由なる立場に立ってあらゆる作用を統一せんとする作用である。外に分析するのではなくして、どこまでも内にかえって統一を求め統一を創造していくのである。科学は分裂していくが、文学は内にすべての経験内容を統一していくのである。自我の最高統一が意志であり、意志が物自体と接触するがごとく、文学においては自我の最高統一として人格的統一の上に立って、それが統一であればあるほどこの自体と面接するのであって、その自由なる立場において人生は客観的芸術的世界に統率せられるのである。かくのごとき立場から生ずる表現が果して真実性がないのだろうか。芸術は概念をはなれるほど超経験であるほどその本質を発揮するのである。外に向かって作用せずして内に向って作用する反省的機能の上に、あるいはシェークスピア的戦慄を感じ、あるいは超人的精神が美化される。われわれの経験において喜怒哀楽の醜悪なる場面も、情緒も、この作用によって浄化され、美化され、芸術化される。その差が生ずるところは、概念と混ずるかいなかにかかっている。科学と芸術の問題は全く逆であって、しかもその中にかえっていく統一の上に、さらにあらゆるものの姿を正しく見せる力を含んでいる。かくのごとき意味において文学の本質は真実性を欠くといい得るだろうか。以上のいろいろな立場から文学の本質を観察する時に、もう一つ自分にかえって反省を要するのは、真理といい、真実性というのは、認識対象界をもって唯一の実在界とするところの主智主義のために溺らされている偏見ではないかということである。論理範疇にあてはまらない感情的対象界を実在界とみる事ができないというような束縛をうけていることである。一般性客観性というものは、つねに論理的に範疇にあてはまるところのある体系のみをさしているのではあるまいか。もしそれを真理・真実性というならば、文学の体質に内在する真実性はそれではない。かえって時間・空間・因果の束縛を脱して個人的で主観的である精神の内面で、内にはいっていくときにそこに展開する先験的立場において是認される真理もしくは真実性をいうことになる。論理的範疇を超越したわれらの人格の中に見出される無限の豊富なる先験的感情の世界に見出される心の動き方をいうのである。これは科学によって究明されるものではなく、ただ芸術の中にのみ輝いているものなのである。

　知識によって生きる者には理解することのできない作用で、ただ芸術を見ぬこうとする直観の力《ママ》にのみによって見出される真理・実在性である。この立場に立って人生を見る時にその人格的内面の所産は自ら表現を呼び起して人生の批評原理と創造との結合点において芸術ないし文学が表われてくる。これを理想化などということばを用いていうが、むしろ人生のもっとも尊い正しい理解であるということが、この場合に似つかわしい。文学における自然および人生のとり扱い方は、ただそれを論究することをもって終るのではなくして、同時にその中から新しい性格と文化とを創《ママ》するのであって、その文学的境地は、批評原理と創造とを融合した点に存するのであって、文学は個性的統一の作用によって混沌を克服し、雑多を統一して、それが終ると同時に創造が行われている。この意味において科学の自然および人生に対する態度と内面的に大いに距離がある。たとえば自然の描写あるいは説明において、ラスキンが近代画家の描いた作品は、近代英国人に自然の見方を敢えたものだと云っているが、科学的に自然を説明したことではない。たとえば、黎明のものさみしさ、何ものかを示す風の音、あるいは、憂鬱な大洋——という時に、その自然にあらずして、ある形容詞は、その自然の真相を示すものにして、それによってもっともよく自然の姿がわかるのである。そのようなことばを選び出したラスキンの態度は、決して科学的なものにあらずして、驚異の眼に反映した自然そのものの生命であり、人格的情緒によって彩った自然である。かくのごときことばの内容が科学的であるというゆえをもって、その価値を減じないで、かえってかくのごとき直観が科学以上に精確であるということが感ぜられている。そのような場に、このような態度が、はたして錯誤であり、幻覚といい得るだろうか。かくのごとき意味において文学のとる態度は科学に比較して、いっそう高級なる理解といっていい。作品がわれらにかく見よとさし示すものは、科学の指示するものよりも更に真である。もう一つ文学に対する批難は全く個人的理想家《ママ》で、すべての人に普遍的真理ではないという批難である。もとより個人的人格的統一であるから、おのずから個人的特殊的といい得るのであるが、そのことが何がゆえに普遍でないといい得るか、シェークスピアがリヤ王によって千万人の心を一にしたという時に、個人的人格的統一はただちに千万人の心であり、文学が永遠性をもっていることは、この千万人の心の内に個性が生きるからであらねばならぬ。理論的にいえば、個人的であるけれどもすべての人に通じる精神的可能性をもっている。しかもその可能性たるやその作品によって、すべての人の心を蘇生せしめ力づける。もとよりそれがために全く異ったものに変化させる作用は持たないとしても、それらの人々の持前の方《ママ》則によってそれに力を得て、勢づけられて、個人の心の世界において永遠に展開していくのである。換言すれば個性的統一の内面において内存する動力が千万人を動かして無限に展開するのである。その扱い方は特殊的・部分的であるが、そのとり扱った問題は、人生の一面であるということは、かくのごとき力を内存せしむる理由でなければならぬ。もしただの説明にすぎないならば、ただちに消滅し去るのであるが、それを表現したがために、その内面的の動力によってすべての思索よりももっと生き生きと人心に生きている。かかる文学に真実性はないといわれるのであろうか。すなわち文学作品に表われている普遍性永遠性は、一面において同様に動力をもっているところの人生の説明と、いかなる交渉があるかということは、すぐ起きる疑問である。この解釈のためにもっとも文学に近く、しかも理智に富んでいる諷刺というものを考えてみよう。これは主として人生の悪徳を表述するのであるが、その本質は眼前の問題に対して正しい、あるいは鋭い感じをもたらすのである。しかしその最後の影響はこれに対して人生の内容にひそむ暗黒に対する罪をあがない、法悦、祈祷という考えが持されない。

この二つの相違はその内面にたとえ同じ醜悪面があっても、これにかかわらず、予言者的精神が人の心を高めるか否かということにかかっている。文学の本質は、ただ当然の問題を理解せしむのみならず、深刻に個性を刺戟して、あるものを示唆する。その意味において哲学と宗教に合致する。ただ文学の特殊な点は示唆する法式が、宗教哲学と違って、具体的な人生若しくは生活を眼前にさし示して、これをよく眼前にさし示す違いがある。』

三度も四度も、波が押しよせてくるような、先生の気迫を感じないでいられない。

こんなふうに、のべつまくなしに文字にしてしまえば、もはや熱を帯びた先生の音声を離れてしまい、読む人には、さほどの感銘はないと思うが、わたしの頭の中のテープレコーダーは、少しも色あせてはいない。」（雑誌「実践国語」第一三巻第一四七号、昭和27年11月1日、穂波出版社刊、一六〜一九ぺ）

この回想によって、垣内先生の帰朝後の講義状況がわかる。それはまた、「国語の力」成立直前の講義状況でもあった。なお、垣内先生の講義ぶり、話しぶりについては、井上赳氏が、つぎのように述べられている。「大学で講義される場合には、先生もノートを作って、そのノートを逐語的に見ながら話を進めていかれた。だからそのころは難解ということのほかには、先生の言語表現に対し不思議を感じなかったが、十数年後先生が各地で行なわれた講演を聞くに及んで、私は先生の言語能力の異常に驚いた。一時間でも二時間でも、先生の話には切れ目がない。文字通り楯板に水であり、とうとうと流れる川水である。もちろん手にノートもメモさえも持っていられるわけではない。主格述語修飾語の位置、一つ一つの文の構成は実に整然としている。そして長くつづく話のどこにも、一回の言い直しも訂正もない。語彙はきわめて豊富であり、言い回わしに変化がある。しかも表現内容は抽象理論的で具体例もほとんどない。時々烈しい表現はあるが、決してハッタリもなければヨタもない。こうなってくると先生の言語表現は、先生独得であり、むしろ先天性と断じるほかはない。その難解は、単なるドイツ翻訳語の詰屈さにあるわけでなく、示唆・暗示・滋味の宝石と共に先生の独壇場なのである。と私は思わざるを得なかった。」（雑誌「実践国語」第一三巻第一四七号、七八ペ）この記述から、垣内先生の話風の一端をしのぶことができよう。

さらに、帰朝後の垣内先生の講義聴講の回想としては、諸氏によってつぎのようになされている。

1　谷鼎――「高師で先生から御教授を頂いたものは私どもが最初ではなかったかと思う。たしか大正八年の四月、当時、国漢科の本科二年になったばかりの我々が、文学概論と文学史とを教えて頂いたと記憶している。モウルトンの文学史が中心になっていたように思い出す。文学概論の御講義中に屢々茶道の話が出て来たが、その大要は、それ以前の先生の御著書の『石叫ばむ』？に載っていることを発見してうれしがったことも思い出す。」（雑誌「国語教室」、第四巻第一号、昭和13年1月号、二二ペ）

2　池田亀鑑――「垣内先生が東京高師に来られて、日本文学史と文学概論とを講じられることになった時、その最初の御講義から聴講する名誉を得たのは、私共と私共の一年前のクラスとであったように記憶する。あれから二十年近くにもなるが、その時先生の御風格や学風から受けた感銘は、今日でもなお忘れることの出来ないものである。

その当時、私共の周囲に見られた国文学界の状態は古風な訓詁註釈的な学風から、まだいくらも進んだものではなかった。勿論それは出来るだけ多くの古典を読むということを重視した高師という学校の性質上止むを得ないことであったし、また私共自身も読むこと以上に確実な、正当な、文学研究の如何なる基礎も存在し得ないことを承知していたけれど、それにもかかわらず、私共は、私共の周囲にあるそういう古風な学風に対して、何とはなしに漠然たる不満の感じを抱かずにいられなかったのである。

その不満というのは読むということそれ自体が、果して単に古文中の難解な語句を辞書によって現在語に置き換えることでよいのであろうか、文学そのものの不可思議な本質を理解する道が、そういう機械的手段で尽されるであろうか、国文学の研究は箇々の古典的作品を単に読破するということだけでよいのであろうか、国文学が学として確立するためには、どういう体系と組織が望まれるべきであろうかというような方法論上の疑問であった。

そういう不安と動揺のさ中に、垣内先生を新しく講壇に迎えた私共の驚異と歓喜は、それこそ言語に絶するものであった。その頃、先生は主としてモウルトンの文学論を中心として、ヴントや、コーヘンや、クローチェや、ディルタイなどの諸説を取捨しつつ、国文学方法論の根本問題から説き起された。これまで国文の講義に、外国人の学説の引用などを耳にしたことのない私共は、先生の示唆に富んだ新鮮な深く広い学識とそれ自身ほとんど詩といってもよいほどに洗練された美しい表現とに、全く度胆をぬかされた。と同時に、はじめて、久しい間求めてしかも求め得ずにいたものを得た喜びに恍惚としたのである。

先生の国文学史は、日本文化の自叙伝若しくは日本精神史としての立場から講ぜられたものであった。文学概論は、日本文学の本質論、云いかえれば国境を越える文芸精神の照明の下に眺められた日本的性格についての論究が中心となっていたように思う。先生は、この二つの題目に於て、ある時は文学の理会の手段としての直観について、ある時は解釈の機構について、ある時は文芸の自律性について、ある時は各時代の文学の理念について、ある時は形態論や様式論について、ある時は国文学の方法体系について等々、様々な角度から研究の部門や領域の存することを示され、かつこれ等に関して数々の有益なる暗示を与えられた。」（雑誌「コトバ」第八巻第一号、昭和13年1・2月合併号、一二七～一二八ぺ）

３　石井庄司――「始めて垣内先生の文学概論の講義を聴くことが出来るようになったのは、自分の大塚学園に於ける第三年目の大正十一年四月からであった。既に多くの先輩たちから噂にきいていた通り、その時間は全く感激そのものであった。先生の御講義は、始めにゆっくりと筆記のできるように、一節をお述べになり、次にその解説的の講義が続いた。これは筆記をせず、その要点だけをノートの片面に書き留めることにしていたが、此の折こそ自分の心は実に多くのものを摂取したのであった。先生のお話からヒントを得て考えついたことも、その折々書き留めておいたが、実に『みのり豊かな』時間であった。

吾々のクラスの者は多く先生の講義に引きつけられて行った。就中、故天野博治君はその随一なものであったろう。天野君が白木屋の洋書部にモオ《ママ》ルトンの新着し《ママ》たことを報じ、放課後匆々一緒に日本橋まで買いに走ったのもあの頃であった。吾々の学園生活もいよ〳〵終りになろうという大正十二年の春からは、天野君等が主唱で、先生にお願いしてモオルトンを読んで戴くことにした。有志だけで、特別の時間をきめてであった。それがたしか月曜日の午後三時から五時までであったと思うが、或時は、信州地方への御講演の帰途、夜行で上野へお着きになったまゝ、まだお宅にもお帰りにならないという日でも、『このモオルトンの時間だけは休みたくない』と仰言って下さったときなど、若き吾等は全く感泣したものであった。この特別講義の御礼のしるしに何か先生に差しあげたいというので、有志の者がほんの少しの醵金をして、どこかのデパートで、陶器を買って、四谷のお住居に持参した。安ものの陶器、今考えると全く冷汗の出るものであるが、これが先生の御宅に伺った最初であった。」（雑誌「国語教室」、第四巻第一号、昭和13年1月号、一八ぺ）

3′ 石井庄司――「大正十一年四月、本三になって自分等は待望の垣内先生の文学概論と国文学史の講義を聞くことができた。その頃、英語は土居光知先生にブラウニングの詩などを習っていたが、両方の先生からモウルトンの書物の話をきいた。そこで級友の数人を語らって、垣内先生に、その輪講のことをお願いしたところ、心よく御承引下され、当時、講師であった先生が、わざわざわれら数人のために、何曜日かの二時間をあてて、モダン、スタディ、オブリタラチュアを講義して下さった。きまった文学概論や国文学史の方はよく休講となったが、このエキストラのモオルトンの方は、かえってお休みがなかった。あるときなど、『今旅先から上野駅に着いてここへ駈けつけた』とちょっと仰言ったことがあった。この時は、よくわからなかった。しかし今日になって、つくづくと思い出されることであった。（雑誌「実践国語」、第一三巻第一四七号、昭和27年11月1日、穂波出版社刊、一〇四～一〇五ペ）

4 渡辺 茂――「現在の私は、『垣内先生と私』というような題で過去の生活を省るほどの時間的距離をその過去に発見することは困難である。しかし強いて過去の思出を語るなら、あの『国語の力』の出た時の感激である。当時（大正十一年）東京高師に入学したばかりで国文学の研究法に疑問を抱いていた私は、此の書に依ってどれほど国文学に対する研究情熱を鼓舞されたかわからない。それから特に御指導を仰ぐようになり、外国の文学研究法に関心を持ちつつ国文学の研究法を考察して今日に及んだ。生徒及び学生時代に参加した先生のゼミナールで最も印象の深いのはモウルトンやマールホルツ、それからチザルツやペターゼンやワッハ、更にカシーラーやエルマーチンゲル等の学説についての批判であった。早いもので先生に教を受けるようになってからもう十四年ほどになる。（昭和一二、一二、五）」（雑誌「国語教室」、第四巻第一号、昭和13年1月号、一七～一八ペ）

5 熊沢 竜――「（前略）高等師範へ入って二年目の四月、始めて先生の講義をきいて、完全に魅了され、授業が終った時、暫く声も出なかった。やがて、そこここで、うめくように嘆声がもれ始めたのである。

文学が好きな所から、国語専攻の文科二部に入ったものの、この一年間ひからびた講義ばかり聞かされて、幻滅にすっかりくさりきっていた私達だった。そこへ先生があらわれたのだ。講義は文学概論だったが、この日は国文研究のあり方について、ノートなしに縦横に抱負を語られ、国文学界の現状を、『テキスト・クリティック以上一歩も出ず。』と痛快にやっつけられ私達日頃の憤懣を一気に吹きとばしてくれたのであった。講義は一年間つづいた。中学や師範を出たばかりの私達にとっては、先生の講義はむつかし過ぎてよく解らなかったが、清新な内容と先生の情熱が私達をぐんぐんひっぱって行った。

二年目から先生の講義は文学史に変り二年間つづいた。文字の生まれない以前の合唱時代についての御意見が印象的だった。私は自分の幼年時代を振り返って、ものの書けなかった頃の言語生活について考え、学校へ入って綴方をやり、更に少年雑誌への投稿時代に至る経過を反省して小論をものし、レポートとして呈《ママ》出した。先生は最大級の讃辞で私の努力に答えて下さったのを今も光栄に思っている。」（雑誌「実践国語」、第一三巻第一四七号、昭和27年11月1日、穂波出版社刊、八四ぺ）

6　宮西一積――「私が東洋大学へ這入った頃、垣内先生は欧洲から帰朝、英文学の田部重治先生と文芸研究会を指導して居られたので、私は其の傘下に馳せ参じ、都下の大学、専門学校、新聞社、雑誌社、同好者等に呼び掛けて一大勢力をなした。文芸運動のお手伝いもした。

学校を出てから私は郷里の丸亀中学に勤めたが、先生は香川県下の国語教育指導の為に来られ、戦士の様な情熱を以て形象理論を講じ、非常な感銘を与えられた。私は先生をお宿に訪うて記念写真をとり、高松の港にお送りして強い握手を受けた、《ママ》モウルトンを紹介されたのは、この時であった。」（雑誌「国語教室」、第四巻第一号、昭和13年1月号、二四～二五ぺ）

6′　宮西一積――「私が東洋大学に入学した頃、垣内先生はヨーロッパから帰朝せられた早々で、長身広額さっそうたる身なりをした、如何にも教授らしい風貌を講壇に運ばれ、明晰な頭脳をもって学問の曠野を切り開いて行かれた。その彼方には、先生のよく使われた、希望に輝く『緑の丘』があった。

当時先生は確か『文学論』を講ぜられて居たと記憶して居る。『啓示の神性』等と云う言葉が頭に残って居るが、その講義ノートも未だ大切にしまって居る筈なので、大急ぎで書庫を探して見たけれども、一寸見つからないから、その内容について詳しく書くことの出来ないのは残念である。

しかし新らしい思潮と、卓抜なる研究方法で構成された理論を講ずるに、燃ゆる様な情熱——寧ろ殉教的な——をもってし、若い学徒を魅了せずにはおかなかった点は、今も尚私の印象にまざまざと残って居る。

その頃私の学校には東洋大学文芸研究会なるものがあって、東西文芸思潮の研究を目的とし、毎月一回名士を聘して公開講演をし、夏季には昼夜二回に亘って、各大学の学生を初めとして、一般文化人のための文芸講習会を開催し、非常に関係方面の関心を集めていた。先生と英文学の田部重治先生は、その指導教授として、能くお世話をして呉れた。」（雑誌「実践国語」、第一三巻第一四七号、昭和27年11月1日、穂波出版社刊、六四ペ）

以上の、1谷鼎、2池田亀鑑、3石井庄司、4渡辺茂、5熊沢竜、6宮西一積の諸氏による聴講回想によって帰朝後の垣内先生の講義態度・講義状況を知ることができる。なかでも、石井庄司博士によって述べられている、モウルトン輪講のことは、注目に値いする。モウルトン教授と学生から呼ばれていた垣内先生の演習への熱意も、うかがえるであろう。

また、諸氏によって印象深いこととして回想されている、垣内先生の熱情のこもった、迫力に満ちた講義ぶりは、単なる教室の講義の問題におわったのではなく、「国語の力」成立の底流となり、背骨となっていると考えられる。

垣内松三先生とモウルトンならびにモウルトンの所説との関係、ならびにモウルトンとゆかりの深かった時期の垣内先生の講義状況については、右に見てきた通りである。

注1　昭和12年1月4日、垣内先生が口述された日付である。
注2　この部分の引用は、すでに本稿三にも、中略をしつつ、一部を引用している。
注3　本稿二・三に、引用した。

九

つぎに、「国語の力」とモウルトン著「文学の近代的研究」との関連について、考察を進めたい。
モウルトンは、「文学の近代的研究――文学の理論及び解釈の序論――」の「序」において、「今まで四十年以上にわたって、私の生涯は、文学を教授することに、すっかり捧げられて来た、半ばは大学の教室において、半ばは大学科外講義のアトラクティヴな世界において、そしてここでは我々は受容力があると同時に成熟した学生に出会う。文学のこの研究に形を与えることに幾分の貢献をするということは常に私の宿望であった、《ママ》何となれば、それは伝統によって、それほど雑多で、且つ組織されていないからである。これまでの私の著作は予備的研究であり、特殊の文学の分野に適用される特別の原理についての論究であった。その研究の最も明白な欠陥は、他の如何なる種類の批評にとっても、その基礎とならなければならない帰納的観察のインスティンクトが欠如していることである。」（本多顕彰訳、昭和7年11月15日、岩波書店刊、二ペ）と述べて、自己の文学研究を反省し、同時にその著作ごとに意図を説き、「私の最後の仕事は、文学の世界全体を、個々の特殊の文学の集合としてではなく、英国人的立場から展望された『世界文学』の概念によって把握しようとする企てであった。（同上書、三ぺ）と述べている。

なお、モウルトンは、本書の読者に関しては、「本書を書くに際し、私は、絶えず、これを大学並びに学校の教室において実用に供せられるようにするという目的を念頭から去らせなかった。私は、亦、これを、一般読者にも興味あるものたらしめようと努めた。そして、私が最も尽したく思う読者は、大学卒業を、決勝点としてではなく、全生涯の余暇を充すべき教養の出発点として認めた人々である。」（同上書、四ぺ）と述べている。

本書の目次は、つぎの通りである。

序　論　近代的研究の優勢なる観念　統一、帰納、展開
第一篇　文学形態論、文学の多様とその根底に横たわる原理
　第　一　章　文学の形態の諸要素
　第　二　章　文学の諸要素の融合
　第　三　章　文学解釈の鍵文学的形態
第二篇　文学研究の分野と範囲
　第　四　章　文学の分野の統一と世界文学の概念
　第　五　章　文学の内的及び外的研究
第三篇　世界文学の歴史に反映したものとしての文学の展開
　第　六　章　詩と散文との分化
　第　七　章　叙事詩における展開
　第　八　章　戯曲における展開
　第　九　章　抒情詩における展開
第四篇　文学批評、伝統的混乱と近代的復興

第十章　文学批評の諸型とその伝統的混乱
第十一章　思索的批評　詩の基礎的概念と職能
第十二章　思索的批評　趣味の展開的理論
第十三章　帰納的批評または解釈の批評
第十四章　批評的意見の歴史
第十五章　判断的批評または製作制限の批評
第十六章　主観的批評、若くは文学として承認される批評
第十七章　文学研究に於ける批評の地位
第五篇　哲学の一様式としての文学
第十八章　思惟の一様式としての物語
第十九章　人生の批評としての文学
第二十章　人生及び自然の高級な解釈としての文学
第二十一章　文学の芸術と同様に重要なる文学の主題
第六篇　芸術の一様式としての文学
第二十二章　文学の芸術の文法
第二十三章　詩的建築及び芸術的摂理としての筋《プロット》
第二十四章　詩的装飾比喩及び象徴の理論
第二十五章　文学的反響、第二の自然としての文学の概念
第二十六章　文芸に於ける一要因としての言語
結論　文学の伝統的並びに近代的研究
綱要

右のように、本書の内容は、序論・結論のほか、六篇二十六章から成っている。

これらのうち、垣内松三先生によって、「国語の力」の中に引用されているのは、つぎに掲げる通りである。

一　解釈の力

1　「その石や瓦の間から青い草がぼつ〳〵芽を出して来る。たとえばモウルトンの『文学の形態学的研究』の如きもその一つと見ることができる。こゝに謂う所の『形態』は形式でない。形態学的研究の対象は形式に対して考えられて居る内容の『形象』である。少なくともモウルトンの企てた態度にはこれまで欧米に伝襲して居る文芸復興期以来の文芸及修辞学等を破壊して、新しい研究の基礎を据え付けようと努めた跡は充分に見えて居る。唯遺憾に思うのはそれはもっと地盤の底から掘り返えして基礎を固くしなければならぬのであるのに、地盤が堅められて居ないために其の建設が確実とならぬことである。」（有朋堂版「国語の力」、一　解釈の力　一三　解釈の新傾向　四〇～四一ぺ）

1′　右の部分は、モウルトンの「文学の近代的研究」からの直接の引用ではない。モウルトンの取り上げた「形態」と、それを中心とした研究態度について論及されているのである。モウルトンは、「形態」について、つぎのように述べている。

「この第一篇の題目は文学的形態論、即ち、種々の文学的形態と、その根底に横わる原理とであった。これら種々の形態は、我々が今見た如くに、解釈における主要な要因である。この問題の伝統的取扱いは、古典的過去の死んだ手が、唯一度或る型を定め、それを後の時代の作家が守らなければならないかのように、これら文学的諸形態を静的であると屢々考えて来た。これは『種類についての謬見』で、これが批評史に繰り返し現われ、そして、繰り返し覆されて来た。文学における形態は展開の事であり、文学が前進するにつれて新しい形態が現われて、より古い形態が変更される。形態の六つの要素――叙事詩、抒情詩、戯曲、歴史、哲学、雄弁――は、それに特殊の作品が帰せらるべき、互に排他的の、文学の六つの種類ではない。化学の元素のように、これらは特殊の作品の中で結合することが出来て、これら諸要素の融合は文学的効果の源となる。読者が読むところのものに対して取る態度は解釈者の態度である。彼は、先ず、眼の前にある文学と一般文学とに徴して、その根底に横わる形態の解釈を試みなければならない。彼はその時、形態が意味の解釈を助けることを見出すであろう。」（本多顕彰訳「文学の近代的研究」第一篇　第三章　文学解釈の鍵文学の形態　八六～八七ぺ）

2　「前に述べたように解釈《イニタープレテーション》の意味が広い意味に解せらるゝようになって来たのは、その自然の結果であって、而してその解釈の鍵が形態の研究に置かるゝのもそれを示すものであるといってよい。」（有朋堂版「国語の力」一　解釈の力　一五　解釈法と批評法との関係　四三ぺ）

′2　ここには、モウルトンの名前は出されていないが、「文学解釈の鍵文学の形態」というモウルトンの研究を指していると見てよかろう。

3　「作品の研究の実際に於ては演繹的批評主義論と帰納的批評主義論との二に分って考えることができる。近来に至りてこの両方面が次第に接近しつゝあって、たとえばモウルトンが、『解釈の批評主義論』という唱導の中には、この両方面の融合が意識せられて居り、『批評主義論の改造』ともいう語の中にも、その希望が現われて居る。」（有朋堂版「国語の力」一　解釈の力　一七　批評主義論と批評方法論　四六ぺ）

′3　「解釈の批評主義論」については、第十三章　帰納的批評または解釈の批評　に述べてある。その末尾には、

「批評の伝統的概念が判断と同義語であった間は、文学史は批評に打ち勝つ文学の勝利であった。文学に対する近代的態度は、評価と判断とを除外しない。しかし、それは、判断の批評が、最も自由な帰納的吟味の過程によって先行されなければならないということ、及び、かくして、批評における最も基礎的な要素は、解釈の批評であるということを認める。」（本多顕彰訳「文学の近代的研究」第四篇　第十三章　帰納的批評または解釈の批評　三四七ぺ）と述べられている。

4　「この要求から考える時にモウルトンが『天文学者の観測が個人差や機械の精粗なために差異が生ずるように別の人が見たら異った解釈が生ずることはそれはあり勝ちのことである。それではそれを決するには、いかにしたらよいかといえば、唯一言で答えることができる。それはFresh observationだ』という心もちを解って来る。」（有朋堂版「国語の力」一　解釈の力　一八　帰納的批評法　四九ぺ）

4′　「最も実証的な科学においてすら、外自然の細部は、別々の観察者に別々の印象を与えるであろう。その結果、天文学は『個人的誤り』若くは、『機械の誤り』を斟酌しなければならない。しかし、彼はこの種の諸困難を如何に処理するか？　新鮮な観察によってである。文学のすべての取扱いにおいて、人によって異る主観的印象は、困難な問題である。しかし、帰納的解釈者は、観察しつつある文学に幾度も繰り返し訴えることによって、その困難に応ずる手段を持つ。」（本多顕彰訳「文学の近代的研究」第四篇　第十三章　帰納的批評または解釈の批評　三一一ぺ）

5　「又作品の批評から出立してそれを材料として、作品に示されたこと、示されなかったこと、示さなければならぬことを考えようとする態度がある。自由主観的批評主義Free and subjective criticismといわるゝものがそれである。批評から創作へ進むのである。作品の研究から別かれて次第に創作の方向へ紛れ込む傾向は、批評家の個性が鮮明であるほど明かに主観性を帯びて、批評の形をしながら創作の性質を帯びて来るのである。これも批判的批評主義論と同じく、こゝにいう批評の意味ではない。」（有朋堂版「国語の力」一　解釈の力　一七　批評主義論と批評方法論　四七〜四八ぺ）

５′「この語（引用者注「主観的批評」を指す。）は、批評の一分派をあらわすのではなくして、特殊の見地から考察される批評的著述の全体を云い表わしている。批評は文学を討議する文学である。他の諸々の型は、その見地として、討議される文学を持つ。主観的批評は、批評家に興味を持つ。批評家は作家となる。主観的批評は、この作家の、文学に対する寄与である。」（本多顕彰訳「文学の近代的研究」第四篇　第十六章　主観的批評、若くは文学として承認される批評　三七二ぺ）　５には、モウルトンという語はないが、本書のこうした考え方をふまえて論が進められているようである。

６「（前略）、モウルトンのいうごとく帰納的批評法は『解釈の批評主義』であって、解釈は仮定に終るのでなく仮定の連続の上から無限に進展する作用である。」（有朋堂版「国語の力」一　解釈の力　一八　帰納的批評法　五〇〜五一ぺ）

６′「かような解釈の批評は、帰納的である。帰納的方法の精髄は観察、暗示された説明、及び、新鮮な観察による説明の立証、である。第一に、文学作品の内容は、その最も細い部分に至るまで質疑され、而もそうされるのは細部それ自身の為ではなく、共通の説明の中におけるそれら細部の調和若しくは統一の目的をもってである。第二に、これら結果として起る説明は常に仮のもの——専門的に云えば仮説——であって、いつでも容易に、より広い説明に基礎をおくところの結果に地位を譲るものである。

基礎公理。　文学に於ける解釈は仮説の性質を持ち、それはそれが、文学作品の内容を説明する程度によって査定される。」（本多顕彰訳「文学の近代的研究」第四篇　第十三章　帰納的批評または解釈の批評　三〇八〜三〇九ぺ）

７「文化意識の統一点から文学を批評する作用にはこの考え方がある。その一は文学の展開を文化の自叙伝と見ることから、歴史的識見を精錬して作品を批評せんとする態度である。」（有朋堂版「国語の力」　一　解釈の力　二〇　思索的批評法の一面　五三ぺ）

7′　右のうち、「文化の自叙伝」という語句に関しては、モウルトンは、つぎのように述べている。

「即ち、国民文学は、その国民の自叙伝であり、それ自身の最上の声で直接に我々に話しかけるところの、その国民の歴史である。そして世界文学は、文明の自叙伝である。」（本多顕彰訳「文学の近代的研究」　第五篇　第二十一章　文学の芸術と同様に重なる文学の主題　四二五ぺ）

8　「思索的批評主義の他の一の態度は、文学の本質を思索してその立場から作品を批評する態度である。而して文学の本質は何であるかという疑問に答えて、神といい生命といい人性というも、それは何であるかと問えば語に窮せざるを得ぬ。」（有朋堂版「国語の力」　一　解釈の力　二二　思索的批評法の他の一面　五五～五六ぺ）

8′　「我々が今始めようとしている題目は、普通に文学の哲学と名づけられて来たところのものである。私はこれを思索的批評と呼ぶことにしている。文学の哲学を構成するに足るだけの一般的承認を得ているところの、広く体系化された思想の本体があるということを、私は理解することが出来ない。『思索的』なる語は、かような哲学へ向う前進の試験的及び一時的段階を暗示する。それは人が哲学する二つの方法――演繹及び帰納――のどちらにも適合する。」（本多顕彰訳「文学の近代的研究」　第四篇　第十一章　思索的批評――詩の基礎的概念と機能　二六一ぺ）

9　「又モウルトン等の唱える『世界文学』の概念もここに着眼点を置くと見ることができる。」（有朋堂版「国語の力」　一　解釈の力　二二　思索的批評法の他の一面　五六ぺ）

9′　「諸文学の集合―全世界の文学
文学の統一―世界文学　｝を区別せよ。

重要な点は個々の文学の単なる集合ではなくして文学の統一である。（中略）我々は、現存のすべての文学の総計に与えられた名称に過ぎないところの全世界の文学と、我々が世界文学と呼んでもよいところのものとの間の区別をしなければならない。後者は与えられた見地から、多分読者の国民的文明の見地から、遠近法の仕方によって見られた全世界の文学である。」（本多顕彰訳「文学の近代的研究」　第二篇　第四章　文学の分野の統一と世界文学の概念　九一～九二ぺ）「そして、世界文学には文明の歴史が反映している」「世界文学は歴史的統一としての文学的材料を提出する。」「世界文学においてのみ文学の一代記が完全に表わされることが出来る。」（同上書、一〇四～一〇五ぺ）

10　「文学の歴史に於ては、常に創作が批評を打負かして歩みをつづけて居る。鑑定家だけを除いて其外の人は誰でも芸術を理解するという反語は、この場合にも思い合わせられる。」（有朋堂版「国語の力」　一　解釈の力　二一思索的批評法の他の一面　五七ぺ）

′10　「批評の伝統的概念が判断と同義語であった間は、文学史は批評に打ち勝つ文学の勝利であった。」（本多顕彰訳「文学の近代的研究」　第四篇　第十三章　帰納的批評または解釈の批評　三四七ぺ）

″10　「（前略）、文学を正確に理解する過程は、判断的観念からの撹乱がある間は行われることが出来ないということである。そこから、ホガースの逆説が起ってくる――鑑識家を除くすべての人が絵画の判断者である。」（本多顕彰訳「文学の近代的研究」　第四篇　第十三章　帰納的批評または解釈の批評　三四七ぺ）

11　「故に帰納的批評が克明に内へ内へと向うように、思索的批評は平静に作品の展開に随伴する作用であらねばならぬ。この両方に通じて最も忌むべき点は、研究の中途に於て作品を離れて、聯想錯誤に迷い込むことであって批評と創作との糾れはこゝから生れて来るのであろう。」（有朋堂版「国語の力」　一　解釈の力　二一　思索的批評法の他の一面　五七～五八ぺ）

11′「私は今一つの謬想を挙げ、それを常識謬想として云い表わしたい。我々は、時に、帰納的解釈に対する偏見が、常識は如何に解釈者が詩の大家の単純性の中に複雑な空想を読んだかを、見ることが出来ると規定することによって、述べられているのを見出す。さて、文学の解釈者が屢々彼等が評釈する文学の中に、彼等自身の空想を読んだということは本当——驚くばかりに本当——である。けれども、これをなすことは帰納的批評ではない、いや、それに反して、帰納的批評に悖る最も大きい罪である。」（本多顕彰訳「文学の近代的研究」第四篇第十三章　帰納的批評または解釈の批評　三四五ぺ）

なお、モウルトンは、文学解釈をおびやかす誤謬について、①寓話化する謬見、②前後撞着の謬想、③より優れた人物の謬想、④作者謬見、⑤芸術及び自然の謬見、⑥種類及び程度の謬想、⑦法及び違反の謬想などを挙げて説いている。

12「古人がてにをはの一字の意味にも苦心して、周到な用意を以て、解釈を試みたのは、この一字の上に文の全意と関係する生命が宿って居ることを知ったからである。かゝる用意を以て解釈する時に始めて、作者が書こうと思ったことをどこまで書き得たかということが考えられて来る。こゝに解釈の上に於ける演繹と帰納の融合せらるゝ要点がある。前に挙げたUneasy lies the head that wears a crown.を『冠を戴く頭は安きひまなし』と訳する作用はこゝから生れて来るのではあるまいか。モウルトンが『解釈の批評主義論』を主張する着眼点もこゝに在ると見ることもできるのである。」（有朋堂版「国語の力」一　解釈の力　一一五　解釈の着眼点（二）　七二〜七三ぺ）

12′「帰納的方法の精髄は観察、暗示された説明、及び、新鮮な観察による説明の立証である。第一に、文学作品の内容は、その最も細い部分に至るまで質疑され、而もそうされるのは細部それ自身の為ではなく、共通の説明の中におけるそれら細部の調和若くは統一の目的をもってである。第二に、これら結果として起る説明は常に仮のもの——専門的に言云えば仮説——であって、いつでも容易に、より広い説明に基礎をおくところの結果に地位を譲るものである。（本多顕彰訳「文学の近代的研究」第四篇　第十三章　帰納的批評または解釈の批評　三〇八～三〇九ペ）

13「モウルトンが詩の韻律はRecurrent rhythmであり散文の韻律はVeilled rhythmであるというように、詩文の内には生命の律動が内聴されるのであるから、文の解釈の上から最も作者の心に近づくものは、文に潜む想韻の流動を内聴することであるということができる。」（有朋堂版「国語の力」一　解釈の力　二六　解釈の着眼点（三）　七六ペ）

′13「散文と韻文との区別は、唯文学の表面に触れるのみでる。それは律動の区別である。すべての文学は律動的であるけれども、そこに相違がある。韻文の律動は、回帰的律動であって、つとめてその点に注意を払う。散文の律動は、これに反して蔽われた律動である。」（本多顕彰訳「文学の近代的研究」第一篇　第一章　文学の形態の諸要素　一三ペ）

″13「私は、本書の第一章において、散文と韻文との間の基本的律動の区別に注目した。散文は蔽われた律動であり、韻文は循環的律動である。」（本多顕彰訳「文学の近代的研究」第六篇　第二十六章　文芸に於ける一要因としての言語　五四八ペ）

以上のように、「国語の力」の「一　解釈の力」には、モウルトンの「文学の近代的研究」からの直接・間接の引用が一三例も見られる。

「国語の力」の第一章ともいうべき、「解釈の力」は、その語の示すように、「解釈」の問題を中心主題としつつ、「読方」・「批評」の両面にも周到に配慮して、真の解釈の力をあきらかにしようとする試論である。その内容は、

二〇　思索的批評法の一面――(7)
二一　思索的批評法の他の一面――(8)(9)(10)(11)
二二　帰納的批評法と思索的批評法との関係
五　二三　読書の力
二四　解釈の着眼点(一)
二五　解釈の着眼点(二)――(12)
二六　解釈の着眼点(三)――(13)
二七　解釈の三方面の統一
二八　解釈の有機的統一

のように構成されている。

各項の下に記入したのは、さきに掲げた、「国語の力」における引用例である。これによって見ると、そのほとんどが「解釈法」・「批評法」の問題の考察に集中しているといってよい。

これらの引用を、モウルトンの「文学の近代的研究」について見ると、つぎのようである。

第一篇　文学形態論　文学の多様とその根底に横わる原理
　第一章　文学の形態の諸要素――(13′)
　第三章　文学解釈の鍵文学の形態――(1′)(2′)
第二篇　文学研究の分野と範囲
　第四章　文学の分野の統一と世界文学の概念――(9′)
第四篇　文学批評、伝統的混乱と近代的復興

第十章　文学批評の諸型とその伝統的混乱
第十一章　思索的批評――詩の基礎的概念と職能――（8′）
第十二章　思索的批評――趣味の展開的理論
第十三章　帰納的批評または解釈の批評――（3′）（4′）（6′）（10′）（11′）（12′）
第十四章　批評的意見の歴史
第十五章　判断的批評または製作制限の批評
第十六章　主観的批評、若くは文学として承認される批評――（5′）
第十七章　文学研究に於ける批評の地位
第五篇　哲学の一様式としての文学
第二十一章　文学の芸術と同様に重要なる文学の主題――（7′）

右の各章下に記入したように、四篇七章から引用されている。その中心は、第四篇の文学批評を扱ったものからの引用で占められている。

「国語の力」の「一　解釈の力」においては、「解釈法」を中心にしながら、「読方」（とくにセンテンス・メソッド）と「批評法」の問題をあわせ考えていく態度がとられている。そのため、「読方」（とくにセンテンス・メソッド）については、ヒューイや国内の実践事例などによりながら、考察が進められ、「解釈法」については、エルチェの「研究法」（解釈法・批評法）の批判的克服を志向しつつ、モウルトンが取り上げられたのである。さらに、「批評法」の問題についても、モウルトンの考究している、「思索的批評」・「帰納的批評」（解釈の批評）・「主観的批評」などをふまえ、それらによりつつ述べられている。（垣内松三先生は、「批評主義論《クリチシズム》」の語を用い、本多顕彰氏は、「批評」の語を用いている。）

もちろん、垣内先生は、モウルトンの文学の形態学的研究に対して、その清新さを認めつつも、地盤の固めかたがじゅうぶんでないという批判をされている（前掲、引用例1、参照。）

　モウルトンの「解釈法」・「批評法」からの引用も、「読方」・「解釈」・「批評」を同一本質のものとし、「解釈の力」をあきらかにしていこうとする自主的立場からなされているのである。また、垣内松三先生は、「エルチェ式研究法は研究史の或る時期には一度経過しなければならぬ研究法の原理であるが、研究が或る程度まで進んで来るとそれは却って研究を拘束するように考えられる。而して研究の方針を新たにした新しい研究法の建設を要求するのである。」（有朋堂版「国語の力」三九ぺ）と考えて、その立場からの「解釈法」（「批評法」）の新しい建設を志向されたのである。したがって、モウルトンからの引用も、この志向の線に沿いうるものとして、なされている。モウルトンも言うようにという引用形式（1、4、6、9、12、13）（細部の言いまわしは、すこしずつちがっているが）のとられていることも、そのことを示している。

　なお、ついでながら、引用例4、7、10、13などは、垣内好みの巧みな引用のしかたといえよう。

　モウルトンの「解釈法」・「批評法」についての引用は、右に見たような、自主的・建設的立場で、自己の解釈観・解釈法の確立へ向かって、それらをふまえ、活用していくという態度でなされている。モウルトンの所説の紹介とか説明とかに終わることなく、かなり自在にそれらを駆使して、論述が進められている。

　しかしながら、この「国語の力」の中心部の一つ、「一　解釈の力」の章が、意欲的に構築されるにあたって、ヒューイの書物と並んで、モウルトンの「文学の近代的研究」が大きい支柱になっている点は、見逃がすことができない。

　モウルトンは、近代的批評について、四つの型を識別し、つぎのように述べている。

「我々は先ず第一に帰納的批評を待つ。これは、解釈と展開的分類の目的で、あるがままの或る特殊の文学を吟味することである。これは他のすべての種類の批評に欠くべからざる基礎である。勿論、裁判官気質の批評家は、もし彼が、研究して来た文学を理解しなかったり、誤解したりしたならば、彼の評価または理論は地に堕ちるであろうということを認めるであろう。彼が多分気がつかないところのことは、かような純粋な解釈は、判断の観念を全然除外しているところの過程によってのみ可能となるということである。我々は、第二に、文学理論若くは文学の方向に向うところの思索的批評を持つ。第三に、承認された原理を個々の文学作品に適用することであるところの判断的批評にとっての沢山の余地がある。しかし、如何なる種類でもの文学批評が、それ自身文学として取扱われて、その批評家を作家として表わす時に、第四の形が生ずる。理論の一項目として許容されないかも知れないところのものが、それにも拘らず文学的実施によって、高い興味と価値とを持つかも知れない。或る人々は、この自由批評若くは主観的批評は、すべてのうち最も重要な批評であると考えるであろう。批評のこれら四つの型は、ある特殊の討議において如何に混じていようとも、職能においては明らかに別個である。伝統的批評は、これら四つの型のうちの唯一つのものによる批評の全分野の無意識的借取であった。批評の観念は、判断の観念に狭められた。そして判断的態度を除外しなければならないところの解釈を容れるべき余地が残されていなかった。」（本多顕彰訳「文学の近代的研究」、二五九～二六〇ぺ）

　モウルトンは、このように、帰納的批評をすべての批評の基礎として、四つの型の批評について、くわしく考察を加えている。それに対して、垣内松三先生の「国語の力」においては、帰納的批評法と思索的批評法との関係について、「批判的批評に陥らざる帰納的批評と思索的批評とは、作品の中に内在する能産の作用の逆行であり、随伴であると見るならば、この二つの作用は、その中道に於て相会するのであって、帰納は演繹に伴い演繹は帰納と提携する。ここに於て批評法の両面が合一され批評の方法論が完備する。」（有朋堂版「国語の力」、五八ぺ）と述べられている。

モウルトン・垣内松三両氏の所説の述べ方には、おのおの特色があって、そのままあいかさなるものではない。垣内先生のほうがはるかに簡略化され、独自の見解としてまとめられている。その際、モウルトンの所説は、有力な足がかりとなっているのである。

つぎに、二　文の形　においては、つぎのように、引用されている。

二　文の形

1「併しながらゲナングの研究に於ては、この外に結体Sumとパラグラフの種類(1) Propositional paragraph (2) Amplifying paragraph (3) Preliminaly paragraph (4) Alternation of kindsとを区別して考えたので、それだけ以上の表は思想の内面の形象を見るまでに深く掘下げた形を示して居らぬ。モウルトンはPlotの研究に於て、この区別を示すに『文学的建築』Poetical Architectureという語で示して居るが、ゲナングの考え方は文学的建築を示すものであって、更に深く潜める芸術的攝理を示すものではない。」（有朋堂版「国語の力」二　文の形　七　文の形と想の形との統一　一〇三〜一〇四ペ）

1′「文学の芸術における最も基礎的な点は、筋《プロット》の興味である。芸術作品としての物語は、多様における統一である。もし、すべての細部が、包括的統一の内部にあるように感ぜられるならば、その細部が多様であればある程、その芸術は豊《ママ》である。プロットは、個々の場合への適用において、これを法式化しようとする。ある詩の一般的要旨を計画の言葉で述べることは、我々にプロットの興味を与える。この見地からすれば、プロットは詩の建築である。しかし、物語も亦人間的興味を持つ。この方面から見れば、プロットは、創作の範囲においては、現実の世界で或る者が神意（攝理）と呼び、また他の者は法と呼ぶところのものである。すべてのものは、一つの意味ある全体の部分として考えられる。各々の個々の物語は、創作者としては詩人、その法の計画若くは攝理としてはプロットを持つところの小宇宙である。しかし、プロットのこの二つの相は密接に関係させられている。芸術における計画と人間的興味とは不可分である。故に、ある物語の攝理を形作るところの、根底をなす計画は、美感に訴えなければならない。『詩的正義』を、実人生の正義よりも一層正しい或るものを要求するものとして考えることは、一般の誤謬である。それどころか、例えば、もし応報が、機械的的確さをもって、それ自身を仕遂げるんらば、正義は、直に、『詩的』たることをやめる。それを詩的にするところのものは、――より多く正しかろうと、より少く正しかろうと――それが、我々のうちなる芸術的感覚に訴えるということである。プロットは、詩的建築であると同時に、また芸術的攝理である。」（本多顕彰訳「文学の近代的研究」第六篇　第二十三章　詩的建築及び芸術的攝理としての筋《プロット》　四三五ぺ）

2　「芸術的攝理　モウルトンの比喩的にいうこの用語の意味は、彼が説明するごとくHuman interestであり、又Movementでもある。」（有朋堂版「国語の力」　二　文の形　八　芸術的攝理　一〇四ぺ）

′2　「各々の個々の物語は、創作者としては詩人を、その法の計画若くは攝理としてはプロットを持つところの小宇宙である。しかし、プロットのこの二つの相は密接に関係させられている。芸術における計画と人間的興味とは不可分である。故に、ある物語の攝理を形作るところの、根本をなす計画は、美感に訴えなければならない。（中略）プロットは、詩的建築でると同時に、また芸術的攝理である。（本多顕彰訳「文学の近代的研究」第六篇　第二十三章　詩的建築及び芸術的攝理としての筋《プロット》　四三四ぺ）

″2　「今一つの重要な区別は、プロットと進行とのそれである。前者は設計として考えられた芸術作品である。進行は詩の始めから終りまでの前進における計画を取り上げる。簡単な作品においては、この二つが同一であるかも知れない。即ち、プロットが進行にあるのである。複雑な作品においては、それらが別個であるかもしれない。それらは、同一のものの相異る相であり、そして、進行は、云わば、前進の建築である。」（本多顕彰訳「文

学の近代的研究」　第六篇　第二十三章　詩的建築及び芸術的攝理としての筋　四三六ぺ）

3　「モウルトンが『文学的建築』と『芸術的摂理』とは同時に『プロット』であり、『プロット』と『動機』とは一つであると見るのは、文を機械的皮相的に分析しないで、その内面に於ける形象に於て見んとするものである。」（有朋堂版「国語の力」二　文の形　八　芸術的摂理　一〇六ぺ）

′3　「プロットは、詩的建築であると同時に、また芸術的摂理である。」（本多顕彰訳「文学の近代的研究」　第六篇　第二十三章　詩的建築及び芸術的摂理としての筋　四三四ぺ）

″3　「進行の興味は、さような原動的形式を超えて、原動力と名づけてもよいところの、今一つの種類の興味にまで及んでいる。我々が、出来事の進行として考えられてもよいところの一連続の事件に注意を向ける時に、我々が、何が、出来事のこの進行を惹き起《ママ》すか、また、プロットの文学的動機は何であるかと尋ねるようになるのは、自然である。」（本多顕彰訳「文学の近代的研究」　第六篇　第二十三章　詩的建築及び芸術的摂理としての筋　四四九ぺ）

4　「モウルトンは、芸術的摂理という語の中に、意識の系素の融合、という意味を現わさんと企てゝ居る。文学的建築は作品の各系素を、系素と系素との関係に於て見るので、これを全体系として見る時には、そうした形式的関係の外に、この関係に生命を与え、意味を示現して居るもっと統一的な作用の作用があらねばならぬと感ずるのである。」（有朋堂版「国語の力」二　文の形　九　意識の焦点　一〇七ぺ）

′4　′1のほか、「我々は、簡単なプロットと複雑なプロットとを区別する準備をしていなければならない。同音と和音との間の区別におけるが如く、複雑なプロットは芸術作品を分解して、その各々が計画の興味を持つところの諸要素とする。」（本多顕彰訳「文学の近代的研究」　第六篇　第二十三章　詩的建築及び芸術的摂理としての筋　四三五ぺ）

5「モウルトンが『文学的建築』は、それを建立せしむる『芸術的摂理』によりて統一せらる、と考えることができると共に『芸術的摂理』は亦『文学的建築』の形態の上から説明せらるゝと考えたような二元的説明を離れて、其の作用の内面に肉薄したものはクローチェの『直観は表現なり、表現は直観なり』と説く考え方であるが、この直観と表現との合致を以て『文の形』を説く学説に於て直観と表現の関係を疑い、もし過ってこゝに一語を着ければ忽ち理に陥るのである。（中略）『文の形』の本質的釈明は、この立場に於てのみ一元的に透入することができる。かゝる『形象の流動』に於て、文学的建築と芸術的摂理と、直観と表現との対立を見ず、それを融合した同一性の内面に於てのみ、プロットを眺めることができる。」（有朋堂版「国語の力」二　文の形　九　意識の焦点　一〇九～一一〇ぺ）

′5「モウルトンに遠ざかったのは、クローチェのエンスリー訳が読まれた頃であるから、余り長い間ではなかったように思うが、その後までも手を離さなかった。クローチェから東洋的な考方《ママ》の方へ転向し、本来の方向を取戻してからは全く別の方向を採って今に至って居るが、今この訳書（引用者注、本多顕彰訳「文学の近代的研究」）を手にして、その頃のいらいらした心もちを追懐することが或るなつかしさを誘うのも、一にモウルトンの篤実温厚な学風を景仰した印象の深かった為であろう。」（雑誌「国文学誌」2の12、昭和7年12月号所収「解釈学片影」（四）四ぺ）

′5は、垣内先生が引用された例としてではなく、モウルトン→クローチェ→東洋的なものへと考えられた経緯を知るためのものとして掲げた。

6「モウルトンがこの問題に関して示した次の重要なる着眼点もその一である。Motive forceは、たとえば希臘悲劇に見る運命とか沙翁劇に見る人格とか道徳的矛盾とかいうものである。たとえばオセロのイヤゴーはその作中の動力的人格である。沙翁はその性格の顕著な特性を描き出して、始めから終りまでそれを以て一貫して、

イヤゴーという型を創造した。」（有朋堂版「国語の力」二　文の形　一〇　Motive-Motive form　一一一ぺ）

′6「ある局面の原動力の他に、我々は、当然、原動的人物を見出す。リチャード三世は、彼の名に従って名づけられた芝居の主なる原動力である。（中略）『オセロ』において、イアゴウは、原動的人物である。彼が始める四つの別々の密計は、この劇の始めからつづいてゆく三つの恋物語に作用し、悲劇的紛糾の、益々増加する纏れを惹起し、ついに、全体が、イアゴー自身の上に来る悲劇的反動において、絶頂に達する。それで、一般的に云って、我々は、原動力として、性格のはずみ、及び周囲の事情の勢力を認めてもよいであろう。」（本多顕彰訳「文学の近代的研究」第六篇　第二十三章　詩的建築及び芸術的摂理としての筋　四五〇ぺ）

″6「また、超自然的なるもの――種々の形の――が物語における大きな原動力であることは明らかである。私は他の処において、古代古典劇を、運命崇拝であると云った。時には、運命が出来事を支配するのが見られるのは、外的の力としてである。運命の皮肉は、それに反抗するすべての企てを嘲る。」（本多顕彰訳「文学の近代的研究」第六篇　第二十三章　詩的建築及び芸術的摂理としての筋　四五〇ぺ）

7「かくの如く考える時に創造せられたる作中の人物は実際の人物よりも実在性を帯びて来る。而してその性格から生れ出ずる展開の形態をMotive formということが出来る。普通にいうプロットはそれをいうのであって、そのMain plotの内には人物も環境も事情もその外いろいろのことがとり入れられ統一されて一つの纏った形を成すものである。そうするとMotive formは直にMotive forceの示現であって、作者の意識の焦点に高まったもの、その中心に内在する核の現われである。一の『俊寛』の事蹟も、平家物語の作者以来倉田百三氏、菊池寛氏、芥川龍之介氏の作品に於て見るごとくMotive forceの差によりてMotive formがさま〴〵に変化するのであるから、モウルトンがこの点に着眼して、この連繫からプロットを研究したのは至当の用意であるといってよい。併しながら尚お《ママ》これにも肯くことはできぬ。Motive forceとMotive formとを繋ぐ内面的作用が明かでない上は、プロットの問題は明かにされたものということを得ない。その示すところは、要するに同じことを他の言語を以ていい換えたものであって、依然として二元的な説明に過ぎない。」（有朋堂版「国語の力」二　文の形一〇 Mortive force-Motive form　一一一〜一一二ぺ）

7′「進行の興味はプロットの全般的興味の一方面をなしている。戯曲的若くは叙事詩的行動は、我々が、詩の始めから終りまで、それを跡づけてゆく時に、原動的形式を取る。プロットの設計が紛糾と解決であると想像せよ。常態の順序――実際、現実の出来事における唯一の可能な順序――は、紛糾は、それを解くところの解決に先行しなければならないということである。しかし、これは、必ずしも、詩において行動の諸要素が我々の前に現われる順序ではないということは、どの読者も知っている。」（本多顕彰訳「文字の近代的研究」第六篇　第二十三章　詩的建築及び芸術的摂理としての筋　四四七ぺ）

7″「進行の興味は、さような原動的形式を超えて、原動力と名づけてもよいところの、今一つの種類の興味にまで及んでいる。我々が、出来事の進行として考えられてもよいところの一連続の事件に注意を向ける時に、我々が、何が、出来事のこの進行を惹き起すか、また、プロットの文学的動機は何であるかと尋ねるようになるのは、自然である。プロットの一般概念が抽象的計画を超えてすすみ、我々が現実の世界において法とか摂理と呼ぶところの概念に近づくのは、物語の進行に従って実現されるところの、かような原動力との関係においてである。」（本多顕彰訳「文学の近代的研究」第六篇　第二十三章　詩的建築及び芸術的摂理としての筋　四四九ぺ）

7″　Main plotについては、モールトンが「ハムレット」のプロット計画の分析において、主要筋《メインプロット》・脇筋《アンダープロット》の語を用いている。（本多顕彰訳「文学の近代的研究」第六篇　第二十三章　詩的建築及び芸術的摂理としての筋　四五二ぺ）

8「モウルトンのいうごとく文学の上に顕われたるプロットの形を見るとこの展開が認められる。一はPlot

of passion他はPlot of actionである。モウルトンが文学を区分して詩（抒情詩）・散文（哲学）・記述（叙事詩）・表現（劇）と分けたのは、文学の形態学的観察の帰結であるが、私の考うるところでは、それを内面に約する時にその形態を産出する態度の姿が以上の二に収約せられると思う。抒情文学に内在するPlot of passionと叙事文学に潜在するPlot of actionとを透見したとすれば、更にかくの如き二の姿は、また一に約することができるのである。」（有朋堂版「国語の力」二　文の形　一一　プロットの奥　一一二〜一一三ぺ）

′8「古典劇は単純なプロットの基礎を築き、ホーマーの詩は、その複雑性におけるプロットの基礎を築いた。希臘劇、及びその伝統を遂行した羅馬劇は、最初から最後まで境遇《シチュエイション》の劇に制限された。この分野において、我々は激情のプロットと行動のプロットとの間の主要区別、全然ではないが、大部分、悲劇と喜劇との間の区別に一致するところの区別、が堅固に確立されているのを見る。」（本多顕彰訳「文学の近代的研究」第六章　第二十三章　詩的建築及び芸術的摂理としての筋　四四四ぺ）

以上のように、「国語の力」の二　文の形　においては、モウルトンの「文学の近代的研究」のうち、とくに第六篇　芸術の一様式としての文学　第二十三章　詩的建築及び芸術的摂理としての筋　がふまえられ、直接・間接、ここから引用されている。

「国語の力」の第二章ともいうべき「文の形」はつぎのように構成されている。

一　一　文の形と想の形
　　二　文字の上に現われたる文の形
　　三　盲人の読方
二　四　揺ぐ光・動く水

三　七　文の形と想の形との統一――（1）

五　表出と内化

六　文の形の見方

七　文の形と想の形との統一――（1）

八　芸術的摂理――（2）（3）

九　意識の焦点――（4）（5）

一〇　Motive force-Motive form――（6）（7）

一一　プロットの奥――（8）

一二　文学に現われたる「視ること」

一三　意識の飛翔

四　一四　形の見える文

一五　文の形を見る力

右のうち、モウルトンからの引用ないし援用は、七～一一の間に、主として集まっているといってよい。

「文学的建築」（詩的建築）・「芸術的摂理」・「Motive force」・「Motive form」・「プロット」など、モウルトンの扱っている用語・概念が「文の形」へと迫っていくのに、たいせつな手がかりとされている。しかも、これらの用語・概念を借用し引用するというのではなく、批判的に扱われている。このことは、当時すでにモウルトンを受容する立場にあったというよりも、批判し克服していく立場にあったということを示しているであろう。モウルトンの考えかたに潜む二元観とそこからくる文学観の平板さに対しては、くりかえし批判の眼が向けられ、一元的に沈潜して掘り下げることの必要さが強調されている。

「文の形」に、もっぱら引用された、モウルトンの「文学の近代的研究」のうち、第六篇　第二十三章　詩的建築及び芸術的摂理としての筋　は、つぎのように概括されている。

　第二十二図表　プロットの興味

静的計画としてのプロット、物語の根底をなす統一の法式化

　初歩的プロット、逸話または諺の要点

　――連鎖プロット――常套的性格のプロット――一二三形式

完全に発展した文学におけるプロット

　激情または境遇のプロット

　紛糾と解決、沢山の具体的表明を伴う抽象的形式

前進におけるプロットとしての進行

動機形式、単純――遠見《とおみ》に描くこと――内向――規則正しいアーチ形

動機力、動機境遇――動機人物――性格及び事情のはずみ――密計、反対密計、及び運命の皮肉――超自然的動機力、即ち運命、摂理、応報及び偶然におけるその否定

プロット
　簡単な、同音
　複雑な、和音、その各々が完全なプロットの興味を持つ諸要素に分離する――シェイクスピアの、諸々のプロットの聯合におけるクライマックス

（本多顕彰訳「文学の近代的研究」四三九ぺ）

右によっても、モウルトンは、徹底してプロット研究に集中していることがわかる。プロットそのものの研究にまともに取り組んでいるのである。多くの作品のプロット分析を実例として提示しつつ、論を進めている。

これに対して、垣内松三先生は、プロットそのものの研究よりも、プロットの奥にあるものの把握を目ざしていられ、それだけにモウルトンのプロット二側面観・二元観には、批判的な取り扱いをなされている。

垣内解釈学の中心領域をなす「文の形」の考究にあたって、モウルトンの「プロット」論が一つの有力な契機をなしていることはまちがいない。モウルトンの精細な実証的プロット論究から、その問題の核心、その考えかたの要点を明確にとらえて、自己の考察の中に消化して取り入れていく方式は、さすがに堂に入っている。

つぎに、三　言語の活力　においては、つぎのように、引用されている。

三　言語の活力

1　「モウルトンが在来の言語の研究の方法を批評して、恰も、中世の王侯が河口に城郭を構えて、往来の船の行き先きを厳しく検べて税を課したように、文を読む時にも、すら〳〵と通さないで一々の言語を一々に引止めては重税を賦課するといったのも面白い。これに依って見ると、こうした因襲的な研究法は独り我が国の研究法のみではないのである。」（有朋堂版「国語の力」三　言語の活力　一　言語研究の新潮　一二八ぺ）

′1　「さて、言語と文学との相争う権利の主張において言語研究は、それが、文学の外面に横たわるという強味を持っている。言語研究は、河口に城を築き、国内の目的地へ行こうと欲する者から通行税を取り立てた中世の貴族たちに似ている。古典語は、古典文学を求める人人から重い通行税を取り立てる。学校教育を受けた人々の大多数にとっては、文法及び辞書による希臘羅典の釈義の解釈が、文学的教養が依存しているところの展望の解釈を除外する。（中略）多数の人々にとっては、彼等の文学教育は、それが始まり得るようになる前に、それが、おしまいになってしまう。伝統的研究は、それが古典文学に固執したが故にではなく、それが、実際において、普通の男女に、これらの文学の真の知識を与えることが無かったが故に、失敗してしまったのである。」（本多顕

彰訳「文学の近代的研究」第六篇　第二十六章　文芸に於ける一要因としての言語　五三六～五三七ぺ）

2「もし言語の解釈の作用が、かような対象に向うものであることを知ったならば、モウルトンの比喩に見る、一々に呼び止めて重税を課するような解釈の仕方ではなくして、一々に速力を加えて自由に通行せしむるような解釈でなければならぬ。」（有朋堂版「国語の力」三　言語の活力　二　言語の活力　一三四ぺ）

′2「言語研究は、河口に城を築き、国内の目的地へ行こうと欲する者から通行税を取り立てた中世の貴族たちに似ている。古典語は、古典文学を求める人から重い通行税を取り立てる。」（本多顕彰訳「文学の近代的研究」第六篇　第二十六章　文芸に於ける一要因としての言語　五三六ぺ）

3「モウルトンの『芸術的摂理』と『文学的建築』との関係、Motive forceとMotive formとの関係等も其の全一的統合の上に始めて解決せられ、文の真相は、その内面に於ける具体的統一の原形に於て見得られるのであると考えらるゝごとく、句法の倒置・転換・頓止等は、その立場からのみ解釈し得るのである。」（有朋堂版「国語の力」三　言語の活力　二二　修辞学的解釈　一七三ぺ）

′3「文学の芸術における最も基礎的な点は、筋の興味である。芸術作品としての物語は、多様における統一である。もし、すべての細部が、包括的統一の内部にあるように感ぜられるならば、その細部が多様であればある程、その芸術は豊《ママ》である。プロットは、個々の場合への適用において、これを法式化しようとする。ある詩の一般的要旨を計画の言葉で述べることは、我々にプロットの興味を与える。この見地からすれば、プロットは詩の建築である。しかし、物語も亦人間的興味を持つ。この方面から見れば、プロットは、創作の範囲においては、現実の世界で或る者が神意（摂理）と呼び、また他の者は法と呼ぶところのものである。すべてのものは、一つの意味ある全体の部分として考えられる。各々の個々の物語は、創作者としては詩人を、その法の計画若くは摂理としてはプロットを持つところの小宇宙である。しかし、プロットのこの二つの相は密接に関係させられている。芸術における計画と人間的興味とは不可分である。故に、ある物語の摂理を形作るところの、根底をなす計画は、美感に訴えなければならない。『詩的正義』を、実人生の正義よりも一層正しい或るものを要求するものとして考えることは、一般の誤謬である。それどころか、例えば、もし応報が、機械的確《ママ》さをもって、それ自身を仕遂げるならば、正義は、直に、『詩的』たることをやめる。それを詩的にするところのものは、——より多く正しかろうと、より少《ママ》く正しかろうと——それが、我々のうちなる芸術的感覚に訴えるということである。プロットは、詩的建築であると同時に、また芸術的摂理である。」（本多顕彰訳「文学の近代的研究」第六篇　第二十三章　詩的建築及び芸術的摂理としての筋《プロット》　四三四ぺ）

4　「以上の態度から、モウルトンが、往来の船に重税を課するようであると嘲った言語解釈の仕方でなくして、自由に進行することができる考え方を要求する。彼の『文の形態学的研究《モルフォロジカル・スタディ》』の主旨はそれである。それは在来の単語研究・文法学・修辞学等が外より内に向《ママ》う研究であったのに、内より外に表現させる言語の作用を研究する態度である。」（有朋堂版「国語の力」　三　言語の活力　二三　文の形態学的研究　一七四ぺ）

4′　「さて、言語と文学との相争う権利の主張において言語研究は、それが、文学の外面に横わるという強味を持っている。言語研究は、河口に城を築き、国内の目的地へ行こうと欲する者から通行税を取り立てた中世の貴族たちに似ている。古典語は古典文学を求める人人から重い通行税を取り立てる。（中略）我々が文学の外的及び内的研究を認めなければならないということは、本書の基礎原理であった。内的研究は本質的研究である。外的の研究のうちこれと結びつき得るところのことは各場合に応じて決せられなければならない。言語は外的文学研究に属する。我々は、ここでは、文芸に関心を持つ。本章（引用者注、第二十六章　文芸に於ける一要因としての言語）が企てているところのことは、言語学的研究が、何処において文芸に関心を持ち、どこにおいて関係を持たないかについての実際的識別点を示すことである。」（本多顕彰訳「文学の近代的研究」第六篇　第二十六章

文芸に於ける一要因としての言語　五三六～五三七ぺ）

5「形態学的研究はその実現を企図するものということができる。又演繹と帰納とを融和せる『解釈の批評主義論』もそこから導かれて来るのであろう。かくして言語研究の立場から文化意識の作用の一面を明かにすることができたら、更に広い世界が現われて来る。」（有朋堂版「国語の力」三　言語の活力　一三　文の形態学的研究　一七五ぺ）

5′「解釈の批評は、批評の当今全盛の概念、即ち、判断の批評と直接に対立しているから、この二つのうちいずれかの最上の説明は、この二つの批評的態度を並べて置くことである。

判断的	帰納的
試験の機能	解釈の機能
裁判官のような仕事	調査者のような仕事
質問、何があるべきであるか？	質問、何があるか？
よき趣味によって吟味すること	趣味を拡張すること
革新に抗する標準を維持すること	新しい文学形態を担うこと
文学が読者に順応すべきこと	読者が文学に順応すべきこと

かような解釈の批評は帰納的である。帰納的方法の精髄は観察、暗示された説明、及び、新鮮な観察による説明の立證、である。第一に、文学作品の内容は、その最も細い部分に至るまで質疑され、而もそうされるのは細部それ自身の為ではなく、共通の説明の中におけるそれら細部の調和若くは統一の目的をもってである。第二に、これら結果として起る説明は常に仮のもの――専門的に云えば仮説――であって、いつでも容易に、より広い説明に基礎をおくところの結果に地位を譲るものである。

基礎公理。――文学に於ける解釈は仮説の性質を持ち、それはそれが、文学作品の内容を説明する程度によって査定される。」（本多顕彰訳「文学の近代的研究」第四篇　第十三章　帰納的批評または解釈の批評　三〇八〜三〇九ペ）

〃5「本章は、その出発点、即ち、解釈の批評は、判断と批評と対照することによって最も明瞭に定義されるということに帰ることによって、最もよく結論されうる。心は、それが、調査及び解釈の仕事を完了してしまうまでは、吟味及び判断の仕事を始めることは出来ない。かくあるべしと思うことは、それだけ、事実あるところのものの吟味を擾すことである。形作られてしまった趣味の意識は、趣味を拡めようとする努力には不利である。我々は革新に抗する標準を維持することと、新しい文学的出発をねらうこととを同時にすることは出来ない。我々は、文学を我々の観念に適うようにすることと、我々の観念を文学に適うようにすることとを同時にすることはできない。一言にして云えば、我々は判断的であると同時に帰納的であることは出来ない。油と水とのように批評のこの二つの概念は、各々の価値を持ち、油と水のように、この二つは混じない。解釈の批評にとっての場合は、単純で明白であるから、理論においては誰一人それに異議を挿まない。実際においては、それは是認されたものと考えることによって無視されている。文学の評価のあらゆる企て、正しさのあらゆる評価は、それが適用される文学が正しく理解されていることを仮定している。本章が示そうと努めて来たところのことは、かような、文学を正確に理解する過程は、判断的観念からの撹乱がある間は行われることが出来ないということである。そこから、ホガースの逆説が起《ママ》ってくる――鑑識家を除くすべての人が絵画の判断者である。判断を形造ることに慣らされた心は、芸術の或る範囲内においては、普通の心より以上に、多くのものを見るであろう。しかし、思いがけないものが入り込んでくる場合に、受容的態度の総体的再調節が必要とされる場合に、心は、普通でない要素はあるべきではないところの或るものではないかと思うところの、安易な仕方を選ぶならば、普通人より多くのものを見はしないであろう。批評家のうち最も判断的なものは、公平でなければならず、偏見を持ってはならないということを知っている。しかし、創造にかける開拓者に追いつこうとする同感的努力にとっては、公平の意識以上に多くのものが必要である。かように、芸術においては、判断は、それ自身が偏見——新奇なるものに対する偏見——である。

この問題において理論が規定したところのことを、歴史が確認している。批評の伝統的概念が判断と同義語であった間は、文学史は批評に打ち勝つ文学の勝利であった。文学に対する近代的態度は、評価と判断とを除外しない。しかし、それは、判断の批評が、最も自由な帰納的吟味の過程によって先行されなければならないということ、及び、かくして、批評における最も基礎的な要素は、解釈の批評であるということを認める。」（本多顕彰訳「文学の近代的研究」第四篇　第十三章　帰納的批評または解釈の批評　三四六～三四七ぺ）

以上のように、「国語の力」三　言語の活力　においては、モウルトンの「文学の近代的研究」から、五例引用されている。もっとも、おしまいの5には、モウルトンの名前は見られないが、彼からの引用を含んでいるので、引用例に準じて扱った。

「国語の力」の第三章ともいうべき「言語の活力」は、つぎのように構成されている。

一　一　言語研究の新潮——（1）
　　二　言語の活力——（2）
二　三　言語の定着性
　　四　言語解釈の実例（一）
　　五　言語解釈の実例（二）

六　間隔論
七　言語の可動的定着性
八　意味の誘導
三　九　同音語・同意語
一〇　ローゼットの辞典
一一　ローゼットの分類
一二　ローゼットの言語分類表
一三　ローゼット式辞典の考察（一）
一四　ローゼット式辞典の考察（二）
一五　ローゼット式辞典の考察（三）
一六　同意語の識別
四　一七　文化的精神の所産としての言語
一八　言語の具体的研究
五　一九　言語解釈の研究
二〇　「文は人なり」
二一　Paraphrase-Metaphrase
二二　修辞学的解釈――（3）
二三　文の形態学的研究――（4）（5）

右によってもわかるように、三　言語の活力　においては、初めの二節と、おしまいの二節にのみ、モウルトンの「文学の近代的研究」からの引用がなされている。そのうち、三例までは、「往来の船に重税を課するようであると嘲った」、モウルトンの在来の言語解釈に対する比喩である。言語研究の因襲的方法に対する比喩は、垣内松三先生の好みにも合うものであったらしく、言語研究の近代的方法を説くのに、この比喩はその胸裡に座を占め、愛用されたものと見られる。

垣内先生は、この章において、言語研究のありかたを、言語の活力の研究に求め、その態度を、モウルトンの「文の形態学的研究」に見いだされている。形態学的研究の態度を、「それは在来の単語研究・文法学・修辞学等が外より内に向う研究であったのに、内より外に表現させる言語の作用を研究する態度である。」（有朋堂版「国語の力」三　言語の活力　一七四ぺ）として、その可能性と発展性とに大きい期待がかけられているのである。

モウルトンは、「文学の近代的研究」第六篇　第二十六章　文芸に於ける一要因としての言語　において、言語研究のことを扱っている。モウルトンによれば、言語は外的文学研究に属し、言語学的研究が、文芸研究にどうかかわりを持つかを明らかにしようとしている。したがって、言語学的研究と文学的研究との識別に力点がおかれている。これに対して、垣内先生のは、言語の活力を、その定着作用に認め、それをとらえていく内面的研究に着目し、その拠点を形態学的研究に求められたのである。

三　言語の活力　においては、「文学の近代的研究」からの引用例、必ずしも多くはないが、その研究の基本態度を、モウルトンの考えかたに見いだしている点において、注目すべきものがある。言語の研究、取扱いの革新が説かれ、それが文章解釈の中に位置づけられて、考察されている点は、とくに語解釈のありかたを示すものとして注目される。

つぎに、四　文の律動　においては、つぎのように引用されている。

四　文の律動

1「モウルトンが詩と散文との区別をいわれなきものとして、『詩』も『散文』も共に『創造』を意味し、形の上に於ても、詩は律節を反覆するので、目の前に明かに『行』の形に記されるが、文は形の上に現われない蘊まれたる節奏を内存するものであって、目につかないでも、文字を透して作者の心の律動を聞くことができるといったのは、欧米の因襲的学説に対して革新的の感がある。」（有朋堂版「国語の力」四　文の律動　三　韻律の考え方　一八〇ぺ）

1′「散文と韻文との区別は、唯文学の表面に触れるのみである。それは律動の区別である。すべての文学は律動的であるけれども、そこに相違がある。韻文の律動は、国際的律動であって、つとめてその点に注意を払う。散文の律動は、これに反して蔽われた律動である。韻文を構成するに至る律動は、英語における如く、韻と綴音の数とによって決定されることもあるし、また、羅典語希臘語においてのように綴音音量によって、または、聖書その他の文学においてのように章句の平行によって、または、初期の英語においてのように頭韻法によって、決定されることもある。しかし、すべての場合において、律動を紛うかたなきものとする決定的要因の循環がある。韻文が書かれ、若くは印刷される時には、目が耳を補佐する。韻文は行《ぎょう》に分割され、その行は、類似の行は同じように刻みを入れられるという原則によって、循環する律動を示している。『散文』という語は、これに反して、『真直』という語原的意味を持っている。文の真直な書き方の中には、律動についての何かを示す途切れはない。訓練された耳は散文の中の律動をとらえる。」（本多顕彰訳「文学の近代的研究」第一篇　第一章　文学の形態の諸要素　一三〜一四ぺ）

2「祝詞、柿本人麿の長歌等に見る『対句』の想韻、平安朝文学に見る『緩やかなる調子』に見える想韻等は以上の例とは異なりて亦意味の深い研究の問題である。モウルトンがヘブリュウ又はギリシャ以来の想韻を考えて『世界文学』の概念を明かにせんと試みたように、支那・印度の文学と連繫して、これ等の問題を考える時に、これまで、所謂形成・内容の研究にのみ着眼したよりは、更に広い精神が展望せらる丶ように思われる。」（有朋堂版「国語の力」 四 文の律動 六 内辞の聴き方（二） 一八九〜一九〇ぺ）

′2 「英語の早期の段階に含まれている文学は、我々の世界文学に、殆んど、または少しも関係を持たない。それの祖先伝来の源は、古典及びヘブライ文学、及び中世ロマンスである。言語研究は英語の古語と、これが含む韻律学の発見とを含む。我々が、英語の韻律学を、我々の世界文学の機関として考える時には、我々は、この世界文学の三つの成分は、特異の律動的組織によって特徴づけられたことを記憶しなければならない。古希臘文学はその韻文組織の基礎を韻律の上に、即ち、主として綴音の音量にかかっている韻律の上においた。ヘブライの、または聖書の文学は、句の平行（対句法）に基づく韻文、語の律動というより寧ろ思想の律動を持っている。我々の文学的祖先のうち、本書においてロマンスと名づけたところの部分においては、律動的成果は相当大きい要因であった。」（本多顕彰訳「文学の近代的研究」 第六篇 第二十六章 文芸に於ける一要因としての言語 五四七ぺ）

3 「近代文学中、特に和歌の特性は古代文学の『文学反響《リテラリーエコー》』であって、万葉集・古今集・新古今集の風格を反響し、それは更に近代精神の中に純化されて居る。」（有朋堂版「国語の力」 四 文の律動 一三 ストレッスの影響 二〇七ぺ）

′3 「実際我々は詩的効果の一半はここで文学的反響と呼ぶところのものの基礎に依存していると云ってもよい程である。」（本多顕彰訳「文学の近代的研究」 第六篇 第二十五章 文学的反響、第二の自然としての文学の概念 五二一ぺ）

″3 「如何なる種類の文学においても、過去を反響する効果が現われるかもしれない。」（本多顕彰訳「文学の近代的研究」 第六篇 第二十五章 文学的反響、第二の自然としての文学の概念 五二にぺ）

4 「モウルトンが、歌と音楽と舞踏の融合としてのBallad Danceを文学の原型と考え、『世界文学』の最も原始的なる姿と見たのは、文学の歴史的比較的研究の上から見て、まことに興味の深い考え方であろうと思う。」（有朋堂版「国語の力」四　文の律動　一六　合唱　二一六ぺ）

4′ 「文学的形態の根本的要素は民謡舞踊《バラッドダンス》である。これは韻文と音楽の伴奏及び舞踊との結合である。そしてその舞踊は、その語が近代人の耳に暗示する通りのものではなく、模倣的及び暗示的所作であって、演説者の身振りはそれに最も近い遺物である。文学は、初めて自然発生的に現われる場合には、この形態をとる。（中略）民謡舞踊は文学の原型質《プロトプラズム》として残る。そして、結局、この原始的形態にまで、文学の他のすべての形態は跡づけられるであろう。」（本多顕彰訳「文学の近代的研究」第一篇　第一章　文学の形態の諸要素　一一ぺ）

5 「韻文の節奏のみではなく、散文が器楽声楽と結びて、謡物脚本の方向に、（モウルトンの所謂Presentation）発達する一群の文学の読方に於て、その節奏・旋律を無視する解釈の行わるゝことを遺憾に思うことが少くない。」（有朋堂版「国語の力」四　文の律動　一八　謡物の節奏　二一九〜二二〇ぺ）

5′ 「文学的形態の東西南北《クーディルポインツ》は叙述と表出《プレゼンテイション》、及び詩と散文である。（中略）『叙述』及び『表出』という語は注意深く用いられなければならない。シェイクスピアが、性格が動揺しつつあるハムレットを『叙述』すると云うのは一般的な誤りである。しかし、シェイクスピアは、我々に、ハムレットについて何も語ってはいない。もし彼がそうしていたとしたならば、我々は多くの煩わしい評釈など無くてすまして来たであろう。彼がなしたことは、ハムレット自身の台辞と所作とが、我々に、動揺その他のことをしつつあるハムレットを表出するよう工夫することである。この区別は文学の芸術においては根本的のものである。」（本多顕彰訳「文学の近代的研究」第一篇　第一章　文学の形態の諸要素　一一〜一二ぺ）

以上のように、「国語の力」四　文の律動　においては、モウルトンの「文学の近代的研究」から、五例引かれている。

「国語の力」の第四章ともいうべき「文の律動」は、つぎのような構成になっている。

一　一　心の律動
二　二　小供の音律感
　　三　韻律の考え方――(1)
　　四　文学を辞に翻訳する力
　　五　外辞と内辞
　　六　内辞の聴き方(一)――(2)
　　七　内辞の聴き方(二)
　　八　内辞の聴き方(三)
　　九　内辞に於ける単語
三　一〇　モンテッソリーの韻文教授法
　　一一　音群とアクセント
　　一二　歌の形
　　一三　ストレッスの影響――(3)
　　一四　強音の発達
四　一五　文化の律動
　　一六　合唱――(4)
　　一七　抒情詩の節奏

一八　謡物の節奏――（5）
一九　民謡・童謡・口語詩
五　二〇　視読の音感
二一　通読の速度
二二　総括

引用個所は、右のようであって、第一章・第二章にみられるような集中的な引用ではない。モウルトンの「文学の近代的研究」では、第一篇第一章の「文学の形態の諸要素」から、三例まで引用されている。その基本的な考えかたにおいて、垣内先生は、いつもモウルトンを念頭におかれていたことがうかがわれる。「詩」・「散文」およびそれらの韻律の問題、「想韻」研究の問題、「文学反響」の問題、「民謡舞踊《バラッドダンス》」の問題、「表出《プレゼンテイション》」の問題など、モウルトンの研究の中から、特色ある考えかた・考察が、それぞれふまえられたり、援用されたりしているのである。

つぎに、五　国文学の体系　においては、つぎのように、引用されている。

五　国文学の体系

1「読むことはその作用に依りて新しい人格と文化との創造に参加することである。モウルトンが創造は神秘的元初に於て終ったのでない。今もこれからも常に新しい人性と文化が創造されつつあるのである。神が土でかためた形に呼息をふき入れてそれを生かしたように、詩人は人間の心の中に魂を生かすのである。これを読むのは又実に再創造するのであるという意味もこのことをいうのであろう。」（有朋堂版「国語の力」五　国文学の体系　二　認識の統一　二三八ぺ）

′1　「宇宙の創造は、ある神秘的過去において終ったのではなく、それは、人が詩において自然の再創造をする間は、今も、また永遠に、つづくのである。創作的能力が、詩及び芸術の製作者の為に、並びに、その鑑賞の為に、必要とされる。」（本多顕彰訳「文学の近代的研究」　結論　文学の伝統的及び近代的研究　五八七〜五八八ぺ）

″1　「伝説は、人間自身が最高の創造者によって大地の土から作られ、神の息（魂）を吹き込まれたということを語る。詩は、人間の息（魂）を吹き込まれた自然を我々に提出する。我々は、『詩篇』第八を、自然界のうえに人間の創作力を働かせることの大特許状であると考える。その章は人間を神の配下の総督として表わしている。偉大な天の創造者は、人間を――天と比しては乳のみ児にすぎないものを――神の代表者とした。人間自身の為に、謙遜の調子が打ち鳴らされている。（例詩、省略）しかし、この人間に、自然を支配する神の主権が委任されている。（例詩、省略）その統治権は物質的使用権によって制限されていない。人間の、自然に対する主権の一部は、再創造することである。かく、前に（第十三章）引用したサァ・トマス・ブラウンの言葉の精神において、創造の仕事は第六日目で止んだのではなかった。宇宙の創造は今なおつづけられ、人間は詩的自然を創造しつつあるのである。」（本多顕彰訳「文学の近代的研究」　第五篇　第二十章　人生及び自然のより高級な解釈としての文学　四一八〜四二〇ぺ）

‴1　「Poet『詩人』は希臘語で、或るものを作り若《ママ》くは創造する人の意である。英国の詩人は『作る人《メイカー》』と呼ばれるのが常であった。新約エベソ書の或る韻文（二章十節）は、英語の聖書では『我等は神の作り給へるものなり』と訳されている。希臘語の原文では『我々は神の詩なり』とある。神は宇宙の造物主で創造者であり、我々は神が創造し、作ったものであるが如くに、詩人は想像的宇宙の創造者で、その宇宙を想像の人物と出来事とをもって充たす。」（本多顕彰訳「文学の近代的研究」　第一篇　第一章　文学の形態の諸要素　一五〜一六ぺ）

2　「又、モウルトンがPlotとMovementの区別を意識した（それは同じもの、両面であることを弁明しては居るが）ことをもこゝに一例として附加えて置かなければならぬ。」（有朋堂版「国語の力」五　国文学の体系　四　動機と態度　二四二ぺ）

′2「今一つの重要な区別は、プロットと進行とのそれである。前者は設計として考えられた芸術作品である。進行は詩の始めから終りまでの前進における計画を取り上げる。簡単な作品においては、この二つが同一であるかも知れない。即ち、プロットが進行にあたるのである。複雑な作品においては、それらが別個であるかもしれない。それらは、同一のものの相異なる相であり、そして、進行は、云《ママ》わば、前進の建築である。」（本多顕彰訳「文学の近代的研究」　第六篇　第二十三章　詩的建築及び芸術的摂理としての筋　四三六ぺ）

3「かように動機と態度・プロットとの関係を考える時に、動機は直接に態度でもプロットでもなく、態度の連続はいい換えれば『文学思潮』と見ることができるし、モウルトンがプロットを説明して文学的建築であると共に芸術的摂理であると見るところによれば、その展開は文学思潮と本質に於て同一であると類推することができる。」（有朋堂版「国語の力」五　国文学の体系　四　動機と態度　二四二〜二四三ぺ）

′3「文学の芸術における最も基礎的な点は、筋の興味である。芸術作品としての物語は、多様における統一である。もし、すべての細部が、包括的統一の内部にあるように感ぜられるならば、その細部が多様であればある程、その芸術は豊《ママ》である。プロットは、個々の場合への適用において、これを法式化しようとする。ある詩の一般的要旨を計画の言葉で述べることは、我々にプロットの興味を与える。この見地からすれば、プロットは詩の建築である。しかし、物語も亦人間的興味を持つ。この方面から見れば、プロットは、創作の範囲においては、現実の世界で或る者が神意（摂理）と呼び、また他の者は法と呼ぶところのものである。すべてのものは、一つの意味ある全体の部分として考えられる。各々の個々の物語は、創作者としては詩人を、その法の計画若くは摂理としてはプロットを持つところの小宇宙である。しかし、プロットのこの二つの相は密接に関係させられている。芸術における計画と人間的興味とは不可分である。故に、ある物語の摂理を形作るところの、根底をなす計画は、美感に訴えなければならない。（中略）『プロット』は、詩的建築であると同時に、また芸術的摂理である」（本多顕彰訳「文学の近代的研究」　第六篇　第二十三章　詩的建築及び芸術的摂理としての筋　四三四ぺ）

4　「モウルトンが文学史は『歴史《ヒストリー》』でない、『展開《エボルーション》』であると考えて居る如く文学の本質の読方はこの立場に於て始めて生々した作用となるのである。」（有朋堂版「国語の力」　五　国文学の体系　四　動機と態度　二四四ぺ）

′4　「歴史は、語の普通の意味において過去の出来事に対して用いられる時、または、我々が自然歴史（博物）について云う場合の事物に対して用いられる時には、観察及び記録を意味する。それはかようにして、他のすべての研究が基づいているところの基礎を持っている。このことは他の研究に適用されると同様に文学研究にも適用される。しかし、ここで、我々は、今一つ、文学の内的及び外的研究の間に区別をすることが出来る。文学史は、この用語の普通の用法において見られるところでは、正に外的研究に属する。それは、個々の文学作品、個人の諸作（その歴史が文学的伝記となる）、及び、国民の諸作品（国民文学は国民史の反映である）に関心を持つ。（中略）歴史が一般文学、若《ママ》くは本書において世界文学と呼ばれているところのその変形、に適用せられた場合にはさような文学史は非常に文学的展開の形式を取る傾きがある。展開は個々の作品によりは、寧ろ、文学作品の根柢にある過程に関係している。それは文学的形態論を構成する諸形態及び種《ママ》を取扱うか、または文学の精神及び職能における変化を取扱う。そしてこれを考察するのは文学批評の領域である。さような展開的分析は文学研究の最も奥底の部分を構成する。」（本多顕彰訳「文学の近代的研究」　第二篇　第五章　文学の内的及び外的研究　一二一～一二三ぺ）

5　「モウルトンがバラードダンスを文学の原型であると考えたように日本文学に於て遡り得る最も古い形も

『祈り』『語ること』『うた』が合体した律動の上に見出される。」（有朋堂版「国語の力」五　国文学の体系　九　古代文学の特性　二五〇ぺ）

′5　「文学的形態の根本的要素は民謡舞踊である。これは韻文と音楽の伴奏及び舞踊との結合である。そしてその舞踊は、その語が近代人の耳に暗示する通りのものではなく、模倣的及び暗示的所作であって、演説者の身振りはそれに最も近い遺物である。文学は、初めて自然発生的に現われる場合には、この形態をとる。主題若くは物語は直ちに韻文に綴られ、音楽に伴われ、所作によって暗示される。（中略）民謡舞踊は、かくの如く、今日では詩、音楽、舞踊という三つの別々の芸術となっているところのものの共通の幼芽である。（中略）民謡舞踊は文学の原型質《プロトプラズム》として残る。そして、結局、この原始的形態にまで、文学の他のすべての形態は跡づけられるであろう。」（本多顕彰訳「文学の近代的研究」第一篇　第一章　文学の形態の諸要素　一〇～一一ぺ）

6　「モウルトンの『世界文学』の如き概念が産み出され、又文学研究の体系にまで考えを及ぼしたのは最も自然な考え方である。」（有朋堂版「国語の力」五　国文学の体系　九　古代文学の特性　二五一ぺ）

′6　「私の第三の著作は『聖書の文学的研究、聖典に現われたる文学形式の説明』についてであった。そして、これに従事しながら、私は生涯の十二年を、『近代読者の聖書』の編輯と、これが包む文学的構造の探求に没頭した。私の最後の仕事は、文学の世界全体を、個々の特殊の文学の集合としてではなく、英国人的立場から展望された『世界文学』の概念によって把握しようとする企てであった。」（本多顕彰訳「文学の近代的研究」序　三ぺ）

″6　「世界文学は歴史的統一としての文学的材料を提出する。その本流は古典文学で、これは我々の文学的諸概念を決定する最高の発言権を持って来た。基督紀元第一世紀からこの本流は聖書の文学という姉妹的の流れを受け容れている。この後者は、その内容精神に関しては最初から有力であったが、まだ、文学的形態に対するその関係の十分な認識を持っていたのである。その文学の流れは、中世文化の諸時代及び共通の条件のもとを相並んで進む諸文学の諸時代を通り抜ける間に様々の文流を受け容れつづける。伝統的な理論並びに批評の明瞭な誤謬は、これらを導いた見解の狭さから主に起った。唯世界文学——個々の言語間の差異を離れて研究された文学——のみが、安じてそれから帰納がなし得られるところの文学的材料の一団を与える。世界文学においてのみ文学の一代記が完全に表わされることが出来る。」（本多顕彰訳「文学の近代的研究」第二篇 第四章 文学の分野の統一と世界文学の概念 一〇四〜一〇五ペ）

〃6 「全世界の文学は、すべての文学の総計を意味するに過ぎない。世界文学は、私の用語においては、与えられた見地から、多分観察者の国民的立脚点から、遠近画法の仕方によって見られた全世界の文学である。この二つの差異は、地理学と風景画の芸術とが同じ自然物を取扱う際の、互に異る扱い方によって説明される。（中略）どの場合においても、世界文学は真の統一であり、そして、すべての文学の統一の反映であるところの統一である。」（本多顕彰訳「文学の近代的研究」第二篇 第四章 文学の分野の統一と世界文学の概念 九二〜九三ペ 引用者注、「世界文学」〔マクミラン〕（六ペ）から、原著に引かれているものである。）

7 「現代文学は大体に於て四種類の類型を示す。その一は叙事文学特に小説、その二は劇文学、その三は詩特に抒情文学、その四は試論（モウルトンは、Phllosophyという）である。この区分は又これまで引用したモウルトンの文学形態学の基礎概念であって、この四型が、恰も東西南北の方角のように、相互に関聯し、従ってその融解をも考え得るものであるが、この立場から、日本文学と世界文学との連絡が成立し、更に回顧的展望的に、世界文学の概念を考えることができるのであって、モウルトンがこの四型に基いて、叙事文学・抒情文学・劇文学・試論の展開に関する研究を試みたように、日本文学の形態学的研究の立場から、世界的文学を統合し、その立場から『世界文学』の研究に進む時に、この四系素の研究が日本文学思潮の広い大きい幅を判然と示す手がかりとなり、各系素づけを確保することから国文学の体系が建立し得らる、であろう。」（有朋堂版「国語の力」五

国文学の体系　一四　如何に読むべきか　二六〇～二六一ぺ）

7′「これらの四つのもの、叙述と表出、詩と散文、は文学形態の東西南北である。これらは文学の四つの種類と考えられるべきではない。しかし羅針盤の東西南北の如く、これらは、文学的活動が動く四つの必然的方向を表わしている。文学は、民謡舞踊における出発点から発展して、その運動がこれら四つの方向に向けられているのを見出す。かくの如く向けられた運動の結果は文学形態の六つの要素を我々に与える。（中略）さて、これら、即ち、叙事詩、抒情詩、戯曲及び、歴史、哲学、雄弁、が文学形態の六つの要素である。しかし、この点において、文学形態論の基礎にまで達している誤解を避ける為に注意が払われなければならない。文学形態の六つの要素は、個々の文学作品が帰せらるべき文学の六つの種類として理解さるべきではない。これらは化学の諸元素に似ている。実際の文学にあっては、これらは、時には単独で見出され、より屢々組合わされて見出されるのである。」（本多顕彰訳「文学の近代的研究」　第一篇　第一章　文学の形態の諸要素　一八～二一ぺ）

7″なお、第三篇　世界文学の歴史に反映したものとしての文学の展開　には、第六章　詩と散文との分化　第七章　叙事詩における展開　第八章　戯曲における展開　第九章　抒情詩における展開　が収められている。

8「現代小説は実にInternational intercourseの一形式であって、モウルトンが『人性《ヒユマニチー》の科学』といったのも決していい過ぎではないと思う。」（有朋堂版「国語の力」五　国文学の体系　一五　対象の統一　二六二ぺ）

8′「近代世界がfiction（小説）と呼ぶところの広大な文学は、この人生《ママ》の科学と芸術に関係を持つ。本書の後章は、小説が人間性の科学の実験的方面に過ぎないことを主張するであろう。通俗雑誌は、多くの目的に役立つであろうけれども、それが人気を博すのは、主としてそれが現今生活の浮動文学であるが故である。」（本多顕彰訳「文学の近代的研究」　第三篇　第六章　詩と散文との分化　一四三～一四四ぺ）

8″「（近代小説の二つの特別の傾向のうち）、一つは、小説の興味が世界主義的になる傾向である。（中略）欧羅巴の種々の国民は、外来のものは他に何も読まなくても、お互に他国の小説は読む。小説を読むことは、国際的交際の一形式となる傾きがある。」（本多顕彰訳「文学の近代的研究」　第三篇　第七章　叙事詩における展開　一七七ぺ）

9　「モウルトンがUniversal literatureとWorld literatureを区別して、前者は各国の超国民的文学の和である。後者は与えられたる視点即ち読む人の特殊な立場から透視的に見たる世界的文学の統一である。視点の置き方に依りては遠峯はただ雪を戴いて遠く彼方に聳ゆるのを眺めるのみであって、却って目前の池や樹木が、光景の中心として鮮やかに見えるように、超国民的なる『世界文学』も日本人とイギリス人とでは別の姿に見えるであろう、又イギリス人とフランス人にも別の姿に見えることであろうが、同じ歴史の中に生きる両国民にとりては、唯連互せる山脈が見る位置によりて光景が異なるように眺められるのである。それよりも更に『世界文学』は同一国民中の各個人に依りて、いろ〳〵に見られることをも認めねばならぬ。教養の広狭・個人性・指導者の影響等によりて、各自の個人的差異のあることをも認め得るのである。併しながら、どの場合に於ても『世界文学』は自己の読んだあらゆる文学的作品の統一の統一である。モウルトンが『世界的文学』と『世界文学』とを区別してかように考うるのは、文学を読むことを手がゝりとして自己の教養を心がけるものにとりては、是非とも明《ママ》かにしなければならぬ一つの考え方である。」（有朋堂版「国語の力」　五　国文学の体系　一六　世界文学　二六六〜二六七ぺ）

9′　「我々は、現存のすべての文学の総計に与えられた名称に過ぎないところの全世界の文学と、我々が世界文学と呼んでもよいところのものとの間の区別をしなければならない。後者は与えられた見地から、多分読者の国民的文明の見地から、遠近法の仕方によって見られた全世界の文学である。私は別の著作において、文学的研究の真の分野としての世界文学の概念を十分に詳細にわたって述べた。私はその著作から、この用語の定義を引用することを許されるであろう。（「世界文学」〔マクミラン〕六頁《ママ》）

全世界の文学は、すべての文学の総計を意味するに過ぎない。世界文学は、私の用語においては、与えられた見地から、多分観察者の国民的立脚点から、遠近画法の仕方によって見られた全世界の文学である。この二つの差異は、地理学と風景画の芸術とが同じ自然物を取扱う際の、互に異る扱い方によって説明される。我々が、高さ一万呎の山、面積四分の一エーカーにも及ばないところの樹に取り巻かれた池、百呎の高さにまで聳えている傾斜をなした牧場、長さ約四百哩の湖、を取扱わなければならないとする。地理学がこれら自然の地勢を認識する限りにおいては、これらすべては正確な高さ面積によって受け取られなければならない。しかし風景画は観点を定めることによって始めるであろう。その観点から見れば、その風景の諸要素はその相対的の比率を変更するのが見られるであろう。遠くの山は雪の一点にまで小さくなり、池は目立った中心になり、樹が一本一本明瞭になり、牧場は遠方の柔い《ママ》色をとり、その反対の側には、大きな湖が地平線の上に一条の銀となってあらわれるであろう。同様の遠近画法によって、世界文学は、英国人と日本人とにとっては別々の物であろう。英国人にとってはあれほど大きく見えるシェイクスピアは、日本人にとっては小さいものであろう。それに反して、一方の文学的風景において前景をなしている支那文学は、他方には殆んど認められないであろう。世界文学は英国人と仏蘭西人にとってさえも別々のものであろう。ただ、この場合においては、この両国民の相似た歴史が二つの風景の構成要素を非常に似たものにしていて、差異は主に部分の分布にある。こればかりではなく、世界文学は同じ国民の別々の個人にとっても別々のものであろう。明らかに、ある人は、より広い展望をもち、全世界の文学のより多くを受け容れるであろう。または、学生の個性、若くは、その学生に影響を与えた教師の個性、が独特の個人的排列に全体の多種多様な部分の焦点をあつめるところのレンズの役をして来たかもしれない。どの場合においても、世界文学は真の統一であり、そして、すべての文学の統一の反映であるところの統一である。（以上、「世界文学」からの引用。）

私は、この意味における世界文学の概念は、実際研究において文学の統一を実感するのに欠くべからざるものであると確信する。それは文学的教養の諸要求を充すと同時に、その根底に横わる諸原理の研究に対して適量の文学を与える。本書は当然、英語を話すものの文明の観点から書かれた。しかし、観点が仏蘭西、独逸若くは他の欧羅巴文明であったにしても、細部に異同があるだけで実質において結果は同じであろう。」（本多顕彰訳「文学の近代的研究」第二篇　第四章　文学の分野の統一と世界文学の概念　九一～九三ぺ）

10　モウルトンが現代の小説《フィクション》はInternational intercourseであるといったことは、広く文学一般に就いていうこともできるのであろう。」（有朋堂版「国語の力」五　国文学の体系　一六　世界文学　二六九ぺ）

′10「欧羅巴の種々の国民は、外来のものは他に何も読まなくても、お互に他国の小説は読む。小説を読むことは、国際的交流の一形式となる傾きがある。」（本多顕彰訳「文学の近代的研究」第三篇　第七章　叙事詩における展開　一七七ぺ）

11「モウルトンの主張する形態学的研究の態度に於ては、決して希臘以来の伝襲的な修辞学や文法等に依りて作品を規律することではなくして、かくの如き『形式』の体系的発生的展開を対象としたのである。（在来過まって客観的態度と考えたものは、却って主観的態度であって、形態学的研究の低級なる方法的予備以上のものではない。）素よりモウルトンの所説は尚お《ママ》不徹底たるを免れ得ないのであるが、その方向を更に進展せしむる時に、形態学的研究の態度は、研究の対象を確保して、方法的根柢を堅固にすることができるであろう。」（有朋堂版「国語の力」五　国文学の体系　十八《ママ》　再び形式に就いて　二七一～二七二ぺ）

′11「この第一篇の題目は文学的形態論、即ち、種々の文学的形態と、その根底に横わる原理とであった。これら種々の形態は、我々が今見た如くに、解釈における主要な要因である。この問題の伝統的取扱いは、古典的過去の死んだ手が、唯一度或る型を定め、それを後の時代の作家が守らなければならないかのように、これら文学的諸形態を静的であると屢々考えて来た。これは『種類についての謬見』で、これが批評史に繰り返し現われ、そして、繰り返し覆されて来た。文学における形態は展開の事であり、文学が前進するにつれて新しい形態が現われて、より古い形態が変更される。形態の六つの要素——叙事詩、抒情詩、戯曲、歴史、哲学、雄弁——は、それに特殊の作品が帰せらるべき、互に排他的の、文学の六つの種類ではない。化学の元素のように、これらは特殊の作品の中で結合することが出来て、これら諸要素の融合は文学的効果の源となる。読者が読むところのものに対して取る態度は解釈者の態度である。彼は、先ず、眼の前にある文学と一般文学とに徴して、その根底に横わる形態の解釈を試みなければならない。彼はその時、形態が意味の解釈を助けることを見出すであろう。」（本多顕彰訳「文学の近代的研究」　第一篇　第三章　文学解釈の鍵　文学の形態　八六～八七ぺ）

〃11　なお、11は、特定の引用をふまえているというよりも、モウルトンの形態学的研究の態度と方法とを問題にしているため、引用提示はむずかしい。

12　「内容は作品から内化した表象でもなく、プロットでもない。能産の作用と遂行してこれ等の限界に達する時に、その内面於て遥かに広大なる世界を展望することができる。モウルトンが比喩的に芸術的摂理という語を以て示した統一の統一の上に『内容』を認むることができる。かくの如き内容はあり合せの題材でも、借ものでも、こしらえものでもない。それを捉らえて引捉えた、目前の事でもなく、目前の機でもない。それ等を超越した高次的なる立場に於てのみ感ずることを得るところの活躍する生命の流動である。」（有朋堂版「国語の力」五　国文学の体系　十九　再び内容に就いて　二七三ぺ）

’12　「文学の芸術における最も基礎的な点は、筋の興味である。芸術作品としての物語は、多様における統一である。もし、すべての細部が、包括的統一の内部にあるように感ぜられるならば、その細部が多様であればある程、その芸術は豊《ママ》である。（中略）プロットは、詩的建築であると同時に、また芸術的摂理である。」（本多顕彰

訳「文学の近代的研究」 第六篇 第二十三章 詩的建築及び芸術的摂理としての筋 四三四ぺ）

13「モウルトンがフィクションから出たフィクチアス（虚構）を挙げて、文学内容に対する偏見の潜在を指摘したのも、そうした考えがかなり広い考え方であることを示すのであるが、問題は彼のいう如く頗《ママ》簡単である。即ち文学の内容は人格的統一の表現であるほど、事実の報告ではないから、仮作であるが併しながら虚構ではない。事実でないものは非事実で、真に反するもののみが偽である。世に『偽に白いうそ、黒いうそがあるがその最大なものは統計である』という諺がある。統計は最も事実の正確なる表彰である筈であるが、その読方によりては、我々の国語でいえば真赤なうそを構えることがあり得る。人生の科学である小説は数学的に事実を報告するものでないがそうした三色のうそのいずれでもないといったのも面白い。而して人性の真相を澄み切った話方で示すものが、どうして仮作虚構といわるゝものであろうか。」（有朋堂版「国語の力」五 国文学の体系 十九 再び内容に就いて 二七四～二七五ぺ）

13′「この議論の劈頭において我々は広く拡がっているところの、語の不幸な混同——fictiticous（本来は『作られたる』の意だが、普通『虚偽の』の意に用いられる）なる語を、殆んどfalse（『偽の』）の同義語とするところの混同——に躓く。ある社会において、それが『彼等をうそつきに育てるかも知れない』という心配から、親が、子供の小説を読むことを禁ずるのを、私は知っている。さような意見を聞いて微笑むだろうところの多くの読者が、もし自身をよく吟味したら、やはり心の奥底で小説《フィクション》を許さるべき偽と云ったようなものだと考えているのを見出すかも知れない。語のこの誤用は更により基礎的な混同の一部分——それに向《ママ》って注意が屢々喚起されるが、誤解は依然として持続する——即ち、事実と真（理）との混同である。私は、立派な人々が、事実は真理と同じものではないという主張を聞かされる時に、実際に立腹するのを見たことがある。人は、かかる人々が、イエスの譬話が事実の記録であるとは想像しないであろう。それを最高の真理以外のものであると考えるものがあるか？ 譬話は、単に、真理を伝える手段として用いられたfiction（小説）の一形態に過ぎない。

事実と真理との二つの概念が、思想の別々の範囲に属するということは、いくら強調しても、しすぎるということはない。事実は真理でない――尤も事実は真理となされうるところの或るものではあるけれども。他の相違のことは暫く措くとしても、事実は個々のものに関係を持ち、真理は普遍的である。私が文机を叩いて、それが堅いということを見出す。それは真理ではない。それに符号する真理を見出す為に私は、（例えば）堅い表面は、それが我々の筋肉に与える抵抗力によって知覚されると云う時の如く、普遍化することが出来なければならない。真理の反対は虚偽である。事実の逆は何か他の事実である。私が机を叩いて、それを堅いと思う場合には、これは、私がそれを軟いとか、暖い《ママ》とか、ねばねばしているとか思ったからであろう。事実は、普遍化によって真理が拵えられうるところの原料である。しかし、それは、同じ程度に、虚偽の原料でもある。通俗的な警句の云うところによると、三つの程度の偽がある――即ち、原級、白い偽（罪のないうそ）、比較級、黒いうそ（腹黒いうそ）、最上級、統計、がこれである。しかし、統計は事実である。そして、事実としては全く正確でありながら、――例えば悪い政党の手によって――奇怪な虚偽に仕上げられ得るところの大きな一団の統計を考えることは容易である。さて事実が真理か虚偽か、いずれかの原料とすれば、同様に、虚構の事は、真理か虚偽か、いずれかの原料である。事実と虚構の事との間の差異は、事実は、たまたま起った個々のことであるのに対し、虚構の事は、起ったかもしれないところの、起るであろうところの、または、或る事情のもとに起らなければならないところの個々の事である、ということである。事実を虚構のことと区別するところのものは、偶然の要素である。」（本多顕彰訳「文学の近代的研究」　第五篇　第十八章　思惟の一様式としての物語　三九二～三九四ぺ）

〃13　「創作小説は、現実の人生の制限変更であり、観察を、選ばれた事態にまで、また、根底をなす諸原理を表わすのに好都合とし本能的に選択された諸条件にまで拡張する。ある物語を『組立てる』ことは、人生の科学において実験を組立てることである。」（本多顕彰訳「文学の近代的研究」第五篇　第十八章　思惟の一様式としての物語　三九六ぺ）

14「たとえばモウルトンが『解釈の批評主義論』の立場から、センツベリーの『主観的批評主義論』を論ずる態度にもこれを見る。併しながら、モウルトンが文学の研究は徹頭徹尾、解釈《インタープレテーション》であるということと、センツベリーが享け入れた印象を表現宣伝することであるということの間には共通の精神が認められる。即ちモウルトンの解釈の意味は文学を解釈することを以て自然と人生との創造的作用であると見るのであり、センツベリーの主観的非評論も亦ある作品の研究の手がかりから、新しい或物を見出すことであって、いずれも再創造的作用であり再構成的体験である。」（有朋堂版「国語の力」五　国文学の体系　二〇　判断の統一　二七七ぺ）

′14「批評は文学を討議する文学である。他の諸々の型は、その見地として、討議される文学を持つ。主観的批評は、批評家に興味を持つ。批評の行為によって、批評家は作家となる。主観的批評は、この作家の、文学に対する寄与である。我々の、詩の理論は、芸術の創作と並べて、感応的鑑賞を強調した。相次ぐ読者から来る感応的鑑賞は、それ自身単独で文学を作る。センツベリ氏が云っているように、好悪は批評における事実である。これらの事実が主観的批評を構成する。創作的芸術の虹は、より少い光輝で、そのアーチ形全体に従うところの第二の虹を持つ。あらゆる単独な詩、若くは製作的文学作品において、夥しい交叉する光が、あらゆる批評の角度から、その上にくる。文学の上に投げられるこれらの交叉した光は、文学それ自身の中に入り込み、種々の、そして独立した興味となる。」（本多顕彰訳「文学の近代的研究」第四篇　第十六章　主観的批評、若くは文学として承認される批評　三七二ぺ）

″14「しかし、文学は人生の批評以上である。詩及び芸術から来る事物の解釈は、それが同時に解釈し且つ創作するという意味において、より高い解釈である。詩的理想化は、それが触れるところのものを高めるけれども、唯始めて解釈することによってのみ高める。科学によって表わされる自然は、創作的詩がそれに基づいて働くところの自然よりも、劣ったものである。もう一度、我々は静的と展開的との間の区別を持つ。宇宙の創造は、ある神秘的過去において終ったのではなく、それは、人が詩において自然の再創造をする間は、今も、また永遠に、つづくのである。創作的能力が、詩及び芸術の製作者の為に、並びに、その鑑賞の為に、必要とされる。あらゆる詩の愛好者は、自身も亦、詩人である。そして、この世には、芸術創作に決して具体化されない沢山の詩がある。

文学理論における最初及び最後の言葉は解釈である。帰納的解釈の批評は、他のすべての批評がそれに基づくところの基礎である。ただ、読者は、彼の観念を文学の観察によって立証する時にのみ、判断者となることが出来る。理論家は、文学的形態の展開を解釈した時にのみ、それらが具体化している文学を理解することすら出来るのである。そして、彼が、かようにして解釈しようとする文学芸術は、それ自身、自然及び人生の創作的解釈である。」（本多顕彰訳「文学の近代的研究」結論　文学の伝統的及び近代的研究　五八七～五八八ぺ）

15　「帰納的批評は自由批評の反対であるように見える。その欠点は作品の煩瑣なる分解に没頭してその本質に就いて理解の欠乏せることゝ見らるゝのであるが、それは印象批評に対する客観批評の負うべきものであって、モウルトンの主張するごとき『解釈』の態度は決して低級なる訓詁的解釈ではない。また作品の意味を追随して、作者が書こうと思ったものを理解するに止まるものでもない。その立場から『世界文学』の体系的発生的研究を目指すものである。」（有朋堂版「国語の力」五　国文学の体系　二〇　判断の統一　二七八ぺ）

’15　「帰納法は、実証的科学にとっては正しいであろうが、それが作用しうべき実証的なるものが少しも見出され得ないところの文学芸術においては、それは存立しない。と反対論者は云うであろう。既に見て来た如く、真の芸術は絵画若くは戯曲の具体的な細部にあるのでなくして、これら細部が観者に与うべき印象にある。そして、これらの印象は主観的であって、観者によって異り、かくして実証性を欠く。さて、もしこのすべてが帰納的文学解釈の困難の一例として主張されるならば、そこには幾分の根拠があるであろう。それは、この過程そのものに対する反対論としては何等の力を持たない。最も実証的な科学においてすら、外的自然の細部は、別々の観察者に別々の印象を与えるであろう。その結果、天文学は『個人的誤り』若くは、『機械の誤り』を斟酌しなければならない。しかし、彼はこの種の諸困難を如何に処理するか？　新鮮な観察によってである。文学のすべての取扱いにおいて、人によって異る主観的印象は、困難な問題である。しかし、帰納的解釈者は、観察しつつある文学に幾度も繰り返し訴えることによって、その困難に応ずる手段を持つ。具体的なる細部は芸術それ自身ではなく、それは主観的印象への客観的制限を構成する。そして、帰納的研究の諸結果は、常に仮のものであり、意見のすべての相違を排除するところの説明がない場合には有効である。他面において、文学芸術は、帰納的方法の分野として、他の諸研究にまさる一つの強味を持つ。即ち、それは、調和させらるべき証拠を厳密に制限することである。もし私が、歴史的科学において、絶対的に諸事実を満足させるところの、ヘンリ八世の性格に関しての或る理論を展開させることが出来るとしても、その私の精緻な理論は、明日にも、全然新しい証拠の一脈が発見されれば、それによって容易に覆されるのである。多量の証拠がシェイクスピアのヘンリ八世に向《ママ》って閉鎖されているのである。」（本多顕彰訳「文学の近代的研究」第四篇　第十三章　帰納的批評または解釈の批評　三一一～三一二ぺ）

15″　「近代批評は文学的実践を方式に表わして文学理論をたてる点において、アリストートゥルに従ってもよい。しかし、それは、世界文学が概観されるべき分野を、世界文学の全範囲にまで拡げることによって始めなければならない。」（本多顕彰訳「文学の近代的研究」第四篇　第十章　文学批評の諸型とその伝統的混乱　二五八ぺ）

15‴　「しかし近代的批評は、又批評それ自身の概念を拡張し、四つの相異る型を識別しなければならない。我々は先ず第一に帰納的批評を持つ。これは、解釈と展開的分類の目的で、あるがままの或る特殊の文学を吟味することである。これは他のすべての種類の批評に欠くべからざる基礎である。勿論、裁判官的気質の批評家は、もし彼が、研究して来た文学を理解しなかったり、誤解したりしたならば、彼の評価または理論は地に墜ちるであろうということを認めるであろう。彼が多分気がつかないところのことは、かような純粋な解釈は、判断の観念を全然除外しているところの過程によってのみ可能となるということである。我々は、第二に、文学理論若くは文学の方向に向う《ママ》ところの思索的批評を持つ。第三に、承認された原理を個々の文学作品に適用することであるところの判断的批評にとっての沢山の余地がある。しかし、如何なる種類でもの文学批評が、それ自身文学として取扱われて、その批評家を作家として表わす時に、第四の形が生ずる。理論の一項目として許容されないかも知れないところのものが、それにも拘らず文学的実施によって、高い興味と価値とを持つかも知れない。或る人々は、この自由批評若くは主観点批評は、すべてのうち最も重要な批評であると考えるであろう。批評のこれら四つの型は、ある特殊の討議において如何に混じていようとも、職能においては明らかに別個である。伝統的批評は、これら四つの型のうちの唯一つのものによる批評の全分野の無意的僭取であった。批評の観念は、判断の観念に狭められた。そして判断的態度を除外しなければならないところの解釈を容れるべき余地が残されていなかった。」（本多顕彰訳「文学の近代的研究」第四篇　第十章　文学批評の諸型とその伝統的混乱　二五九〜二六〇ぺ）

16　「然るに読方と綴方、解釈と作文、批評と創作とは、常に融和を欠き、特に最後の批評と創作との乖離は常に反復せらるゝのであるが、もし読方・解釈・批評が作品の産出の作用に少しのこだわりなく随伴して精密にその展開を跡づける態度に出ずるならば臆見と独断とから免れて、これ等の間に和解が成立つであろう。モウルトンの解釈の批評主義論の如きはその一型と見ることができるのである。」（有朋堂版「国語の力」五　国文学の体系　二一二　国語の力　二八五ぺ）

16「文学の評価のあらゆる企て、正しさのあらゆる評価は、それが適用される文学が正しく理解されていることを仮定している。本章が示そうと努めて来たところのことは、かような、文学を正確に理解する過程は、判断的観念からの撹乱がある間は行われることが出来ないということである。そこから、ホガースの逆説が起ってくる――鑑識家を除くすべての人が絵画の判断者である。判断を形造ることに慣らされた心は、芸術の或る範囲内においては、普通の心より以上に、多くのものを見るであろう。しかし、思いがけないものが入り込んでくる場合に、受容的態度の総体的再調節が必要とされる場合に、心は、普通でない要素はあるべきではないところの或るものではないかと思うところの、安易な仕方を選ぶならば、普通人より多くのものを見はしないであろう。批評家のうち最も判断的なものは、公平でなければならず、偏見を持ってはならないということを知っている。しかし、創造における開拓者に追いつこうとする同感的努力にとっては、公平の意識以上に多くのものが必要である。かように、芸術においては、判断は、それ自身が偏見――新奇なるものに対する偏見――である。（中略）文学に対する近代的態度は、評価と判断とを除外しない。しかし、それは、判断の批評が、最も自由な帰納的吟味の過程によって先行されなければならないということ、及び、かくして、批評における最も基礎的な要素は、解釈の批評であるということを認める。」（本多顕彰訳「文学の近代的研究」第四篇　第十三章　帰納的批評または解釈の批評　三四六～三四七ぺ）

17「徳川時代の初期に現われたる文学は中世文学の特性を継承し、文化的中心でなくなった京都大阪に現われた文学であって、時代の姿である放縦なる個性の奔放の中にも、中世精神が絡みついて居るのであって、その極限に於て現われた古代精神・中世精神の、『文学反響』Literary echoの中より、近代文学の特性を見ることができるのであろう。知識階級に於ける反響は擬古的でもあった。市民の心に響いた時にバロデーともなった。田園の人の心の中には牧歌的《イディリッシュ》な響をも伝えた。併しながらこの全面を統率するものは近代精神の遅鈍な展開であ

った。」（有朋堂版「国語の力」　五　国文学の体系　一一　近世文学の特性　二五三ぺ）

17「実際我々は詩的効果の一半はここで文学的反響と呼ぶところのものの基礎に依存していると云ってもよい程である。文芸復興につづく詩の成熟において、その均衡の穏健は、詩における遠心的衝動及び求心的衝動としての、ロマンティックなるもの及び古典的なるもの――新鮮と新奇とに頼るロマンティックなるものと、承認された諸々の形式と調和してそれ自身を廻転し、内在的に美しいところのものに親密と回想との附加的美を与えるところの古典的なるもの――の合一にかかっているということを、我々は既に見て来た。

意味されているところのことは、ある詩人が伝統的材料を用いるという単なる事実ではない。その反響は、最も微細な部分――形容語、名称、文の構造、表現の転向――にすら及んでいる。類似があるという事実の怠惰な承認ではいけない。その類似は回想であるが、『反響』の微妙な微弱さにまで沈められた回想である。」（本多顕彰訳「文学の近代的研究」　第六篇　第二十五章　文学的反響　第二の自然としての文学の概念　五二一ぺ）

以上のように、「国語の力」の第五章ともいうべき、「五　国文学の体系」には、モウルトンの「文学の近代的研究」からの引用（おしまいの17は、モウルトンという名の見えない、間接引用に属するもの。）が17例も見られる。「国語の力」の「五　国文学の体系」は、つぎのような構成になっている。

一　一　国文学の対象
　　二　認識の統一――（1）
　　三　独創的なるもの
　　四　動機と態度――（2）（3）（4）

二

五　文学思潮の意味
六　日本文学の歴史的研究
七　日本文学思潮の読方
八　日本文学思潮の大勢
九　古代文学の特性――(5)(6)
十　中世文学の特性
一一　近世文学の特性――(17)

三

一二　世界的文学
一三　何を読むべきか
一四　如何に読むべきか――(7)
一五　対象の統一――(8)

四

一六　世界文学――(9)(10)
一七　全体と体系
一八　再び形式に就いて――(11)
一九　再び内容に就いて――(12)(13)
二〇　判断の統一――(14)(15)
二一　再び「読む力」に就いて

五

二二　国語の力――(16)
二三　文化の創造

モウルトンの所説を引用したり、それに言及したりしている個所は、右に示したとおりである。「国文学の体系」一〜五まで、全般にわたって、引用・援用・言及のなされていることを知るのである。

これらの引用を、モウルトンの「文学の近代的研究」について見ると、つぎのようである。

序論　近代的研究の優勢なる観念　統一、帰納、展開——（′6）

第一篇　文学形態論　文学の多様とその根底に横わる原理

第一章　文学の形態の諸要素——（‴1）（′5）（′7）

第三《ママ》章　文学解釈の鍵　文学の形態——（′11）

第二篇　文学研究の分野と範囲

第四章　文学の分野の統一と世界文学の概念——（″6）（‴6）（′9）

第五章　文学の内的及び外的研究——（′4）

第三篇　世界文学の歴史に反映したものとしての文学の展開

第六章　詩と散文との分化——（″7）（′8）

第七章　叙事詩における展開——（″7）（″8）（′10）

第八章　戯曲における展開——（′7）

第九章　抒情詩における展開——（′7）

第四篇　文学批評、伝統的混乱と近代的復興

第十章　文学批評の諸型とその伝統的混乱——（″15）（‴15）

第十三章　帰納的批評または解釈の批評――（’15）（’16）
第十六章　主観的批評、若くは文学として承認される批評――（’14）
第五篇　哲学の一様式としての文学
第十八章　思惟の一様式としての物語――（’13）（″13）
第二十章　人生及び自然の高級な解釈としての文学――（″1）
第六篇　芸術の一様式としての文学
第二十三章　詩的建築及び芸術的摂理としての筋《プロット》――（’2）（’3）（’12）
第二十五章　文学的反響、第二の自然としての文学の概念――（’17）
結論　文学の伝統的並びに近代的研究記号――（’1）（’14）

右の各章下に記入したように、「序論」・「結論」のほか、六篇一五章から引用されている。「国語の力」の各章（一～四）に比べれば、この第五章「国文学の体系」には、もっとも多くの引用・言及がなされていることになる。随処に必要に応じて、モウルトンからの自在な引用がなされ、モウルトンへの言及がなされているのである。「国語の力」の第五章に位置づけられている「五　国文学の体系」は、一　解釈の力、二　文の形、三　言語の活力、四　文の律動、に比べて、垣内松三先生が年来考究され、おそらくは講述されてきた領域であって、最も力のこもったものである。この領域の論述にあたって、モウルトンの「文学の近代的研究」から、縦横に引用され、また、ふまえられているのは、垣内先生のモウルトンへの傾倒ぶりと合わせて考えて、当然のことと思われる。[1]文学形態論、[2]文学原型としての民謡舞踊論、[3]世界的文学と世界文学の考え方、文学（各形態）展開論、[4]文学批評　就中、帰納的批評、解釈の考え方、[5]哲学の一様式としての文学観、[6]プロット論、[7]文学的反響観、など、モウルトンの基本的な考え方は、あますところなく摂取され、活用されているといってよい。しかも、これらの摂取・活用は、単なる借用によるものではなく、じゅうぶん消化した上でなされている。時には、批判的にも扱ってある。

「国語の力」のうち、とくに、五　国文学の体系　の成立にあたっては、モウルトンの近代的文学研究法を摂取し、吟味して、それを基本にしていることがわかる。「国文学の体系」自体、日本文学研究の立場と方法とを求めていて、方法論意識がきわめて鮮明である。モウルトンの「文学の近代的研究」も、伝統的研究から近代的研究へ脱皮すべく、明確な方法意識に貫かれているものであって、その面から、「国文学の体系」探索に対して、示唆する点が多いものであった。モウルトンの文学研究面で成果しえたものを、日本文学研究において、最大限に利用しえているといえよう。

なお、「国語の力」成立の契機ともなった、「国語の力」所収の長野講演「国語教授と国語教育」には、モウルトンに関する言及が三例見られる。主として、作文教授に関して援用されているのである。講述に際し、モウルトンの所説に、立論の端緒を得ていられるのである。

しかし、「在来の希臘伝来の修辞学を排して、モウルトンが考えたように、またモウルトンの考えでは、まだ不徹底である点を補充して、」（有朋堂版「国語の力」、三一四〜三一五ぺ）と述べてあるように、モウルトンへの単純な傾倒でなかったことは、注目される。

「国語の力」　一　解釈の力　のうち、一八　帰納的批評法には、つぎのような話が引かれている。

「嘗って日本アルプスの麓の町で聞いた、その町の山岳写真の名人の話も尊い話であった。山岳の常として、雲霧の走ること定めなく、其上に紫外線の妨げも加わりて山の皺まで写し取ることは至難の業である。それ故にいかに写真術の名手も山岳の写真を撮ることは難しとするのであるが、この人は克く雲霧の絶え間を見はからい、紫外線を巧に避けて、山骨を撮しとる妙技を会得されて居るので、貴人へ献上する山岳写真を撮る時には、常にこの人が召し出されるということであった。瞬間を直視して機微を捉える心の作用は、口で語り形を示して伝えられるような浅はかな心境ではない。唯体験の累積からのみ自得せらるゝ力であるといわねばならぬ。文を読む時の心も少しもこれと異ることはない。文字の連りの上から、ともすれば妨げられ易い錯誤の雲霧や、心の据え方が過まって居るために過まられ易い憶測の紫外線を避けて、文の真相を捉える力は、真実を愛し道を求むる心の凝集と不断の精練に依りてのみ導かるゝものであるといわねばならぬ。」（有朋堂版「国語の力」、四九〜五〇ぺ）

この「山岳写真の名人」（長野県大町の斎藤氏）のことについては、雑誌「コトバ」（第三巻第八号、昭和八年八月号）に載せられた、「丘上雑記」に、つぎのように述べられている。

「（前略）名人の体験を聞くことを何よりも悦ぶ自分は、もしよい機会が恵まれるならば、氏に就いて親しく話を聞いて見たいと思ったこともあった。それから十年の月日が過ぎて居る。六月（引用者注、昭和8年6月）に長野県の上田へ行った時、知人からその写真を贈られた。その時に斎藤氏は昨昭和七年に逝去せられたことを聞いて、一層しみじみとこの山の姿に見入ったのであった。特に深く心を打ったのはこの知人がこの写真を自分に手渡しする機会を得られるまでに既に八年を経て居ると語られたことであった。この長い年月を心にかけて今直接に手渡ししてくださる心もちが、更に強く心の底まで響いて更に手にした山の姿に見入った。稀にしか遇うことのできない静かな和やかな気につつまれつつ、これを長く記念するために、この写真をここに挿むことにしていただいた。

何処へも話しに行かないと決意してから数年を経た。久しぶりで大町へ行くことにした。会う人ごとに旧知の方々である。それに木崎湖畔で小休みした宿の座敷には藤村作博士の書かれた額が掛けてある。ここは毎夏藤村博士や高木君久松君などの来られるところだと思うと、急に久しく会わない諸氏を懐しく思って絵はがきを取寄せて所懐を書いたが、それは郵便に出してもらったかどうだったかはっきりしない。始めてここを訪ねたのは大正十年の初冬だったと思う。もう初雪がちらちらして、今年は雪が早いと語られたことも思い出す。寂しい山につつまれた、水の流れも身にしむような静かな寒い町の姿が目の前に浮かんで来る。『国語の力』に書いたことのまとまったのはその頃であった。すべてにつけて信州の山水は深く魂の底に刻みつけられて居る。篠井で上田行の汽車に乗換えようとして、プラットフォームを急ぎて歩いて居ると、同じく急ぎて長野行の汽車へ乗ろうとする知人に遇って忙か《ママ》しく無事を語り合い、汽車の出るのを少時間見送った。待合室へ出るとまたここでも知人に遇う。まるで故郷へでも帰ったような気がする。ヨーロッパの旅から帰ってからも《ママ》もう十五年にもなる。信州へはその年から度々来たが、久しぶりで来て見ると、軽井沢を往来する間に成った思索の糸をたどって、いろいろのことが思いおこされる。」（同上誌。八一〜八二ぺ）

この「丘上雑記」には、上田で知人から贈られた、斎藤氏撮影の山の写真が掲げてある。

右の回想による記述によって、「国語の力」の胚胎期に、大町を訪ねて、この話を耳にされたことがわかる。大正一〇年（一九二一）初冬から大正一一年（一九二二）早春にかけて執筆された「国語の力」に、この山岳写真の名人（斎藤氏）のことが彫りこまれているのは、垣内先生の刻まれた感銘からしても、自然であり、必然であるように思われる。

右の文章には、「すべてにつけて信州の山水は深く魂の底に刻みつけられて居る。」（同上誌、八二ぺ）とある。これについて思い合わされるのは、長野講演「国語教授と国語教育」の末尾に近く、「全県を通じて、生徒がいかにもはきはきしている事は、私の心から有難く思った所であります。此の生徒のよい心がまえは、山秀で水清き環境からも、自然に養われる事と考えますが、平素の指導に帰すべきものが多いことと思います。」（傍線、引用者。）（有朋堂版「国語の力」、三二五ぺ）と述べられている一節である。

なおまた、長野講演「国語教授と国語教育」においては、本論への導入部分に、つぎのような話が巧みに織りこまれている。

「茲になお一つの話を挿みますが、私が始めて長野市に入りました時、一日、御用を終りましてから、小山先生と城山館に登りまして、未だ夕日の光の残って居る善光寺平を俯瞰し、澄みきった秋の空の下にくっきりと見える、あの山この森を指されつゝ、先生から川中島戦争の話しを承りまして、極めて興味深く覚えました。夜の明けない前に妻女山を下って、川中島に向っ《ママ》た謙信の深謀が勝敗を決する原因であったように、国語教育の素因は教授作用の根柢となる教材の探究に於て定まるものと云ってよいのであります。併しながら、謙信がその計画を貫徹するために、迅速に勝敗を決しようとしましたのは、その作戦の結果に就いての予感から導かれたのである如く、教授の結果に関する考慮が加わらなければなりますまい。形の上に現われたところでは、その考えから現われた戦斗のみ目につきますが、その内面に於ける意図を透視する時に、始めてその戦争の全体が理解されるように、教授の方法も亦その内面的なる意図を見る時に始めて理解し得るのでありましょう。」（有朋堂版「国語の力」、二九五ぺ）（傍線、引用者。）

「国語の力」所収、一　解釈の力　に引用されている山岳写真の名人の苦心に関する話の扱いかたは、長野講演における、この川中島戦の扱いかたと軌を一にしている。体験・行動の事例にこもっている心理機動を明確に析出して、それを国語・文学の研究過程などの究明に資していく方法は、垣内先生の独自の方式といえよう。

「国語の力」一　解釈の力　一九　思索的批評法　の第一段は、つぎのように述べられている。

「天文学者[1]が克く空に輝く星を見得るのは、唯見る力に依らねばならぬといった。ニュートン[2]・ケプレルが天体の運行を見て敬虔の念に打たれたと伝えらる〻のを見れば彼等の眼底には宇宙を統一する力が映って居た。カント[3]が星の光の輝く天と心の中の至上律とを竝べていった時に彼の心底には人性を統率する原理が儼存して居た。又、山岳撮影[4]の名人が山骨を撮し取るのは一瞬の機微を捉える心力であるといった。雪舟[5]が山容を一揮して連亙せる洪嶽を彷彿たらしめる時、彼は心を平にして彼の胸中に蔵めた亜細亜大陸の雄大なる光景を雲煙模糊の中に眺めたとも伝えられる。文の上に現われた形象を捉えて、文の上に輝く光や力を見るならば、どうしても其の内面に於ける統率概念に思い到らずして已むことはできぬ。思索的批評法の生る〻のはこの已むに已まれぬ要求があるからである。而して批評を進めて文学の本質の中に内存する原理を索め、これによりて批評法を基礎づけん

とする要求を生ずるのである。」（有朋堂版「国語の力」、五一〜五二ぺ）

ここでは、五つの事例が簡明に述べられ、さきにくわしく引用されていた、山岳撮影の名人の話は、四つめに的確に位置づけられている。名人（斎藤氏）から直接に聴取したものではないにしても、垣内先生がじきじき日本アルプスの麓の町で聞かれた話であるだけに、この話はその場所を得て、生彩を放っている。

「丘上雑記」の前掲の文章にも、「名人の体験を聞くことを何よりも悦ぶ自分は」（同上誌、八一ぺ）とあるように、熟達の心境を聞き、そこからさまざまの示唆・触発を受けられたようである。

「国語の力」成立に際して、その一要素をなしている、体験本位（直接・間接を含む。）の事例の問題は、その小ささのゆえに看過してはならない。引用されている多くの事例の中でも、右に見た、山岳写真の名人の話は、その出所・性格からして、「国語の力」成立にゆかり深く、垣内先生好みの、独自の事例の一つと見られる。

一一

「国語の力」の二　文の形　のうち、八　「芸術的摂理」において垣内松三先生は「芸術的摂理」という語について、まず、「モウルトンの比喩的にいうこの用語の意味は、彼が説明するごとくHuman interestであり、又Movementでもある。（有朋堂版「国語の力」、一〇四ぺ）と説明し、志賀直哉の作品「城の崎にて」から、「自分は別にいもりを狙わなかった。ねらっても迚も当らない程、ねらって投げる事の下手な自分はそれが当る事などは全く考えなかった。石はコツといってから流れに落ちた。石の音と共に同時にいもりは四寸程横へ飛んだように見えた。いもりは尻尾を反らして高く上げた。自分はどうしたのかしらと思って見て居た。最初石が当ったとは思わなかった。いもりの反らした尾が自然に静に下りて来た。するとひぢを張ったように傾斜にたえて前へついていた両の前足の指が内へまくれ込むといもりは力なく前へのめってしまった。尾は全く石へついた。もう動かない。いもりは死んで了った。自分は飛んだ事をしたと思った。虫を殺す事をよくする自分であるがその気が全くないのに殺して了ったのは自分に妙ないやな気をさした。」という部分を引用していられる。

そうして、「この文にゲナングの考えを適用しようとしても当て嵌まらぬように、この文には文学的建築という如き人工的加巧を消したHuman interest・Movementがある。」（有朋堂版「国語の力」、一〇五ぺ）と述べ、つぎに、菊池寛の「文芸往来」から、その志賀直哉論を抄出していられる。

「菊池寛氏の批評論の中に、『[1]志賀氏の作品の力強さは志賀氏の作品の底に流れて居る氏の道徳のためではないかと思う。氏の懐いて居る道徳は人間性の道徳だと自分は解して居る。が、その内で氏の作品の中で最も目に着くものは正義に対する愛（Love of justice）ではないかと思う』といい又『[2]志賀氏の作品の背後には、志賀氏の人格があると云った方が一番よく判るかも知れない。そして作品にある温味も力強さも、此人格の所産であると云った方が一番よく判るかも知れない。』『[3]氏はその手法と観照に於ては、今の文壇の如何なる人道主義者よりも、もっと人道主義的であるように思われる。』（文芸往来）と謂われたのは、亦この作品の批評にも代えることができる。」（有朋堂版「国語の力」、一〇五～一〇六ぺ）

垣内松三先生は、このように引抄してのち、八　芸術的摂理　の節を、「モウルトンが『文学的建築』と『芸術的摂理』とは同時に『プロット』であり、『プロット』と『動機』とは一つであると見るのは、文を機械的皮相的に分析しないで、その内面に於ける形象に於て見んとするものである。」（有朋堂版「国語の力」、一〇六ぺ）と結んでいられる。

さて、菊池寛の「文芸往来」は、大正九年六月一日、アルスから刊行された、四六判、二七八ページの文芸評論・随想などの集である。菊池寛は、本書の序において、その意図するところを、つぎのように述べている。

「茲に蒐めたものは、自分が此の数年来、その折々の感興に依ってか《ママ》いた随筆、文芸評論、劇論、研究飜訳の類である。自分が文芸に対する解釈や、態度は、之等の文章の随所に現われて居るだろうと信ずるのである。百姓の道の要義を説いたものが、『百姓往来』である如く、商売上の心得を書いたものが『商売往来』であるが如く、自分の此の集も、文芸の本義を説き趣味を養う点に於て、一個の『文芸往来』であることを信ずるのである。自分の創作を愛読して下さる人々には、殊に多くの興味があることを信じて居る。三四年前にかいたものには、現在の自分としては、修正したいことや、書き加えたいことがあるが、敢てその儘にして置いた。シング論及びゴルスワァジイの研究は、自分として是非一読して貰いたいものである。創作集は、もう五六篇も世に出した自分ではあるが、こうした随筆評論集の世に出づ《ママ》ると《ママ》は、又更に特種《ママ》な欣びを感ずる。それに付けても自分は、自分のかいた物を愛読して下さる人々に感謝の意を表せざるを得ないのである。」

菊池寛は、この「序」を、大正九年五月廿六日、中富坂にて、記している。この「序」によって、「文芸往来」という書名の由来も、またその処女論集であることも、その意図の所在も、承知することができる。

「文芸往来」は、つぎの四部から構成されている。

Ⅰ　感想小品随筆

1　漱石先生と我等
2　晩年の上田敏博士
3　短篇の極北
4　南蠻誓詞
5　長崎への旅
6　芸術家と後世

24　文芸時評（一）
25　文芸時評（二）
26　文芸時評（三）
Ⅳ　飜訳
27　スフキンクスの胸に居るクレオパトラ（ショオより）
28　猿の手（ウヰリアムゼイコップス）
29　ルーベン伯父（セルマラゲルノフ）

多彩な内容というべきである。これらのうち、「国語の力」に引用されている論は、Ⅲ　17　志賀直哉氏の作品　からである。

菊池寛のこの文芸評論「志賀直哉氏の作品」は、五節から成る。

その第一節において、菊池寛は、論の意図を、まず述べている。

「自分は現代の作家の中で、一番志賀氏を尊敬して居る。尊敬して居るばかりでなく、氏の作品が一番好きである。自分の信念の通《ママ》に云えば、志賀氏は現在の日本の文壇では、最も傑出した作家の一人だと思って居る。自分は、『白樺』の創刊時代から志賀氏の作品を愛して居た。夫から六、七年に成る。その間に、自分は且《ママ》って愛読して居た他の多くの作家（日本と外国とを合せて）に、幻滅を感じたり愛憎を尽かしたりした。が、志賀氏の作品に対する自分の心持丈は変って居ない《ママ》　之からも変るまいと思う。

自分が志賀氏の作品に対する尊敬や、好愛は殆ど絶対的なもので従って自分は此の文章に於いても、志賀氏の作品を批評する積はないのである。志賀氏の作品に就いて自分の感じて居る事を、述べて見たい丈である。」（「文芸往来」、一五一ペ）

菊池寛は、また、この評論の末尾に「兎も角、自分の同時代の人として志賀氏が居ると云う事は、如何にも頼もしく且つ欣ばしい事だと自分は思う。」「最後に一寸云って置くが、自分は此《ママ》文章を、志賀氏の作品に対する敬愛の意を表する為にのみ書いたのである。」(「文芸往来」、一五九ぺ)とも記していて、論評というよりは、讃歌というに近いことをうかがわせる。

第二節において、菊池寛は、志賀直哉のリアリズムの鋭さ・きびしさを、つぎのように指摘する。

「志賀氏は、その小説の手法に於いても、その人生の見方に於いても、根底に於いてリアリストである。此の事は、充分確信を以て云ってもい丶と思う。が、氏のリアリズムは、文壇に於ける自然派系統の老少幾多の作家の持って居るリアリズムとは、似ても似つかぬように自分に思われる。先ず手法の点から云って見よう。リアリズムを標榜する多くの作家が、描かんとする人生の凡ての些末事を、ゴテゴテと何等の撰択《ママ》もなく並べ立てるに比して、志賀氏の表現には厳粛な手堅い撰択《ママ》が行われて居る。志賀氏は惜しみ過ぎると思われる位、その事を惜しむ。一措も忽にしないような表現の厳粛さがある、氏は描かんとす《ママ》事象の中、真に描かねばならぬ事しか描いて居ない。或《ママ》事象の急所をグイグイと書く丈である。本当に描かねばならぬ事しか描いて居ないと云う事は、氏の表現を飽く迄も、力強いものにして居る氏の表現に現われて居る力強さは簡素の力である。厳粛な表現の撰択《ママ》から来る正確の力強さである。」(「文芸往来」、一五二ぺ)

ついで、菊池寛は、志賀直哉の作品に例をとりながら、その表現について説明を加えていく。

1 「好人物の夫婦」から

「深い秋の静かな晩だった。沼の上を雁が啼いて通る。細君は食卓の上の洋燈を端の方に引き寄せて、其の下で針仕事をして居る。良人は其傍《ママ》に長々と仰向けに寝ころんでぼんやりと天井を眺めて居た。二人は長い間黙って居《ママ》た」

――「何と云う冴えた表現であろうと、自分は此数《ママ》行を読む度に感嘆する。普通の作家なれば、数十行乃至数百行を費しても、こうした情景は浮ばないだろう。所謂リアリズムの作家にこうした立派な表現があるだろうか、　《ママ》志賀氏のリアリズムが、氏独特のものであると云う事は、こうした点からでも云い得ると思う。氏は、此数《ママ》行に於《ママ》て、多くを描いて居ない。而も、此数《ママ》行に於いて、淋しい湖畔に於ける夫婦者の静寂な生活が、如何にも溌溂として描き出されて居る。何と云う簡潔な力強い表現であろう。こうした立派な表現は、氏の作品を探せば何処にでもあるが、もう一つ『城の崎にて』から、例を引いて見よう。」（「文芸往来」、一五三ぺ）

２「城の崎にて」から

「自分は別にいもりを狙わなかった。……虫を殺す事をよくする自分であるがその気が全くないのに殺して了ったのは自分に妙ないやな気がした《ママ》」

――「殺されたいもりと、いもりを殺した心持とが、完璧と云っても偽ではない程本当に表現されて居る。客観と主観とが、少しも混乱しないで、両方とも、何処迄も本当に表現されて居る。何の文句一つも抜いてはならない。また如何なる文句を加えても蛇足になるような完全した表現である。此の表現を見ても分る事だが、志賀氏の物の観照は、如何にも正確で、澄み切って居ると思う。此の澄みきった観照は志賀氏が真のリアリストである一つの有力な証拠だが、氏は此の観照を如何なる悲しみの時にも、欣びの時にも、必死の場合にも、眩まされはしないようである。」（「文芸往来」、一五四ぺ）

３「和解」から

「『えゝ』と自分は首肯いた。それを見ると母は急に起上って来て自分の手を堅く握りしめて、泣きながら『ありがとう。順吉、ありがとう』と云って自分の胸の所で幾度か頭を下げた。自分は仕方がなかったから其《ママ》頭の上でお辞儀をすると丁度頭を上げた母の束髪へ口をぶつけた。」

――「と、描いてある所など、氏が如何なる場合にも、そのリアリストとしての観照を曇らせない事を充分に語って居る。」（「文芸往来」、一五四ぺ）

右に掲げた、引用されている三つの作品の文章表現については、簡明ながら、的確に述べられている。三つの中では、2「城の崎にて」のそれがいちばん強く述べられている。「国語の力」に引用されている部分と、この2の部分とは、全く同じなのである。

さて、菊池寛は、この評論「志賀直哉氏の作品」の第三節において、さらに志賀直哉の半面について、つぎのように述べて、論を進展させていく。

「志賀氏の観照は飽く迄もリアリスチックであり、その手法も根底に於いてリアリズムである事は、前述した通《ママ》だが、夫ならば全然リアリズムの作家であろうか。自分は決してそうは思わない。普通のリアリストと烈しく相違して居る点は、氏が人生に対する態度であり、氏が人間に対する態度である。普通のリアリストの人生に対する態度人間に対する態度が冷静で過酷で、無関心であるに反しても、ヒューマニチ《ママ》ックな温味を持って居る。氏の作品が常に自分に、清純さ快さを与えるのは、実に此の温味の為である。氏の表現も観照も飽迄《ママ》リアリスチックである、《ママ》がその二つを総括して居る氏の奥底の心は飽迄《ママ》ヒューマニスチックである。氏の作品の表面には人道主義など、《ママ》云うものは、おくびにも出て居ない。が、本当に氏の作品を味読する者に取って、氏の作品の奥深く鼓動する人道主義的な温味を感ぜずには居られないだろう。世の中には、作品の表面には人道主義の合言葉や旗印が、山の如く積まれてありながら、少しく奥を探ると、醜いイ《ママ》ゴイズムが蠢動して居るような作品も決して少くはない。が志賀氏は、その創作の上に於て決して愛を説かないが氏は愛を説かずしてたゞ黙々と愛を描いて居る。自分は志賀氏の作品を読んだ時程、人間の愛すべきことを知ったことはない。」（「文芸往来」、一五四〜一五五ぺ）

菊池寛は、ここで、志賀直哉の短編作品「老人」を例として、志賀リアリズムの持っているヒューマニスチックな温味を説く。

第四節に至って、論はいっそう深まっていく。志賀直哉の作品の底流・背景について、とくに「道徳」について、掘り下げていくのである。第四節の全文は左のようであり、「国語の力」への引用は、１・２・３とも、ここからなされていた。その部分を傍線で示すと、つぎのようである。

> 氏の作品が、普通のリアリズムの作品と違って一種の温《ママ》かみを有して居る事は、前に述べたが、氏の作品の背景はたゞ夫丈であろうか。自分は、夫丈だとは思わない。氏の作品の頼もしさ力強さは、氏の作品を裏付けて居る志賀直哉氏の道徳ではないかと思う。
>
> 自分は、耽美主義の作品、或は心理小説、単なるリアリズムの作品にある種の物足ら《ママ》なさを感ずるのは、その作品に道徳性の欠乏して居る為ではないかと思う。ある通俗小説を書く人が「通俗小説には道徳が無ければならない」と云ったと云う事を耳にしたが、凡ての小説はある種の道徳を要求して居るのではないか。[1]志賀氏の作品の力強さは志賀氏の作品の底に流れて居る氏の道徳の為ではないかと思う。
>
> 氏の懐いて居る道徳は「人間性《ヒューマニティ》の道徳」だと自分は解して居る。が、その内で氏の作品の中で、最も目に着くものは正義に対する愛（Love of justice）ではないかと思う。義《ただ》しさである。人間的な「義《ただ》しさ」である。「大津淳《ママ》吉」や「和解」の場合には夫が最も著しいと思う。「和解」は或る意味に於《ママ》て「義《ただ》しさ」を愛する事と、子としての愛との恐るべき争闘とその融合である。が、「和解」を除いた他の作品の場合にも、人間的な義しさを愛する心が、随処に現われて居るように思われる。
>
> が、前に云った人道主義的な温味があると云うのも、今云った「義しさ」に対する愛があると云う事も《ママ》もっと

端的に云えば、[2]志賀氏の作品の背後には、志賀氏の人格があると云った方が一番よく判るかも知れない。そして作品に在る温味も力強さも、此《ママ》人格の所産であると云った方が一番よく判るかも知れないと思う。

志賀氏の作品は、大体に於いて、二つに別つ事が出来る。夫は氏が特種《ママ》な心理や感覚を扱った「剃刀」「児を窃む話」「苑《ママ》の犯罪」「正義派」などゝ《ママ》、氏自身の実生活により多く交渉を持つらしい「母の死と新しい母」「憶ひ出した事」「好人物の夫婦」「和解」などゝ《ママ》の二種である。志賀氏の人格的背景は、後者に於いて濃厚である。が前者も、その芸術的価値に於いては決して後者に劣らないと思う。[3]氏は、その手法と観照に於ては、今の文壇の如何なるリアリストよりももっと、リアリスチックであり、その本当の心に於いて、今の文壇の如何なる人道主義者よりも、もっと人道主義的であるように思われる。之は少くとも自分の信念である。（「文芸往来」、一五七〜一五八ぺ）

第四節は、五段階から成っているが、「国語の力」への引用文は、引用1が段落二・三から、引用2が段落四から、引用3が段落五から採られている。要をえた引用というべきである。1・3とも、それぞれ適切に切ってある。1を、「義《ただ》しさである。」の前で切り、3を、「之は少くとも自分の信念である。」の前で切っているのなどは、むだのない引用であろう。

「国語の力」においては、1・2・3の引用につづけて、「と謂われたのは、亦この作品の批評にも代えることができる。」（有朋堂版「国語の力」、一〇六ぺ）と述べてある。「城の崎にて」からの本文引用は、「文芸往来」のばあい、第二節においてなされ、その批評もそこにおいてなされている。引用1・2・3は、第四節に、志賀直哉の「道徳」論として述べられているところから引かれたのであって、これら1・2・3は、直接の「城の崎にて」の作品批評ではない。それゆえ、垣内松三先生は、「と謂われたのは、亦この作品の批評にも代えることができる。」と述べられたのである。用心深い述べかたでもある。

菊池寛の論の第五節では、短篇の名手としての志賀直哉について、つぎのようにいう。

「志賀氏は、実にうまい短篇を書くと思う。仏蘭西のメリメあたりの短篇《ママ》露国のチェホフや独逸のリルケやウヰードなどに劣らない程の短篇を描くと思う。之は決して自分の過賞ではない。自分は鴎外博士の訳した外国の短編集の『十人十話』などを読んでも、志賀氏のものより拙いものは沢山あるように思う。日本の文壇は外国の物だと無条件でい丶物として居るが、そんな馬鹿な話はないと思う。志賀氏の短篇などは、充分世界的なレヴェル迄行って居ると思う。志賀氏の作品から受く《ママ》る位の感銘は、そう横文字の作家からでも容易には得られないように自分は思う。短篇の中でも、『老人』は原稿紙なら七八枚のものらしいが、実にい丶。説明ばかりだが実にい丶《ママ》（説明はダメ飽く迄描写で行かねばならぬなど丶《ママ》云う人は一度是非読む必要がある）『出来事』もい丶。何でもない事を、描いて居るのだがい丶。『清兵衛と瓢箪』もい丶と思う。

志賀氏の作品の中では『赤西蠣太』とか『正義派』などが少し落ちはしないかと思う。

色々まだ云いたい事があるが、此処で止めて置こう。兎も角、自分の同時代の人として志賀氏が居ると云う事は、如何にも頼もしく且つ欣ばしい事だと自分は思う。

最後に一寸云って置くが、自分は此《ママ》文章を、志賀氏の作品に対する敬愛の意を表す為にのみ書いたのである。」

（「文芸往来」、一五九ぺ）

菊池寛のこの論は、志賀氏への敬愛に発することを、第一節・第五節の首尾において明らかにし、

第一節　考察の立場――前おき

第二節　志賀作品のリアリズムの特質

第三節　志賀作品のヒューマニズムの特質

第四節　志賀作品の底流としての「道徳」

論を堅密に展開させ、みごとな構成をし、志賀作品の特質を論究しえている。

「国語の力」への引用は、菊池寛の志賀論のうち、最も深く掘り下げたところから、三つをまとめて、それを作品の例示に結びつけて、活用するようにくふうしてなされている。

垣内松三先生は、「芸術的摂理」を説くのに、志賀直哉からの具体例ならびに志賀自身の文学活動の分析をもってするように試みられたのである。その際、菊池寛の「文芸往来」所収の、この論にヒントを得られたのであろう。ヒントを得て活用されるようになるのには、菊池寛の志賀直哉論の、当時として、みごとな構成と周到さ・鋭さに触発された、深い感銘が存したであろう。

菊池寛の「志賀直哉氏の作品」は、大正七年十一月に執筆されたものである。垣内先生が単行本「文芸往来」に収められたもののみを読まれたか、発表当時にも読まれたか、それは明らかでないが、垣内松三先生の論文読みの鋭さが、この「芸術的摂理」の節の引用にはうかがえるようである。さりげない引用のごとくであって、眼光のただならぬものがこちらに反射してくるようである。

「国語の力」の成立には、垣内松三先生のこのような読み深めならびにそこからの理論・実践両面への摂取・活用があったと考えられる。

一二

「国語の力」（有朋堂版）には、蕪村に関して、つぎのような引用が見られる。

「試みに蕪村の句を採りていえば、

1 月天心貧しき町を通りけり
2 五月雨や大河を前に家二軒
3 蕭条として石に日の入る枯野かな
4 時鳥平安城をすぢかひに
5 心太さかしまに銀河三千丈
6 柳散り清水涸れ石ところ〴〵
7 梅遠近南すべく北すべく
8 をちこちをちこちと打つ砧かな
9 鮓を圧す石上に詩を題すべく
10 二本の梅に遅速を愛すかな
11 麓なる我蕎麦存す野分かな

のように、漢語[1]・てにをは[2]・句調[3]・句法[4]の自由なる表現によりて、一分のたるみもないまでに緊って居る。（正岡子規「俳人蕪村」参照）（有朋堂版「国語の力」、二〇九～二一〇ぺ）（引用者注、句の圏点は作者・句肩および文中の小番号は、引用者の施したもの。）

正岡子規の「俳人蕪村」は、つぎのような構成になっていた。

1 緒言　10 句調
2 積極的美　11 文法
3 客観的美　12 材料
4 人事的美　13 縁語及譬喩

5 理想的美
6 複雑的美
7 精細的美
8 用語
9 句法
14 時代
15 履歴性行等
附録
16 蕪村と几重

「国語の力」に引用された前掲十一句は、右の「俳人蕪村」のうち、[8]用語から[11]文法までに収めてある句群から選ばれているようである。「国語の力」の中に、[4]漢語・[2]てにをは・[3]句調・[4]句法とあるのも、ほぼ「俳人蕪村」の考察項目をふまえてのことのように考えられる。

「[1]漢語」は、「俳人蕪村」では、「[8]用語」が、（一）漢語・（二）古語・（三）俗語の三つに分けて考察してあるので、それらの（一）漢語を採ったものと思われる。「[2]てにをは」も、「俳人蕪村」の「[9]句法」のうちに、「更に驚くべきは蕪村が一句の結尾に『に』といふ手爾葉を用ゐたる事なり。」（『俳諧大要・縮刷合本』、大正2年7月15日、籾山書店刊、五六ぺ）とあるのによっているかと思われる。また、「国語の力」の「[4]句法」は、「俳諧蕪村」の「[11]文法」によっていると考えられる。

このようにして、「国語の力」に引用された蕪村の句十一句について、子規が「俳人蕪村」において、どのように説いているかを見ると、つぎのようである。

[1]月天心貧しき町を通りけり

「（一）漢語　は蕪村の喜んで用ゐたる者にして、或は漢語多きを以て蕪村の唯一の特色と誤認せらるゝに至る。此一事が如何に人の注意を惹きしかを知るべし。蕪村が漢語を用ゐたるは種々の便利ありしに因るべけれど、第一に漢語が国語より簡短なりしに因らずんばあらず、複雑なる意匠を十七八字の中に含めんには簡短なる漢語の必要あり。又簡短なる語を用うれば叙事形容を精細に為し得べき利あり。

1 指南車を胡地に引き去るかすみかな
2 闇に坐して遠き蛙を聞く夜かな
3 祇や鑑や髭に落花を捻りけり
4 鮓桶をこれへと樹下の床几かな
5 三井寺や日は午に逼る若楓
6 柚の花や善き酒蔵す塀の内
7 耳目肺腸こゝに玉巻く芭蕉庵
8 採蓴をうたふ彦根の傖夫かな
9 鬼貫や新酒の中の貧に処す
10 月天心貧しき町を通りけり
11 秋風や酒肆に詩うたふ漁者樵者
12 雁鳴くや舟に魚焼く琵琶湖上

の如き此例《ママ》なり。されども漢詩の必要ありとのみにて濫りに漢語を用ゐ、為に一句の調和を欠かば佳句とは言はれじ。『胡地』の語の如き余り耳遠く普通に用ゐるべきには非るを『指南車』の語上に在り『引去る』といふ漢文直訳風の語下にあるために一句の調和を得たるなり。『落花』の語は『祇や鑑や』に対して響き善く、『芭蕉庵』といふ語なくんば『耳目肺腸』とは置く能はず。『採蓴』は漢語に非れば言ふ可らず、さりとて此語ばかりにては国語と調和せず。故にことさらに『傖夫』とは受けたり。」(「俳諧大要」、四一～四三ぺ)

2 五月雨や大河を前に家二軒

「第二は国語にて言い得ざるにはあらねど漢語を用ゐる方善く其《ママ》意匠を現すべき場合なり。漢語を用ゐて勢を強くしたる句

1 五月雨や大河を前に家二軒
2 夕立や筆も乾かず一千言
3 時鳥平安城をすぢかひに
4 絶頂の城たのもしき若葉かな
5 方百里雨風よせぬ牡丹かな

『おほかは』と言へば水勢ぬるく『たいか《ママ》』と言へば水勢急に感ぜられ、『いたゞき』と言へば山嶮しからず『ぜつちやう』と言へば山嶮しく感ぜらる。」（同上書、四三〜四四ぺ）

3 蕭条として石に日の入る枯野かな

「1 寂として客の絶間の牡丹かな
2 蕭条として石に日の入る枯野かな
4 時鳥平安城をすぢかひに

の如きは『しんとして』『淋しさは』など置きたると大差無けれど猶漢語の方適切なるべし。」（同上書、四五ぺ）

「更に驚くべきは蕪村が一句の結尾に『に』といふ手爾葉を用ゐたる事なり。例えば《ママ》

1 帰る雁田毎の月の曇る夜に
2 菜の花や月は東に日は西に
3 春の夜や宵曙の其中《ママ》に
4 畑打や鳥さへ鳴かぬ山陰に

[5]時鳥平安城をすぢかひに
[6]蚊の声す忍冬の花散るたびに
[7]広庭の牡丹や天の一方に
[8]庵の月あるじを問へば芋掘りに
[9]狐火や髑髏に雨のたまる夜に

常人をして此句法に倣はしめば必ずや失敗に終はらん、手爾葉の結尾を以て一句を操る者蕪村の蕪村たる所以なり。」（同上書、五六～五七ペ）

[5]心太さかしまに銀河三千丈
[6]柳散り清水涸れ石ところどころ
[7]梅遠近南すべく北すべく
[8]をちこちをちこちと打つ砧かな

「五七六調五八六調六七六調六八六調等にて終六言を

[1]夕立や筆も乾かず一千言
[2]ほ《ママ》うたんやしろかねの猫こかねの蝶
[3]心太さかしまに銀河三千尺《ママ》
[4]炭団法師火桶の穴より覗ひけり

の如く置きたるは古来例に乏しからず。終六言を三三調に用ゐたるは蕪村の創意にやあらん。其例《ママ》

[1]嵯峨へ帰る人はいづこの花に　暮れし
[2]一行の雁や端山に月を　印す

[3] 朝顔や手拭の端の藍をかこつ
[4] 水かれ〳〵蓼かあらぬか蕎麦か否か
[5] 柳散り清水涸れ石ところ〳〵
[6] 我をいとふ隣家寒夜に鍋をならす
[7] 霜百里舟中に我月を領す

其外《ママ》調子のいたく異なりたる者あり。

[1] 梅遠近南すべく北すべく
[2] 閑子《ママ》鳥寺見ゆ麦林寺とやいふ
[3] 山人は人なり閑子鳥は鳥なりけり
[4] 更衣母なん藤原氏なりけり

最も奇なるは《ママ》

[1] をちこちをちこちと打つ砧かな

の句の字は十六にして調子は五七五調に吟じ得べきが如き。」（同上書、六二～六四ぺ）

[9] 鮓を圧す石上に詩を題すべく

「漢語俗語雅語の事は前にも言へり。其の《ママ》他動詞助動詞形容詞にも蕪村ならでは用ゐざる語あり。

[1] 鮓を圧す石上に詩を題すべく。
[2] 緑子の頭巾眉深きいとをしみ。
[3] 大矢数弓師親子も参りたる。
[4] 時鳥歌よむ遊女聞ゆなる。

[5]麻刈れと夕日此頃斜めなる。

『たり』『なり』と言はずして『たる』『なる』と言ふが如き、『べし』と言はずして『べく』と言ふが如き、『いとをし』と言はずして『いとをしみ』と言ふが如き、蕪村の故意に用ゐたる者とおぼし。前人の句亦此語を用ゐたる者無きにあらねど、そは終止言として用ゐたるが多きやうに見ゆ。蕪村のはことさらに終止言ならぬ語を用ゐて余意を永くしたるなるべし。」（同上書、六五ぺ）

[10]二本の梅に遅速を愛すかな

[11]麓なる我蕎麦存す野分かな

「[1]二本の梅に遅速を愛すかな

[2]麓なる我蕎麦存す野分かな

の『愛すかな』『存す野分』の連続の如き

[3]夏山や京尽し飛ぶ鷺一つ

の『京尽し飛ぶ』の連続の如き

[4]蘭夕狐のくれし奇楠を炷ん

の『蘭夕』の連続の如き漢文より来りし者は従来の国語に無き句法を用ゐたり。此等は固より故意に此新《ママ》句法を造りし者而して明治の俳句界に一生面を開きし者亦多く此辺より出づ。」（同上書、六七〜六八ぺ）

これらを見れば、「国語の力」に引用されている蕪村の句（十二）は、正岡子規の「俳人蕪村」中の、美を論ずる部分よりも、表現を論ずる部分（用語[8]〜文法[11]）から、選ばれたものといえる。子規が例句を挙げてくわしく説明しているものの中から、垣内松三先生の好みにもあい、「一分のたるみもないまでに緊って居る」句が選ばれているようである。垣内先生の選句眼の確かさをうかがわせるものがある。また一方では、蕪村の句の中、最もよく人口に膾炙しているものが選ばれているようにも考えられる。

[1]月天心貧しき町を通りけり――この句は、子規の挙げている十二句の中から選ばれている。最も洗練され、漢語の効果を平明に示しているものが採られている。また、垣内先生の好みもはたらいているであろう。

[2]五月雨や大河を前に家二軒

[3]蕭条として石に日の入る枯野かな

この両句の漢語の用いかたについては、それぞれ子規が説明を加えている。前句は、五句の中から、後句は、二句の中から採られたものである。子規の説明も適切であるが、簡明に漢語の表現効果を示し、かつ蕪村の句としてもすぐれているものが選ばれたと考えられる。

[4]時鳥平安城をすぢかひに――この句は、子規の挙げている九句の中から採られている。「平安城」は、漢語の例としても、挙げられているが、垣内松三先生は、「てにをは」（ここでは、「に」）のよくきいている例として、この句を採られている。子規の挙げている句には、[2]菜の花や月は東に日は西に　の例もあるが、垣内先生としては、この「時鳥」の句を採られている。一つには、蕪村らしい句として、一つは垣内先生の好みから選ばれたものであろう。

[5]心太さかしまに銀河三千文

[6]柳散り清水涸れ石ところ〴〵

[7]梅遠近南すべく北すべく

[8]をちこちをちこちと打つ砧かな

「[5]心太」の句は、子規の挙げている四句の中から、「[6]柳散り」の句は、七句の中から、「梅遠近」の句は、四句の中から、（「[8]をちこち」の句は、この句のみ。）それぞれ選ばれている。これらは句調の面から見られているのであるが、子規は、「[6]柳散り」の句については、「石ところ[3]〴〵[3]」の三三調になっているのを強調しているのに、垣内先生はその全面（上五中七下六）に注目していられるようである。いずれも蕪村独自の句調をうかがいうる句を採られている。

[9]鮓を圧す石上に詩を題すべく
[10]二本の梅に遅速を愛すかな
[11]麓なる我蕎麦存す野分かな

これらのうち、9は、子規の挙げている五句の中から選ばれている。[10][11]の二句は、子規があわせ掲げているのを、そのまま採っている。三句とも、句法（文法）に関して選ばれている。

これら十一句の採録のされかたを見ると、いかにも要をえた選びかたになっていることがわかる。さらに、垣内松三先生の好みをもうかがうことができる。と同時に、右に見たような引用であるため、挙げられた十一句の表現を、[1]漢語・[2]てにをは・[3]句調・[4]句法のどの視点から見ていくかについては、容易でない点も残る。そこに、（正岡子規「俳人蕪村」参照）と、垣内先生が注記されたわけも見いだせよう。まさしく、子規の「俳人蕪村」を参照することによって蕪村の句の表現効果を、よく理解し味わうことができよう。その点では、この注記は、「国語の力」の読者に対して、親切な手引きの役割をはたしている。

さて、「国語の力」には、さらに、蕪村の句について、つぎのように述べられている。

「子規子が、
立ち並ぶ木も古びたり梅の花（舎羅）
二もとの梅に遅速を愛すかな（蕪村）

すくなきは庵の常なり梅の花（蒼虬）

を比較して『元禄（舎羅）の句はありのまゝのけしきを飾らずたくまず裸にして押し出したる気味あり。天明（蕪村）の句はとにかくにゆるみ勝なるものを少しもゆるめじとて締めつけ〱て一分も動かさじと締めつけたらんが如し。――天保（蒼虬）の句はゆるみ勝なるものを猶ゆるめたらん心持あり。――佐藤一斎にかありけん、聖人は赤合羽の如し。胸に一つのしまりだにあれば全体は只ふわ〱としながら終に体を離れずと申せしとか。元禄調のしまり具合は先づこんなものなるべし。天明調はどこまでも引《ママ》しめて五分もすかさぬ様に折目正しく着物着たらんが如く、天保調はのろまが袴を横に穿ちて祭礼の銭集めに廻るが如し』（『俳諧大要』一一六―八）とあるのもおもしろい説明である。」（有朋堂版「国語の力」、二一〇～二一一ぺ）

正岡子規の「俳諧大要」は、

第一　俳句の標準

第二　俳句と他の文字

第三　俳句の種類

第四　俳句と四季第五　修学第一期

第六　修学第二期

第七　修学第三期

第八　俳諧連歌

の八項から成っている。

右の引用は、第六　修学第二期の中、つぎのように述べてある部分から、抄出されたものである。

一句調の最もしまりたるは安永天明の頃なりとす故《ママ》に同時代の句は概ね善し元禄の句は之に比すれば稍々たるみたり然れどもたるみ様全体にたるみてしかも其程らひ善ければ元禄の佳句に至りては天明の及ぶ所にあらずつまり元禄の佳句には蘊蓄多く天明には少し天保時後は總たるみにて一句の採るべきなし和歌は萬葉はたるみて

もたるみ方善し古今集はたるみて悪し新古今はや、しまりたり足利時代は総たるみにて俳句の天保時代と相似たり漢詩にては漢魏六朝は萬葉時代と同じくたるみても善し唐時代はたるみも少く又たるみても悪しからず俳句の元禄時代に似たり宋時代は総たるみといふて《ママ》可ならんか明清に至り大にしまりたる傾きあり俳句の安永天明に似たり（然れども人によりてたるみたるも少からず）

一試みに句のたるみし有様を比較せんが為めに元禄と天明と天保との三句を列挙すべし

　立ち並ぶ木も古びたり梅の花　　舎羅

二もとの梅に遅速を愛すかな　　蕪村

すくなきは庵の常なり梅の花　　蒼虬

句の巧拙は姑く論ぜず其句調の上に就いていはんに元禄（舎羅）の句はありのまゝのけしきを飾らずたくまず裸にて押し出したる気味あり天明（蕪村）の句はとか《ママ》くにゆるみ勝なるものを少しもゆるめじとて締めつけ〳〵て一分も動かさじと締めつけたらんが如し天保（蒼虬）の句はゆるみ勝なるものを猶ゆるめたらん心持あり要するに元禄は自然なる処に於て取るべく天明は工夫を費す処に於て取るべし独り天保に至りては元禄を模したるつもりにて元禄にも何にもならぬ者即ち工夫を凝らさぬふりして其実工風《ママ》を凝らしたる者何の取所もなきことなり少くとも此三体に於ける句法の変化を精細に知らざれば俳句の堂に上りたりといふを得ず世上往々天保流の句を評して蕪村調などゝ《ママ》評する者あり笑ふに堪へたり

一元禄と天明とは各長所あり何れに従ふも善し又元禄にして天明に似天明にして元禄に似たる者も多し是れ天工人工其《ママ》極処に至りて相一致する所以なり

一佐藤一斎にかありけん聖人は赤合羽の如し胸に一つのしまりだにあらば全体は只ふわ〳〵としながら終に体を離れずと申せしとか元禄調のしまり具合は先づこんなものなるべし天明調はどこ迄も引《ママ》しめて五分もすかぬ様

に折目正しく着物着たらんが如く天保調はのろまが袴を横に穿ちて祭礼の銭集めに廻るが如し又建築の譬はゞ元禄は丸木の柱萱の屋根に庭木は有り合せの松にても杉にても其侭にしたらんが如く天明は柱を四角に攢り床違へ棚を附け欄間の飾りより天井板まで美を尽してしかも俗ならぬ様に家は楔を打ちて動かぬ様に建てたらんが如く天保は床脇の柱だけ丸木を用ゐ無理に丸窓一つを穿ち手水鉢の腕木も自然木を用ゐ門楣の扁額は必ず腐木を用ゐしかして家の内は小細工したる机硯土瓶茶瓶杯の俗野なる者を用ゐたらん如し又之を談話にたとはゞ元禄の人は面白くてもつまらなくても真実をありのまゝに話し天明の人は上手に面白く嘘をつき天保の人はありがちのつまらぬ話を真実らしく話して其実《ママ》はそれも嘘なりけんが如し（「俳諧大要」、七三〜七六ぺ）

正岡子規の述べている部分と「国語の力」に引用されている部分とを比較すると、引用文中の、「――佐藤一斎にかありけん、」の「――」には、省略の個所のあることがわかってくる。元禄・天明・天保の句調のちがいを説明するための比喩のくりかえしについては、その有効なるものを一つだけにとどめ、残余を省いているのである。そのため、三期の句調の説明としては、平明でわかりやすく、すっきりしたものとなっている。

「国語の力」には、「俳諧大要」からの右の引用ののち、「とあるのもおもしろい説明である。」と記してある。句調のちがいの明確・明快な比喩的説明を、引用者はかなり高く評価していることがわかる。それは、垣内先生好みの説明法でもあったと見られる。同時に、子規の句調の時代展開を、明確に跡づけているところにも、垣内先生としては、深い関心を注がれたようである。説明のしかたの巧妙さのみでなく、その展開の見方についても、啓発を受けられたところから、こうした引用をされたと考えられるのである。

さらに、「国語の力」には、蕪村の句「飛入りの力者怪しき角力かな」についての、子規の説明が、かなり長く、つぎのように引用されている。

「なお、

飛入りの力者怪しき角力かな（蕪村）

に就いて、

『此の句固より蕪村集中の傑作に非ず。寧ろ下位にあるものなり。然れども大家の伎倆は往々悪句によりて評定せらるゝことあり。此《ママ》句恐らくは蕪村の伎倆を知るに足らんか。蓋し此一句の精神は『怪』の一字にあり。人の誤解する所亦此一字にあるなり。国語に『あやし』といふ語幾様の意味に用うるや能く究めずと雖、昔は見苦しき賎が家をあやしげなる家など言ひたるは少からず。されどそは此処に用うべきにあらず。普通には、あやしといふ語を漢字の怪の意に用う。怪とは奇怪、妖怪、神怪、鬼怪などとて総て人間わざならぬ事に用う。此一句の意味を探ぐるに左の如し。ある処にて秋のはじめつかた毎夜の若衆杯打ち寄りて辻角力を催すに力自慢の誰彼自ら集まりてかりそめながら大関関脇を気取りて威張りつゝ面白き夜を篝火の側に更しける。去る程にある夜の事今迄は見なれぬ一人の男のつと此角力場に来りて我も力競へんといふ。男盛りの若者ども血気にはやりてこれ位の男何程の事かあらんといきなりに《ママ》取てかゝれば無雑作にぞ投げられける。次なる若者敵討たんと組みつければ之も物の見事に投げられる。其《ママ》外幾人となく取てかゝる者此《ママ》有様なれば終には大関某自ら大勢の恥辱を雪がんとのさり〳〵と歩み出づ。皆々此勝負こそはと片唾を呑んで詠め居れば、二人は立ち上りヒユエイと組みオゝと引き左をさし右をはづし眸を凝らして睨み合ひたる其途端に、如何したりけん彼男のつと寄るよと見えしまゝにさすがの大関も難なく土俵の真中へ叩きつけられぬ。見物はあつけに取られたり。やがてさま〳〵の評判こそ口へさゝやかれけれ。去るにても彼の飛入の男は誰ならん此村には見馴れぬ顔の男なり、北村の人に聞けども北村の人も知らず南村の人に聞けども南村の人も知らず、さりとて本場を踏める関角力といふ風采にもあらねば通り掛りの武者修業といふ打扮にもあらざりけり。疑惑は疑惑に重りぬ。私語はいよ〱かしましくなりぬ。中に一人の年よりたる行司のしわぶきして、小声にていふやう、皆の衆静かにせよ、彼れこそはかしこの山の頂に住めるといふ天狗様にこそはあるらめ。今宵の振舞を見るにたゞ人とは覚えず。思ふに我等の力わざに耽りていと誇りがほなるを片腹痛しとて斯くは懲らしめ給ひたるものにぞあるらめといへば、皆々顔見合して襟元寒しと身振ひなどすめり。蕪村は実に此一場の事実を取り来りて十七字の中には包含せしめたり。而して其骨子は怪の一字に外ならず』(『俳諧大要』一五六)と説くように解する時には、『あや・しき』の一句には、2・2の音群の両端に於ける音調から非常に複雑なる節奏を聞くことができる。この例は、この複雑さを見るのに便利であるから抄録を試みたのであるが、句法の変化を精密に研究するならば、こうした事実の数々を視ることができるであろう。」(有朋堂版「国語の力」、二一一～二一二ぺ)

この蕪村の一句についての正岡子規の解釈は、「俳諧大要」の中の、第六修学第二期　に収められている。「国語の力」に引用されている本文の首尾に、なお、つぎのような部分があり、それが引用者垣内松三先生によって、省略されている。

[1]引用文の前に――「俳句に入る事深く自ら俳句を作りて幾多の秀句を為す人猶且つ此句を捨て、平凡取るに足らずと為し毫も顧ず《ママ》而して其《ママ》解釈を問へば則ち浅薄にして殆んど月並者流の句を解するが如く然り蕪村をして之れ《ママ》を聞かしめば果して如何とか言はん(「俳諧大要」、九五ぺ)

[2]引用文の後に――「角刀は難題なり人事なり此錯雑せる俗人事を表面より直言せば固より俗に堕ちん裏面より如何なる文学的人事を探り得たりとも千両幟は終に俳句の材料とは為らざるなり然れども蕪村が此俗境の中より多少の趣味を具する此詩境を探り出だししかもそれを怪の一字に籠めたる彼の筆力に至りては俳句三百年間誰

一人其塁を摩する者かあるべき世人亦た此解釈を不当として種々に解釈を試むる者あるべし然れども恐らくは其解釈は怪の一字を解し得ざるべく然らざれば一字一句金鉄の如く緻密に泰山の如く動かざる蕪村の筆力を知らざる者の囈語のみ」《ママ》（『俳諧大要』、九七〜九八ぺ）

これを見れば、蕪村の「飛び入りの」の句についての、子規の解釈を中心として引用し、句解釈の前おきや他の解釈者への所見などは、省かれていることがわかる。

この部分の引用は、垣内先生によれば、蕪村の句の「あや・しき」に見られる、2・2の音群における音調から非常に複雑なる節奏を聞き、見るためになされている。正岡子規の「あやしき」を中心とする蕪村の句の解釈をふまえつつ、「節奏」の問題を論じていくのに役立てようとしているのである。ここには、正岡子規の解釈を認めて、それをとりあげていく、垣内先生の解釈力、解釈観を見ることができる。同時に、子規の精細鋭利な解釈に依存するだけでなく、そこから、「節奏」の問題を引き出してくるところに、垣内先生の創見を見いだすことができよう。

蕪村に関する、「俳人蕪村」・「俳諧大要」からの三つの引例については、垣内先生みずから、「国語の力」に、

「[1]叙説の変化を求むるために俳句の上から二三の例を求めて、この問題を考えて見たいと思う。」（有朋堂版「国語の力」、二〇八ぺ）

「[2]俳句を見たのは唯叙説の変化を求めるためであったが、その類型に拘泥することなく、狂句狂歌等の方面を見ても、パロデーの利くところは、概ね複雑なる考えから産み出した音調であって、これを散文的文法的又は一般に解釈するような仕方ではそれを捉えることはできないと思う。」（有朋堂版「国語の力」、二一四ぺ）（傍線、引用者。）

と、記していられるように、「文の律動」のうち、「一四　強音の発達」を論述していくのに、変化を求めて、用いられたのであった。

ここでいう、「叙説の変化」とは、なんであるか。「国語の力」の「四　文の律動」のうち、

一一　音群とアクセント　には、「東の野に陽炎の立つ見えてかへり見すれば月傾きぬ」の歌が考察の対象にされ、

一二　歌の形　には、

（1）ひんがしの―
野に・かぎうひの・たつ見えて―
かえり見すれば・月傾きぬ―

（2）袖ひぢて・結びし水の・氷れるを―
春立つ今日の―
風や・解くらむ―

（3）春日野の・若菜摘みにや―
白妙の―
袖ふりはへて・人のゆくらむ―

（4）花をのみ・めづらん人に―
山里の―
雪間の草の春を見せばや―

などが引用され、それらは、一三　ストレッスの影響　にも、引かれている。

このようにして、一一・一二・一三と、万葉集（1）・古今集（2）（3）・新古今集（4）の和歌を引用して叙説を進めてきているので、一四　強音の発達　においては、変化を求めて、俳句について考察を加えようとしたものと推察される。

垣内先生は、「国語の力」の「四　文の律動」のうち、一四　強音の発達　を説くにあたって、まず、つぎのように述べられた。

「韻律の分化展開をある主観的個人的趣味で解釈しないでありのまゝに見る読方をする時に、その韻律を支配するものは音数・歌格等の外面的約束でなくして、常に文化と人格との内面より流れる律動であることが分る。個人的主観的の趣味を標準として批判を加えないでその事実を諦視して心の律動を諦聴することが韻文を解釈するには最も自然な態度であるのに、特に韻文に於ては常に趣味に因われて批判的批評に陥り易い傾きがあることを見ても、韻律の力がいかに根強いものであるかということが分るのである。特に強音の如きは韻文の全体に影響を与えるのであるから、その句法の好悪は個人的主観的に批判され易いのである。併しながらその発達は文化の流動を示現するものといってよいのであるから如実にその展開の跡を見るならば、独り韻文を読むというに止まるものでなく文化の自叙伝を読むこともできるのである。」（有朋堂版「国語の力」、二〇七〜二〇八ぺ）

垣内先生は、韻文における強音の発達・展開に着目し、それを時代文化とも関連づけて、考察されようとした。韻文におけるストレッスの歴史を、俳句の展開、とりわけ蕪村に拠って、見ようとされたのである。

したがって、蕪村の句十一を挙げて、それに圏点が付してあるのは、子規のそれによりつつ、さらに、垣内先生の「強音」（ストレッス）の視点から付されているようである。そう見るとき、初めて、

時鳥平安城をすぢかひに（「国語の力」、二〇九ぺ）

の圏点をとらえることができよう。

垣内先生の句法研究・節奏理解が、子規の解釈にのみ依存していたのでないことは、たとえば、蕪村関係の引用の後に、「をちこちをちこちと打つ砧かな」（蕪村）の句に関して、「『をちこちをちこち』の句にしても、その節奏は深く作者の心の中に、よくつり合いがとれて居るのであり、前には鬼貫の『油さし〳〵つゝねぬ夜かな』、惟然の『水鳥やむかう岸へつうい〳〵』あり、後には一茶の句の『けろりくわんとして烏と柳かな』の如きあり、内心の律動とよく調和した節奏が現われて来るのは、句法の変化というような外面的なことでなく、更にその内面を透見せねばならぬのではあるまいか。芭蕉、蕪村の句の明治より現代に至る文学反響又は新傾向句に就いても同じように考えることができる。」（有朋堂版「国語の力」、二一三～二一四ぺ）と、述べられているのを見てもわかる。俳句の展開・節奏の理解について、大局的に確かに見通されていたことがうかがえるのである。

こうして見れば、芭蕉・酒堂・凡兆・蕪村から現代に至る俳句の展開の中に、とくに、強音の発達・発現について、蕪村を対象にとりあげられ、それをとりあげるにあたっては、正岡子規の蕪村評釈が大いに活用されたのであった。子規の卓抜精確な解釈が、垣内先生によって、巧みに生かされ、それに節奏理解・強音研究が新しく生かされたと見られるのである。

第五章　国語教育学の展開事例

第一節　「マリーのきてん」について

一

垣内松三先生の「国語教授の批判と内省」（昭和2年8月1日、不老閣書房刊）に、「『マリーのきてん』に就いて」という論考が収められている。

これは、垣内松三先生の読方教授に関する研究としては、「国語の力」刊行後、大正十二年（一九二三）にまとめられたもので、はやい時期に属するものである。尋常小学国語読本所収の一教材「マリーのきてん」の参観授業から得たものを通して、読方教授の考察を進められたものとして、独自の位置に立ち、独特の価値を有している。ここでは、この論考によって、垣内国語教育学のありかたを見ていくこととしたい。

二

論考「『マリーのきてん』に就いて」は、つぎのような構成になっている。

一四　朗快
三
一五　自由
四
一六　高遠
五　証自証の態度
一七　結論

以上のように、五章十七節から成っていて、四〇〇字詰原稿用紙七五枚ほどの分量を持っている。

この論考は、はじめ、垣内松三先生の主宰された雑誌「読方と綴方」に掲載された。その際は、

1　マリの「きてん」の生める笑の研究
　雑誌「読方と綴方」　大正12年4月
2　魂のよろこび（笑の研究の二）
　雑誌「読方と綴方」　大正12年5月
3　朗快・自由・高遠（笑の研究の三）
　雑誌「読方と綴方」　大正12年6月

の三回に分けて連載された。

これらのうち、3　朗快・自由・高遠（笑の研究の三）は、1・2の章を草し終わってのち、偶然、八波則吉氏の「創作への道」を読まれて、それを契機にして、さらに考察を進められたもののごとくである。したがって、

全五章、一気の書き下しではないけれども、一　緒言　から、一七　結論　に至るまで、独自の構成と様式とにおいて、その論考が展開されている。

三

この論考の意図は、形象の直観に端緒を求める読方教授の研究の一例として、「『マリーのきてん』の教授から生《ママ》れた直観に就いて学問的考察を試み、同じような教育的事実に就いて研究資料報告を希望し、併せて国語読本の横断的研究の端緒を造《ママ》りたい」（「国語教授の批判と内省」、七九～八〇ぺ）というところに置かれていた。すなわち、垣内松三先生は、文章の研究において、美学的批判の試みられる必要はあるが、そのことは歴史的な美学の原理を無反省に適用することではなく、また、印象的解釈や専断的解釈にうちまかせるのでなく、進んで、そうした解釈の当否を、学問的に考えてみることが緊切であると考えられ、こうした、教授から生まれた直観についての学問的考察を試みられたのである。

さらに、この論考において、「マリーのきてん」を取り上げるようになったきっかけについては、「始《ママ》めてその示唆を得たのは、昨秋〈引用者注、大正11年の秋〉、国語の力〈引用者注、大正11年5月8日刊行〉の研究の小集に於《ママ》て、この課〈引用者注、『マリーのきてん』（国語読本巻七第二十）〉を読む時に、いつでも隣の教室に気の毒なような笑が起るということを聞いてからである。このたびこの課の読方の実際を参観し、三たびこれを主題とする批評教授を見ることを得てから、一層このことを確実にすることができた。また先頃の研究会で、このことが話題に上《ママ》った時に聞いた小話〈引用者注、「それは尋二の或る課《ママ》――教材を失念した――を読む時に、いつでも級全体が笑う。ちょうどその課を読んで居ると、やはり全級のものがどっと笑った。ところがその中の一人の子供が、にっこりともしないで居る。そこで「君はおもしろくないのかね《ママ》」と尋ねると、その子供は「僕あ、もう、宅で笑ってきたんです」と答えて、澄まして居たということである。こうした笑えない心理も、ユーモアの問題に深く立入ることのできる一の門戸であらねばならぬ。」（同上書、八五〜八六ぺ）〉も、尊い暗示の一つとなった。」（同上書、八五〜八六ぺ）と述べられている。

　このようにして、ユーモア・笑いの問題を含む教材「マリーのきてん」を手がかりとして、「形象の直観の明瞭なる表現としての笑《ママ》とその自証の作用との無限の進展を例証して、『読』という心のはたらきを考えて見たいと思うのである。」（同上書、八九ぺ）と、研究主題を設定されている。「国語の力」によって樹立された、垣内「国語解釈学」の立場に立って、「読むこと」の機能・作用の深究をと志向されているのである。

四

　さて、考察の対象となっている教材「マリーのきてん」は、つぎのような文章である。

　第二十　マリーのきてん

あわたゞしくかけこんで来た者があります。見れば自国の兵士です。

「かくして下さい。敵が追つかけて来ます。」

マリーはどうかしてかくしてやりたいと思ひました。けれども貧しい木こり小屋で、戸棚一つもありません。

こまつてゐますと、

「では水を一ぱい下さい。」

と兵士が言ひました。マリーが大急ぎでコップに水を汲んで来ました。あまり急ぎましたので、水がいすの上にあったおばあさんのづきんにこぼれました。

「あゝ、さうだ。」

と言つて、マリーはおばあさんのづきんを取つて、兵士の頭にかぶせました。

「しばらく、うちのおばあさんにおなりなさい。」

かう言つて、又大急ぎでおばあさんの着物を着せてやりました。肩かけや前だれまで。

「向ふ《ママ》むきになつて、此のいすにかけていらつしやい。」

「かうですか。」

「あゝ、さうです。それから、つんぼのまねをしてね。」

此の時どや〳〵と四五人の敵兵がはいつて来ました。

「おい娘、兵士が一人来たらう。」

「いゝえ。」

「たしかに来たはずだ。」

と言つて、敵はあちこち見まはしましたが、おばあさんの肩に手をかけて、

「これ、おばあさん、お前は知ってゐるだらう。」

すると兵士のおばあさんが、

「はい、よいお天気でございます。」

敵はどつと笑ひました。さうして、

「こいつ、かなつんぼだな。」

と言つて、みんな出て行つてしまひました。

（「尋常小学国語読本巻七」、八八〜九二ぺ）

なお、つぎの課、第二十一　二百十日　はつぎのような教材である。論述に際し、垣内先生は、この「二百十日」と「マリーのきてん」とを対比して考察されるところがあるので、便宜、ここに採録しておきたい。

「よいあんばいだ。此のもやうなら、今日は大したことはあるまい。」

と、おとうさんは朝起きるとすぐ空を仰いでかうおつしやつた。何だか少しむし暑いやうだが、空には雲もなくて、まことによく晴れてゐた。それが、朝飯がすむと間もなく、稲の葉がさわ〳〵し出した。

「やはり二百十日だ。風が出て来た。」

と、又おとうさんがおつしやつた。

おぢいさんにきいたら、二百十日といふのは立春の日から二百十日目の日のことで、此の日はよく大風が吹くから、厄日といつて、農家ではことに心配するのださうだ。

「どうかひどい風にならなければよいが。」

とおぢいさんが言つていらつしやつたが、其の中に南の空が黄色になつて、風がだん〳〵はげしくなつて来た。

垣根も倒れれば、しをり戸も外れる。まして稲田は大波が打つ。

「困つた風だ。」

とおつしやつて、おぢいさんはかぼちや棚につつかい棒を入れたり、菊の鉢を軒下に運んだりされた。

仕合はせに午後は風が弱つた。夕方からは雨になつて、風は全く止んだ。（同上教科書、九二〜九四ぺ）

まず、この「マリーのきてん」の読方教授過程において生起してくる笑いについて、垣内先生は、つぎのように述べられた。

「この文は、国語読本によく見うける書きぶりの一である。突如として筆を起した『あわたゞ《ママ》しくかけこんで来た者があります。見ると自国の兵士です』《ママ》から始まって、昂奮した感情の中から生れる行動の漸層的叙述の極限に於て『敵はどつと笑ひました。さうして「《ママ》こいつかなつんぼだな」と言つてみんな出て行つてしまひました』と終って居る。それ故にこの文を読む時に起る笑《ママ》はよく学者たちのいう通りに、例の興奮した感情が、最後に至って全く沈静したところから生ずる笑であると思って居た。カントやリップスの学説がこびりついて居る考え方から、軽々しい説明を加えて居た。然るにそれを取扱われた教授者の経験談から示唆せられて、教授の実際を見ると子供の感じ方に就いては、もっと精しく考えて見なければならぬことがあることを知るようになった。それを分けて述べて見ると、先ず初めには——

『敵はどつと笑ひました。さうして

「こいつ、かなつんぼだな」

と言つて……』

という語の調子に誘われて、どっと笑うのが、この笑の基調であることが分ったのである。そうして見ると単に『どっと笑ひました』や『かなつんぼ』から誘われた笑であって、ユーモアというような笑でも何でもないと思って居た。ところが幾回かの通読の後の朗読の終り方で『と言つて』の次に、僅かの停音が現われたことがあった。そうすると前にはこゝで笑ったのであったが、今度は笑が聞えない。それから《ママ》

『みんな出て行つてしまひました』《ママ》

と読み切った時に、笑が現われて来た。妙なこともあればあるものである。しかし実はその時にはそう感じたゞ《ママ》

けで、深くも気に止めなかったのであるが、第三回目の批評教授の時に、一人の子供が『この文の中の、書きぶりで何か気のついたところがあるか《ママ》』と問われた答に、文の初の方の《ママ》

『かくして下さい。敵が追つかけて来ます。マリーはどうかしてかくしてやりたいと思ひました。』を挙げたのを聞いた時にふと迂濶な読方をして居た自分を、自嘲しなければならないような感じが起った。そうだ。もしこのところを心を入れて読んで、マリーの心配を深く印象したとしたら、

　『みんな出て行つてしまひました』

の後で、笑う筈である。子供たちがそこで笑うのはマリーの心配に導かれて行って『みんな出て行つてしまひました』の終《ママ》った瞬間に、それまではら〳〵して居たマリーが、ほっと息を吐く思の中から、悦びの笑に和ぐ心もちと一しょに感激して笑うのではないかと思うようになった。綱渡りを見入って居ると、自分の体も一しょに揺れて居るのかと感ずるように、自己の感情を文に移入して文を読んで居る時ほど、文の意味のよく分ることはない。初めの『マリーはどうかしてかくしてやりたいと思ひました《ママ》』に引《ママ》つけられて進んだ読方は、マリーの心と共に動いて居るのである。こう考えてよいとしたら『敵はどつと笑つた』や『かなつんぼだな』に誘われた笑とは、異った感じ方と見なければならない。

　然るにもう一つ意外なることは『みんな出て行つてしまひました《ママ》』の後に現われる笑の中にも、更に異った性質のものがあることを教えられた。それは『みんな出て行つてしまひました』を敵兵の行動の叙述として、その点に注意を向けて読んで居るために、やす〳〵と欺かれた敵兵の迂愚を嘲る笑として笑が起《ママ》るように思われるということであった。これもありそうなことである。実際に現われた事実の外はこゝには挙げてはならないのであるから、わたくしの見たこと聞いたことだけを述べたのであるが、この外にもあるかも知れないのである。」（同上書、八九～九三ぺ）

すなわち、「マリーのきてん」の教授過程において聞かれる笑いを、

1、「敵はどつと笑ひました。そうして、『こいつ、かなつんぼだな《ママ》』と言つて…」という、語の調子に誘われておこる笑い。

2、「みんな出て行つてしまひました《ママ》」と読み切った後におこる笑い。

3、「みんな出て行つてしまひました《ママ》」を、敵兵の行動の叙述として、その点に注意を向けて読んでいくためおこる、やす〳〵と欺かれた敵兵の迂愚を嘲る笑い。

の三つに分けて提示してあるのである。

さらに、垣内松三先生は、「マリーのきてん」を読んで、笑えなかったこどもの例を、つぎのように挙げて、それらの多少の所見を加えられた。

「それは《ママ》『マリーは大急ぎでコップに水を汲んで来ました。あまり急ぎましたので、水がいすの上にあったおばあさんのづきんにこぼれました。

『あゝ、さうだ《ママ》』

と言つて、マリーはおばあさんのづきんを取つて、兵士の頭にかぶせました《ママ》』

とあるところで、

『先生コップはどうなつたのですか《ママ》』

と、コップを気にした心配から、珍しい質問が起っ《ママ》た。

『それは次ぎ《ママ》のところを読むと「又《ママ》大急ぎでおばあさんの着物を着せてやりました。肩かけや前だれまで」とあるから、マリーの手には持つて居ない筈で兵士の手にあるのだろう』と云《ママ》われたけれども、子供の眼は鋭いものである。

『それでも絵にかいてありません《ママ》』と、その疑いに拘泥して居た。しかしこの疑いは直ぐに解けたが、この子供の心には皆と一しょに笑う機会は来なかった。この問答はわたくしにとっては、実に興味の深いものであった。後から考えたことであるが、もしあの場合に先生が《ママ》『文の書き方がわるいのだ《ママ》』とでもいわれたら、どんなに情なく思ったかも知れない。これまでの経験に依ると、教材に反感を抱いて居る教授から、よい効果の現われるのを見たことがない。国語読本を磨き上げるために教材の研究をする際には、徹底的に批判を加えねばならないのであるが、それは教える時の心構と、直ちに同一ではない。モウルトンが『文学の研究は徹頭徹尾解釈である《ママ》』と主張して居るように、忠実なる読方の用意の上から、文の中に書かなければならぬことであって、書いてないことや、書かれねばならぬことを見出すことは、その作用の必然の方面である。が、それをすぐさま月評批評家のような態度で、教材を取扱うことを好まない。教授者の態度としては、それを見つけさせる指導と同時に、それを教師の語で補う指導の用意を兼ね備えて居らなければならない。コップの行方は文の上では不明であるが、文気から推察することができのであるから、少くともこの文を透して専ら文の感じ方・考え方を誘導する方向に着眼するとしたら、文に書いてないことでも見出す力が養われるかも知れない。それ故にこの場合には、コップの行方を想定するより仕方がないのである。」（同上書、九三〜九六ペ）

　このコップの行方に関する質問は、この「マリーのきてん」という文章を劇化《ドラマダイズ》して読んだところから、現われたものであることを指摘し、この質問に対する扱いについては、つぎのように批判的に述べていられる。

「この文を劇的に見る要求の上から、その一の具体的なる問題として、コップは決して見逃がされはしないのである。もしこの質問をかように解釈したとしたら、単に叙述の上の問題ではなくして、この質問を生かすことから、もっと根本的の問題に入らなければならぬ。然るに、この質問の方向が、抛物線的に反れてしまったことはまことに遺憾であると思った。しかしこの解釈が、その子供の質問の性質を正しく解したものであるかどうか知ることができない。ただ質問の教育的なる取扱い方は、よく真意を酌みとって、適当なる語を与え高められるものならば、それを高めて、新い《ママ》質問の形を与えることであると信じて居る。特にこの文の読方の場合に於て、この文の教え方をよく意識して居るならば、この取扱い方は、自から導かれねばならないのであって、もしこのコップに眼を着けたら、マリーの行動の推移が分る《ママ》から、読方の上に新しい展開が現われなければならないのである。わたくしの考えて見たところでは、この文を劇化して、その中心に常にマリーを見て居れば――文のテーマから見てもそうでなければならない――『敵はあちこち見まわしたが、おばあさんの肩に手をかけて』のところは、敵兵の行動の叙述として見るだけでは満足されない。挿絵に於てもその様子が見えるように、マリーがはら〱して、息を凝らして見つめて居る姿が見えなければならぬ。『みんな出て行つてしまひました《ママ》』の後にも、文字のない所にマリーの動く姿が見えなければならぬ。もしそのことを知るために『マリーは敵兵が去つた後にどう思つたでせう《ママ》』というような問方を出して見たならば、想像の上からのみ創造される、この文の生命が躍動して来るかも知れないのである。少くともマリーがこの文は中心を失って歪んでしまうより外はない。故に『コップはどうなったのですか《ママ》』という疑《ママ》を引き伸ばす導き方から、この文の読方の契機に触れることから、極めて自然なる読方が産出されるかも知れない。遺憾ながらこの幼い疑いは生かされずに、笑えない例を示すだけになってしまった。」（同上書、九七〜九九ぺ）

　笑えない例に即して、読みの指導のありかたが具体的に考究されている。鋭い考察ぶりである。

　垣内松三先生は、このように、「マリーのきてん」から生まれた学習者の笑いと笑えない心に関する現象を報告してのち、こうした問題は、読方の個人的な直観の差異に基づいているものであり、これらは「文意」の直観を指導していく過程で、整理していかなくてはならぬと述べ、「そうした理解の後の感想には個性が躍動する。教養が行われる妙機は、そこから現われて来るのであろうと思う。故に先ずその出発点に於て《ママ》正しい指導が要求されなければならないのである。」（同上書、九九～一〇〇ぺ）と述べられた。

ついで、「マリーのきてん」という題目の中の「きてん」という語の解釈についても、1「計略」、2「気の利いたこと」、3「気ばたらき」・「心のはたらき」などと、こどもによって差異が見られ、そこにどうしてこのようなちがいが出てくるかは、読みかたの問題としていろいろの問題点を感ずることができると指摘されている。

つぎに、垣内先生は、この「マリーのきてん」という文章の生命は、「マリーの純なる感情」に中心点をおくことによって体得せられるものであることを述べ、その立場からは、「きてん」の語も、その辞書的解釈に拘泥しないで、文章の生命の象徴として解釈しなければならぬとし、そういう文章を見る着眼点の確立にしたがって、生じてくる読みの作用を、つぎのように述べられた。

[1]「マリーの気はたらきや心のはたらきに、この文を視る眼の着けどころを置くとしたら、不純なる感情が統一され且つ挙揚されることができる。笑うことのできなかった子供も笑うであろう。しかもその上に文の上には書いてないが、書いてあっても欲《ママ》しいと思うこと、書かれねばならぬことまで、晴朗なる心の中に自ら浮き出して来るであろう。そうしてその方向はマリーの心の動き方に伴って、敬駭・当惑・緊張・融解等の方向に進むとゝ《ママ》ならねばならぬ。一たびこれを意識したら、文のリズムも聞え、言語文字の精しい感じ方考え方味い方も伴生して、文を捩れたものにすることなく、落ちついた考え方から制約せられて、自然なる読方が生れて来るのではないかと思う。」（同上書、一〇一～一〇二ぺ）

[2]「こうした眼の着け方から、この文のテーマは、マリーの心のはたらきの上にその姿を見ることができるのであろう。マリーの心の律動の上に、文の形が見えるのであろう。少なくとも文の書かれたる動因Motive forceが、詭計や機智ではない以上――それは当然のことである――は、たとえ、この文に於てはそのモチーブ《ママ》、《ママ》プロット Motive plot の内面に醇化されない痕跡を残して居るとしても、この立場から作者の示《ママ》意の内面に還元せし

めて、純粋感情の源泉より湧出づる流を見なければならぬ。モチーブ・フォースとしてのユーモアの展開を求めて、言語文字の尖端まで透徹しなければならぬ。」（同上書、一〇三～一〇四ペ）

このように、述べきたって、「文を貫く生命がユーモアに統一せらるゝと見る時に、この文の読方の研究の対象が初めて明らかになるということができるのである。」（同上書、一〇四ペ）と、研究対象の成立を提示された。

垣内先生は、前1・2の引用の中間に、つまり、1の引用部分のすぐつぎの段落で、「こゝまで書いて来て、ふと思い浮かんだことを附言することを許されたい。」（同上書、一〇二ペ）として、在来の国語読本の教材の内容的分類――たとえば、修身的教材・理科的教材・文学的教材・歴史的教材などの分類――について、そこに「内容」というのは、それと対立する「形式」と並行して考えられた「内容」であって、厳密にいうならば、その教材の素材《ローマテルヤル》を示すにすぎないとし、「（素材を示す意味に於ての内容と対立する所の形式は生気を失った言語、文の生命と絶縁した文字であって、文を読む媒介者としての感覚的質料である。）素材を凝視して自《ママ》からなる内容を創造する作用は、人格的生命の活動である。よい文はいつでもかくの如き無限の復帰と無限の展開から生れるのである。そうした意味に於ける内容又は内容的分類はこれまでの慣習と自ら趣を異にしなければならない。」（同上書、一〇二ペ）と述べられた。在来の形式・内容二元観に対する批判的立場が提示されているのである。したがって、その立場からの「内容」観としては、「いわゆる文の意味ではなくして、その意味を統一する意味の上に、真の内容を見ることができたら、教え方の用意の上にも、別の工夫を要求すること、《ママ》なるであろう。この文（引用者注、「マリーのきてん」）の内容に就いても、そうした立場から見出されたる内容の研究が、意識の上に上らなければならないと思うのである。」（同上書、一〇三ペ）と述べられている。ここに、当時として、新しく提唱されていた読みの統一的な立場が示されている。

さて、読みの直観の内容は、必ずしも同じものではない。それを整理するためには、形式を手がかりとして想の形（形象）をはっきりと浮き出させることが必要であり、文章を理解するほんとうの出発点はそこにあると、垣内先生は考えられた。

垣内先生は、すでに、「国語の力」において、「文の形」を「想の形」と見ることは、文の形式的研究から脱却する出発点であると指摘された。この「マリーのきてん」の「文の形」についても、ゼームスのいう、

1　starting point（起）
2　turning point（転）
3　conclusing point（結）

の文の中に飛翔する意識の三点を、それぞれつぎのようにとらえられた。

1　文の始めから「水がいすの上にあつたおばあさんのづきんにこぼれました」まで。
2　「あ、、さうだ」から「あゝさうです。それから、つんぼのまねをしてね」まで。
3　「此の時どや〱と四五人の敵兵がはいつて来ました」から「みんな出てしまひました」まで。

この三点を、垣内先生は、さらに、

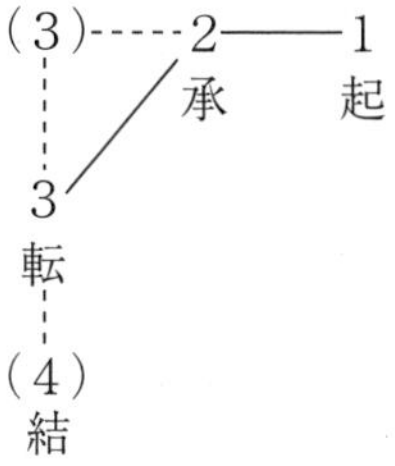

のように図示して、つぎのように説明を加えられた。

「1と2の中には、マリーと自国の兵士が現われ、3にはその外に四五人の敵兵が加わって来る。そうして、3の叙述の筆が、敵兵の上に用いられて居る為めに、文の形が捩じれてしまう読方を避けるためには、1・2の展開する(3)――文字の上には書かれて居ないが、文気の上から見えて居る――の前に3を押し出すか、3の叙述の奥に(3)を見る工夫を要するのである。この文のプロットは、読過まりやすい文の組立《ママ》を採って居るのであるが、3の中の『おばあさんの肩に手をかけて』に気をつけるとそれを易々と通り抜ける要点がある。子供が怜かしくもそれを見つけたように、この語句の中に、マリーの心の姿を見出して、1の『どうかしてかくしてやりたいと思ひました』、2の中の『又大急ぎでおばあさんの着物を着せてやりました。肩かけや前だれまで』の倒置句と連結せしめなければならぬ。そうした読方から、マリーの心のはたらきが、凝滞なく進む時に『みんな出て行ってしまひました』の奥にも、マリーの心の動くのが見うけられて、真のconclusing pointはその方向の極限(4)に於て現われて来なければならぬ。これを意識の流と見るならば、その過程は緊張から弛緩への推移といい換えることも出来る。こうした想の流れが、リップス等のような説明の仕方でいえば、ユーモアの生れる作用である。」

(同上書、一〇五～一〇七ぺ)

ここには、「マリーのきてん」の「文の形」を「想の形」として、垣内先生独自の鋭いとらえかたがなされている。とくに、2から3への展開において、(3)を設定して、考察していく着眼は、この文章への理解の深さを示すものといえよう。

このような「文の形」のとらえかたに即して、垣内先生は、「形象」ならびに「形象の流動」を、つぎのように説明された。

「マリーの心のはたらきに随伴して笑に溶けた心と、笑えない子供が劇化した――せんとする――方向の読方とは、この文の読方としては自からなる進み方であって、語句の外面に囚われたり、叙述の表面に誘導された笑は、この文をうち歪めて、外へ逸らした読方から生まれたものであることが分る。文のテーマが、それを象徴した標題に明かにされて居るように、１２⑶の方向に進むものとすれば、⑶の極限に於ける感じは、この文の生命と見なければならぬ。然らばこの方向に進まない読方を制御して、その自からなる方向に導かねばならない。読むということを、形式から内化した形態に置き——モウルトンのいうごとき——更にそれより一歩を進めて、又いわゆる内容よりも、深められた生命の直観に達せしむる時それを統合する作用を形象といい、更にそれを固定したものとせずして、内外融合の作用の作用と見る時に、特に形象の流動というのである。読方教授の順序としては形式の方面より次第に感化して、この境地に達することから、遁辞を許さない、のっぴきならぬ対象を捉えることになる。」（同上書、一〇七～一〇八ペ）

このようにして、ひとまず、「研究の対象」が提示されたのである。

五

ついで、垣内先生の本論考の第三章においては、「マリーのきてん」に即して、その解釈深化の問題がとりあげられ、この文章「マリーのきてん」の本質に迫る考察がなされている。

まず、解釈に関しては、帰納的解釈から演繹的解釈へという方向で、つぎのように述べられた。

「演繹的解釈というのは、文意の理解の極限から回向して、更に外に向《ママ》う作用であって、力学的にいえば、前者の極限である静的の位置から、動的の位置に転ずる作用である。文の産出されたる作用に随伴する——作者の文を書いた時の心もちと一つになるというのではない、それは作者自身でもできない一回ぎりのことである——作用をいうのである。それ故に、この立場から見ると、文を内容とか形式とかいうように、黒い太い線を横に引いて、その分界を示すことのできるものではなく、心の泉から一つの流れとなって流れ出る流《ママ》に従うのである。勿論、尋四の子供にこんなむずかしい理窟を教えようなどということはできない。教え方の用意としては、こゝまで踏み込んで置かなければ、文の味・語の生きた力《ママ》、を浮かび出させることはできないと思うのである。」（同上書、一一〇～一一一ぺ）

これを、「マリーのきてん」の読みに即しては、この文章を読み深めていくのに、帰納的には、二つの問題が見いだされるとして、

1　その一は文字の底に潜在する、想の形を浮き出させることである。これによりて、マリーの心のはたらきの推移に随伴しつゝ、文の形を読むことができる。

2　もう一つはこの文を生かして、心の舞台の上に、マリーと自国の兵士と敵兵とを登場せしめて、叙述の示すまゝに、その対話のリズムと、対話に伴うて動く姿とを眺めることである。即ち劇的表出として、この文の示すところをあるがまゝに読むことである。」（以上、同上書、一〇九～一一〇ぺ）

を挙げられた。

ついで、右の2のような読みの段階は、「文を読んで意味が分《ママ》った――理解――というのはこのところをいうのであるが、それは帰納的解釈の限界であって、ようやく文の本質を見る門まで、行きついたことである。」（同上書、一一〇ぺ）として、そこから演繹的解釈への方向について、つぎのように述べられた。

「『マリーのきてん』を読んで、一斉に笑った笑《ママ》は、こゝから現われたのであるが、その反響の起《ママ》る木立は、この門より奥の木立の中に隠れて居る。そこまで尋ねて行かなければ、まだほんとうにこの文を読んだということはいわれない。そこまで行きついて、振りかえって見ると、始めて木立の趣も石のたゝずまいも、一々に心をこめたものであることが分って来る。」（同上書、一一〇ぺ）

「『マリーのきてん』を読んだ時に現われた、笑の意味をつきとめて、つきとめた唯一の解釈を見のがさないで、その立場から、再び立戻って、その一語一句でも、一々に生かして読む心構えをいうのである。」（同上書、一一一ぺ）

垣内先生の、帰納的解釈から演繹的解釈への考えかたが、ここにははっきりと語られている。

さて、垣内松三先生は、考察の途次、右の引用部分の末尾の心構えを受けて、実地に読みかた教授に臨むばあいの根本の心がまえについて、つぎのように述べられている。

「文を教える用意をする時に、よしこれならば大丈夫だ、と安らかな心構で、教室に出て行ける時の心もちは、単に帰納的解釈の精細を尽しただけでは、自得することができない。もしそれだけのことなら、教材研究集録というようなものを教室にもって行くか、もっと手っとりばやいのはそれを印刷して生徒に渡した方が、どれくらい好都合であるかしれない。また自分の印象と主観とを恃みにし、それをもって文の演繹的解釈を試み且《ママ》それを強いるのならば、別に研究を要しない。形式主義、内容主義というのは、結局このどちらかに属するものゝように思われるのであるが、『よしこれなら大丈夫だ《ママ》』と自信を以て教室に臨む時の心もちは、この両方から脱出して、文の中を自由自在に往来することができるようになった時に、心の中に浮き上がって来る信念である。教育の徹底するのは、その力の発露であるとより以外に考えようがない。このことは多分教師のみが知って居る経験であるかも知れないが、――諸君もよく知らるゝように――そうした信念を把持して、教室に向《ママ》う時には、廊下を歩む足音までがちがって居るものと見える。耳敏く足音を聴きとって、教室に入るやゝ前から待《ママ》うけて居たと思われる落《ママ》つきの中に入って行く時に、『よしこれなら大丈夫だ』がもっとはっきりして来る。理窟ではない、技巧ではない。誠意だ。たゞ一つの心がけだ。内容主義も形式主義もない。帰納的も演繹的もあったものではない。万里一条の鉄。この一事を伝えんと把握するところがなくして、何の教授があろうか。何の教育が行われようか。」

（同上書、一一一〜一一三ぺ）

ここには、実践心理の深奥が洞察されていて、垣内先生みずからの教育的信念も吐露されている。強い信念に支えられて、力強く高揚した格調で述べられているのは、いかにも垣内先生らしい。また、論考の途中で、このように自在に所信の織りこまれていくのも、垣内先生の特色深い進めかたの一つである。やむにやまれず論及せずにはいられないという趣が見てとれるのである。

論考はまた、「マリーのきてん」の解釈の問題に立ちかえって、さらに深化が求められる。

「帰納的解釈と演繹的解釈とを統一する作用は、それ等を超越した作用の中から生まれる。それは自己の個人的主観的解釈を内省して、更に最高の統一を求むる自証作用の展開より生まれる主観的解釈である。」（同上書、一一三ぺ）とする立場から、つぎのように読解の問題が提示される。

「『マリーのきてん』を読んだ時に声をそろえて笑った笑の中には、いろ〳〵の個人的主観的な直観が雑って居る。しかし笑わせた『もの』は、この文の中に潜んで居る『或るもの』の刺戟に動かされた反省であらねばならぬ。その『或るもの』は何か。その『もの』は何か。唯一っしかある筈のないこの文の『ある《ママ》もの』が見えたり隠れたりして居るために、笑が現われたり、笑が起《ママ》らなかったりした、《ママ》ことを見ても分るように、文の本質と魂との交渉には微妙なる交渉がある。文を読むには『或るもの』が見える位置に子供を立たせなければならぬ。ペーターがウヰ《ママ》ンケルマンを評して、真昼に星を指す人といった心もちは、指導者の心がけであらねばならぬ。『或るもの』を見せるようにするところに、教授の工夫が生きて来なければならぬ。とそれと同時に、『或るもの』を確《ママ》に見る見方を導くところに、子供の魂を目覚めしめ真に叙述の行われる好機が、見出されなければならぬ。」

（同上書、一一四〜一一五ぺ）

このようにして、「マリーのきてん」における「或るもの」について、考察が進められる段となって、垣内先生の考察は、いっそう光彩を放つものとなっている。

六

「マリーのきてん」を読んでおこる「笑い」について、垣内先生はまず、カントやリップスの系統に属する考えかたをとりあげて、つぎのように説明を加えられた。

「カントの考《ママ》は『笑は張りきって居た期待が、突然『無』に移り変ったところから起《ママ》る感情である《ママ》』と見るのである。（『判断力批判』）これを『マリーのきてん』に就いていえば《ママ》

『敵はどつと笑ひました。さうして

「《ママ》こいつ、かなつんぼだな」

と言つ《ママ》てみんな出て行つてしまひました。』の後に起《ママ》る笑の一面は、この考《ママ》でよく説明されるように思われる。又、リップスの考は『我々の注意が大きいものから意外に小さいものに移って行った時に、その不釣合の感じが、笑を起させる』と見るのである。――Theodor Lipps : Komik und Humor, Beitrage Zur Aesthetik――この文に就いていえば、

1　『どうかしてかくしてやりたいと思ひました《ママ》』

2　『大急ぎでおばあさんの着物を着せてやりました。肩かけや前だれまで』

3　『この時どや〳〵と四五人の敵兵がはいつて来ました《ママ》』

4　『敵はあちこち見まわしましたが、おばあさんの肩に手をかけて』

等の語句に見える大きい感動・狼狽・心配・恐怖等が、漸層的に昂まって、極度の緊張に達したところで急に事情は意外な方向に展開した。

『すると兵士のおばあさんが「は《ママ》い。よいお天気でございます《ママ》」……という。思いがけなくも、敵の注意が別の方にそれて行った。

「こいつかなつんぼだな」

といつて、みんな出て行つてしまひました《ママ》』恐ろしく心配して居たことが常に何ごともなくすんだ。こうした緊張した心の融解の中に笑が生れて来る。こういう考え方がリップスの説明の仕方である。」（同上書、一一五～一一七ぺ）

ここで、垣内先生は、「マリーのきてん」を読んで生ずる笑いについて、カントやリップスの所説は、それを一応説明することができるとしつつも、なお、「マリーのきてん」のつぎの課の「二百十日」（本文、前掲）と対比して考えるばあい、この文章にもこの所説は適用しうるもののあることを指摘し、さらに二つの点をつぎのように述べられた。

1「けれども更に考えられることは『マリーのきてん』と『二百十日』とでは、文の推移の過程がちがって居る。前者の過程は突然の推移の変化である。後者の過程は自然に展開して行く過程である。そこに笑と厳粛との生れて来る原因があるといえるかも知れぬ。そうすれば情意作用の推移ということで説明することはできないのであって、却って過程の中に潜んで居る事実の性質が、その原因をなすと見なければならぬ。リップスが『可笑しいのは可笑しいのだ。それだけだund weiter nichts』といって居る方が、こうした器《ママ》械的説明よりも、笑の説明として徹底して居るかも知れぬ。」（同上書、一一八ぺ）

2「この説明の仕方に就いてもう一つの疑は、こうした説明の仕方で笑の説明ができるとしたら、例えば『マリーのきてん』から現れる笑は、文の形象の理解が適当に進行する限り、同じ性質のものでなければならぬ。然るに一はマリーの心のはたらきに伴い、他の一は敵兵を嘲る笑として現われたのを見ると、この説明の仕方は、あまり抽象的であると考えられるのである。哲学的にいえば、それでもよいのであろうが、文の具体的なる解釈を求める時には、こうした説明に満足することができない。」（同上書、一一八〜一一九ぺ）

このように、カント、リップスの所説によっての説明では、じゅうぶんに説明しきれぬことから、さらに、垣内先生は、文章の中に潜在して、笑いを刺戟する「或るもの」はなにかということを、考察しようとされる。その手がかりを、刺戟に応じて、笑いを生ぜしめる「もの」の方面に得ようとされている。

この面からの考察の手がかりとして、垣内先生は、ケーベル博士の「小品集」の一節をとりあげられた。その一節は、「何れの点に於《ママ》て私は人間を最も速かに又最も確かに鑑識することが出来るか」という問いに、ケーベル博士が答えた部分で、つぎのように述べられている。

「それから笑。それは必《ママ》しも何について笑うかではなくして——これも極めて重要であるけれども、寧ろその笑い方と音《トーン》（私はそれをその笑の調子《トーンアルト》、テンポ及びリズムと言いたい）とにあるのである。（引用者、中略）——凡そ人間の笑は、私の心《ハート》を喜ばさなければならない。それは笑う人が好意を有し、自由であり又何等隠蔽すべきものを有って居ないということを、私に示してくれなければならない。かくの如き人々は、その笑によって決して心を怒らせたり、又他の心を損したりはしないであろう。同時に彼自らも余りひどく同席者の判断を顧慮しないであろう、ヘッケルはこういう風な笑をする人である。」（小品集二〇三頁《ママ》）

垣内松三先生は、このケーベル博士の笑いの説のうち、とくに、何について笑うかではなく、その笑いかたと笑いのトーンとに注目すべきであるという点にヒントを得て、「マリーのきてん」を読んで現われる二種類の笑いについても、何について笑うかということだけでなく、「笑いのトーン」についても考えてみなければならないとされた。

すなわち、「『或るもの』とか『何について』とかいったものを探がして居ないで、笑の原動力となる『もの』の内容——人格的統一の内容を見なければならぬ。」（同上書、一二一ぺ）という視点から、「『マリーのきてん』から生れる笑も、この立場から考えられる時に、始めて演繹的解釈の根拠とすることができる。そうして私はそれを『魂のよろこび』であるといって見たいと思うのである。」（同上書、一二一ぺ）と、垣内先生みずからの見解を率直に提示された。

こう提示したあと、文章の本質について透徹した把握の重要であることを強調し、かつ、そうした読みかたについて、一学童から啓発されたことについて、垣内先生は、つぎのように述べられた。

「実地授業の際にも、文の書きぶりに就いて、先生から尋ねられた。一人の子供が《ママ》
『どうかしてかくしてやりたいと思ひました』
を挙げて『どうかして』に力を入れて答えたのを聞いた時に、曖《ママ》昧な読方をして居た自分を内省して、思わずぎくりとした。もしこれを聞かなかったら、こうした人生の教養に於ける好機を見過したかも知れなかったことを思って、深く羞じなければならなかった。極端ないい方であるかも知れないけれども、文の本質に就いてこうした透徹した把持がなかったならば、この文を充分に読みこなして、国語教育の使命を完うすることはできないとさえ思ったのである。純一なる子供の直観には、時としては、いろ〳〵こみ入った考に乱されて居る大人の考よりも確かなものがある。こうした直観作用の性質を見とどけて、文を読む眼の着け方の当否を批判し練習するためには、文字の底を流れる意識の過程だけではなく、更にその深底にありて、読む人を動かす生々した力は何であるか、ということに就いて透徹した考を定めて置かなければならぬ。」（同上書、一二一～一二二ぺ）

垣内先生独自の論述の展開のさせかたであって、ここにもまた、深められた的確な読みかたの授業を進めるの

には、文章解釈について、なにをしっかりとつかんでおかなくてはならないかを、とくに強調していられるのである。

さて、文章表現における、人格的統一の内容を的確にとらえ、それを適切に言い表わすことは、至ってむずかしい。この点について、垣内先生は、「人格的統一より表われたる純粋活動の内容を、他の語を以ていい換えることはむずかしいことである。故に、ユーモアに就いても、いい表わすことができないものと見る学説の一群がある。」（同上書、一二三ぺ）と述べ、ユーモアに関する所説を挙げられた。

1　ヒューム――「定義することのできるものでもない。唯感ぜられるのみだ。」（Hume : A Treatise of Human nature ）

2　ジャン・パウル――「無理なことをしなければ、哲学者の定義そのまゝに、従うわけにはいかぬ。」（Gean Paul : Vorschule der Aesthetik）

3　Sully, Thorndyke, Stanley Hall, Dugat, Ribot――これまでの学説は全く不当な理窟《ママ》づめのものであることを認めている。

4　クローチェ――「もっともよい考の現われるまでは、リップスの説に依るより外はあるまい。」と考えている。

5　カザミアン――彼の「なぜユーモアを定義することができないか」（Cazamian : Pourquoi nous ne pouvons definir l'humour）では、ベルグソンの学説をも排斥して、「ユーモアは科学を超越する。その不定にして無限なる特性は定義づけられるものでない。」と考えている。

これらの所説に照らしてみると、今のところ、ユーモア、笑いについて、明確にとらえることはむずかしいかもしれない。しかし、垣内先生は、そう考えつつも、ここでは定義争いをしているのではないから、「マリーのきてん」を読むことに現われた二様の笑い——[1]嘲笑と[2]洪笑について、さらにそれらのトーンについて考察を進められた。

七

さて、「マリーのきてん」を読んで、マリーに同情して、マリーの心と同じように動いて行った最後に、マリーの考えが図にあたったところから、だから、「きてん」というのも「計略」と考えて、よろこんだ笑い（嘲笑、「ざまあみろ」という笑い）——この笑いについて、垣内先生は、これは日本文学の中には、ずいぶんたくさんあるとされた。洒落・態度のコミック・それと嘲笑と結びがついたもの、また、狂言・川柳・狂歌・狂詩・狂文のパロディから、最近（引用者注、大正一二年ころ）の諷刺的文学に至るまで、概ねこの系統に属するものと見ることができるとされている。

さらに、垣内松三先生は、このような笑いの性質について、シルラーの所説を引用しつつ述べ、また、ヨーロッパにおける笑いとその研究について紹介しつつ、「マリーのきてん」に読まれた嘲笑のトーンについては、つぎのように言及された。

[1]「学説の上に於ても、ラムネース、ホッブス、デカルト、ツアイジング、チーグラー、シャウエル、メレディス等の一群の学説は、嘲笑を笑の本質と考えるものといわれて居る。それ等の内容には多少の相違はあるが、道徳・理智・感情の混和の程度の差異であって、大体に於て同じ色合を帯びて居ると見ることができる。そうしてこういう考《ママ》が、かなり人性の奥深い根柢に巣を作って居るものであることも考えられるのである。『マリーのきてん』から生れた笑のトーンの中で、それを感じたのは、大都市の附近に沿うたある町の学校で見た一の例で

あったが、尋四の子供に、もうそんな感じが動いて居るということは思いもよらなかったことである。嬰児の微笑は、人間の社会的感情の最初の徴候であるということであるが、何時の間に子供の心の中に、こうした感情が蔓って来るのであろうか。この文に見える『マリー』及び『自国の兵士』と、一体になって居る子供の心と、その反対の側に立って居る『敵兵の心』との距離と対照は、子供をとり捲く環境の中に、漂って居ると考えられぬでもない。現代生活の中に生きる我々の心の中にも潜み込んで居ないとは思われない。」（同上書、一二六～一二七ぺ）

2「ユーモアの教養は、謹厳の教養に比して、軽んずべきものでないことも確かである。『マリーのきてん』から生れた『ざまあみろい』は、この意味に於て、教育的指導のよい手がゝりとなる機会ではあるまいか。少くとも『マリーのきてん』の構想Motive Plotから、その着想Motive forceを見、又そのテーマを象徴する表題を見る時に、そうした直観を理由なしに見過すことはできないのである。読方教授の研究でこれまで問題にされたものはこうした問題ではなかった。難易ということもこれとは異《ママ》った難易であった。しかし真に難易というべきものがあるならば、一斉に笑った笑のトーンを辿りて、読方を訂正もし指導もすることである。粗大な考で威勢のよい調子で教授の目的は品性の陶冶であるとか、国民精神の教養であるとかいう前に、もっと静かに子供の胸の中から来る響に耳を澄まさなければならぬ。そうした立場に立つ時に、自ら顧みて深い反省を感ぜずには居られないのである。」（同上書、一二八～一二九ぺ）

右に見られたように、垣内先生の「嘲笑」の系列の笑のトーンの考察は、ヨーロッパの笑いの諸学説ならびに日本文学に見られる笑いを、広い立場から考察しつつ、「マリーのきてん」に現われてくる笑いのトーンを、読方教授の過程で、どう扱っていくべきかにまで進められた。視野の広さ、指導上の配慮の精密さ、いずれにも、垣内先生独自のものが見られる。

つぎに、嘲笑に対する哄笑――「和らぎたる歓喜の笑い」が、「マリーのきてん」の読みからは生まれてくる。

この笑いについては、つぎのように述べられた。

この笑いは、「マリーのきてん」を、マリーの心のはたらきの面に着目して読んでいくうち、「自ら誘わる丶ものであるが、それによって忽然開けて来る心の華は、大地の底より育まれて居る精気の発露である。これまでいくたびか謂ったように、『どうかしてかくしてやりたいと思いました《ママ》』の『どうかして』に注意を凝収すれば、文を貫いて流れて行く、『マリーの心のはたらき』が明か《ママ》に心の面前に浮かんで来る。そうして文を読み終った後の感じは、マリーと共に、どうなることかと思って、気づかって居た心配が溶けて、和《ママ》ぎたる心の底より溢れて来る悦びのトーンである。『マリーのきてん』の教授の実際をたび〴〵見る機会を得て、その経験の上から『これなら大丈夫だ』と思った解釈は、実にこの一点に注意を凝収する読方であった。」（同上書、一二九〜一三〇ぺ）

と述べられた。

「マリーのきてん」の読みの過程に現われた笑いのトーンを、やわらいだよろこびのトーンであるとし、そこにこの教材の解釈の拠点をすえておられるのである。

この点を、垣内先生は、さらに、つぎのようにも述べられた。

「この文を教える心構を定めるために『マリーのきてん』を読んで、マリーの純なる心に伴うところから生れて来る笑のトーンをよく聞きとるならば、こゝにこの文を教えるために確かめなければならぬ契機の存在することができると思う。『どうかしてかくしてやりたいと思ひました《ママ》』の感じ方にも、文字通りでない意味が見出されること丶《ママ》思う。同情とか熱誠《デヴォーション》とかいうような心もちも浮かんで来るであろう。そうしてはら〴〵する憂慮と苦悩の一掃された浄福――魂のよろこび――が読みとられることであろう。」（同上書、一三三〜一三四ぺ）

かくて、垣内先生は、この「マリーのきてん」の叙述の奥底に、「魂のよろこび」が読みとられ、それがこの文章を解釈していくばあいの根拠になると考え、さらに、この文章を教えていくばあいの重要な契機があることを指摘されたのである。

垣内先生が、「マリーのきてん」の笑いに、和らいだよろこびのトーンを、さらには、「魂のよろこび」を見いだされたのは、まことに深く鋭い解釈であると思われる。

こうした読み・解釈を支えていたものに、垣内先生のユーモアに対する深く広い洞察のあったことを忘れてはならない。この面に関して、垣内先生は、つぎのように論述していられる。

「ユーモアに就いての考え方が、諷刺・滑稽の意味に傾いて居たところから転じて、人生の哲学と見るようになったことは、近代思潮の中に於ても大なる貢献の一つである。この点については、ジャンパウルヌはヘーゲル及びその学派に属する人々の力である。ユーモアは元初より普くこの世と人生を照らす光である。たゞ初めて、ユーモアに就いて考えた人は、理智に優れた人であり、訴罵《ママ》と笑とを混合して取り出して見せたので、ユーモアは冷やかな辛辣な姿を示して、近世まで生い立って来たのであった。併しカーライルが、『ユーモアは頭から湧き出づ《ママ》るものではない。心情の中より迸るのである。軽侮ではない。その本質は愛である。それは高笑となって現われるものでもない。もっと深い静かなる笑に浮んで来る……』というような考え方は、ドイツに現われたユーモアの考《ママ》の影響であった。ジャンパウル及びその継承者にとりては、ユーモアは単に芸術の問題であるのみならず、論理学であり又は人生の哲学であった。ジャンパウルが、『無限なる雄大なる観念に比べて見ると、あらゆる人の世のものは、かゝる観念の前には、見すぼらしくさゝやかなものである。我々が笑うのは人を憐れみ、神を崇めるのである』とも考えて居る。こうした極微と極大との対照の形而上学的なる誇大は、笑の本質を説く考え方としては空しいものであるといわれて居る。私の考えるところでは、それは笑の対照《ママ》に執着した考であって、この考の底には不純なる嘲笑の感情を雪ごうとする考があったのであると思う。しかしもし『笑』の対象と

『笑』とを自己の内にとり入れて、自己の内面に於て一つであると見ることができるならば、――パウルの本当の考はそうであったと思われる――この考え方は笑の本質の説明に近づいて来る。ジャンパウルは、真面目にユーモアを味ったユーモリストであったと見ることができる。ヘーゲルのユーモアの味い方はジャンパウルのように鋭いものでなかったと見ることが出来るのであるが、笑を生れさせる可笑しいものと、もう少し真面目に感ぜられるユーモアとの間には、はっきりした区別をした。そうして、矛盾から超越し、苦悩や憂慮の汚辱から浄められたる、和ぎたる心と、寧らかなる心――ユーモア――こそ、幸福なる心の姿であり、健やかなる心の態であると考えた。それ故に喜劇は芸術の中に含まれて居る、あらゆるものゝ融解の一路を拓くものと考えたのである。ヘーゲル学派の人々は、その考を更に積極的に詳しくした。そうしてユーモアはドイツ哲学の翼に乗じて『忠誠』にまで高められた。ラツアルスの如きは、宗教的境地と同じように――理想と現実との相関の上に起るユーモアの心と、神と人間との相関の上に立つ宗教の心と――考えるに至った。ユーモアの考え方が、次第に深められると共に、またこうした形而上学的思索のために、たゞ端的にのみ感じなければならぬ性質を内具するユーモアが、靄の中につゝまれてしまった。」（同上書、一三〇～一三三ぺ）

このようなユーモア観の探求は、もともと、「マリーのきてん」から生じた笑いのトーンの究明という課題に関連して深められたものと推察される。それにしても、その背景をなす知的関心のスケールの大きさ・深さには驚かされる。その立場の高さ、視野の広さから、「マリーのきてん」の本質究明が飽くことなくなされたと見られるのである。

垣内先生の論考の第四章は、「朗快・自由・高遠」となっている。この章は、第三章を草し終わられたあと、偶然に、八波則吉氏の「創作への道」（大正10年4月24日、弘道館刊、四六判三〇一ページ）を読まれ、その中に、「マリーのきてん」について説かれた一節のあるのを知り、それをふまえて、その教材「マリーのきてん」の出典、原文ならびにその取捨採録のことに触れ、「マリーのきてん」論をいっそう発展させられた。

ここでは、まず、国語読本の編修に携わった八波則吉氏の新教材「マリーのきてん」解説を、つぎに引用したい。

二十「マリーのきてん」――これは全くの新教材です。過般の欧洲大戦乱に際して、英国では愛国心を喚起する為に『年少愛国者読本』というのを出しました。主に少年少女が戦争に活動する話を集めたもので。《ママ》四冊本です。本課は此の読本の中から抜いたのです。原文は随分長いもので、先ず少女マリーが留守居をして竈の火を焚きながら出征中の父を案じているところから書き出してあります。それを例の「ぽっと出主義」に書いてみようと企てて、突如、

あわたゞしくかけこんで来たものがあります。

から始めました。そうして件の事件が起っ《ママ》て、マリーの気転で、敵が

「こいつ、かなつんぼだな。」

と言つて、みんな出て行つてしまひました。

で筆が擱いてあります。ところが原文は、まだ〳〵続きが長いのです。即ち敵兵が去ったので、マリーと兵士のおばあさんが、ほっと一息つくかつかずに、又闖入した者があります。それはマリーのおばあさんでした。おばあさんは買物をして帰って来たのです。見ると、自分の椅子に、自分の着物を着たおばあさんが掛けていますの

で、おばあさんは喫驚しました。といきなりマリーが真のおばあさんに抱きついて、わあっと一時に泣き出します。おばあさんは何が何だか分りません。や、暫らくあって、マリーが先刻の出来事を語って、

「全く神様のお蔭です……」

と言って、又感涙に咽びます。真のおばあさんも、兵士のおばあさんも、共に泣いて天の神様に感謝の祈祷を捧げます。それから、兵士のおばあさんが着物を抜《ママ》いで出かけようとしますと、「まだ危い」と言ってマリーのおばあさんが止めます。「軍司令部への急使だから」と言って兵士が出かけようとしますと、

「では、斯うなさい。」

と言って、今度はおばあさんの気転で、兵士に樵夫——マリーの父の着物を着せて、おばあさんと樵夫とマリーの三人の家族が、山の仕事場から帰るといったような風を装うて、うまく敵の目を偸んで、目出度く味方の軍司令部へ到着するというのが原文の梗概です。大家の筆と見えて、なか〳〵上手に書いてあります。

　前後は児童の想像力に訴えるなり、教授者諸君の御手腕に依って、創作で補って下さるなりして、綴り方又は話し方との胼絡を取って戴きたいものです。

　兵士をおばあさんに変装する事は、日本服では駄目ですが、西洋婦人の服が手に入ったら、学芸会などの余興に、「マリーのきてん」は至極適当な脚本だろうと想像します。文学的教材です。（八波則吉氏、同上書、二六三〜二六五ぺ）

　なお、この「マリーのきてん」の原拠と原文とその訳文については、「尋常小学国語読本の原拠及参考」（豊島師範読方研究部編、昭和4年2月5日、明治図書刊）に、つぎのように掲げてある。

「原拠は　The young patriot Reader. I.
Marie's Soldierである。」（同上書、二〇一ぺ）

(The young patriot Reader)

Marie's Soldier

Marie was sitting gazing into the blazing logs, and weaving stories from the pictures she saw amongst the flames-stories of fiery battles, wounded heroes, and victories won. War was very close about, though as yet it had passed them by. The little girl was alone, for Grannie had gone to the village to do some shopping.

The distant boom of guns at the firingline mingled with Marie's thoughts, but she was not afraid. She had grown too used to the sound to give it more than a passing thought, feeling secure in the knowledge that the little cottage, in which she lived alone with her grandmother, stood in such a well sheltered nook that it was not likely to be seen.

But all at once a sound broke in upon Marie's day-dreams-the sound of hasty footsteps on the path outside. The door wsa thrown open, and into the kitchen there burst a soldier, so slim and young as to look little more than a boy. His uniform was covered with mud, and he held one hand to his side, as if wounded there, "They are after me," he gasped. "Is there any-where you can hide me? In five minutes it will be too late."

At his entrance little Marie had sprung to her feet. A scream of terror had risen to her lips ; but when she saw that he was a soldier of her own country, and heard that he was in danger of his life , her only thought was how she could best help him.

She looked around, but in that littile cottage there were no hiding-places that would conceal a man, even a slim youth such as this. The cupboard wsa far too small, they had no old oak chest, such as many of the cottagers possessed, and there was no garret in which a man might hide. She thought of the bed, but they would certainly find him there ; where else could she hide him?

“I fear there is nowhere, ”she said, sadly.

“I must face it, then, ”replied the soldier, faintly.

“I cannot get any further. Give me a drop of water, will you?”

His face was white, and drawn with the pain of his wounds, and Marie ran quickly to fetch him some water. In her hurry she overfilled the glass, and the water splashed over on to Grannie's snowy white cap as it lay over the back of a chair.

“Oh, the poor cap!”cried Marie ; then she hastened to give the glass of water to the wounded man.

While he drank, Marie took up the white cap and shook the water from its folds.

As she did so, a sudden smile came to her face. “Sir,”she cried, “I have an idea. You must be my grannie for a little while.”

“What, little one?”he cried, scarcely understanding. “Be quick, quick!”

Marie ran and fetched one of Grannie's gowns, and apron, the kerchief she wore round her neck, and a pair of mittens.

It was by no means easy work to dress the soldier in them. “Oh dear, but you are too big,”she cried, as she tugged and pulled at the dress to make it meet in the front ; but not all her tugging and pulling would bring the two edges together. However, with an apron and shawl, the gap was hidden as well as might be.

When all was complete, with cap and mittens and even an old pair of woolen slippers which Grannie wore to keep her feet warm, Marie stepped back a pace or two to see the effet. But as she look a frown came to her face.

“It will not do,”she said, in despair.

“Though your hair is short, it shows beneath the cap and makes you look like a man still.”

But Marie was not to be beaten. She pulled the cap down over his brow, and tied it close about his face. Then she wound a great scarf round the back of his head and his neck, so that no hair showed. All this was down as quickly as possible.

"Now sit here in Grannie's chair," she said.

"No, not like that,"as the soldier seated himself bolt upright in the low chair by the fire.

"You must bend your back and turn your face to the fire, so that if the Germans come they will not be able to see it. Hold your face with your hand, and rock yourself to and fro as if you were in pain. If they see your face you are lost."

The soldier did as she told him. He still did not move like Grannie, but she hoped that if any men came in search of him, they would be in too much hurry to examine carefully. She had done the best she could.

The soldier was not at all easy in mind.

"What if they should question me?"he asked.

"I may look like Grannie, but I cannot speak with Grannie's voice."

"Leave that to me. I will say you are deaf and cannot hear. Now, do be careful. Try to make yourself look old. Oh, here they come!"

There was the sound of men's gruff voices, and the trampling of many feet upon the path outside.

The man put his hand to his faces, and swayed to and fro with groans and sighs.

Then came a thundering Knock at the door. With face white to the lips, Marie opened it.

"Have you seen a rascally French soldier pass this way?"asked a German officer.

"No, sir. I have seen no rascally French soldier,"replied Marie, for she felt sure this soldier could be no rascal.

The officer looked at her with suspicious eyes.

"Ah,"he said, "perhaps you are hiding him. Do you know that you will be punished if you are?"——and pushing the little girl aside so roughly that she fell, he entered, and ordered his men to search the cottage. With a little cry, Marie picked herself up and ran to the hearth. She caught up the kitten which lay there, and hugged it to her, crying, "Oh, sir, you will not hurt my pussy, nor my poor old Grannie, will you?"

The officer took no notice of her words. He strode across the room and put his hand roughly upon "Grannie's"shoulder.

"Come, old woman," he said, "May be you can tell us something about this soldier.

"Now then, what have you to say? "giving the shoulder he held a good shake.

But "Grannie"only moved backwards and forwards, and groaned. Then, as if suddenly aware that some one was speaking to her, she replied, in a quavering old voice, "Yes, yes, sir, it is truly a fine day, as you say."

The officer muttered angrily to himself, and was just about to put some further questions, when Marie turned and bravely faced him, saying, "Sir, she is deaf, and cannot hear what you say."

Just then the men returned from their search in the two little rooms above.

"We have searched everywhere and are sure there is no man hidden here, "they said. So deeming it only a waste of time to remain any longer, the officer ordered them to go out and search the woods beyond.

Now that the dangers was over, Marie sat down and began to cry. She did not know why, but she could not help it. Then all at once she began to laugh, because the soldier looked so funny in Grannie's clothes, and then she laughed and cried both together.

The soldier bent down and put his arms around her. "This will never do, little one, he said. "Don't give way now. You have been so brave—brave as a true soldier of France. You have saved my life, and what is worth far more, you have saved some papers that I curry to my General, and which will, I hope, mean victory for us.

So cheer up, little one, and let me see your smiles again." Marie could not stop crying, even though she tried her utmost ; but at this moment the door opened and Grannie came in.

"Why, what is this? "she cried in surprised, as she saw the figure in her own clothes seated before the fire, and Marie crying as if her heart would break. "Who is it that has dared to upset my little Marie thus? You are wicked, whoever you are,"she added, in dignant tones.

These words restored Marie's calm as nothing else could have done. She was not going to have the soldier scolded for what was entirely her own doing. Running across the room, she threw herself into Grannie's arms, crying, "No, Grannie, indeed he is not wicked. He is a soldier of our country, and I have saved him from the Germans by dressing him up in your clothes."

"Well now, that is a fine thing for my little maid to have done,"said Grannie, fondly. Then she cried in alarm, "But see, the poor man, he is fainting," for now that the danger was over, like Marie, the gallant young soldier had given way and had allowed the pain, of his wounds to overcome him.

"Oh, it is his wound I forgot,"cried Marie, in guilty tones. "To think that I cried like a baby when he was in pain, and I might have done something to make him better!"

"Never mind, child, you shall help me now,"said Grannie.

She bustled about, bathed and bound up the wound, then fed the wounded man with the best she had, for she guessed it ws long since he had eaten. Her care did wonders. In a very little while he was so much better that he rose from his chair.

"I must go now" ,he said. "It is my duty to deliver these papers as soon as possible. I do not know how to thank you for all you have done—you, and this little girl who has been so brave and clever."

But Grannie made him sit down again. "Wait a minute,"she said. "The Germans are sure to be near about. It will never do for you to venture out like that, pointing to his uniform. "Let me think a moment."

Grannie thought to such good purpose that when, a little later, a peasant passed through the woods with his little girl and his old mother on either side of him, the Germans, little thinking it was the man for whom they were hunting so busily, let them pass. That very night, Marie's soldier, as she ever afterwrds called him in her thoughts, handed the precious packet of papers to his General.

（同上書、二一〇～二一八ぺ）

マリーの兵士

壹

マリーは勢よく燃えている丸太を見ながら、その焔の中に見える絵からお話をこしらえながら腰をかけていた。

その御話は火の様に烈しい物語や、怪我をした英雄の物語、又光彩陸離たる戦場の物語であった。

戦争（欧州戦争）はまだマリー達の村へは来ていなかったけれど大変近づいていていた。

お祖母さんが買物に村に出掛けていたのでマリーは唯一人でいた。

ずっと離れた戦場で轟く大砲の音がマリーの心を掠めた。けれどマリーは恐れなかった。

マリーはその音には慣れて了っていたから気にもとめなかったのだ。

又彼女がお祖母さんと二人切ですんでいる小さい小舎はめったに見つけられない様なそんなよい片隅の隠れ場所に立っているのを知っていてマリーは安心していた。

然し俄に戸外の小路に慌だしい足音が聞えてマリーの空想を破った。

扉がガタンとあいて、台所に子供位に見える程ほっそりとして若い一人の兵士が現われた。

彼の服は泥をかぶっていた。そして彼は怪我をしている様に片方の手を横腹にあてゝいた。

「敵が追いかけて来ます。何所か隠れる所はありませんか。五分とすぎると遅いのです」と彼は喘いだ。

入口の所へ小さいマリーは跳んで行った。

驚《ママ》ろきの叫が彼女の唇をもれた。然し彼が彼女自身の国の兵士で、その生命が危険に瀕しているのを知った時、彼女の唯一つの考はどうしたら一番よく彼を救う事が出来るかという事であった。

彼女は周囲を見廻した。けれども小さい小舎の中には男一人を隠す場所はなかった。この様にやせた若者でさえも。

コップ棚は小さすぎた。マリー達はこの様な多くの小舎人の持っている古い樫の箱をも持っていなかった。又一人の男を隠す事の出来る屋根裏もなかった。

彼女はベット《ママ》に思い付いた。然しそこでは敵がきっと彼を見つけるだろう。

彼女は一体その外の何処に彼を隠す事が出来るだろうか。

「此処にいては危ないと思いますわ」と彼女は悲しげに云った。兵士は失神《ママ》して、

「それなら私は出て行かねばならぬのか。私はもはや歩けない。一杯の水を下さい。ね。」と答えた。

彼の顔は白く傷の痛みの為に引きつっていた。

マリーは急いで駈けて水を取りに行った。

急いでマリーはコップに水を満した。その水が椅子の後のお祖母さんの雪の様に白い帽子にかゝった。

「アー可愛そうに。此の帽子は」とマリーは云った。

それから彼女は傷つける兵士にコップの水をやる為に急いだ。

彼が水をのんでる間にマリーはその白い帽子を取り上げてその水を拂った。

彼女はそうしている時突然ニッコリと笑った。そして《ママ》
「貴方。《ママ》私に考《ママ》があります。貴方は一寸の間私のお祖母さんにならねばなりませんよ。」と云った。

「何ですって。娘さん」と彼は殆んど了解出来ないでいった。「早く。早く、」と云って、
マリーはお祖母さんの上衣を一つと前掛それからお祖母さんが頸にまく布と一対の半手袋を駈けて戻って来た。

それ等を兵士に着せる事は決して易い事ではなかった。

前をあわせる様に着物を引つぱった時、彼女は
「おや〳〵貴方は餘り大きすぎるわ」と云った。彼女は引張ったんだが二つの端は全々《ママ》一緒にあわさらなかった。

けれども、前掛と肩掛でそのすき間は出来る丈隠された。

帽子と半手袋とお祖母さんが足をあたゝめる一足の羊の毛のスリッパ迄も着けて総べて了った時マリーは一二歩退って出来上りを見た。然しそれを見た時
「駄目だわ。貴方の髪の毛は短かいけれど、帽子の下に見えていて貴方をまだ男の様に見せます。」

と彼女は絶望して云った。然し彼女はさじを投げはしなかった。彼女は帽子を彼の額に引き下し彼の顔の近くにとめた。

それから彼女は大きな布を彼の頭と頸のまわりに巻きつけた。それで髪は見えなくなった。

これは皆出来る丈早くされた。

「サーお祖母さんの椅子に腰かけなさい」と彼女、

兵士が炉辺の低い椅子に胸をあげて坐り込んだ時、彼女は「いゝえ、その様にでなく。貴方は若し独乙人が来ても見つける事の出来ぬ様に背中をまげ、顔を炉の方にたれなば駄目です。顔を手で抑えて、さも苦しんでいるかの様に身体を前後に揺ってお出でなさい。独乙人が貴方の顔を見たらもうお了いです。」

兵士は彼女の云った通りにした。けれど彼女は若し誰か彼を探しに来ても、急いでいて注意深くは改めない様にと思った。彼女は為しうる最善を尽したのだ。

貳

兵士はちっとも安心ではなかった。

「若し彼等が私に訊ねかけたらどうしようか。私はお祖母さんの様に見えるかも知れない、けれどお祖母さんの声で話す事は出来ません。」と彼は訊ねた。

「私にまかして下さい。私は貴方が聾で耳が聞えぬと云いましょう。さて注意深くなさい。貴方が老人に見える様になさい。オー来ました。彼等が来ました。」

男達の荒々しい声が聞えて、戸外の小道を踏みならす大勢の足音がした。

兵士は顔に手をあてて呻き、太息をつき前後に身体を振った。

それから雷の様な扉を叩く音がした。

顔を唇まで白くしてマリーは扉を開いた。

「卑しいごろつきの様な佛蘭西人が此の道を通るのを見なかったか」と独乙の将校は訊ねた。

「いゝえ小父さん。私はごろつきの様な佛蘭西の兵士を見ませんでした。」

とマリーは答えた。彼女は此の兵士がごろつきなんどである筈がないと思ったから。将校は疑深い目でマリーを見た。

「アー、多分お前は隠しているんだな。若しそうなら、罰せられるという事を知ってるかい」と彼は云って、彼女が倒れた程ひどく少女を押しのけて、家に入り部下に小舎を探す様に命じた。

小さい叫をあげて、マリーは跳ねおきて炉端に走って行った。彼女はそこに寝ていた仔猫を抱きかゝえ、こう叫んだ。

「オー、小父さん、貴方は私の小猫と年とった可愛そうなお祖母さんをいじめないで下さいね。」

将校はそれには耳もかさなかった。

彼は大またに部屋を横ぎり荒々しく「お祖母さん」の肩に手をかけた。

「来い、ばばあ。多分貴様は此の兵士の事で何か我々に話せるだろう。さて、何か云う事はないか。」と肩をゆすって彼は云った。然し「お祖母さん」は前後に動いた丈で、呻きました。

それから突然誰か自分に話しかけている事に気付いたかの様に、彼女はふるえ声で、

「はいはい。貴方。おっしゃる通りほんとによいお天気で御座います。」と答えた。

マリーが引き取って勇敢に彼に向って「おじさん、聾なんですよ。貴方の云う事が聞えないんですよ。」と云った時、将校は腹立たしげに口叱言を云い、更に立ち入った質問をしようとしていた。

丁度其の時部下の者共が二つの小さい部屋を探し了って戻って来た。そうしてこう報告した。

「我々はすっかり探しました。たしかに此処には誰も隠れていません。」

そこでもうこれ以上留まっている事は時間を損する許だと思って、将校は部下に出て行って向《ママ》の森を探す様に命じた。

危険が過ぎ去って了うとマリーはくずれおれて泣き始めた。彼女は何故だか判らなかった。けれどどうする事も出来なかった。

それから急に彼女は笑い始めた。兵士がお祖母さんの着物を着て大層滑稽に見えたから。それから彼女は泣いたり笑ったりした。

「娘さん駄目ですよ。もう泣くのはおやめなさい。貴方は大層勇敢でした。佛蘭西の本当の兵士の様に勇敢でした。貴方は私の生命を救った。そしてこれ程値打のあることはないんですよ。貴方は私が将校にとゞける密書を救ったのだ。その密書は私共にとっては勝軍を意味しているのだと思う。そこで元気をお出し。娘さん。も一遍笑ってお呉れ。」と彼は云った。

マリーは一生懸命になったが泣きやむ事が出来なかった。と、此時扉が開いて、お祖母さんが入って来た。

「おやどうしたの」と彼女は、彼女の着物を着て炉の前に腰かけている人影と心臓が破れでもした様に泣いているマリ

ーを見た時、驚《ママ》ろいて叫んだ。

「私の小さいマリーをこんなに驚ろかした奴は誰だ。お前はたとえ誰であろうと悪い奴だ。」と彼《ママ》は怒った調子でつけ加えた。此等の言葉は他の何よりもマリーを平静に帰した。彼女は全く彼女自身のした事でその兵士をしからすに忍びなかった。

部屋を横様にかけてお祖母さんの腕に飛込んでマリーはこう叫んだ。

「いゝえお祖母さん。あの人はほんとに悪くはないのよ。あの人は私達の国の兵士で私はお祖母さんの着物をきせて独乙人の手から救ってあげたのです。」

「おやそう。私の娘のした事は立派な事だ。」とお祖母さんはうれしげに云った。それからお祖母さんは驚ろいてこう叫んだ。

「けれど御覧、可哀そうにその人は失神している。」
というのは危険が行くと、その若い勇敢な兵士はマリーの様に参って了って負傷の為たおれて了っていた。

「オー、傷です。あの人が苦しんでいる時私は赤坊の様にないていて、あの人に手当をしてやる事を忘れていたのです。」とマリーは何か悪い事でもした様に叫んだ。

「いゝよいゝよ娘。私に手を貸してお呉れ」とお祖母さんは云った。お祖母さんは忙しくたち働らいた。傷口を洗って結えた。それからお祖母さんは兵士が永い間食事をしていないと思ったから一番おいしい御馳走を兵士に食べさせた。大層それがきいた。間もなく兵士は大変元気が出て来て椅子から立ち上る事が出来る様になった。「私は行かねばならぬ。出来る丈早く此の手紙を届けるのは私の義務です。私は貴方方のして下された御親切にはお礼の申し様もない。貴方とそして此の大層勇ましい賢こい娘さんのして下された御親切……。」
と兵士は云った。

がお祖母さんは彼を又坐らせた。

「一寸お待ちなさい。独乙人は屹度近所にいますよ。
貴方がその様な服装で出て行くのはよくないでしょう。」と彼女は兵士の服を指して行《ママ》った。

「一寸考えさして下さい。」とお祖母さん。
お祖母さんは、もう少し晩くなって一一の百姓が小さい娘と年とったお祖母さんの間に入って森を通り抜ける時独乙人達はその男が自分達の忙しく探していたその男であるとは少しも思わずに、彼等を通らせるというそういうよい計略《ママ》に思いついた。
マリーがその胸の中でずっと後までも、彼をマリーの兵士とよんでいた。そのマリーの兵士は、外ならぬ其の夜、貴重なる手紙の包みを将軍に手渡した。

（同上書、二〇一～二一〇ペ）

垣内松三先生は、右のような八波則吉氏の説明によって、教材「マリーのきてん」は、ユーモアの性質を帯びていないと見ることもできるとし、また、いわゆる修身的教材といわなければならぬ性質も持っているといえるとし、その教材性格を吟味された。そして、つぎのように、「マリーのきてん」の教材性格をまとめられた。

「学問的に考えるならば、この文は文学典型の中の『小説』に属するもので、普通に修身的教材といわれて居る説教的分子の多い教材よりも、文学的であって、この原文を素材として改作せられた『マリーのきてん』は、原文と同じものでないと見ることもできるのである。『マリーのきてん』の本質を文学的と考えるのが、作者の意図に従うものであろう。」（「国語教授の批判と内省」、一三五～一三六ペ）

また、八波則吉氏の説明によれば、「マリーのきてん」の原語のストーリーは教材「マリーのきてん」の本文の前後が省略してあり、その取り扱いについては、教授者の手腕にまかされている。垣内先生は、この点について言及し、「私のこゝに問題として居るところは、この『前後』であり、『創作で補う』ことである。児童の想像力をいかに整理し指導すべきであろうか、教授者はいかに創作で補うべきかの《ママ》特に原文の前後を省いて、中心のみ投げ出した時に、その前後に伸びる方向は、必ず原文のような方向のみでなく、いろ〳〵の想像の展開を見ることができるのである。しかもその想像は事件の展開のみを見る作用と考うべきであろうか。原文のような筋書きを予備的智識《ママ》としてこの文を教えねばならないのであろうか。又、その創作で補うことは手腕に一任してよいのであろうか。文の読方に於て、最大切《ママ》なことは、文の深底まで錘を下して、手ごたえのあるところを、はっきり意識することである。教え方は自由に適宜な処置を採らなければならぬが、教えなければならぬことは、一の文に於て唯一つしかないと信じて居る。想像に訴えさせたり創作《ママ》で補うことは、読方教授に於て最も大切なことであるが、作者が筆を執る前に予料された着想を指示されることは、教えるものにとりてはこの上もなく便利であり、いろ〳〵の気苦労を軽くしていたゞけるのであるが、こゝには原文との関係しか示されて居ない。改作の態度に就いては、単にその省略ということの外少しも手がゝりがない。けれどもこの文を読んだ結果として現われた事実は、この原文の筋書を想像するような方向ではなく、文に書いてあるだけの事実に基いて喚び起された他の広い世界であった。その意味に於て、この文は改作であるが創作である――原文の目ざすものと異った方向に生きる力を持ってる《ママ》のであるから――といってよいと思うのである。しかも原文の意図したものを基として純粋なる文学的創作として国語教育上重要なる内容を附与されたと考えてよいかと思う。子供の感じ方に示唆されて、この考えを進めて来たが、原文とこの文とはいかなる関係があるとしても、真実なる子供の感じ方だけはこの文から生れた生きた事実である。」（同上書、一三八～一四〇ぺ）と述べられた。

　ここには、原話のストーリーを取捨して、リライトされた「マリーのきてん」の教材としての性格に関し、明確な判断が下されている。

　ただ、文章中、「文の読方に於て、最大切《ママ》なことは、文の深底まで錘を下して、手ごたえのあるところを、はっきり意識することである。教え方は自由に適宜な処置を採らなければならぬが、教えなければならぬことは、一の文に於て唯一つしかないと信じて居る。」（同上書、一三八～一三九ぺ）とあるところは、とりわけ、垣内松三先生の、解釈学的立場を明らかに示している。ここで「文」とあるのは、今日でいう「文章」である。教えなければならないことは、一つの文章において唯一つしかないというのは、指導事項に関していえば、一つとはかぎらないわけであるが、このように言い切ってあるところに、かえって、解釈学的立場で、文章を深く解釈して、そこに得られるものを中心に考えていこうとするいきかたがよく示されている。

九

さて、垣内先生は、「マリーのきてん」の教材性格を独立したものとして措定したのち、「マリーのきてん」に立ちもどって、そのユーモアの境地を、さらに探求しようとされている。

「マリーのきてん」を読んで感ずる真実の心は、前に引用した八波則吉氏の説明のうちにあった。

「いきなりマリーが真のおばあさんに抱きついて、わあっと一時に泣き出します。おばあさんは何だか分りません、やゝ暫くあって、マリーが先刻の事を語って、

『全く神様のお蔭です。』

と云って、又感涙に咽びます。真のおばあさんも、兵士のおばあさんも、共に泣いて天の神様に感謝の祈祷を捧げます。」

にあると思うとされ、教材「マリーのきてん」の表現の心づかいとその教材価値について、つぎのように述べられた。

「原文は戦争文学として、愛国的行動の成功に重きを置かねばならなかったのであろうが、その原文に基きながら、この文（引用者注、「マリーのきてん」）の中には、それを背景として、それよりも広々した世界に想像を導

く動力を含んで居るところにこの文の書き方の心づかひがあると考える。そこに子供の想像力に訴える方向があり、又国語教育の行われる真の天地があると思うのである。涙ながらに祈を捧げる心の奥に於て、真にユーモアの教養の行われる境地に立つことができるのである。」（同上書、一四一ぺ）

八波氏の原文のあらすじ紹介によって、かえって、そのことを知らないで、教材「マリーのきてん」のみを解釈していた、垣内先生の解釈は、その裏うちを得たような観があろう。教材「マリーのきてん」の独自性がよくとらえられているといってよい。

さらに、垣内松三先生は、八波則吉氏の原文説明のうち、

「マリーと兵士のおばあさんが、ほっと一息つくかつかずに、又闖入した者があります。それはマリーのおばあさんでした。……おばあさんは喫驚しました。といきなりマリーが真のおばあさんに抱きついて、わあっと一時に泣き出します。」（八波氏、同上書、二六四ぺ）

をとりあげ、「この心の作用の推移の中から、心の底に生れ出ずるものは、あらゆる心の煩《ママ》より解放される悦びのトーンである。」（同上書、一四一～一四二ぺ）として、この刹那のモーメントの説明のため、フロイドの説、イーストマンの説明などを引用された。しかし、まだ両者ともこの境地を明らかに説いているものではないとして、「この問題を追究するならば、本能《インスタンクト》の生理学の立場を求めなければならぬ。」（同上書、一四三ぺ）とされた。

垣内先生は、この境地について、さらにつぎのように言及された。

「日本文学に於て酒脱恬淡等の心もちは、容易に窺い知ることのできない境地であるが、少くもこの奥底には、深く人生の深底まで錘を下して始めて獲得した、『あるもの』が厳存することを感じ得るのである。兼好、一休、良寛、大雅堂、一茶等の笑は、直接流動の世界を現わすものであるように見える。茶かしでも皮肉でもなく、純粋感情の中より流れ出ずるものがあるかのように感ぜらるるのである。その消息はフロイド《ママ》の考えたように、説

明することのできない概念以前の世界であるかも知れない。併しながらこの意心又は聖心の中に動くものを感ずることはできる。いさゝかの曇もなく、少しのわだかまりもない『無』の世界は内より輝く光に照らされたる朗快なる心境であると見ることができる。機械的なる『無』の説明に於ては、その理論を了得するも、猶その真趣に達することはできない。内より輝く光に照らして、マリーの心を見ることのできる人は、『ほつと一息つくかつかずに』の瞬間に於て、ユーモアの心もちを体験することができるであろう。『マリーのきてん』を読んだ子供の感じ方には、こうした心の動き方があったことを——説明して見るとむつかしいことになるが（元来説明のできないことであるから）——感ぜずには居られない。もしこの文の本質を、ユーモアにあると見る時に、真にこの文を読むためには、自己の内面に於て《ママ》深い反省を喚起しなければならぬ。この文を生かして読むか、殺して読むかは、たゞこの心境に於て定まるのであると見ることができる。」（同上書、一四三～一四四ぺ）

ここには、ユーモアの真の境地・真趣を探求しようとする意向が見られる。「マリーのきてん」を読む時に感じられるユーモアの感情の真相をとらえようとする努力がうかがわれる。

さらに、垣内先生は、ユーモアの性質について、考察を進められた。フロイド《ママ》の学説に見られる、ユーモアの原理（ユーモアの原理を、『不可知的のもの』または『無意識者』と見る。）のほか、セフツベリー、ベーン、ルノービエ、パンジョン、デニヴイ、イーストマンなどの、笑いに関する学説を簡明に述べ、「ユーモアは実に微妙な変化にさえ、敏感に動揺し易い性質を含んで居るのであるから、その考え方には慎重なる態度を伴わねばならぬ。」（同上書、一四三ぺ）と、考察態度に及んでいられる。

なお、これらの学説のほか、ダーヴィ《ママ》ンの、笑いを歓喜または幸福の表出として説くのに対して、これとは正反対に、不平不満に発する嘲笑をもって、笑いを説明しようとする学説のあること、さらには、この両端を調摂するため、その相互の「対照」「争闘」「渾融」等の性質によって、笑いを説明しようとする学説のあることを指摘し、プラトン、ジューベルト、レッシング、ゲーテ、ノグ《ママ》リス、ジャンバ《ママ》ウル、テオドール・ピッシェルらのばあいについて、ごく簡明に述べてある。これらの学説では、「自意識の内面に於ける矛盾、意識と無意識の同時存在、現実と理想、肯定と否定、失敗と成功、快と苦等の矛盾、対照の間から平衡を求むる作用の上に、ユーモアの説明を求めて居る。」（同上書、一四七ぺ）と述べて、垣内先生みずからは、かように「相対する二つの力の平衡を得たる静粛な境地は、不自由なる感情より解放されたる最も自由なる心境であらねばならぬ。」（同上書、一四七ぺ）とされた。

さて、垣内松三先生は、ユーモアの考察の到達点として、つぎのようにまとめられた。

「朗快なる、自由なる心境は、あらゆる矛盾や不純の克服せられたる世界である。イーストマンが、これ等の学説の検討の後、遂にユーモアの意味を尋ねて、元初より人性に賦与せられた情緒にそれを求めた時に、生理心理学的・機械的・主観的説明を超越して、先験的の世界に於て、ユーモアの至純なる作用の根源を求めなければならぬところまで進んで居る。バルザックが『幼児の微笑むように』といい、リップスが『笑う心は笑う心の外何物でもない《ママ》』というのは、同じ心もちを道破したものと見ることができる。拈花微笑の境地はユーモアの至境を示すものといってよいのであろう。」（同上書、一四七〜一四八ぺ）

さらに、このようなユーモアの至境をとらえつつ、「マリーのきてん」を読み終った瞬時に見られる至純な笑いとそれに触発される心情とについては、つぎのようにまとめられた。

「『マリーのきてん』を読み終っ《ママ》た瞬時に忽然として破れる至純なる笑は、恐らくは目前の事でもなく目前の機でもない。人性の内面に持続せられたる作用の顕現であるといわなければならぬ。人生忽忙の裡にありて、この至境を体験する事のできないものが至純なる童心の発露を見る時に、いつしか思いがけなくも人性の原型に還り、文化の故郷に帰りて、深い内心の驚異を感ぜざるを得ないのである。」（同上書、一四八ぺ）

垣内先生は、こう述べたあと、「茲に記するところは余りに思い過ぎであるかも知れない。併しこの機縁を捉えたる私の体験の記録は、私にとりては破り捨てる事のできないものである。」（同上書、一四八ぺ）と付記されている。「マリーのきてん」の指導によって、学童の笑いに触発されて、右に見てきたような考察を展開する機縁をとらえられたところに、国文学者・国語教育学者としての垣内先生の面目躍如たるをうかがうことができる。ここには、また、学習者（児童）の反応、心情、読みの直観を、ほんとうに大切にしていかれる姿を見いだすこともできる。広く深い考察は、その児童・教材・教授への深切な愛情から導かれたといってよい。それは、決して思いすぎではなく、むしろ、小学校国語科の一教材の考察を、真正な学問研究の対象として、どこまでも深く掘り下げられたのであって、それは一片の恣意のよくするところではない。

一〇

垣内先生の、この論考の第五章は、「証自証の態度」となっていて、それは同時に、この論考全体の「結論」ともなっている。

それによると、垣内先生みずからは、この「マリーのきてん」の教授に現われた笑いを考察した機会に、「日本文学に於けるユーモアの特性を述べて国語読本に於けるユーモアの教材全部に及ぼさんことを予期したのであるが、余りに長くなることを恐れて、他日の機会を待つことゝした。」（同上書、一四九ぺ）と述べられている。

この論考において、垣内先生は、読方教授の研究の一例として、文章の本質の直観の表現としての笑いを通じて、直観の内省の展開の上に、「マリーのきてん」の読みかた、解釈の問題を考究されたのであった。垣内先生は、おしまいに、この研究事例ならびにその研究の進めかたに関し、つぎのように述べていられる。

「もし読方教授がこれまでのように、所謂形式的の文学言語を教え込み、文意を理解するだけに止まるならば、別に工夫を要するまでもないのであるが、いつでも子供が教場に出る前に、文を読んで居るように仕向けるならば、子供がある文について得た直観が読方教授の出発点とならねばならぬ。そうしていかなる教材でも、客観的対象となるものがあると同時に、それを求むる創造的作用の無限の展開がなければならぬ。その対象と作用とを明かにするためには、その原象を仮定として不断の自証の展開の上から証自証の態度を確立しなければならぬ。この立場から初めて一語・一字・句読の微をも読むことができるのである。『マリーのきてん』に於ても、書きぶりに就いての微妙な語感が生かされた動力はそこにあることを見たのである。形象を通じて、対象と言表とを味読することは、読むということを練るために読方教授の根柢と考えられるのである。将来に於て《ママ》深く考えて見なければならぬ読方教授の問題は読む作用の微かなる徴候をも見落さないで、恰も科学者が遠い空の星の影をレンズに収めるように、澄み切った観照の仕方で研究することでなければならぬ。この考察はそのために試みた研究の一例に過ぎない。」（同上書、一四九〜一五〇ペ）

ここに垣内先生は、「その対象と作用とを明かにするためには、その原象を仮定として不断の自証の展開の上から証自証の態度を確定しなければならぬ。」（同上書、一五〇ペ）と述べて、まさに「証自証の態度の確立」を強調されているのである。また、「読方教授の問題は読む作用の微かなる徴候をも見落さないで、（中略）、澄み切った観照の仕方で研究することでなければならぬ。」（同上書、一五〇ペ）と述べられていた。この研究態度こそ、この「マリーのきてん」を対象とする考察において、垣内先生みずから実践されたところであった。

一一

五章十七節から成っていた、論考「マリーのきてん」は、「国語の力」刊行後、垣内先生が、具体的に教材に密着して、その教材観・解釈法ならびにその実践を示し、同時に、読方教授のありかた、とくに指導者の心がまえと態度とを、みずからの内省の上に明らかに示されたものであった。軽く読みすごしてしまいそうな一教材の読みの直観を、とりわけたいせつに考究して、文章（教材）の本質に省察的に深く潜入していく解釈の迫力は、まことに驚嘆のほかはない。

　これは、「国語の力」において、初めて樹立された、「文の形」・「言語の活力」・「文の律動」から攻めていく国語解釈学の原理と方法とを、「直観・自証・証自証」の解釈深化の過程において、教材「マリーのきてん」に即して、適用実施されたものであって、読方教授のありかたを求める、すぐれた研究事例となりえている。

　また、論考の展開のさせかたは、一問題の設定、二対象の設定、三対象の分析と深究、四出典の吟味と教材本質の検証、五結論――というように、論の正常な進めかたをくふうするとともに、その一面では、展開形式に縛られることなく、随時に読方教授の心がまえ、信念を説き、ユーモアに関する諸学説の吟味も集中的に織りこまれていくという、自在さを確保しえている。これは独自の展開様式を駆使されたものといえよう。これはまた、「国語の力」に見られる叙述態度の発展とも見られ、「国語の力」の基本線は、ここに明らかに継承されているといってよい。

　論考「マリーのきてん」は、読方教授の直観の考察から出発して、深い考究をとげたものとして、垣内国語教育学の、初期におけるすぐれた成果と認定することができる。形式・内容の二元対立という、平浅な読方教授を、解釈の深化の過程で、その深奥までを追いつづけたぎりぎりの記録として、読方教授の対象と方法と態度（心がまえ）を明究しえたものとして、この論考の価値は不滅のものといってよい。

一二

さて、論考「『マリーのきてん』に就いて」の、一　緒言　において、さきには考察の便宜の上で、引用を保留した、一挿話が、垣内先生によって語られていた。一つの挿話によって、論考の展開をはかろうとされるのも、自在な垣内式展開法の特長の一つである。

その挿話は、つぎのように述べられていた。

「嘗て中学校の国語教授の視察の旅の中に、増鏡の『新島もり』の教授を見たことがあった。この教材の本質に就いては多くを言うまでもなく、沈痛な悲哀の情緒を漾えた文であることは、何人も感を同じくすることである。質問応答が終った落つ《ママ》いた瞬間につゞいて、この文に就いて感じたことを尋ねられた。行きとどいた文の理解の後に、心の底に深く刻まれた印象を語ることは、却ってむずかしいものである。いおうと思うことは心の中に見えて居るのであるが、それを適当なる言辞に飜訳することのできない歯がゆさは、何人もよく経験することである。この場合もそうした境地まで導かれた深い沈黙がしばらくの間うちつゞいた。（こうした機会は心の底まで、教の徹底する妙機であって、求めて造り得るものでもなく、まねようとしてもまねられるものでもない。こうした教育的事実が研究の対象として取扱われない、教育主義論も教育法論から何も教えられるところを見出し得ない）そこで二三の辞句に遡りてその着眼点を指示せられ、又文の書きぶりから、作者の態度を説明して直観の内省の一路を指示せられた。暗示の妙機に説明を止めることも、深い教育的経験の上からでなくては自得されないものである。——特に国語教授に於て《ママ》はことばが多くなりやすい——教場のあちこちに首肯いて居る人が見受けられる。答えることはできないが、分って居るようすがあり〳〵と見える。それから、我々の日頃、悲しいといい、憂いということは、真に悲い《ママ》ことでも、憂うべきことでもない。この文に現われて居る悲哀は、思うまゝにならぬとか、心が平でないとかいう憂欝ではない。どうしても妥協したり、苟合したりすることのできない根強い主張を心に懐いて、どこまでも徹底しなければ止まない心に追い立てられ、この文に見えるような終局に到達したことが、その書きぶりで見せてある。こうした悲哀は、哀愁でも、悲愴でもない、悲壮の感であることを、よく解るように説明せられた。生徒は黙って肯いて居るのみであったが、深い領得はその態度の上にあり〳〵と読まれたのであった。こうした国語教授の実際は稀に見ることであるが――このことは誠に悲しむべきことである。国語教授はこゝまで進むのが当然の任務であると思って居るわたくしには、この一つの尊い事実によっても、どれくらい信念を固くしたかも知れない――経験することのできないことや、してはならないことが、書いてある文を読んで、十分読みこなせないために、不純な感想となって印象して居るものを、こゝまで行きとゞいて、澄みきったものとして与えられることは、生命を生々と伸ばす動力となる。国語教授の真実なる使命はこゝにあらねばならぬ。少しも語句や書きぶりと離れないで、こゝまで読方を進めて行くことは容易なことでないが、表現の作用を通して、無限の復帰と共に、無限の展開を試み、文字言語の尖端まで透徹せる文の生命を発見する用意の上に、国語教授のほんとうの仕事が現われて来なければならないのである。」（同上書、八〇～八三ぺ）

これは挿話とはいいながら、増鏡「新島もり」の解釈教授の焦点が浮きぼりにされていて、その意味では、国語教授の実地授業を観察し、省察したもので、それはすでに授業分析として無比の鋭さを見せている。

「マリーのきてん」における児童の読みの直観を考察された鋭さは、この「新島もり」の授業のとらえかたと軌を一つにするものとみられよう。そこには、垣内松三先生の、読みかた・解釈指導の理想像ともいうべきものがこめられている。

――増鏡の「新島もり」は、つぎのようである。

後鳥羽ノ院は四つにて位に即き給ひて、十五年おはしましき。おり給ひて後も、土佐ノ院十二年、佐渡ノ院十一年、なほ天の下は同じ事なりしかば、すべて三十八年が程の国のあるじとして、萬機のまつりごとを御心一つに治め、百のつかさを従へ給へりしその程、吹く風の草木を靡かすよりもまされる御有様にて、遠きをあはれび、近きをなで給ふ御めぐみ、雨の脚よりもしげければ、津の国の小屋のひまなきまつりごとをきこしめすにも、難波の葦の乱れざらむ事をおぼしき。

藐姑射の山の峰の松もやう〳〵枝をつらねて、千代に八千代をかさね、霞の洞の御すまひ幾春を経ても、空ゆく月日の限しらず、のどけくおはしましぬべかりける世を、あり〳〵て、よしなき一ふしに、今はかく花の都をさへたち別れ、おのがちり〴〵にさすらへ、磯の苫屋に軒をならべて、おのづからこととふものとては、浦につりする蜑小舟、塩焼くけぶりのなびく方をも、わがふる里のしるべにかとばかり、ながめ過させたまふ、御すまひどもは、それまでと月日を限りたらむだに、明日知らぬ世のうしろめたさに、いと心ぼそかるべし。まいていつを果とかめぐり逢ふべきかぎりだになく、雲の浪、煙の波の幾重ともしらぬ境に、世をつくし給ふべき御さまなど、くちをしといふもおろかなり。

このおはします所は、人離れ里遠き島の中なり。海づらよりは少しひき入りて、山陰にかたそへて、大きやかなる巖のそばだてるを便にて、松の柱に葦ふける廊など、けしきばかり事そぎたり。まことに柴のいほりのたゞしばしと、かりそめに見えたる御やどりなれど、さる方になまめかしく、ゆゑづきてしるさせ給へり。水無瀬殿おぼしいづるも夢のやうになむ。はる〴〵と見やらるゝ海の眺望、二千里の外ものこりなきこゝちする、今更めきたり。潮風のいとこちたく吹きくるをきこしめして、

われこそはにひ島守よ、おきの海の

あらき浪風こゝろして吹け
同じ世にまたすみのえの月や見む、
今日こそよそにおきの島守
（「補訂新体国語教本　巻九」、大正元年8月28日、修正5版、開成館刊、藤岡作太郎著、藤井乙男補訂、六九〜七二ぺ）

ところで、この「増鏡」所収、「新島守」の授業参観に先行するものとして、「国語の力」に収められている、つぎのような事例がある。

「嘗て見た中学校第一年級の解釈の時間の光景も忘るゝことのできない尊い経験であった。文は室鳩巣の杉本九十郎のことを書いたのであったが、生徒は各自に半紙四分の一の用紙に教室に入る前に予習したその文の梗概を記して、机の上に置いて居た。既に時間の半を過ぎて居たので、その前半の作業は知らない。私の見た時には、文の最後にある『この父にしてこの子あり云々』のところへ進んで居た。この句がこの文の骨子であり、作者の書こうと思って居ることであるから、この点を挙示して再び文の始めから読み始めて終まで来た時には、教室の中に何ともいうことのできぬ静けさが現われて来た。私は常にこうした静けさの中からのみ、各自の生命が生い立つと考えて居るので、見て居る自分もその静けさの中へ引きつけられて、その尊い作用を頒ち与えらるゝ心地がした。後にその感想を人に語るごとに、恰も大海の底のような静けさであったことも謂うて見たことであった。それはもとより比喩的のいい方であり、大海の底の静けさをも経験したことはないが、各自の心が少しも強いらるゝことなしに、各自の心がそれ〴〵に活らいて居ながら、文の内に潜める大なる力に統率されて各自の心の平衡の中より現われた静けさを何と謂ってよいか、いい現わし方を知らぬからであった。そうしてその時間は終った。私はその後この文の解釈がどういう方向に進んで行ったかを知らぬ。併しながら私は経験に依りてその方向を想像することができる。多分『冬景色』の読方の実際に現われたと同じような作用の展開が見えたことであろうと推察せらる丶のである。その作用を抽象的にいえば、この文を読むに当りて凝視すべき着眼点が明かに意識せられたから一語一句が皆活きて来た。文を自己の中にとり入れて、文と自己と関聯なしには読むことができなかった。そこから生々した解釈の作用が現われて来たと見ることができる。」（有朋堂版「国語の力」、六四～六五ぺ）

右に引用されている、室鳩巣の杉本九十郎というのは、つぎのような教材である。

四七　度胸の少年

加賀の国に、杉本の某とて、一人の微賤の士ありき。翁、其の人を久しく相知りしが、其の子九十郎といふ者、十五歳の時、父は東へ行役しける其の跡、年輩同じ程なる近鄰《ママ》の子と、囲碁の上にて口論しけるに、九十郎こらへず、刀を抜きて相手を一太刀斫りしを、かたへの人取りおさへけり。さて、其の事廳に達して後、相手の創治療せさすべしとの事にて、其の間、九十郎は、官長の家に預り置かれしに、臆したる気色露程もなく、言語振舞の落付きたるは、中々年に負はぬ様に見えけり。

日を経て、相手、創にて果てければ、九十郎も切腹するに議定しける程に、其の前の夜、主人名残を惜しみつつ、酒肴色々用意して、もてはやしけるに、九十郎、母への文など認め置き、さて、主人に委しく謝辞を述べ、此の程附き居たる家人にも、それ〴〵に懇に暇乞して、さていひけるは、「面々へ名残もをしく候へば、今宵は明くる迄も語りたく候へども、あす切腹の時眠たく候ひては、如何かと存じ候へば、先づ伏せり候ふべし。面々は、是れにて緩々と酒進められ候へ《ママ》」とて、奥へ入りて、高鼾して寝ぬるを聞きて、跡に居たりし人々感じ合ひけるとぞ。

又の日、つとめてよき程に起き出でて沐浴し、衣服更めつゝ、用意心静にし、其の後、切腹の席へ出でて、検使に一礼し、快く切腹しぬ。其の有様、従容として安らかなりき。如何なる勇烈老巧の士たりといふとも、是れには過ぐまじと見えきとて、其の場に在合ひし人人、年を経て後までも、語り出だして、涙落さぬはなし。

此の事起りし初に、翁、彼れが父の許へ文遣りて知らすとて、「九十郎縦ひ切腹するに及びたりとも、此の程のおとなしさにては、未練なることあるまじ。夫れは、心安く思ふべし。」とて、いひ遣しけるに、後に聞けば、父、其の文を人に見せて、「斯くはいひて来れども、童に灸するに、前には人に賺されて、思の外に見ゆれども、火を取りて向へば、其のきはになりて、俄に泣き出して、前の言葉に似ぬものぞかし。我が子も、まだ年に足らねば、潔く切腹したりと聞くまでは、心元なく思ひ侍り。」といひしとぞ。古人のいへる如く、「此の父なくば、此の子あらじ。」となん思ひ侍りし。（室鳩巣）（「訂正中学国語読本　巻一」、明治40年9月25日四版発行、金港堂、三土忠造著、一八三～一八七ペ）

この教材についての授業の観察は、部分的であったけれども、その中から、とらえられてくる読みの「静かさ」の問題には、さすがに鋭いものがある。こうして、「読み」の問題としては、やはり根源的なものを把握していられるのである。

「国語の力」のこのとらえかた、「増鏡」の授業のとらえかたは、「マリーのきてん」の授業を通じて、読みの問題をとらえていく、そのとらえかたの、それぞれ一つの原型となっているのではないか。

一三

さて、この「マリーのきてん」という教材の取り扱いの着眼点については、芦田恵之助先生が、つぎのように述べられた。

第二十　マリーのきてん（二時間）

この課は、フランスの戦時読本中の教材を訳したものだとか聞いたが、果して事実であるかどうかは知らぬ。挿画の服装から見て、追って来た兵士が独逸だから独逸と戦った聯盟の一国の出来事であることはいうまでもない。即ち少女マリーが、自国の一兵士が敵に追われて、窮地に陥ったのを、当意即妙のきてんによって救ったという物語である。それが何としても救わなければならないという至誠一片のひらめきだと思う時、この場合に於けるたゞ一つの道、それをその誠が見つけたのかと思われる。そこに着眼して進むと、笑わずにはいられない。この話の結果がたゞおかしいだけではなくて、心の底の深いところから出て来る笑のように感じる。

道を以って説くことの出来ないこの場合には、欺くより外に方法はない。マリーは全く欺くに道を以てしたものである。それがうまく図にあたって、敵を欺くことが出来たからよいが、この場合敵にその謀を見すかされて、こゝに一大惨劇を演じ出さないともいわれぬ。同時にマリーもいかなるそばづえを食わなければならないか知れない。全く命がけの仕事である。うまくいった一面を見ると、弱者を窮追する敵のにくさ、何とかして助けてやりたいと思う同情。そこでマリーの思いついた気転。それが果して成功するや否やの不安の中に、いよ〳〵敵兵がどや〳〵とはいって来て、成否決定の場となっている。読者はこのあわれな兵士とマリーのために、是が非でも事を成就させたいとの念願の高潮に達した時、四五人の兵士が、兵士のおばあさんをマリーのおばあさんだと信じて出ていってしまった。胸をなでおろす思いと共に、笑わずにはいられない。しかしこの場における笑は、たゞ結果ばかりではなくて惨憺たる苦心の深い所から出て来るように思う。独逸の兵士が出ていった後、マリーと兵士のおばあさんは、その場に跪坐して、まず神の恩恵を感謝したことだろう。

第一時には全文通読、読み得た所をいわせてみたい。——必ず面白い話だとか、おかしい話だとかいうだろう——新字一つなく、きわめて子供らしいこの材料は、家で既に笑って来た者もあろう。浅い笑《ママ》を深く意義づけることが、この課を取扱う眼目である。本日は主としてマリーの気転の部、九十頁の八行目までを取扱うために、

「かくして下さい、敵が追つかけて来ます。」

「では水を一ぱい下さい。」

「あゝ、さうだ。」

「しばらくうちのおばあさんにおなりなさい。」

「向ふ《ママ》むきになって、此のいすにかけていらっしゃい。」

「かうですか。」

「あゝさうです、それからつんぼのまねをしてね。」

これだけ書かせて、このことばの出て来る地の文を考えさせたい。挿絵の観察——この前の絵、この後の絵を想像させること——も等閑に附してはならぬ。

第二時にも全文通読、第一時の復習、本日はマリーの気転が成功する所について考えさせたい。次に

「おい娘、兵士が一人来たろう。」

「いゝえ。」

「たしかに来たはずだ。」

「これおばあさん、お前は知ってゐるだらう。」

「はい、よいお天気でございます。」

「こいつかなつんぼだな。」

をかゝせて、この中に命のかけてある言葉を考えさせたい。読者はマリーの気転として、欺くに道を以ってした美談となしえているが、追窮した独逸の兵士は、今なお「あの時の一兵士の行きが《ママ》た程ふしぎなものはない。」とか、さもなくば「あの小娘がおばあさんだというから、一ぱい食わされたよ。」とかいっているだろう。そんな事をも余談として考えさせたい。

教材

あわたゞしくかけこんで来た者があります。（戦禍におびえている地方。）見れば自国の兵士です。

「かくして下さい。敵が追つかけて来ます。」（溺れんとする者はわらをもつかむ。）

マリーはどうかしてかくしてやりたいと思ひました。けれども貧しい木こり小屋で、戸棚一つもありません。

（万事休す。）こまつてゐますと、

「では水を一ぱい下さい。」（末期の水に渇を醫して死なむ。）

と兵士が言ひました。マリーが大急ぎでコップに水を汲んで来ました。（何とかしてかくしたい。）あまり急ぎましたので、水がいすの上にあったおばあさんのづきんにこぼれました。

「あゝ、さうだ。」（水に導かれて、考案成る。）

と言つて、マリーはおばあさんのづきんを取つて、兵士の頭にかぶせました。（あざむくに道を以てす。）

「しばらく、うちのおばあさんにおなりなさい。」（生死線上に立っての大芝居。）

かう言つて、大急ぎでおばあさんの着物を着せてやりました。肩かけや前だれまで。（用意成る。）

「向ふむきになつて、此のいすにかけていらつしやい。」

「かうですか。」(マリーの筋に乗つて動く外に道なし。)

「あゝ、さうです。それから、つんぼのまねをしてね。」(いよいよ奇。)

此の時どや〱と四五人の敵兵がはいつて来ました。(あぶない〱。)

「おい娘、兵士が一人来たろう。」(来て眼前にゐる。)

「いゝえ。」(神のいはする言。誰がいつはりと知らう。)

「たしかに来たはずだ。」(どこに消えたか。)

と言つて、敵はあちこち見まはしましたが、(かくすに場所なきこの家の中。)おばあさんの肩に手をかけて、

「これ、おばあさん、お前は知つてゐるだらう。」(よく〱知つてゐます。)

するとおばあさんが、

「はい、よいお天気でございます。」(上出来。)

敵はどつと笑ひました。(笑つた者より見てゐる者がもつとをかしい。)

さうして、

「こいつ、かなつんぼだな。」(きさまは盲だな。)

と言つて、みんな出て行つてしまひました。(めでたし〱。)(国語読本各課取扱の着眼点　尋常科第四学年、芦田恵之助著、昭和3年7月1日、芦田書店刊、一一四～一二〇ぺ)

芦田先生は、この本文中の脚注については、「これは私の通読直後の感で、碧巖や従容録の着後《ぢゃくご》《ママ》に学んだものです。着後する気で読むと、著しく生命の躍動を感じます。蓋し国語教材研究の一生面かと思ひます。」(同上書、凡例、二ぺ)と述べられ、また、「この著の大部分は私が過去二年有余の教壇行脚に於て真剣に考え真剣に取扱っ

た記録である。」（同上書、序、一ぺ）とも述べられている。

これらによっても、「マリーのきてん」の着眼点は、実践経験を通しつつ、整理してなされたものとも考えられる。とくに、その「着語」については、垣内先生のいわゆる「直観」を表わすものとして、示唆深いものがある。垣内先生のは、学習者のそれを中心に扱われたのであり、芦田先生のは、指導者の側から扱われているのである。

「浅い笑を深く意義づけることが、この課を取扱う眼目である。」（同上書、一一六ぺ）というのは、垣内先生の所見と軌を一にするものというべきであろう。

ただ、この「着眼点」が刊行されたのは、昭和三年七月一日であり、垣内先生の「国語教授の批判と内省」は、昭和二年八月一日に刊行されていて、芦田恵之助先生は、もしかしたら、この書物を読んでいられたかもしれない。とはいえ、芦田先生が「この課（引用者注、「マリーのきてん」）は、フランスの戦時読本中の材料を訳したものだとか聞いたが、果して事実であるかどうかは知らぬ。」（同上書、一一四〜一一五ぺ）と述べられているのを見ると、直接には読まれなかったのかとも思われる。また、ひとたび読まれても、この教材の出典については、あいまいになっていたのかもしれない。

芦田恵之助先生の独自の方法ともいうべき「着語」方式は、読みの「直観」を示すものとして、垣内先生の問題にされたところとかかわるところが大きい。同時に、大正末期から昭和初期にかけての、教材研究のある水準を示すものともいえよう。

なお、大正十三年には、河原兼市氏による「マリーのきてん」の指導試案がある。資料の一つとして、ここに収録しておきたい。

マリーのきてん

福岡県八女郡八幡尋高小学校　河原兼市

（一）題目　国語読本巻七第二十課　マリーのきてん
（二）要旨　本課は、欧州戦乱に材料を採つた文学的教材である《ママ》一少女マリーが、機智を以て敵兵を欺き、自国兵を救つた振舞には、死をも恐れざる強膽と沈着とがある。此の基をなした同情愛国の精神に感ぜしむると共に、頓智の必要を知らしめたい。そして、一局面、然も短時間の事件を相観的に表現した文の気分を味い、創作に迄誘導したい。
（三）教材区分と時間配当
第一時　全課（通読して内容の大要を掴む）
第二時　全課（内容を深究し想及表現法翫味）
（四）準備　世界地図、欧州戦乱写真、読本掛図、児童には予習せしめ置く
（五）取扱の実際
第一時
（一）目的指示と予備問答
（1）今日は（マリーのきてん）の所を調べるが読んで来ましたか。（予習点検を為し「マリーのきてん」板書）
（2）どんな事が書いてありましたか。（第一印象問答）

（3）何時あつた事ですか。何処であつた事ですか。（時と場所）

此際地図反戦乱写真を直観せしめ、欧州戦乱に就き簡単なる説話を為し、本課の背景を描き、学習動機を喚起す。

（二）通読　音読させる、緩に読みて意味の大体を掴む様に。

（三）内容の梗概発表「どんなお話が書いてあるか解りますか」と問う。併し大意把捉と言う様な、厳密な要求をするのではない。朧げ乍らも全課の梗概を掴めばよい。初は劣等生より中優等生の順に発表せしむ。そして「此の文は誰が書いたのであるか」を問い、答の出来ぬ場合は疑問として保留して置く。

（四）通読　各自に自由に読ましめた後、指名して読ましむ。

（1）この際読振に注意する。

（2）緩に語句を推読推解せしむるに充分の時間を与えて。

（3）句読点に注意して。（4）内容を考え乍ら。

（五）質疑　児童相互に質問応答せしめ、教師は誤を正し、足らざるを補う。価値ある問題は討究せしむ。

予想　難語句―きてん、あはただしく、木こり小屋、では、いらつしやい、こいつ、かなつんぼ等

内容―　（1）マリーは幾歳でしようか。

（2）マリーさんの父母は居らないでしようか。

（3）敵が駈け込んで来た時のマリーの心持は？

（4）何故水を下さいと言つたでしよう。

（5）兵士が見つけられたらどうなつたでしようか。

（六）内容の究明　通読を交え乍ら、教科書を中心として、形式内容の両面に渉って、問答し事実を闡明す。

（1）マリーの家はどんな所にあろうと思いますか。父母は？
（2）兵士はどんな風で駈け込んで来ましたか。
（3）「では水を一ぱい下さい。」言つた時の兵士の心持は？
（4）おばあさんになつた時の兵士の心持は？
（5）挿絵を観察せしめて、其時の模様を想像せしむ。
（6）敵が出て行つた後の二人の心持はどんなでしたろうか。
（七）達読　マリーや兵士の心持を思い、其当時の気分になつて読ましむ。対話的にも読ましむ。
（八）感想発表　本課を読んで感じた所を発表せしむ。
（九）予告　次の時間はもつと深く読んで、もつと深く文章を調べること、及び此の文の作者に就いて考えて置く事を告ぐ。

第二時

（一）目的指示　今日はこの前の時間よりも更に深く調べて、前時間より保留した問題を解決することを告ぐ。
（二）通読　読振に注意して、充分内容を考え乍ら、其時の心持になつて読ましむ。二三名に指名して。中劣等生に。
（三）質疑応答　想及表現法につき質問せしめ、教師よりは、前時間より保留した問題を提出す。
（四）想及表現法翫味　教師の発問並に補説によりて、文章に現われたる想及表現法につき翫味す。
（1）事件の場所
（2）時　想起せしむる
（3）此時マリーの家人はどうして居たでしよう。父は戦争に出て居るだろう。祖父も兄も乃至は母迄も、恐ろしき惨憺たる戦禍によりて、あばら家に取残されたのは、哀れな少女マリーであつた。祖母はどうしたのか。何処かへ行つて居るだろう。

（4）事件の起る前のマリーの心持はどんなでしたろうか。殷々たる砲声、轟々たる銃声、剣戟の音、突貫の声、あゝ夫れ生か死か、勝か敗か、父や何処、兄や勝てる、味方の勝利を祈らぬ日とては無かつたのである。今日も今日とて、父や兄の身の上を案じで《ママ》居たとたんである。

（5）「あはただしく駈け込んで来た者があります。見れば自国の兵士です。」マリーは何と思つたのでしょうか。敵が追いかけて来る予感を胸に抱いて。

（6）何処へかくしたらよいでしょうか。貴方達ならば何処へ、かくしてやりますか。戸棚一つ無い家の様子を想像させたい。

（7）「では水を一ぱい下さい。」と言つた兵士の心持と覚悟？　彼は再び奮闘するか闘争するか覚悟したに相違ない《ママ》進むか退くか何れにしても餘りに疲れ果てたる身体である。水！水！と要求しただろう。早く水を与えねばならぬ。そうしてやる事がマリーの為し得る最善の手段であつた《ママ》水を汲んで持つて行く時、椅子の上の祖母さんの頭巾に落ちかゝつた其の刹那、一策を案じた。神の助だろう。

（8）マリーはどうしようと思いましたか。そしてどうしましたか。肩かけ頭巾、着物前垂迄つけて、祖母さんに仕立た。そして向うむきになつて居れと命じた。何と言う落ちついた態度だろう。其上「つんぼの真似をしてね」と言つたマリーの頓智を想像させたい。二三分間の後には、敵の追撃があるかも知れないという場面と共に、《ママ》

（9）敵兵に詰問されて居る時のマリーと兵士の心持は、どんなでしたろうか。生か死か、間違えば殺戮、惨殺、恐ろしい場面を想像し乍らも心はぶるぶる震え乍ら、何処迄も取り乱さないマリーであつた。「いゝえ」

と答える胸の底には、驚くべき膽力と、勇気とが潜在して居た。

(10) 恐るべき爪牙を遁れた二人の心持はどんなでしたろうか。最後にどつと笑つて出て行つた所は、如何にも読者をして快活を感ぜしめる、初の書き出しは如何にも唐突である。そして事件の急所をすくすくと裁いて居る筆の跡を深く味わせたい。

(五) 作者の規定　如何なる人か。何処に工夫して居るかを考えさせる。

(六) 朗読　兵士の言つた所、マリーの言葉、敵兵の詰問、最後の棄台詞等語調をうけて、朗かに読ましむ。兵士やマリーになつて対話的に。

(七) 話方　或児童に話さしめ他児童は聴き方を練習す。

(八) 創作へ誘導　この課の劇化してごらんなさい。(但課外)(雑誌「国語教育」第九巻第六号、五〇～五一ぺ)

さらに、「マリーのきてん」の実践例としては、芦田恵之助先生の門弟であった、加茂学而氏の指導された、つぎのようなものがある。

マリーのきてん (第一時取扱)

指導案　八月二十五日第三教時尋四女

教材　マリーのきてん

主観　きてんの奥のマリーの心を読みとらせたい。

方法

一、読む

二、話しあい

○題目「マリーのきてん」

きてんとは

この話の中の気転のところ

○絵

マリーについて

マリーのきてんで助けられたのは

あわただしく駈込んで来たわけは

○自国の兵士を助けたこのきてん――今日の考えどころ

三、読む（師）

四、書く

どうかしてかくしてやりたい。

あゝ、さうだ。

うちのおばあさん

向ふむきになつて、

つんぼのまねをしてね。

いゝえ。

はい、よいお天気でございます。

五、読む

六、意義

○気転のところ

「あゝ、さうだ。」——その心

心の発展——一、二、三

○きてんのもと

水　づきん

○マリーの本心

「どうかしてかくしてやりたい」

○命がけのことば

「いゝえ。」

「はい、よいお天気でございます。」

○出ていったあと

沈黙、感謝、涙

七、読む（調子、ポーズ）

「行に立つ読方教育」其の他数種の著述において、乃至は講壇において、静岡横内尋常小学校長加茂学而氏の名は、国語教育に心を潜める人々の間にはあまりにも有名である。その加茂氏が、緑の大会へはる〴〵の御出講である。

十数分の休憩を了えて、聴衆はまさに展かれんとする氏の教壇やいかに、と待機の姿勢を取る。緊張した視線が教壇に注がれる。

筆者は、縁あって昨冬安田、鈴木の両兄と共に横内校を訪れて氏の教壇「氷すべり」の実際を具さに拝見して来た。今年は新読本について「各課の着眼と其取扱」の新著を公けにされた。

「加茂講師の、尋一のお取扱が拝見したかった。」

とは、単に三十四才組同志の希望ばかりではなかったろう。

とまれ、氏の教壇は、その文の如くに美しい。「寛厚の長者」といったその御風貌の如くである。（尋四ノ四女児、担任塚本はるえさん。広）

（十時四分四十秒）

御挨拶しましょう。

わたくしは、芦田先生のお供をして、静岡から勉強に参りました。きょうはね、一時間だけですから「マリーのきてん」を出来るだけ一緒に勉強して見たいと思います。

さ、どなたか読んで下さい。

（やさしい手が幾本も伸びました。加茂さんは席次表を探りつゝ「二野宮さん」と指しました。）

一　読む

（二野宮さん起立。）

マリーのきてん

あわただしくかけこんで来た者があります。見れば自国の兵士です。

「かくして下さい。敵が追つかけて来ます。」

マリーはどうかしてかくしてやりたいと思ひました。けれども貧しい木こり小屋で、戸棚一つもありません。

こまつてゐますと、

「では水を一ぱい下さい。」

と兵士が言ひました。マリーが大急ぎコップに水を汲んで来ました。あまり急ぎましたので、水がいすの上にあつたおばあさんのづきんにこぼれました。

「あゝさうだ。」

と言つて、マリーはおばあさんのづきんを取つて、兵士の頭にかぶせました。

「しばらく、うちのおばあさんにおなりなさい。」

かう言つて、大急ぎでおばあさんの着物を着せてやりました。肩かけや前だれまで。

「向ふむきになつて、此のいすにかけていらつしやい。」

「かうですか。」

「あゝさうです。それから、つんぼのまねをしてね。」

此の時どや〱と四五人の敵兵がはいつて来ました。

「おい娘、兵士が一人来たらう。」

「いゝえ」

(二野宮さんのこゝ、ずばぬけてよい読み取でした。広)

「たしかに来たはずだ。」

と言つて、敵はあちこち見まはしましたが、おばあさんの肩に手をかけて、

「これ、おばあさん、お前は知つてゐるだろう。」

するとおばあさんが、

「はい、よいお天気でございます。」

敵はどつと笑ひました。さうして、

「こいつ、かなつんぼだな。」

と言つて、みんな出て行つてしまひました。（一分四十九秒）

たいそう、お話のようにいった読みでしたね。もう一人読んで下さい。

（伸びた手の中から、「白石さん」と押えました。）

（白石さん坐ったまゝ、読む。）

………マリーが大急ぎでコップに水を汲んで来ました。あまり急ぎましたので、水がいすの上にあつたおばあさんのづきんにこぼれました。

………………………………

「あゝ、さうだ。」

（白石さんの読みには実に調つた間がありました。中でも、ずきんにこぼれた水滴を、じっと見つめている様な茲の読み振りに、私は唯頭が下りました。担任の方の、平素の御苦心も窺われます。時間も二分八秒要しました。二野宮さんとの間二十秒の差は、起立して読むのと坐って読むの差、全体に間を計って読む読み方などで違うのではないかと思います。私は緑の首席窪田さんから、精巧なストップウォッチを拝借して、計ってだけ置きました。広）

二　話しあい

マリーのきてん

（文題を書き終って）マリのきてんといいますがね、（きてんに傍線一本）これはみなさん、もっとわかり易くい

うとどういうことかな……はい、あなた

○その場で気がつくこと

その場で？　そうね。もう一寸意味が……

○気がきいている

それもきてんですね

○考えの早いこと（長野さん）

それもきてんです。

○とんち（高崎さん）

とんち（とおうむ返しにうけ）とんちだね。あれもきてんだね。

気転

之をね、漢字で書くと、こういう字を書きます。一寸難しいけれどもね。（書き終って）分りますか。この字は知っているでしょう。この字は、之は心という意味でしょう。この下の字はどういう意味か知っていますか……。転というのは、何かこの字のつく物がありますよ……。はい、あなた

○自転車

（うなずいて）くるりと廻るんですね。自分でくるっと廻る。転というのはころぶとか、廻るとか何かのことがぐるっとかえる。

こゝでは、私たちには——人間にいろ〳〵の心があるでしょう。うれしいこともあるし、悲しいこともあるし、いろいろ心配していることもあるし、そういう積っている心が、私どもの心が何かのはずみでひょっとかえる、それが転です。そうすると、大抵その場で

「あゝ、よいな。」

それはよい考えが出て来るとよい気持になる。

もういっぺんいいますよ。いろ〱の心がね、それが何かの拍子に、何かのはずみにぐるっとかえるような、それがきてん。そしてあとからよい考えが浮んで来る。わかりましたね。そうするとこのお話では、――このお話で、マリーの心がさっとかえったところがありますが、どこですか（次第に数を増す挙手を見つめていた加茂さんは、こゝで後列の小泉さんを押えました。）

○あゝ、さうだ。

そこですね。（と、横線を一本引き、真ん中を区切ってそこを結び）

はじめからの心が、「あゝ、さうだ。」と心がかえってよい心になって行きましょう。そのきてんが、このお話のどこまで続いているかわかりますか。

よい考えが、どこまで続いているかわかる？

ぢや、先生いう。こゝの辺（図を押えつゝ）四五人の敵兵がどや〱と入って来ました。マリーさんが、一所懸命で何か拵えているでしょう。そのきてんが、おしまいになって、素晴らしいきてんになって行きましたね。

さ、そこで絵を一つ見て下さいな。

マリーさんは、そうですねちょうどみなさん位の娘さんかな……。どうも、そうらしいな。どんなうちの女の子？

①貧しい

貧しいね、何をするうちですか

②木こり小屋（西野さん）

（うなずいて）うちの中を見てごらんなさい。どんなになっているの

③戸棚一つもない。

……一つも、そして小さな狭い家です。山の中の木こり小屋。夫ではそのマリーのきてんで助けられたのは誰です

④兵士

？　その上に……。たゞ兵士といわないで、もう一ついっていたゞきたいな。

⑤自国の兵士（田中さん）

自国の兵士

（と板書にうけて）よいかな、自分の国のその兵士がね、慌しくマリーさんの家に駈込んで来たのです。慌しく、夫はもう急いで、ガタ〳〵やりながら駈込んで来たのですね。

○隠して貰おうと思って（浮田さん）

あなたは

○敵が追っかけて来ますから

敵に追っかけられたから……。之はね、その時敵と戦争して居る前線に居った兵士らしいです。夫が非常に大事なお使いを言付かって、色々戦争をしている間をくぐって、味方の司令部かも知れないな。そこへ大事な使い、伝令といって知っていますか。そういう役目をもって敵に隠れ隠れて茲へ来るそういう兵隊さんです。その大事な兵隊さんを助けたのがマリーのきてんですね。とても之は素晴しいきてんよ。さっきいった様な、唯の頓智でもなく、唯の気が利いた事でもなく、もっとマリーの本当のきてんをしっかり考えて見ましょうね。さ、私一回読みますから……（九分三秒）

三　読む

（加茂さん、教壇を降りて）

マリーのきてん

あわたゞしくかけこんで来た者があります。見れば自国の兵士です。

「かくして下さい。敵が追つかけて来ます。」

（「大事な役目をもっている。」）マリーはどうかしてかくしてやりたいと思いました。けれども貧しい木こり小屋で、戸棚一つもありません。こまつてゐますと、

「では水を一ぱい下さい。」

と兵士が言ひました。マリーが大急ぎでコップに水を汲んで来ました。あまり急ぎましたので、水がいすの上にあつたおばあさんのづきんにこぼれました。

「あゝ、さうだ。」

と言つて、マリーはおばあさんのづきんを取つて、兵士の頭にかぶせました。

「しばらく、うちのおばあさんにおなりなさい。」

かう言つて、又大急ぎでおばあさんの着物を着せてやりました。肩かけや前だれまで。（「とても、素晴しいきてんです。」）

「向ふむきになつて、此のいすにかけていらつしやい。」

「かうですか。」

「あゝ、さうです。それから、つんぼのまねをしてね。」

（「しっかりと、マリーさんの心が働いて居りましょう。」）

マリーのきてん
気転
自国の兵士
どうかしてかくして《助けて》
やりたい　急
水
あゝ、さうだ。
。づきん、——
一、うちのおばあさんに
二、向ふむきになって、
三、つんぼのまねをしてね。
いゝえ。
はい、よいお天気で
ございます。
かなつんぼだな。

此の時どや〱と四五人の敵兵が入つて来ました。

「おい娘、兵士が一人来たらう。」

「いゝえ。」

「たしかに来たはずだ。」

と言つて、敵はあちこち見まはしましたが、おばあさんの肩に手をかけて
「これ、おばあさん、お前は知つているだらう。」

すると兵士のおばあさんが、

「はい、よいお天気でございます。」

敵はどつと笑ひました。さうして
「こいつ、かなつんぼだな。」

と言つて、みんな出て行つてしまひました。（二分三秒五）

四　書く

さ、少し書いて調べましょう。
（五六秒、揃うのを待って）さ、よろしいかね。
どうかしてかくしてやりたい。
その次
あ、さうだ。

うちのおばあさんに。
向ふむきになつて、
つんぼのまねをしてね。
いゝえ
一番おしまいに
はい、よいお天気でございます。
（五分二十六秒）（書き終えて、しばらく板書を注視していましたが）

五　読む

さ、どなたか読んで下さいな。
（毛利さん読む。）
（斉読一回）

六　わけ

さ、そこでね、マリーさんのきてんのところはこの中のどこでしたね……さっき考えたのは――あなた
①つんぼのまねをしてね
？　一番向うの方
②あゝ、さうだ（最後列右端の吉井さん）
これでしようね。（と板書に枠をかけ）どんな顔してマリーさん、いったろうかね。（間）今までは
③こまっていたの
④にこ〳〵して

顔つきが変って行きましたね。あゝそうだ。何かしら自分の心の中に、こうしたら隠してしまうことが出来るというものが、ひよいとわいて来たのでしよう。そうしたら、兵士をどういう風にして隠そうと思ったの——あなた

①うちのおばあさん（佐藤礼子さん）

（礼子さんの答えた板書に（一）として）夫からまだある。

②つんぼのまねをして

之もそうね（と（三）をつけその隣にも（二）と入れて）

これも、そうですよ。うちのおばあさんにしてやろう、こう考えたのね。よいな。（おばあさんに點線を施し）

マリーさんがうちのおばあさんにしてしまう……。そして、どんなことをしたの——松井さん

○おばあさんの着物や肩かけ

松井さん、一番はじめにしたのは何

松　ずきん

その次には、あなたみんないって下さい。

松　きもの

（線で板書にうけ）それから

松　かたかけ。前だれ

前だれまですっかりかけて、おばあさんにして終った。

そこで、そのおばあさんを向うむき（として）にしたのよ。敵兵の入って来る方に、こう向いてしまったら、それはすぐ見つかってしまう。まっ黒い顔をした兵士ですからね……。向うむきになって、顔が見えない様にい

すに腰をかけさせた。夫からが大事だね。今度は何んです。
○つんぼのまねをしてね
そう。たゞのつんぼでないのね。つんぼのまねをしてね……。とてもマリーさんの心が、よく働いているではありませんか。おばあさんにして、向うむきに腰をかけさせた、若しもおしまいにわかったらせっかくの考えが何もなりませんね。マリーさんはしっかりした心をよおく働かせています。（板書を押えつゝ）これが、きてんです。

ところが、このきてんはね、どうして「あゝ、さうだ。」というようなうれしい気持の声が出るようになったんだろうか。さっき、先生は何かのはずみに、といったろう。何かのはずみに、何かの拍子に心がすっと出て来る。何のはずみによいきてんが出て来たの　はい、あなた
○水（長野さん）
コップの水よ。（水と板書し）ね、兵隊さんにあげる何んでもないコップの水。それが――それがどうなって、もういっぺんあなたいって
○こぼれた（長野）
そう。こぼれた。おばあさんのずきんにこぼれた。

（間を置いて）「あゝ、さうだ。」これです。

面白いでしょう。何か心の中に、何かしたいな、したいなと思っているときに、ひょっとしたことがらが「あゝ、さうだ。」こういう気持になることがある。

ところがね、たゞ水がおばあさんのずきんにこぼれた位のことで、こんな立派なきてんがきくようになったのはね、もう少しマリーさんの心の中に何か考えがあったように思いますが、わかりますか――あなた、一番後ろ

の方

○どうかしてかくしてやりたいと思った。（白石さん）

　そうでしようね。これでしようね。（といいつ、加茂さんは、どうかしてとやりたいに輪をかけました。）

　どうかして、この自国の兵士を、隠してやりたい。どうかして隠してやりたい。（板書を押えつゝ）こゝですね。隠してやりたい、隠すという事は、もっとほかにいったら、どうしてあげたいという事になるの。唯、かうしてしまう丈でないでしよう。隠して、どうしてあげたいというの

○助けてやりたい（山口さん）

（助けて、と板書にうけ）何んとかして「かくして下さい。」といった兵隊さんをかくして、助けてやりたい、やりたいという気持がこうなって、そうして、マリーさんがいろ〳〵したことの間に出て来たんですね。

　一寸、本を見て下さい。そのマリーさんのかくしてやりたいという心がね、マリーさんのした事の上に出て居る処があります。（「急」と板書し）この字を見て下さい。どこかにあるでしよう。何んと書いてある？　はい、あなた

①大急ぎで

　まだあるでしよう。

②あまり急ぎましたので

　おしまいにもあるでしよう

③大急ぎでおばあさんの着物を

そう。着せる時も大急ぎで、よく〳〵隠してやりたかったのです。

　大急ぎで。

あまり急ぎましたので。

又大急ぎで。

それから、先生とてもありがたいと思うのは、急いでやったおしまいが

つんぼのまねをしてね。

どうかしてうまくかくしてやりたい、マリーさんのほんとの心よ。

さ、そうしている間に、愈々敵が来ましたね。さ、お終いを見て下さい。そこに二つ言葉がありますが、前の

は誰れ

①マリー

これはマリーさんね。これは誰れです。

②自国の兵隊

茲には書かなかったですが、よい言葉が書いてあります

③兵士のおばあさん

中は兵士で、外はおばあさん。しかしね、これをよく読んで見ると

「いゝえ。」

とマリーさんがいったことでも、

「はい、よいお天気でございます。」

といった兵士のおばあさんの言葉でも、いのちがけの言葉ね。若し、マリーさんが「いゝえ。」という言葉が変な言葉であったり、嘘をいうように見えたり、心がいら〳〵して居るように見えたら「これは変だぞ。」とすぐ見つかるでしょう。大事な言葉であって、命がけの言葉です。誰れかいって見て下さい。マリーさんはどんな風

にいゝえといったの――あなたいってごらん

①いゝえ（高崎さん）

　もっと強いね。中に心配があります。どうか助かってほしい。うまく見つからないようにしてほしい。しっかりいわなくてはなりません。その隣

②いゝえ（小泉さん）

③いゝえ（白石さん）

④いゝえ（森さん）

　もう少し強いぞ。もっと強い。そんな弱い声だと変だぞと兵隊さんにあなたの心を見破られる。もっと強い、

（なお佐藤さん、吉井さんにいわせて見て）

　しかし、心の中では見つからねばよいが、という心配があります。ところが、うまく行きましたね。どれがうまく行ったの……こゝの三つの中のどれがうまくいったの

○つんぼのまねをして（野口さん）

　夫ではないだろう。兵隊さんという事が分りましたか

○うちのおばあさんに（長野さん）

　すっかりおばあさんになって終った様に見えたでしょう。

　おばあさんと敵兵は思ったでしょう。何んと書いてあるの。敵はあちこち見廻しましたが、その次何んと書いてあるの

①おばあさんの肩に手をかけて（成田さん）

　うん、その次何んと書いてある。兵士のいったこと、敵兵のいったこと

②これ、おばあさん。お前は知っているだろう（山口さん）

「これ、おばあさん」兵士がすっかりうちのおばあさんになってしまったのね。その次とても大事な言葉です。これは変だぞと少しでも見られたら大変。

　そうしたら

「はい、よいお天気でございます。」

兵士が巧くいいましたね。聾のまねが上手に出来たろう。ほんとうは聾ではないけれども、聾のまねをしたのよ。然し命懸けのまねね。誰かそれをいって下さい。いえるか

○はい、よいお天気でございます。（長野さん）

　これはむずかしい。その前の方

○…………………………。（坂野さん）

　お話のような声でいわなくてはなりませんね

○（橋本さん）

　はい。で切りなさいよ。そしてよいお天気でございます。（奥さん、坊谷さん、前田さん、成田さんと順次に云わせて見ます。）

　兵隊さんだから、太い声よ……

　これは一生懸命です。若しそれが嘘のように見えたら、こいつあやしいぞ、とせっかくのマリーのきてんも駄目になってしまう。一所懸命です。そこで敵兵はどっと笑いました。そしておしまいに何んといったの

○「こいつ、かなつんぼだな。」（山口さん）

　と、いいましたね。（山口さんの答を板書に移し）

こいつ、かなつんぼだなといいました。そしてそのまゝ行ってしまった。マリーさんが、つんぼのまねをしてねと兵士にいったでしょう。そして兵士のおばあさんが

「はいよいお天気でございます。」と一所懸命にいったために、たゞのつんぼでなくなったの。もっとひどいつんぼ。かなつんぼてどんなつんぼ

○すっかりきこえない（高崎さん）

おばあさん。と耳の側で呼ばっても「へい。」たゞ人が来たから「へい」という位しかきこえない。けれどもかなつんぼと来たら仕方がない。おばあさん、と耳のそばで呼んでもわからない位のひどいつんぼ。うまく敵はだまされました。敵はどっと笑いました。

「こいつ、かなつんぼだな。」

これはもう仕方がない。とても駄目だ。とてもおばあさんにきいても駄目だ。そう思って、みんな出て行ってしまいました。足音が、聞えるようだね……。

そこでね、みなさんにおしまいに一つきいて見ます。

出て行ってしまったそのあと、どんなだったろう。

よく考えて下さいよ。（静かに手が伸びた。中から森さん）

○安心

安心したのは誰――森さんもういっぺんいって……誰が安心したの

○兵士とマリー（森）

ほう………。しばらくは黙って足音が消えても、敵兵がどや〱と行ってしまった足音が消えても、あとしばらくはじっとして居ったでしょう。そうしてマリーさんの「ほう……」とたまったといきが聞えただろうと、

思いますね。そのあとで、はじめて出た言葉は何んであったと思うか

○あゝよかった、（田中さん）

マリーさんの心は、あゝよかったね。

兵隊さんの口からはどういう言葉が出たろうね

○どうもありがとう（白石さん）

もう、何んともいえないありがとうという言葉でしょうね。兵隊さんも、もう何んとも言葉がないように、心の底からマリーさんにどんなに手を合せて拝んだことかわかりませんね。私はね、そのあとで「よかったわね。」というマリーさんのにこにこした笑いが出たろうと思います。これは尊い笑いよ。敵兵のどっと笑った笑いとは違います。

さ、それ位で置きましょう。（二十分十三秒）

七　読む

さ、夫ではお終いに一人読んで下さい。今の事を考えて見るとね、餘程気をつける処がありますよ。（挙手の中から）それでは、吉井さん読んで下さい。

（吉井さん読む。「いゝえ。」「はい、よいお天気でございます。」の辺、十分注意が利いて居りました。）（一分五十秒五）

もう一人だけ、読んで貰いましょう。野口さんさきほど読みましたか（ベル）

○いゝえ

そう。そんなら読んで下さい。（野口さん読む。一分四十秒）

さ、それではあとはご自分でおさらえをしっかりして下さいよ。それでは一時間のお稽古、ありがとう。

（そうおっしゃって加茂さんは、ていねいにおじぎをなさいました。）（四十七分）

＊＊＊

香雲山人にとって、今度は実に「マリーのきてん」に恵まれた年であった。

去年七月一日、戸山の安田君が、この課をお扱いになるので、拝見を約束して置き乍ら、岩出山を訪れる事になった為果さず、頗る遺憾としていた所、荒川の鈴木君が四年の担任になったので、過る日二日間に亘って之を堪能する事が出来た。更に大会前日には緑の川西君に

「兄貴のきてんも見せておくれよ。」

とせがんで、これを具さに記録して来た。

一両月後には、両兄の教壇記録も、老師の御評をいたゞいて、「同志同行」誌上に掲げることにしたい　など思っている。（九月二十八日午後三時　広）

（「同志同行」再興二の一一号、昭和9年2月1日、七〇～八二ぺ）

一五

教材「マリーのきてん」は、いわば外国（英国）教材の移入・反訳されたものであり、しかもかなり取捨されたものであった。それは、読みの直観として、「笑い」を含む、微妙さを存する教材でもあった。

この教材「マリーのきてん」を、どう読み深めていくべきかについて、垣内松三先生は、徹底して考究されたといってよい。それは一教材へ注がれた解釈行為であったけれど、単にそれのみにとどまるものではなかった。読方教授の省察的考察としてその深奥に迫り得ており、同時に、読方教授研究のありかたを示すものともなりえ

ているのである。

把握の鋭さ・視野の広さ・叙述の自在さ、この論考「『マリーのきてん』に就いて」は、垣内国語教育学の典型をなす一つと考えられる。そこには、理論・実践の上で、国語教授・国語教育の実質をたいせつにされた、垣内先生の学問態度が明らかにうかがわれるのである。

第二節　「サクラ読本」研究について

一

「サクラ読本」は、昭和八年（一九三三）四月から行なわれた、「小学国読読本」であって、巻一の開巻劈頭に、「サイタ　サイタ　サクラガ　サイタ」とあり、それよりして、「サクラ読本」と、便宜上称されている。

明治以降の国定小学国語読本のうち、この「サクラ読本」は、内容・体裁ともに、もっとも充実したものとされている。昭和期における国語教育、とりわけ読むことの教育の進展は、この「サクラ読本」の出現に負うところも多い。この「読本」の出現によって、初等国語教育界は、清新な意気ごみをもって、その実践にとりくんでいったのである。

ここでは、垣内松三先生の「サクラ読本」研究について、見ていくこととしたい。垣内松三先生は、「サクラ読本」の出現に、大きい期待を寄せていられた。また、出現するにしたがって、「サクラ読本」研究にも、ひたむきなものを注がれた。

ここでは、垣内国語教育学における、「教科書」研究の一つとして、「サクラ読本」の研究を考察していきたい。

二

「サクラ読本」研究の立場には、つぎの四つがある。すなわち、その一つは、「サクラ読本」の編纂の側からなされるものであり、他の一つは、実践者の側からなされるものである。三つめは、研究者の側からなされるものであり、さらに四つめは、研究者の側から、とくに歴史的研究として、進められるものである。

いま、これら四つの立場からの研究について、そのあらましを記すと、以下のようである。

1　編纂者の側から――この立場からの研究には、つぎのようなものがある。

(1) 小学国語読本編纂趣意書　「国定教科書編纂趣意書集成」所収
昭和9年6月20日（12版）教育書院

(2) 小学読本編纂史　井上赳稿　岩波講座「国語教育」所収
昭和12年2月10日　岩波書店

(3) 国語教育の回顧と展望　井上赳稿　国語教育講座「国語教育問題史」所収
昭和26年7月10日　刀江書院

(4) 国定読本の編集　井上赳稿　雑誌「実践国語教育」（二〇の二二三～二三一）
昭和34年5月～12月　穂波出版社

(5) ○新読本巻四の編纂精神と解説概要　井上赳講　雑誌「同志同行」（3の8）（昭和9年10月14日、恵雨会第二回講演会）
昭和9年11月1日　同志同行社

○新読本巻五編纂精神竝に解説　井上赳講

昭和10年

○新読本巻六編纂精神竝に解説（二）　井上赳講　雑誌「同志同行」（4の8）
昭和10年11月1日　同志同行社

○新読本巻七編纂精神竝に解説（一）　同氏　同誌（5の1）
昭和11年4月1日　同社

○新読本巻七編纂精神竝に解説（二）　同氏　同誌（5の2）
昭和11年5月1日　同社

○新読本巻八編纂精神竝に解説　同氏　同誌（5の8）
昭和11年11月1日　同社

○新読本巻九編纂精神　同氏　同誌（6の1）
昭和12年4月1日　同社

○新読本巻九編纂精神　同氏　同誌（6の7）
昭和12年10月1日　同社

○新読本巻十各課要説　同氏　同誌（6の8）
昭和12年11月1日　同社

○新読本巻十一編纂趣旨　同氏　同誌（7の1）
昭和13年4月1日　同社

○新読本巻十一編纂趣旨（二）　同氏　同誌（7の2）
昭和13年5月1日　同社

○新読本巻十二編纂趣旨（上）　同氏　同誌（7の9）
昭和13年12月1日　同社
○新読本巻十二編纂趣旨（下）　同氏　同誌（7の10）
昭和14年1月1日　同社
○新読本の出現とその意義　井上赳稿　単行本「国語教育道」所収
昭和13年5月5日　同志同行社

これらによれば、編纂者の側からの解説・研究は、主として井上赳氏によってなされているといってよい。井上赳氏は、文部省にあって、「サクラ読本」の編修にあたった人である。「サクラ読本」の編纂趣旨と事情とは、これらの論稿によって、ほぼ明らかにされている。

2　実践者の側から――この立場からの研究は、おびただしい数にのぼる。中で、つぎの二つは、注目される。

（1）小学国語読本と教壇　12巻　芦田恵之助著　昭和8年3月15日～昭和13年10月20日　同志同行社
（2）新読本の研究第一・二・三輯　西尾実指導　一、昭和11年12月10日、二、昭和12年12月10日、三、昭和14年3月1日　長野県下伊那教育会第三大会

（1）は、全国教壇行脚によって、芦田「教式」のますます円熟していた時期に、実践者の立場から、教材研究のありかたを、明確に示されたもので、実地の教壇に役立てるための「読本」研究になっている点に、独自の価値が認められる。

（2）は、西尾実氏の指導の下に、信州の下伊那郡教育会の人たちが共同研究をまとめたものであって、地方

性に立ちつつ、堅実な「読本」研究がなされていた。

なお、これらのほかに、実践者の側からの「サクラ読本」研究は、多数あった。このことについて、芦田恵之助先生は、つぎのように述べられている。

「京童は、小学国語読本教授参考書の刊行が三十種にも及ぶといっている。既に広告せられた著者には、[1]友納君、[2]馬渕君、[3]秋田君、[4]田上君、[5]原田君、[6]佐藤君、[7]宮川君、[8]坂本君、[9]河野君等の諸先輩の名が見えている。これで四五月の候になれば、どれほどの刊行を見るかしれぬ。」（小学国語読本と教壇」巻一、三〜四ペ）（番号、引用者。）

これらの人々によってなされた「読本」研究は、「国語読本教授参考書」ともいうべきものであって、啓蒙的性格の濃いものである。

昭和八年（一九三三）、「サクラ読本」の実地に使用され始めた年に現れた、「読本」研究書には、つぎのようなものが見られる。

○宮川菊芳著「小学国語読本解説」明治図書　昭和8年3月1日〜昭和13年9月25日
○秋田喜三郎著「小学国語読本指導書」明治図書　昭和8年3月10日〜昭和13年9月26日
○佐藤徳市　山内才治共著「小学国語読本指導書」賢文館　昭和8年9月25日（巻二）
○小林佐源治著「小学国語読本新指導書」三省堂
○坂本豊著「実力成長・小学国語読本の教授」明治図書　昭和8年3月25日〜昭和13年7月5日
○田中豊太郎著「改正小学国語読本の実際的取扱」目黒書店　昭和8年3月10日〜昭和11年10月12日（巻八）
○佐藤末吉著「生活学習・小学国語読本の指導」明治図書　昭和8年3月30日〜昭和14年2月19日
○千葉春雄著「小学国語読本の指導とその理論」厚生閣　昭和8年5月20日

○西原慶一著「小学国語読本巻一、文学構造と生活学習」教育研究会　昭和8年6月5日
○西原慶一著「小学国語読本巻二、解釈と実際」同文社　昭和8年11月28日
○浅黄俊次郎著「新小学国語読本指導精説」南光社　昭和8年2月20日～昭和12年4月30日（巻九）
○友納友次郎著「教法精説新読本の指導精神」明治図書　昭和8年3月1日～昭和13年9月27日
○原田直茂 田上新吉共著「新小学国訂語読本模範指導書」目黒書店　昭和8年2月21日～昭和13年10月13日
○馬渕冷佑著「小学読方教育書」東洋図書　昭和8年2月25日

右の引用文章の中に、芦田恵之助先生の挙げていられる人名のうち、[2]馬渕君（馬渕冷佑氏）、[4]田上君（田上新吉氏）、[5]原田君（原田直茂氏）、[9]河野君（河野伊三郎氏）の諸氏にも、右に掲げたような、新読本に関する教授参考書があったと思われる。

3　研究者の側から、その一――この立場からの研究には、つぎのようなものがある。

（1）小学読本批判座談会　坂崎垣編　昭和7年4月10日　朝日新聞社
（2）小学国語読本綜合研究12巻　岩波講座「国語教育」　昭和12年2月10日～　岩波書店
（3）形象と理会　巻一　垣内松三著　昭和8年4月15日　文学社 不老閣書房
（4）国語教材論　垣内松三著　昭和9年7月12日　文学社
（5）基本語彙学　上　垣内松三著　昭和13年6月20日　文学社
（6）国語教育の根基　上　垣内松三稿　雑誌「同志同行」（3の10）
（7）国語教育の根基　下　垣内松三稿　雑誌「同志同行」（3の11）昭和10年1月1日　同志同行社

（8）小学国語読本の完成と実践　垣内松三稿　昭和10年2月1日　同志同行社
雑誌「同志同行」（7の9）　昭和13年12月1日　同志同行社

これらによれば、個人的には、垣内松三先生の「読本」（教材）研究が目立っている。右の中、（2）小学国語読本綜合研究　12巻は、「読本」中の各課の教材ごとに、1「要説」――編纂の立場から、2「解釈」――国語国文研究の立場から、3「指導」――実際教育の立場から、4「参考」――関係諸学または創作の立場から、考察し、解説したもので、当時の「国語教育学会」の総合的研究として、特色が見られる。総合性・個別性という点から見れば、これは、芦田恵之助先生の「小学国語読本と教壇」12巻とは、好対照をなしている。

4　研究者の側から、その二――この立場からの研究には、つぎのようなものがある。

（1）読方教育発達史　峯地光重著　昭和15年12月5日　啓文社
（2）近代教科書の成立　仲　新著　昭和24年7月31日　講談社
（3）日本児童文学史　西原慶一著　昭和27年12月15日　東海出版社
（4）読むことの学習指導の史的考察　西原慶一稿　「国語教育実践講座」巻二所収　昭和28年7月18日　牧書店
（5）教科書の歴史　唐沢富太郎著　昭和31年1月30日　創文社
（6）国語教科書の変遷　井上敏夫稿　「国語教材論」所収　昭和33年5月　明治図書

これらは、いずれも、国語教育（教材）の歴史的研究において、それぞれ「サクラ読本」に言及され、考察をされているものである。

以上、１・２・３・４の四つの研究の立場から見れば、「サクラ読本」は、わが国における近代の国語読本のうち、最もよく研究されているといってもよいほどである。なかでも、垣内松三先生は、これらの立場のうち、第三の研究者の立場にあって、その基礎的研究を進められた。それは、国語読本研究において独自の立場を構築されたものといえよう。

三

垣内松三先生は、「サクラ読本」以前の国語読本について、つぎの二つのものを、共著形式で刊行されている。その一つは、「国語読本文意の研究」（大正14年10月28日、不老閣書房）であり、土方義道との共著である。他の一つは、「国語読本読方教授の理論と実際巻一」（大正15年2月5日、目黒書店）であり、斉藤栄治との共著となっている。

前者については、「名著『国語の力』に説かれたる学理に基き、文学概論の立場から、国語読本の全巻を研究し、神奈川県鵠沼小学校国語研究部に於て《ママ》実際運用の適否を確め《ママ》、更に垣内教授の筆になる緒言と全部の厳密なる補訂を経て、此に理論と実際との完全なる一致を見出した研究の結果が即《ママ》本書である。」（同書不載の「広告」による。）と述べてある。

後者については、学習研究法の部門について、

「教材の本質を明かにしその本質観に導かれてこそ始めて正しい学習法が成立するわけであります。それ故に研究法の大綱は　Ⅰ　基本教材の研究　Ⅱ　学習の研究　Ⅲ　学習指導の研究　の三大部門となって現われます。Ⅰの基本教材の研究は、教材の本質を把捉する態度を確定する研究であり、Ⅱの学習研究は児童の『読み』の種々相を研究することであり、Ⅲの学習指導の研究は如何にして学ばせるかの研究になります。『何を』『如何にして』学ばしむるかが問題となり、こゝに児童読物の問題、運用機関として児童文庫の施設其の他広汎なる学習指導の必要が起るのであります。」（同上書、三〇二ぺ）
と述べてある。

ここには、教材の本質を明らかにし、その本質観に導かれてこそ、正しい学習法が成立するとして、Ⅰ基本教材の研究、Ⅱ学習の研究、Ⅲ学習指導の研究、という研究上の三大部門が示されている。すでに、ここに、教材研究を中心とする研究体制の示されているのを見ることができる。

しかし、本格的な教科書研究は、垣内先生のばあい、やはり「サクラ読本」の出現を待たなくてはならなかった。

四

（1）「小学国語読本巻一形象と理会　巻一」　昭和8年4月15日、文学社、不老閣書房「サクラ読本　巻一」の研究を、「形象と理会」という書名にまとめられたいきさつについて、垣内松三先生は、つぎのように述べられた。

「小学国語読本巻一を手にしてから幾度読みかえして見たかも知れぬ。それに就いて語られる言説に就いても注意を怠らなかった。そしてそれに就いて自分も自分自らに又他に向っても語るべきものを持って居ることを感じた。それは昔から持ちつづけて居る言葉でしか現わし得ないものであった。それで、いきなりそれを採って、この書物の書名とした。」（同上書、序、二ぺ）

これによって、「サクラ読本　巻一」研究が、なぜ「形象と理会」という、垣内先生自身のことばによってまとめられるに至ったかを、知ることができる。しかし、それにしても、この書名は、教科書研究のそれとしては、唐突であるから、それを補い、さらにそのねらいをはっきりさせるために、垣内先生は、つぎのように述べられた。

「この書物の書名があまり唐突だから、もし副題を必要とするなら、小学国語読本巻一を教える『一人の教師に』とか、又は小学国語読本巻一を学ぶ『最も弱い一人の子供のために』とか謂ってもよいのである。或はそれを主題とする方がよいかも知れない。」（同上書、序、三ぺ）

これによって、垣内先生が本書にかけられた意図を知ることができる。

さて、本書は、三編五章と付録三とから成っている。

前篇　一　新興国語教育の動向
　　　二　形象理論と読方教育
中篇　三　初学年国語教育の出発点
後篇　四　小学国語読本巻一研究
　　　五　小学国語読本巻一各課研究
附録　一　語彙集覧
　　　二　文字頻数表
　　　三　文字頻数表

これらのうち、とくに、「教科書」研究にかかわりをもつのは、後篇の四・五の両章である。この二つの章の細目は、つぎのようになっている。

四　小学国語読本巻一研究

　一　序説

　　解釈の制約―制約の三面

　二　形成史的解釈

　　形成の客観的説明―提示可能性―提示可能性批判

　三　類型史的解釈

　　類型史的制約―形象学的

　四　精神史的解釈

　　世界観的可能性―自然の親愛―生活の歓喜―勤労の怡悦―郷土の敬愛

　五　総括

　　総括―解釈の内面的構造―機構教育

五　小学国語読本巻一各課研究

　一　序説

　　各課研究の事項―実在としての文―文の機構―全一として

　二　言表の研究

　　序言―延長面―文字提出順―文字頻数―音声の問題―音声素材―語音声―語音声と語意義―語音声の属

性と機能—言語音声—音読指導

三　語彙の研究

語彙研究の意義—基本語の問題—語彙指導の原則—語彙の総数—語彙の種類—語の長さと形—最頻出語—名詞—動詞—助動詞—代名詞—形容詞—副詞—感嘆詞—接続詞—助詞—語と絵—語と語との胼関

四　様式の研究

文としての教材—文の構造—文の構成—文の機構

五　意義の研究

意義—意義学的立場—意義内容—教材の分析—要旨批判一～同一八—要旨批判要約

六　結論

形象と理会—実践的工夫—基本国語—純粋国語—結語

さらに、これら四・五両章の本文中には、つぎのような図表が数多く配置されていた。

○解釈の図式

○[1]品詞別語数表・[2]頁別品詞分類表・[3]品詞別毎語文字数表・[4]語の構造形式表・[5]頁別一語延長表・[6]名詞分類表・[7]語彙分類要綱表・[8]主要動詞表・[9]動詞分類表・[10]主要助動詞表・[11]助動詞分類表・[12]主要代名詞表・[13]代名詞分類表・[14]主要形容詞表・[15]形容詞分類表・[16]主要副詞表・[17]副詞分類表・[18]主要感嘆詞表・[19]感嘆詞分類表・[20]主要助詞表・[21]助詞分類表・[22]頁別助詞分類表・[23]頁別毎文語数・[24]頁別文章形式・[25]動詞時間分類表・[26]意義内容分析表（第一表～第十八表）

精細に調査したものを、丹念に表示されているのである。

巻一の分析としては、巻一全体の考察も、巻一所収各課の研究も、思いつきに発するものではなく、整然としたものであった。

本書「形象と理会　巻一」においては、まず、その前篇において、「新興国語教育の動向」を確かめ、ついで、「形象理論と読方教育」について叙し、つづいて、中篇においては、「初学年国語教育の出発点」を探求して、後巻における「サクラ読本」巻一分析の足場が固められているのである。

新国語読本の出現を機として、国語教材・国語教科書の研究のありかたを示し、教材研究に即して、読むことの教育をどのように進めていくべきかについての指導方法の考究のありかたをも示そうとされていたのである。それは、単なる平板な教材分析ではなかった。国語教育のありかたを根本的に求めることから出発し、わけて低学年、とくに初学年における国語教育の出発点を明らかにしていくことから、国語教材・国語教科書の研究のありかたが体系的に追究されていったのである。

さて、垣内松三先生は、小学国語読本の解釈に関して、つぎのように、多くの解釈業績を批判し、自己の立場を、述べていられる。

「ここに小学国語読本に関する解釈業績を通覧すれば、その最も多くは現象的意味（製本・装釘・色刷・字形・印刷分量等々）に属するものであり、次にやや意義的意味（分量・教材・挿画等）次には極めて僅かの本質的意味（教本としての）を対象として基本的態度の開明を志向するもののようである。しかしその認識源泉に於て、現象的意味の外には、教本としての体系的組織に関して開明を欠くことは、その教育的機能を明かにすることでない。従って先ず小学国語読本の解釈に於て、主観的なるものを制約する条件としては、次の三つの事項を挙げなけれ

ばならぬ。それは（一）形成史的　（二）類型史的　（三）精神史的である。」（「形象と理会」、一二九ぺ）

垣内先生としては、国語教科書としての体系的組織に関して、開明しなければ、国語教科書としての教育的機能を明らかにすることはできないとの立場に立っていられた。当然のことである。「教本の解釈に於ける主観的な認識根拠を制約するためには、始《ママ》めからその特有な客観的規律を課せられて居る。」（同上書、一二九ぺ）とする立場にあって、1　形成史的解釈・2　類型史的解釈・3　精神史的解釈を、施されたのであった。

まず、1　形成史的解釈　については、「精神的創造物の解釈に於て、人は先ずその形成に関する過程を尋ねて、その提示可能性を知らなければならぬ。」（同上書、一三〇ぺ）と述べ、「小学国語読本」形成の客観的説明をたどり、さらに、「形成史的解釈の目的はその提示可能性にあるとすれば、国語教育の目的に照らして、その提示可能性はどのような意図を有するのであるかを解釈しなければならぬ。」（同上書、一三三ぺ）としている。

国語教科書の包有する提示可能性を見ていく標識は、「教材が児童の言語生活、言語活動を基底としてその伸長と啓培の目的に適うや否やにあ」（同上書、一三四ぺ）ることを指摘し、とりわけ、初学年国語教育においては、(1)　文の長さ、(2)　文の種類、(3)　完全な文、(4)　反復、(5)　文の型（叙述・命令・疑問・感嘆）などについて重視すべきことを述べている。

この提示可能性について、垣内松三先生は、「これを小学国語読本に就いて見るに、形成史的考察としては、教材提示の基本的態度の極めて妥当なることを実証することができるのである。」（同上書、一三四ぺ）と述べられた。

なお、形成史的説明の一環をなす、「サクラ読本」巻一の編纂組織については、つぎのように述べてある。

「全体を三部に分ち、第一部は二頁から一五頁までの入門の部で、韻律的、反覆を多くし、敬語を省き、仮名遣も面倒なものを省き、挿絵も四度刷、総字数二九〇字、新字四十三字、中、濁音六字。

第二部は一六頁から四七頁まで、大体として普通の文章の短いもので、大体に一頁が一課一章、内容の大部分は家庭又は学校に於ける児童の生活、この部分には会話が加わり敬語を入れ、促音、拗音を加え、漢字は一から十までの数字の外に、山、川、小、木、大の漢字。

第三部は四八頁から終りまでであって、まとまった物語三篇、漢字は日、目、中、犬、上、人《ママ》。である。」（同上書、一二三ペ）

つぎに、2　類型史的解釈　については、各教材類型の配置に関して考究すべきことを指摘し、センテンス・メソッドに立つ「サクラ読本」における類型史的考察においても、重要な問題のあることを述べて、つぎのように記している。

「その適否は学習及び指導の上に於て《ママ》重大なる関係を有し、単に季節の順序・学習の難易（これまで多く文字・語のことに限られて居たが）等に関することのみではなく、内化作用を伴う教材配置《ママ》合理的順序はなお幾多の問題を含むのである。在来の組織的体系の考察が、主として内容・形式の基準に拠るものであったに対して、全一としての文から入る教本（引用者注、「サイタ　サイタ　サクラガ　サイタ」から始まる「サクラ読本」）に於ては、これ等を含むと共に、その融合としての文自体を基本とするのであって、既に類型の研究に於て形態学的研究が行われて居ることは周知のことである。」（同上書、一三五ペ）

こうして、「サクラ読本」巻一の構成・組織が三部各形態から成っていて、その一は、入門として韻文的、童謡風のもの、その二は、児童の生活と敬語、その三は、童話・寓話から成るとされているのを、類型史的解釈の立場から、つぎのように批判的に追求されている。

「文を散文・韻文と分つことは形態学に於てすら拒否するところであって、形態学以前即ち在来の修辞学・詩学にまで後退するものである。又児童の生活ということは文の素材であって、類型史的基準に照らして考うれば、同一の分類根拠に立つものではない。更に童話寓《ママ》話のごときも形態学に於てはこれを一括して説話として類型的定位を有するものであって、以上の二つのいずれとも其の分類的基準を一とするものではない。ここに類型史的解釈の問題が生じ、個々の教材が組織的体系の中に占める位置、及び個々の教材的特性に就いて、解釈の暴力を制約する規律が見出されるのである。」（同上書、一三五～一三六ぺ）

　ここには、垣内松三先生の形象理論の立場からする考えかたが裏うちされていて、きわめて明快に批判し、類型史的解釈の必要が説かれている。

　ここで、垣内松三先生は、「ここには巻一全体に就いていえば、少くとも形態学以前に後退することなく、文献学的考察を捨てゝ《ママ》、形態学以後既に三分の二世紀を経過して来た今、形象理論としてわれわれが提唱して来た立場に於て、教材の解釈を試みたいと考える。」（同上書、一三六ぺ）と述べて、形象理論（形象学）の立場から、まず、「サクラ読本」第一部入門期の教材について、つぎのように述べられた。

「形象理論の立場からいえば、第一部の入門に含まれて居る各教材は、これを『合唱的なるもの』即ち『話』と『歌』と『わざ』との融合せる文学形象であると考える。（《ママ》形態学との根本的差異は屢々詳述したところであるが故にこれを省く）《ママ》たとえば、巻頭二三篇を見ても、『話』と『歌』との要素は明瞭であるが、別に文の奥底に内在する『動作』が見える。教材として、短い文・韻律・動作は児童の言語生活を導き、言語活動を助長する重要なる因子として、その一つをも欠くことができないのであって、それなくしては理解にも記憶にも困難である。このことは原始社会に於ける無文字時代の語部の職能、その文字時代への推移の状態ともよく似た関係に立つものであると考える。又この発展が『合唱的なるもの』の分裂として類型を生み、それが無限に展開すると共に、又その極限に於て（概ね『文学新生』の時代）再び文化の原郷、人間の原型を求めて、無限に復帰し統一せられる。

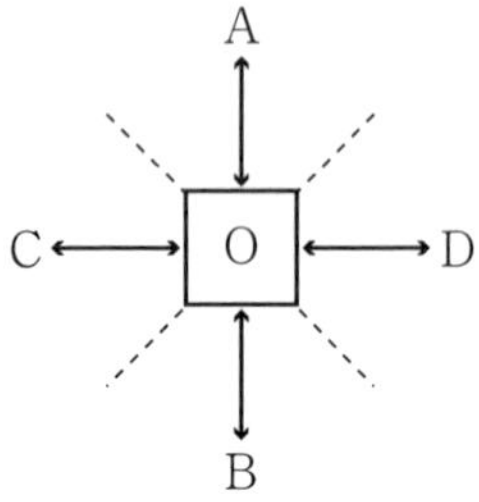

故に『合唱的なるもの』は一切の類型の原形質とも謂われるのであるが、その微分的単元が『叫び』であることも、又数々述べたことであった。われわれはここに類型史的解釈として、先ず巻頭に『叫び』の文を見ることを極めて妥当であるとする理由は、それが児童の言語生活・言語活動に即するものであることは実験《ママ》的にも学理的にも信じうることであり、事実、国語読本の最初の提示として『叫び』を用いるのは、外国《ママ》読本に於ても見るのであるが、それは漫然たる根拠に立つものでないことは謂うを要しない。」（同上書、一三六～一三七ぺ）

　このように、「サクラ読本」入門期教材の性格を、「合唱的なるもの」（独自の文学形象）と見、とりわけ、巻頭に「叫び」の文の提出されていることをきわめて妥当なこととしているのである。

　さらに、垣内先生は、「サクラ読本」巻一全体にわたって、つぎのように、類型史的考察を進められた。

「巻一全体に亘りて類型史的に観察すれば、『叫び』『喚びかけ』『告げる』等の文から発光状的に展開する組織体系の中に間隔的に配置せられた各類型を統一することができる。即ち第一部は挿図中『方形』を以て示された類型に属するのであるが、第二部は児童の生活を素材として、その表現類型は分散し、中に抒情型、思惟型の外に、叙述型、表出型をも派生せしめてある。最後の第三部は文としてのみならず、教材としては復習的意味を有するのであるが、その二つの目的に副う類型として提示の方法が妥当である。その理由は文の類型としての童話又は寓話は、子供のために語られる話であることは勿論であるが、それは成人も読み、古から今に至るまで、又国境を別つことなく、『合唱的なるもの』の性質を帯びたものであることは文学史的にも文学論的にも証明することができる（引用者注、ここで、「ケーベル続々小品集」から、お伽噺論が引用されている。）この三篇（引用者注、「サクラ読本」第三部所収の寓話二つ・童話一つ）を教材として考えれば、その文の長さには煩わされず、これまで伸びて来た力でこの文を読みとることは、一般の人々が考えるごとく筋書の方のみではなくして、文の本質を読みとること、即ち考えることの練習にも役立つのであって、われわれは類型史的見地に立つ時、巻一の組織的体系は一般に説明せられて居るようでなく、かように解釈することができると考える。」（同上書、一三七～一四〇ぺ）

ここには、垣内形象学（形象理論）に立ってなされた、「サクラ読本」巻一の類型史的考察が見られる。記述は簡略であるが、立脚地を確かにした教材類型の考究となっている。

さて、垣内松三先生は、おしまいに、3　精神史的解釈　の視点をとり、「サクラ読本」巻一における世界観的可能性の問題を、つぎのように提示された。

「小学国語読本巻一を読むに当りて最も慎思しなければならない問題は教材提示可能性の中でも最も重視すべき世界観的可能性である。国民生活との密接なる交渉を考え、又現代に於ける国民生活の事態と、新たに提示せられる国語読本との関係を考えるに際しては、その提示可能性の一として世界観的可能性を無視するというごときことは考えて見ることさえもできない。事実シタキリスズメに悪い姿の影を消したことも、モモタラウの改作も、世上の批評を容れて考慮せられて居るのであって、それは明治時代・大正七年以後現代に至るまでの国民生活国語生活の世界観的展開に伴うものであり、たといそのことが無意識的意識に出ずるとしても、指導の活力を賦与し、学習の態度を調整するためには、これを開明する必要があるのである。このことは一般に意識的になされて居ないのであるが、このことを解釈の制約の中でも最《ママ》重大なるものとして考えるのは不当ではあるまいと考える。」（同上書、一四〇～一四一ぺ）

垣内先生は、このように、精神史的解釈の立場から、世界観的可能性の重視すべきことを強調し、「サクラ読本」巻一の全般に通じて見いだされる世界観的可能性を、左のように、四つにまとめられた。

1　自然の親愛
2　生活の歓喜
3　勤労の怡悦
4　郷土の敬愛

これらを、「サクラ読本」巻一の教材提示可能性として認め、それぞれの主題を視点として、各教材にも言及されている。

以上、「サクラ読本」巻一に対してなされた、1　形成史的、2　類型史的、3　精神史的、という、三つの視点からの考察は、やがて、つぎのように総括された。

「われわれが小学国語読本の巻一の研究に於て試みた分析も、亦、その解釈を客観的に制約して、普通妥当な解釈を求めるためであって、その全一としての統一は既に多くの人々に依りて、明るい美しい読本と謂われて居る印象的批評を裏づけるものであり、よしや形成史的には言及されない自余の部分も教材自体の語るごとく、それぞれの提示可能性を顕露して居るのである。従って各課研究に於ても、その一々の教材を読むに当りても、こうした方法論的考察を提示することに依りて、解釈に於ける主観的暴力を制約して客観的なる普遍妥当的解釈を求めることができるのであろう。われわれは特に最後に小学国語読本巻一の教材提示可能性に於て、その編纂の参考とせられたる世界各国の国語読本と比照して、極めて聡明なる素材選択と、妥当なる表現様式を戦いとったことを指摘しなければならぬ。」（同上書、一四六ぺ）

「サクラ読本」に対して、かなり高い評価がなされているのである。――国語読本研究に対して、方法論的考察を提示されているのは、いかにも垣内先生らしい。こうした方法論的考察は、エルヴィン・パノフスキーの芸術解釈学の所見に拠っている。

垣内先生は、パノフスキーの所見に拠りつつ、国語読本の考察態度と手続とを方法論的に導き、それをふまえて、実地に解釈を試み、「サクラ読本」巻一の基本性格を明らかにしようと努められた。「サクラ読本」研究において、こういう手がたい努力のなされたことは、啓蒙的解釈の多かった当時としては、独自の価値をもっていたと認められる。

つぎに、垣内松三先生の進められた、「小学国語読本巻一各課研究」においては、「一に学理的立場に立って、教材を厳密に分析し以て実地指導に携るものの工夫に資せんと欲するものであることに鑑みて」（同上書、一五六ペ）、

1　言表の研究、2　語彙の研究、3　様式の研究、4　意義の研究、の四項に分けて、考察がなされている。これら四項目に分けての考察は、おのおの至って精細である。とりわけ、語彙・意義の考察は綿密になされている。これらの考察は、「形象と理会」の半ばを占めていて、その主要部分をなしているのである。

垣内先生は、形象と理会の相関を総括して、つぎのように表示された。

	叙述的	表現的	象徴的
形成史的	集積	原集積	原現象
類型史的	形式	形態	形相
精神史的	意味	意味—意義	意義

（同上書、一五〇ペ）

形象と理会の面から、垣内先生は、読方教育のありかたを、右のような表にもとづいて、つぎのようにまとめられた。

「意味は形式と集積（記号素材）と対応し、これを研究の対象とする時に叙述的機構とし、意味―意義は形態と原集積と対応し、これを研究の対象とする時に表現的機構とし、意義は形相と原現象と対応し、これを対象とする時に象徴的機構とし、その全一的機構が形象機構とせられ、それを対象とする研究が、狭義の理解から広義の理解へと秩序せられ、その全体を包含するものが理会機構とせられた。形象機構とは、かくて、その層序をもつことが明に《ママ》せられ、読方教育の自然の展開はこの内外の統一に於て秩序せられることを見た。」（同上書、三〇四～三〇五ぺ）

このような立場に立ちつつ、「サクラ読本」の各種学習指導書の説述に、偏向のあることを批判的に指摘し、教材としての意向を理会することによって、統一をはかっていかなければならないと提言されている。学理の立場から、巨視的に総合的に見ていくことのたいせつであることが説かれている。

垣内松三先生としては、「サクラ読本」を1言表、2語彙、3様式、4意義の面から精細に分析し、その成果を認めるとともに、「サクラ読本」の出現に、国語教育革新への期待をかけられた。

まず、指導者の役割（責務）と志向については、つぎのように求められた。

1「小学国語読本巻一の教材の意向を理会してその機能を発揮させるためには、指導者がその提示可能性の二つの方面、即ち児童の側からの要求と、編纂者の側からの提示とを繋ぐ契機に立たなければならぬ。（中略）、これを教育的作業として実践するに当りてわれわれを惑わす一切の誘惑を裁断するものは、一つに児童の言語生活と言語活動との訓練と陶冶を尚ぶ志向を操持することの外何ものもないのである。」（同上書、三〇六ぺ）

つぎに、「サクラ読本」出現・実施を契機として、基本国語への認識と研究のおこることを期待し、このことに関し、つぎのように述べていられる。

2「われわれは表記法の改正、語彙の整理、語法の確立、従って表現の純正及び理会の敏活を目的とする純粋国語運動の実践は、小学国語読本巻一の実施とその機能を発揮することから創始せられることを確信するものである。このことは教材研究に於て又指導研究に於て一切の疑惑を一掃するに足り、初等教育者としての志操を堅実ならしめる動力であらねばならぬ。」（同上書、三〇七ぺ）

さらに、「サクラ読本」の国民生活の伸長と国民文化の開発における役割にてついては、それを扱う指導者のありかたにも触れて、つぎのように述べられた。

3「小学国語読本巻一の画期的革新は国語教育の統制原理を根柢から揺り動し《ママ》てその刷新を促進するであろう。われわれは小学国語読本の理会によりて、教材の機能を発揮せしめ、それを国語教育の実践的工夫に依りて、その機能を貫徹せしめることが、国民生活の開発と国民文化の建設に於て至大なる関係を有することを信じて疑わないのである。このことは教材研究に於て、又指導研究に於て、一切の混乱を克服して初等教育者の気魄を雄健ならしめる根源であらねばならぬ。」（同上書、三〇七～三〇八ぺ）

以上、1～3のように、「サクラ読本」出現を機に、大きい期待が寄せられ、また、指導者には、その心がまえがきびしく求められていた。国語教育研究者として、「サクラ読本」に対して、空前の期待をかけていられたことが、よくうかがわれるのである。

垣内松三先生は、本書「形象と理会」巻一につづいて、「小学国語読本形象と理会」全一二巻をまとめて刊行される予定であった。雑誌「国語教室」第二巻第三号（昭和9年3月12日、文学社刊）にはさまれているおしらせによっても、当時すでに、巻二・巻三の執筆を進められていたことがわかる。完成・完結の待たれる仕事であったが、単なる機械的な教科書研究ではなく、国語教育学の一環として意欲的な教科書研究を企てられていただけに、難渋した面もあった。

　こうした画期的で精細な「サクラ読本」研究が途中でやめられるようになった事情については、みずからつぎのように述懐されている。

「それ故に、小学国語読本が現われると間もなく、その意図を以て、世上に呼びかけたのが『形象と理会』であった。それには、その序文に語った如く、目標として一人の劣等生を見当《ママ》てに考えを進め、また一人の劣等生の読み声を聴きわける教師に呼びかけたのであった。それが、一般の学習指導書と同一にうけとられるのが心外であったから止めてしまったが、その著述を思い立った時の意図は、それまで考えて来た一切を小学国語読本の研究に打ち込もうとしたのであって、それとは根本的に性質の異るものであった。しかし、これも種々の事情によって続けることが出来なかった。この研究の意図は将来何等かの形に於て完成を期している。或はこのことが一生の最後の一日まで続くことになるかも知れない。」（昭和12年9月15日、口述）（「言語形象性を語る」、昭和15年2月11日、国語文化研究所刊、六四ぺ）

「サクラ読本　巻一」研究が、一般の学習指導書（前掲、実践者の側からの諸研究など）と同一に受けとられるのが心外であったとされているのである。また、この「教科書」研究に、うちこもうとされた熱意も、画期的なものであったが、継続されなかったようである。

　ともあれ、「形象と理会」全一二巻の完結・集成こそ実現しなかったけれど、「形象と理会　巻一」において、初めて「国語教科書」研究の典型的な方法が示され、それによって、精細な分析とそれにもとづく国語教育改新の方向づけがなされたことを、多としなくてはならない。「国語教科書」研究が国語教育学の営為の中心部に位置づけられたことも、注目すべきことであった。

五

（2）「国語教育の根基」　垣内松三講　昭和9年10月14日　恵雨会第二回講演会

これは、二時間一六分にわたる講演であって、青山広志氏によって筆録され、のち、雑誌「同志同行」（3の10・11）に採録された。

この講演の要項は、「序説」のほか、つぎのとおり五章から成っている。

一国語教育の実存的転向

（1）コペルニクス的転向　（2）学習の機構　（3）初学年の教育

二小学国語読本と編纂体系

（1）横断的研究　（2）縦断的系列　（3）有機的統一

三小学国語読本と国語問題

（1）語彙の問題　（2）文法の問題　（3）文体の問題

四小学国語読本と国語教室

（1）既成反応　（2）理解《ママ》の鍛錬　（3）沈黙の深層

五国民教育の根基

（1）人間形成　（2）民族形成―国語の混乱　（3）国民形成

この講演は、「サクラ読本　巻一」について、「形相と理会」を刊行されたのち、巻一・二・三・四の完成された「サクラ読本」について、その所見をまとめられたものである。

この講演は、「サクラ読本」（巻一〜巻四）四冊についての調査報告ではなく、「サクラ読本」を媒体として、国語教育の実践にとり組んでいる現場の実践者に対してなされたものである。「サクラ読本」の出現によって、また、その使用によって、国語教育はどう転回し改新されたか、「サクラ読本」と国語教育は、どういう関連に立っているのか、また、「サクラ読本」は、将来の国語教育の根基をつくるものであることを、臨床例と学理とにもとづいて、述べていられるのである。

垣内松三先生は、この講演において、まず、当時（昭和九年）の国語教育における実存的転向を指摘し、つづいて、「サクラ読本」（巻一〜巻四）四冊に見られる編纂体系のことに言及し、ついで、「サクラ読本」が国語問題の解釈にどういう役割を有し、国語教室での実践に、どういう可能性と新しい成果を具現し始めているかに論及し、おしまいに、「サクラ読本」の国語教育の根基確立への寄与に触れられた。この講演は、「サクラ読本」の基本性格の認識とその価値の判断の上に、国語教育においてはたす役割と機能とを考究されたものとして、独自の性格をもっている。

さて、この講演において、垣内松三先生は、まず、国語教育の実存的転向ということについて、つぎのように説かれた。

「国語教育の実存的転向という意義は、まず第一には、今日世界各国において、国内的および国際的関係から、国語教育の上においては二つの観点から新しく考え直さなければならぬといわれて居ります。その一つは国語そのものについての考えを新たにすることと、他の一つは在来、単に国内的にのみ考えられて居りましたが、民族闘争および国民自立の立場から国語教育が、世界観的観点に立って、単に国内的ではなしに、一面に国際的方面から考えなければならぬといわれ、この二つの方面から現在における国語教育は、正しくコペルニクス的転向といわれて居ります。この点に立って如何なる点が、その転回を進めて居るかといえば、唯今まで一般に考えられて居りましたのは、その教材研究および教育の実践において、二つの大きなる偏向に漂わされて居りました。一つは学術的にいう語学的偏向と、尚一つはその文に蔵されて居る意義を漠然ととらえる直覚の主義とか方法とかいうことがつねに相対立して居りました。いいかえれば、その文を組織して居る性質を異にするもの、――異質的の諸成素を教授し、或はもう少し極端な言葉を用いれば注入する如き方法が国語教育の全体と考えられたり、或はそれに対してその教材のもって居る意義をとらえるなどのことが国語教育の全体として考えられたりして、その二つの間にそれらの考えの統一面として、生きた言葉のはたらきが如何にあの未熟な児童の心にしっかりと受け取られて、受け取られたことによって児童の言語意識、ひいては全生命が引きのばされるかという点について深く考えるところがなかった。然るに唯今申上げた二つの観点から国語教育につきましては、国語を教授する、教育するということは、まず民族全体の理会のもとにある言語によって、国民各個人を教養することであり、それによって民族の理会を正しくすることであり、同時に歴史的にうけ伝えている国民的精神を、歴史的にわれわれが持伝えて行っている国語によって十分に鍛錬するという意味合におきまして、今日の国語教育は前日の比でない、大いなる主張のもとに、はっきりした見解の上に立って国語教育を進めなければならぬことは世界各国において叫ばれて居るのであります。勿論わが国においても、国語教育の現状は、これらの点から十分に是正せらるべきものが多々あるように考えられるのであります。こゝに実存的転向という言葉を用いましたうちのコペルニクス的転回という意味は、大体そういう意味に立って居るのであります。小学国語読本四巻を通じて、われわれが国語教育の上に如何にこれを活用し実践するかということの一つの根拠にはそうした点からこの教材をはっきり見るということが課せられて居ると考えます。」（雑誌「同志同行」、第三巻第一〇号、昭和10年1月1日、同志

同行社刊、「国語教育の根基（上）」、一一～一二ぺ）

このように、国語教育の実存的転向の世界史的傾向を指摘したのち、「文」（センテンス）をもって始められた「サクラ読本」によって、国語教育実践に、どういう変革をもたらしたかについて、

1「文を以て教材が提出されたがために、単に単語或は文字をもってという意味合とは違って、指導者においても、児童においても、教材を読むという態度において、ここに非常な転向を生じて居ること」（同上誌、一五ぺ）

2「指導者は単にその教材の中に含む知識を注入するという意味合でなしに、児童の心に読取《ママ》ったものを根拠としてこれを如何に引きのばすか、如何に育てるかという風に、目の向けどころが変って来たということ」（同上誌、一五ぺ）

3「生を生そのものから解釈する」という、解釈学の実践が、新読本の教材による授業によって見られるようになったこと（同上誌、一四～一五ぺ）

などが指摘され、「サクラ読本」によって国語教育が始められるようになった二年間（昭和8年4月～）の経験をふまえて、つぎのように述べられた。

「学問上からいえばコペルニクス的転回といわれるものでありますが、実際は国語教室の上に現れて来た点から申しますれば、それは明瞭にこの教材のいろ〱の諸成素を注入する事でなしに、また今日迄読方教育について考えられた何等かの主義とか方法とかいうことでなしに、そんなものを一切払拭して、児童がいかに之を読んだかという点に観点を置き、その読み方に注意して、いかにすればそれを引きのばすことが出来るか、如何にすればそれを育てる事が出来るかという、もっとなまなましい生きた国語教育の現れたということが、今後の研究に対し、まず二ヶ年間におけるわれわれの経験に基き、特に注意しなければならぬ問題と考えて居ります。」（同

上誌、一八ぺ）

「サクラ読本」を、国語教育の実践の内部において見ようとする眼が、ここにはある。

ついで、垣内先生は、「サクラ読本」における編纂体系の問題に論及し、とくに、「無記の編纂体系」ということに言及された。

「読本の編纂に於ては、他の学科のようにその編纂全体を見渡すような説明の言葉がないのでありまして、たゞ教材の排列になって居るのでありますから、その教材の排列の根底に潜んで居る編纂組織については、それを明かにするために、十分各教材の本質をとらえて、その教材と教材との連続の姿について、よほど深く考えて見なければならないのでありまして、言い換えれば一つの教材と次の教材との間に於ける空白の中にさえ、その編纂体系は生きて伝わって居るものと考えなくてはならない。之は、編纂の上に於ては無論それが考慮されて居ると見なければならないし、それよりももっと大切な事は、児童の《ママ》教材から教材に読み進むに従って、段々児童の言葉意識が或は高まり、或は拡がり、或は深まって行くのでありますが、その際にこの編纂体系の研究の着眼点として、児童の心に於て如何に受取られるかということが、一般の文章の解釈や或は一般の編纂物の解釈と違いまして、国語教育の教材として、国語読本の欠くべからざるものでありまして、それによって一つの教材の本質がはっきりわかる、その教材のもって居る本義が明瞭に把握されるものだと考えられるのでありますが、この点において、無記の編纂体系ということを申しましたのは、教材の影に潜んでいて、しかも教材を生かしている目の前に現れていないものを如何に看て取るかという事でありまして、これに関しては、これまでわれわれの知って居る知識の限りに於て、それは解釈者の自由に一任するということが寛大に申渡されて居るので、われわれは一々各教材の特性を考えて、その教材の聯絡について考える事については、いろ〳〵の点に於て、学問的にも或は教育の実際の上からも、周到に、精密に且つ正確に研究しなければならない課題だと信じて居ります。」（同

上誌、二一～二二ぺ）
国語読本の編纂体系をとらえていくのに、形而下的な把握にとどまらず、形而上的な「無記」の把握を目ざすべきことが説かれているのである。「無記の編纂体系」の把握を志向されるところに、垣内先生の方法の特色がよく現われている。

つづいて、「サクラ読本」（巻一～巻四）の編纂体系に関し、横断的に、また縦断的に、考察を加え、それらを有機的に統一していくべきことを述べられた。垣内先生は、「サクラ読本」（巻一～巻四）四冊の編纂体系については、在来のに比して画期的であると見、ほとんど基底的な編纂体系であろうと、高く評価された。

ついで、垣内先生は、「サクラ読本」と国語問題（1語彙、2文法、3文体）の関連に言及され、新読本の出現によって、多年未解決であった国語問題の解決に資することもできるようになったと説かれた。

これらのうち、1語彙、2文法の問題として、つぎのように述べてあるのには、注目させられる。

1「世界各国で大体に初学年語彙数として認定されている一千語に近い数を認める事が出来る。それは何を示すか。尠くとも初学年国語読本提示語彙数として約一千語が明《ママ》かに認められるという事が吾々に取って非常に重大な問題でありまして、在来の語彙問題として、国語問題において解決されなかった問題がこの度吾々に与えられた国語読本語彙調査によって或る程度の解決を得られるという希望をもつ事が出来る様になりました。そうしてその中から基本となるべき基本国語というものを厳密に研究する事によりまして、基本国語の立場に立って語彙を増加して行けば、幾多の拡大性をもって居る。言葉によっては屈折性をもって居る言葉を調査して、正確を期せんとすればその根拠となるべき可能性をもって居る。こういう点に於て初学年国語読本の語彙調査によって基本国語がほゞ明瞭にされ得る可能性をもちました事は多年懸案となって解決出来なかった国語問題に非常に重大な一つの契機を与えたものとして諸君と共に喜ばなければならないと思う。」（雑誌「同志同行」第三巻第一一号、

昭和10年2月1日、同志同行社刊、「国語教育の根基（下）」、五ぺ）

２「巻十二に至る迄、国語読本に於ては、将来の国語問題を考えまして分別書きでありたいと私は切望して居るのであります。」「句及び句聯関の立場から考えて、在来文法上の問題として国語問題について考えられた事は、私は国語読本の分別書きという事によって、一挙に解決がつくのでないかとさえ思うのであります。」（同上誌、七ぺ）

右の1・2ともに、国語問題を、どのようにしていくべきかについて、着実にあるいはかなり大胆に、見通しをつけようとされている。「国語読本」そのものに、国語問題の解決を期待していられるのは、期待の大きさを示している。同時に、そこに国語問題解決への理想主義の態度も見いだされる。

ついで、「サクラ読本」と国語教室との関連については、まず、「既成反応」（既成観念をもって、新読本を扱うこと）を警戒しなければならないとし、さらに、「サクラ読本」所収の教材を真に扱うのには、理会の鍛錬が必要であると述べていられる。すなわち、「教材機構を明かにし、理会機構を明かにする事によって始めて解釈が全うせられる。茲に国語教育と《ママ》鍛錬の方法が始めて規定されるのであります。理会の鍛錬という事を今後明確な学理的根基に据えつけなくても、学問でなくてもいい、体験でもいいのであります。然し体験は整序されない、――秩序をもっていない理論なのであります。理論的に考えられたのでもよし、体験に依て《ママ》体得されたのでもよいが、理解《ママ》の鍛錬について何らかの根拠をもって立たなければならないのであります。」（同上誌、一一ぺ）と述べ、形象理論・解釈学の立場から、教材機構・理会機構について説かれた。さらに、理会の鍛錬を通して、教材研究を深めていくべきであるとして、つぎのように述べられた。

「単なる言語の概念と、形象の手続を飛びはなれた内面を捕えてその二つの両極端に偏したものをもって教材の解釈とする理会の不徹底が、今日の読方教育を不徹底ならしめている原因でありまして、理解鍛錬の根拠に於て今日茲に与えられて居る教材を深く読んで、その中に得られたものを十分研究しなければ、折角茲に与えられた教材を通して将来の国語教育の根基を作る事は不可能であるとさえ考えているのであります。」（同上誌、十三ぺ）

さて、このように、「サクラ読本」に対する国語教室のありかたを述べ、おしまいに、「サクラ読本」を扱うようになって見られるようになった、国語教室における沈黙の問題がとりあげられている。

この「沈黙」については、「サクラ読本」になって、初めて、低学年の教室で見られるようになったものであるとして、「子供は元来騒々しいものでありますが、極めて短時間でありますが、その瞬間に於て目が輝き、挙手が不動の姿を見せ或は沈黙して指導者のいう事に耳を傾ける、これは結局凝視の形となって出て居るか姿勢が真直ぐになって居る。これらの現象が相俟って国語教室の中に——勿論之は芦田先生の実地授業の国語教室についてでありますが——そういう形をもって沈黙の姿が現れたという事は見落す事が出来ない。」「教育を探究してその探究の境地に於て極めて自然に現れて来る沈黙であります。学習を促すのに何か深みのある言葉をいって之でも沈黙せぬか、という態度であれば、それは非教育である、それは教育者のなすべきことでない。私のいっているのはそういう意味合でない。教材研究が精微をつくして又その教材によって学んでいる心が十分に熟してその中から自然に起って来る沈黙をいうのでありまして、その中に現れている沈黙の深層は今日までどこの国語教室に於ても見なかったものであります。」（同上誌、一四ぺ）と述べ、こうした「沈黙の深層」は、国語教育における実存的転向から生じたものであることに論及されている。

また、すぐれた読みぶりにも、純粋国語の律動をきくことができるとし、その根源は「沈黙の深層」にあることに言及されている。

「サクラ読本」が国語教室に実地に扱われるようになって、「沈黙」を見いだし、それを論及して、国語教育の深化に及んでいられるのは、鋭い洞察である。国語教育学者としての鋭利な把握であり、垣内先生の独擅場というにちかい。

以上のように、論考を進められ、垣内先生は、この講演を、つぎのように結ばれた。

[1]「この国語読本を実際に教室に現れたる現象を通して見ますときに、これらの文に対するあの緊張の態度、あの喜びの態度を見ましても、この国語読本を十分に運用することによりまして、児童の内面的殊に人間的教養の上に即ち内部構築を全うするというはたらきを十分に認めることが出来るのでありまして、同時にこの点から民族形成という立場は殆ど同じような意味合い《ママ》をもって居りますが、この国語読本が非常に多くの人々によって読まれ、又これに対し子供が十分感激をもち指導者がこれに対して十分力を尽して指導されることが民族の団結のために非常に重大な機能をもって居る。民族形成ということは国語の混乱するところでは行われません、《ママ》国語が統一されて国語の運用が十分であるところにはじめて民族形成のすがたが見られるのでありますが、若し国語問題に於て論ぜられる時に国語が非常に混乱で《ママ》あり《ママ》文字の統一もなく、文法も乱れて居り、文体も乱れて居るということは、畢竟民族混乱と同じことである。然るにわれわれは今幸いに基準が与えられているのであります。この国語読本を十分に読みこなし、これを十分に運用して民族形成という目的に向って十分に生かすということがわれわれの使命に加えられたことであります。国民形成は以上の立場からしてはじめていわれることでありますが、この国語読本がわれわれに与えられて以来、芦田先生およびその他同志の人々の国語教室に於てでありますが、いつでも授業開始に当って、児童と共にまず国語読本を戴いて読むという極めて厳粛な事実、極めて敬虔な態度を私は数回親しく拝見したところであります。これは今日の席においでの井上監修官に対し垣内が責任をもって事実として報告申すことが出来るのであります。これはすなわち国語読本が国民の経典として用いられて居ることを証すものであって、かゝる印象を与え、またかゝる現象が現れたことに対して私は私個人としても亦

井上監修官に深く感謝する次第であります。この点に於き《ママ》ましてこの国語読本が国民の経典として国民形成に対して非常な重大な作用をもって居ることを特に諸君に申上げて置きたいと思う。」（同上誌、一九〜二〇ぺ）

2「将来の国語教育の全体の根基をつくるものとしてわれわれ実践者としてこの読本をもち、国語教育にあたるものの十分に考究し、十分実践につとめなければならない非常に重大な使命を負荷されて居るのでありまして、この点に四冊の国語読本が現れた機会に於て将来の国語教育に向ってはっきり決意をしなければならない。漠然と学習指導書なんかに依らないで、自分の目を輝かして、腹をきめて、この読本によって将来の国語教育の根基をつくり、又未解決の国語問題の解決をもわれわれの力によってこれを行う、《ママ》同時に民族形成、国民形成ということに向って、この読本を用いることによって、毎時間毎時間各位と共に努力し、この四冊の小学国語読本が現れたこの時期に於て、諸君と共に十分考究しなければならない課題であると確信して居るのであります。」（同上誌、二〇ぺ）

これらの結びの部分に、国定「サクラ読本」に対する垣内松三先生の基本の姿勢がよく現われている。当時にあっては、国定読本は「絶対」であり、与えられたものとして受けとめられていた。それは一面からいえば、やむをえないことでもあった。

一場の講演（二時間一六分）において、「サクラ読本」（巻一〜巻四）について、多角的に鋭く深い考究がなされていた。そこでは、「サクラ読本」を国語教育の中に、どのように生かしていくべきかについて、熱意をこめて語られていた。「サクラ読本」の出現を待望し、祝福し、最大の期待をかけ、それによって、国語教育の根基に培おうとした点で、垣内松三先生の「サクラ読本」論および観は、独自の意義を有している。

六

（3）「小学国語読本の完成と実践」垣内松三稿　昭和13年12月1日、雑誌「同志同行」（7の9）、同志同行社刊

垣内松三先生は、恵雨会におけるこの新読本完成記念講演において、「サクラ読本」全一二巻の完成を機会に、その考察の意図をつぎのように述べていられる。

「小学国語読本の全部十二巻が完成されて各巻の教材を見ますと、これまで巻の一から順次現われる度毎に見た教材の見方と大変違った感じがするように思います。その点から出発いたしまして、この読本を国語教育の実践において生かす工夫をわれわれはいかに考えなければならぬかということを主として申上げてみたいと思います。」（同上誌、二八ペ）

また、つぎのようにも、述べていられる。

「こゝに申上げたいのはいわゆる一般に考えられている教材の研究という方の側ではなくむしろ成果よりもその生成に目をつけて、この教材によって国語教育を進展せしむるために如何に考えなければならないかということにあるのであります。」（同上誌、三二～三三ペ）

この講演において、垣内松三先生は、「サクラ読本」を、形式的に、横の研究、縦の研究という見方をするだけではじゅうぶんでないとして、「本当の問題は経と緯とのこの中に教材がどういう現れ方をしているかということを見抜くのでなかったら一課といえども取扱えないと思う。」（同上誌、三一ペ）と述べ、また「児童がその教材を読んで順次に育って来る育ち方の上において、国語読本全体の上においてどういう条理が通って居るかと

いうことを見るのでなかったら、読本完成の時期における研究とはいわれないと思う。」（同上誌、三一ぺ）とも述べられた。

すでに「形象と理会　巻一」において、提示されていた、1形成史的制約、2類型史的制約、3精神史的制約の三つの面から、新読本一二巻全体を考究すべきことを、この講演においても、くりかえされた。一二巻の完成までに、多くの制約の存したことを指摘していられるのである。同時に、これらの三つの観点に関して、つぎのようにも述べられた。「その三つのどれかに偏した研究は片輪者で教材の全体を見たものでない。三つが教材の研究の全部に向けられてこそ本当の教材研究だと思いますが、この一面から見たものは決して教材研究の全部でないと思う。」（同上誌、三七ぺ）

この講演で、垣内松三先生は、教材研究のありかたに関し、「その教材についての考え方がたゞそこに与えられている教材の註釈でなく、巻一から巻十二までの全体の上に据えつけて見てこの教材はこうなくてはならないというぎり〳〵を押えなければ意味がないと思う。」（同上誌、三八ぺ）と述べ、その持論を提示された。さらに、教材研究に対して、「教案」研究の重要であることを強調された。これは、この講演の特色をなしている。

「教案」の問題については、つぎのように述べられた。

1「教材の研究は、この参考書にはこう書いてあったといえば済むことであるけれども教《ママ》案の立て方に狂いがあったら許すことが出来ない。子供はそれによって尠なくともゆがめられた教案によって教え込まれたのである。教材の研究はその前夜までに十分手を尽されても教案を立てることだけは朝の清新なる気分の中にからだも心も統一したときにおいて誠実になされるという心構はそういう理由であると思う。教案の立て方がそういう意味において行われるとしたら小学国語読本完成の時期においてわれわれがこゝにしっかり肚を据えてかゝらなければならないのは、この国語教材に対していかに教案を立てるかということにあると思う。」（同上誌、三九～四〇ぺ）

2「とにかく孰れの場合においてもその《ママ》教材を児童によくのみこませ、これによって陶冶するという任務をもっている以上、すくなくとも教材研究の結果をいかに児童にはっきり把握せしむるかということが大きな問題になって来るかと思う。そこに教案研究の工夫があるかと思う。」（同上誌、四二ペ）

3「国語は国語です、《ママ》国語の本質を把握しなければ他の借り物をもってごま化してはならない。巻の一から巻の十二まで、魂として漂っているものを把握しなければ一課の教材といえども正しく取扱うことが出来ない。」（同上誌、四七ペ）

「教材研究」に対して、「教案」のくふうの次元を、実践の過程に位置づけ、その重要性を強調されているのである。

また、垣内松三先生は、「サクラ読本」を扱うばあいの心がまえとして、五〇人の児童は、全国一千万人の中の代表的存在と見て、自己の実践に典型性をもたせるように説いていられる。

「サクラ読本」全一二巻が完成し、それを実践していくのに、教科書全巻を正しく大局的に考察していく立場を設定しつつ、本格的な教材研究と教案作成とを説き、それにもとづいて、国語教育を実践していくに際しては、どういう心がまえでいるべきかについて、全国的な視野と見識とで、実践者を励まされたのである。

七

（4）「国語教材論」　垣内松三著　昭和9年7月20日　文学社刊

この「国語教材論」は、つぎのように構成されている。

序説　国語教材論の問題

第一章　国語教材の機構

第二章　言語形象の層位（文学作品の現象学）

第三章　言語形象の層序（文学作品の性格学）

第四章　言語形象の層準（文学作品の本質学）

第五章　国語教材の機能

結語　教材・学習・指導

本書は、国語教材の本質の考察を目的としたもので、国語教材の機構について、精細に論及し、さらに、国語教材の機能についての考究がなされている。国語教材論として、独自の体系を構築している。

さて、この「国語教材論」の「結語」は、「読本」を中心にして、つぎのような項目にしたがって述べられている。

1 編纂体系
2 選定と組織
3 読本の層位
4 読本の層序
5 読本の層準
6 教材・学習・指導

この「結語」は、究極は、教材・学習・指導の三者の関連を扱っているのであるが、同時に、すぐれた「読本論」にもなっている。

垣内松三先生は、国語教材（読本）における編纂体系の問題について、「国語教材の編纂体系は教育的理会を基準として、教材の選択及び組織の問題を決定しなけらばならぬ。国語教育はその目的を果すために精選せられたる教材を媒介として、国語の原機能としての理会を敏活正確ならしめるために工夫が積まれ実践をせられるのであって、そうした媒材に依りて学習と指導との聯関が完うせられるためには、国語教材の選択と組織とはその目的のために妥当であることが要求せられ、重大なる任務を荷担するものであるのは自明のことであって、こうした用意の下に行われなければならない国語読本の編纂は決して雑纂ではなくして、一種の創作である。」（同上書、二六七ぺ）と述べられた。

さらに、国語教材の研究に対して、特有な客観的規律が課せられていることを顧慮しなければならぬと説き、1形成史的解明、2類型史的解明、3精神史的解明、の三つの面から考察すべきを論じられた。これらのうち、2類型史的考察においては、「サクラ読本」巻一の客観的解釈として、「巻一は先ず第一部の『叫び』『喚びかけ』『告げる』等の文の提示に出発して、第二部に至りてその展開線に連なる各類型が間隔的に配置せられ、第三部はその統合の姿態を有つ文として又復習的用意をも内具するものとして提出せられて居ると見ることができる。この教材提示的可能性は、既に世界各国の国語読本の比較研究の上から帰結せられた極めて妥当なる規格を創造したものと見ることができるのであって、こうした見解が、偶々編纂に従事したものの説明と異るとしても、編纂の趣旨に反する恣意的な見解として専制的に排斥することは許されない。」（同上書、二七一～二七三ぺ）と述べて、「サクラ読本」編纂者の趣旨説明とのずれ、ちがいの問題に触れ、みずからの自主的解釈を提示されている。

ついで、国語教材の選定と組織の問題に関しては、その独自性を強調し、慎重な配慮を要請するとともに、つぎのように述べられた。

「国語教材はそれを構成する素材と言表を選択する重要さと共に、そうした形成史を発展せしめる根源を尋ね、又一見把捉しがたいほどの広汎なる言語現象、文学作品の中から教材として重要なる典型を抽出する類型史的考察を積み、更にそうした認識論的観点に加うるに、それをして現代における教育的要求を果さしめるために、世界的観点に立つ精神史的思索をも具備せしめなければならないのであって、こうした諸条件が初学年国語教材に於ても見られるごとく、僅に数語から成立つ文に於てさえ含められるように形成することは、教材選定に於ける独自の問題であり、特にその技術的側面を規制する基本原理は、教材研究に於ける特有の問題とせられるのである。」（同上書、二七六～二七七ペ）

これは、垣内松三先生の「国語教材の選定と組織に関する総合見解ともいうべきものである。」

垣内松三先生は、「サクラ読本」に関しても、「国語教材としての本質を明《ママ》かにし、各教材の選択と組織とが極めて周到なる用意の下に行われて居ることを認識するためには、一層精密なる考察を進めなければならない。」（同上書、二七九ペ）とし、浅薄な考察・説明を退け、精密な客観的な考究を要請して、つぎのように説かれた。

「明治以来現時に至るまで、国語教材に関する論文は僅かに一二篇が挙げられるに過ぎないといわれて居ることに徴しても、この問題に関する関心が稀薄であるのではないかとも推察せられるのであるが、もし国語読本の編纂が単なる雑纂や類聚ではなく、その深底を流るる教育的精神とそれを外化するために、煩雑なる問題を克服しなければならない精神的労作であることが意識せられるならば、そうした精神的創造に関して、これを科学的に研究することの重要さは、最近に於ける隣接精神科学の発達及び現時の国民生活の実際とに依って加重せられて居るのであって、最早教材の選択と組織とに関する問題に就いて、何時までも個人的主観的解釈にうち任せて置くことは、一日といえども許されないのである。」（同上書、二八一ペ）

こうした立場と志向にあって、垣内先生みずからは、「サクラ読本」（巻一〜巻三）三冊を、直接の対象として、1読本の層位、2読本の層序、3読本の層準　の追究をされた。これらは、この「読本論」の中心をなす部分である。

　1　読本の層位　については、「具体的には一学年に使用する奇数巻偶数巻の二冊を単位として、たとえば六学年制に於ては、六つの層位を見ることができるのであって、その一層位としてこれを研究の資料とすることを妨げない。」（同上書、二八三ぺ）として、「サクラ読本」巻一〜巻三について、つぎのような考察を加えられた。

（1）「サクラ読本」巻一――「一般に第一部といわれる部分は、実は言語能力の発達段階からいえば、第一層位をなすものであって、特に『叫び』を表わす『サクラ』に次ぎて《ママ》、『喚びかけ』の文、『告げる文』の提出法は、国語教材の原層をなすものと見ることができるのであるが、その語提示法に於ても、この層位に於ては、主として世界方位としての前後・上下・左右の三方位を具象的に示す語彙が提出せられ、たとえば、『コイ』と『ススメ』『オヒサマ』『ヒノマルノハタ』（いずれも動詞を欠くといえども）と『トマレ』『ハシレ』『オイデ』『オリテコイ』『アガル』『トンデイタ』『デタ　デタ』の如き、いずれも一度の規格をもつ聯関の中にありて、教材提示の原相を構築する役割を有つものと見ることができる。一般に第二部といわれる部分は児童生活の文であるとして説明せられて居るが、それさえ児童生活ということは、単にその素材を示すものであって、それを素材とする教材の本質は、既に原層に於ける類型の進展として抒情・思惟・叙述・表出の各類型として提示され、従って提出語彙も分化進展して、自ら第二相を形成して居ることが分る。次に第三部といわれる部分は、いわゆる童話三篇から成るのであるが、ここにも童話は単に素材であって、国語教材としての特性は、素材性格に於て、第一部に近似し、様式特性に於て、第二部の殆ど全部を包括し、自ら第三相をなすものである。」（同上書、二八四〜二八五ぺ）

（2）「サクラ読本」巻二――「巻二は一般に第三部の延長であると説明せられて居るが、『山の上』は直ちに『モモタラウ』に接続するものではなく、『オ月サマ』『アシタハエンソク』『カマキリヂイサン』と共に一群をなして、『サルトカニ』に於て、巻一第三部への連続が示されるように、『カラスヨイソゲ』『ケンチヤン』『ワタシノニンギヤウ』『ニンギヤウノビヤウキ』も一群をなして、『ネズミノヨメイリ』に於て『サルトカニ』と連続し、『オ正月』『コブトリ』『カゲエ』『ユキ』『雪ヨフレフレ』も亦一群をなして、『花サカヂヂイ』へ進展し、これ等の三教材群は巻一の第二部及び第三部の教材へ、それぞれ連繋せられ、各連続的間隔的に、その教材配位の地位を占めて居ることが見られるのである。そして特に最後の三篇『ウグヒス』『ツクシ』『キシャ』は、これ等の三教材群を超えて、巻一の第三部の教材性格と近接し、更に第一部巻頭文とも親近の関係を保つものと見なすこともできるのであるから、この三篇を以て一教材群とするとすれば、それより以前の各課は、これを一括して、一学年教材としては第四相をなし、最後の三篇は第五相をなすとも見ることができる。こうした見解に於ては、巻一が第一部第二部第三部と区分され、巻二がその延長（第四部とは名づけられて居ない）として説明されるのは、全教材の継次を延長として、それを部分けに依って区分するものであるに対して、それ等を立体化して、原相から逐次に層重する累積として見るものである。」（同上書、二八五～二八六ぺ）

（3）「サクラ読本」巻三・巻四（未刊）――「第一課から第八課に至る教材群は、第一の第一相に近似し、第九課から第二十一課までは、巻一の第二相、巻二の第四相に連るものの如く、第二十二課から最後までは巻一の第三相、巻二の第五相と接するごとく見ることができるようである。少くとも巻三に於ても第一相・第二相・第三相の層積を見ることができるかと考える。第四巻（未刊）に於てはいかに進展するかは素より予測することはできないが、もし巻二と相照応するとすれば、大体に於て、第一学年用二巻は一層位をなし、もし又第二学年用二冊が一層位をなすとすれば、この二つを併せて、更に初学年用教材が、中学年、高学年用教材に対して、一層位をなすものということができるかも知れない。小学国語読本に関してはこれ以上の推測をなすことは許されないのであるが、我が国語読本の教材提示法としては、恐らくはこれより他には適当な方法を見ることができないのではないかと考えられる。」（同上書、二八八～二八九ペ）

一教材に対して、「層位」の視点から考察されるのではなく、一読本に対して、とりわけそのうち、巻一～巻三を中心にして、その層位の積重性を探求されたのである。これは垣内先生独自の方法論による、鋭い考察である。

しかし、垣内松三先生は、単に「層位」の分析にのみとどまらず、こうした教材配位の秩序を、学習の推移と比照させて考察し、その妥当なことを、つぎのように述べられた。

「私見によれば、原相の提示法が言語能力の発達を根基とする点に於て、その妥当なることは、これを国語教室に於ける学習の事象状態に徴して明か《ママ》に認めることができるのであるが、第二相に於て、文の各類型の提示を見ることは、同時に学習類型に照応する妥当の措置であって、指導の方面から考えれば、その提示法が有つ意義は極めて深いものであるということができる。事実この学習状態に於て、略、児童の各類型を観察する機会を見出すことができるのであるが、このことが個性指導の契機を明白に把握せしめ、その指導研究に資するところも少くないのである。第三相（童話三篇）は、既に学習態度も整い、学習状態の熟する第二学期所用の教材として、指導の効果を実証し得る恰当のものと見ることができるのであるが、特に第四相（巻二『山ノ上』から『花サカヂヂイ』まで）に於ける教材類型の配位は、個性指導の側から見て、各類型の補充矯正を果たすために適当な提示と見るべく、第五相特に『ウグヒス』『ツクシ』は第一相『サクラ』と相対し、『キシャ』は第三相『モモタラウ』と相映発して、言語能力の発達、精神発達の段階を自識せしめるに足る教材とも見ることもできるのであろう。事実、児童の学習帳は概ね以上の見解を証明する記録を示し、又この読本が用いられるようになってから、自ら綴方教育の時期が早められたために、綴方成績物を通して、なお如上の事実を透得することができるのであるが、原理的には教材と学習と指導との聯関に於ける微妙なる協調は、これを単に個々教材の継次する延長として見ることに依りて明かにせられるのではなく、一般に行われて居る説明に対して異を樹てるものではないが、こうした見方によりて、教材の提示の仕方、及び指導の方法に於ても研究の方針を示唆せられるものの多きことは、これを事実に依っても証明することができるのであって、ここには単にその一事例として、こうした見方に於ける教材の選択と組織との問題を取扱うために、その機能が遺憾なく発揮せられて居る小学国語読本巻一巻二の教材を用いて、それを立証するに過ぎないのである。」（同上書、二八七～二八八ぺ）

教材配位を、教材配位（層位）とのみ見るのではなく、学習の事象状態に関連づけて、論及されている。そこに、垣内先生の視野の広さと論及の確かさとが見られる。

このように、国語読本全体を一文章のように見立てて、その横断面を検析すると、その裁断面には各相が累層をなし、相互に緊密なる連関を保有している。垣内松三先生は、この横断的な考究から、さらに一歩を進めて、縦断的に、読本の層序の考究をされた。

2　読本の層序　これについては、国語読本の縦断的分析によって、各相を通して衝上する展開線を明らかにし、それに沿うて、国語読本における教材提示可能性の問題を検討することもできると述べられている。

こうした、読本の層序（教材系統の展開線）については、たとえば、「サクラ読本」巻一～巻三について、つぎのように説かれた。

「巻一の第一相（第一部と称せられる教材群）と第三相（第三部）と巻二の第五相（部分けなし）とは、性格的に相近似する教材であることを見たのであるが、それを巻三と比照する時に、巻三の第一相と巻一の第一相と縦列的に略同一の教材系統を持続し、巻三の第三相たとえば第二十四課『浦島太郎』は、巻一の第三相即ち『モモタラウ』と相関するごとく見ることができる。もしこうした相関を以て類推することができるとすれば、巻二の第五相『ウグヒス』『ツクシ』『キシャ』と、巻四の第五相との間に教材系統を伸展せしめることができるのではないかとも考える。もし以上の如く考えることが許されるとしたら、ここに明かに第一学年用教材と第二学年用教材との間に、教材系統の展開線の幹線を見ることができるのであって、ここには誤解を避けるために、それに何等かの命名をすることはしないとしても、明かに編纂体系に於ける縦断線を見ることができる。」（同上書、二九〇～二九一ぺ）

教材系統における縦断線（展開線）を右のようにとらえつつ、こうした縦断的分析を加えて、国語読本の編纂体系を明らかにしていくことによって、さらに二つの問題を提起していられる。

1　「その一はそうした展開線に於ける教材系統は、叙述的機構、示現的機構、象徴的機構としての教材の様式性格と様式特性を示すものであるがために、学習類型に於ける叙述的機構型、示現的機構型、象徴的機構型と照応するものであって、こうした対象的側面と作用的側面との交渉と照応とは同時に指導方法との関係を有し、それぞれの教材の選択と組織とは学習と指導との両面に亘りて重要なる聯関の中に在ることである。」（同上書、二九二ぺ）

2　「その二はそうした教材系統の展開線は、学習の進展と共に、複雑なる転化を示す教示を串貫して編纂体系に於ける秩序を規制するのであって、それはいかように分化するとしても、常にこの展開線に沿うて、それぞれの類型群としての統一を保つことができるのである。」（同上書、二九三ぺ）

――垣内松三先生は、教材系統における縦断線（展開線）の問題については、さらに中等学校以上の国語読本（国語教材）にも、また、文学史・文学概論にもわたって、考察を伸ばしていられる。

さて、垣内先生は、国語読本のありかたに関し、「国語読本の職能の実現は、単に概念的感傷的に国語の機能を誇張した教材に依って果されるのでない。一々の教材に、一々に生気を附与することは、一々の教材の精微を尽くすことに依りてのみ全うせられるのであって、これを小学国語読本の教材に就いて見ても、その学習に際して児童の心底に徹する如き魄力を有する教材は、それを熟読するにつれて、その独創性、沈潜性、完成性に於て人知れぬ苦心の潜在することを発見することができる。そうした教材提示可能性の問題はその究極に於て、教材の選定及び組織に関する科学的研究の一切を尽くすことにあるのであるが、国語読本は決して雑纂的文集的であるのではなく、教材の選定及び組織に於て個性的創造的なるものであらねばならぬ。」(同上書、二九五〜二九六ペ)と述べ、国語読本において、有機的統一をどのように求むべきか、その基準を解明しなければならぬとされた。

3　読本の層準　垣内先生は、国語読本の有機的総体を解明するためには、その機能の研究を推進して、そこに内在する基準の内面的動力学的観測を試みなければならないとして、国語読本の基準に関し、つぎのように述べられた。

「国語読本の基準に関しては、一面に於ては国語教育の目的論的観点から、主として国家的或は文芸的或は語学的主張が反覆せられ、他面、技術的観点からは、主として学習法又は指導法の側面からの要求が提出されて居たのであるが、それ等の提案が、教材の素材言表或は観念の各側面に偏する限りに於て、それ等の個々の主張の正当であるに関わらず、国語読本の編纂の基準とせられることなく、それ等の論議の錯雑に過ぎなかった。しかし教材の選択及び組織の問題の複雑なることは、それ等の論議に依って尽くされるのではなく、一面には認識論的観点に即し、他面には世界観的観点に鑑み、それ等の論議を包括し整序して、人間形成、民族形成者としての国語の本質に基き、更に学習及び指導と方位的聯関を保つ、教材の選定と組織とが究明されなければならぬのであって、その基準は、既に本居宣長が謂えるように、事・意・言の相称える実を根基としなければならないことは自明であり、その諸成素のいずれにも偏することは許されないのである。それに就いては嚮に言語形象性の層位、層序、層準を分析して、その本質解明に資したのであるが、それは一教材に就いて然るが如く、国語読本総体の有機的統一に於ても同様であって、そうした多響的統一こそは国語読本の層準と見なければならないのである。」（同上書、二九六～二九七ぺ）

こうして帰結された、国語読本の層準としての「多響的統一」については、つぎのように説かれた。

「国語読本の多響的統一とは、国語読本を構成する各教材の諸成素―一点一音に至るまで―の諧調をいうのである。恰《ママ》かも完成された一文学作品の如くに、読本全体をして有機的統一を保たしめることは至難のことであるが、そこにこそ雑纂的文集ではなくして、精神的創造としての結実が見られるのであって、既述の如く、そうした精神活動は、読本の外面に浮き出して居るのでなく、深く内面に湛えられて居るのであるから、一般の人々の目に触れないかも知れないが、それが教室に於て熟読せられるにつれて、漸次に鮮明に顕露せられるのであって、そうした深底から湧出して森々として面を拍つ気魄こそその本質であるということができる。又このことは一教材に就いていうのではなく、教材と教材との縦横の連繋が緊密である時に、文の心と読む心とは一つになりて自然の流れをなし、殆ど無意識的に各個人は深められ、学級は高められ、学年は進展するのであるが、そうした中軸をなすものは、各教材の展開線の求心的統合に依りて、螺旋的向上の方向へと導かれる内面的動力であるということができる。」（同上書、二九七～二九八ぺ）

ここには、垣内松三先生の国語読本の理想像ともいうべきものがうかがわれる。

さらに、垣内先生は、言表契機――言表要素の内面的統一としての言語形象性こそ、国語読本の一切を統率する作用であって、そこに多響的統一の本質を見ることができるとして、つぎのように述べられた。

「こうした多響的統一はこれを素材や言表や観念等に還元せしめることに依りて明かにせられるのでなく、そうした諸成素を結晶せしめる力を求めることに依りて、始めてその本質を体得することができるのであって、言表契機—言表要素の内面的統一としての言語形象性こそ、それ等の一切を統率する作用であらねばならぬ。言語形象性は『生』に形を与える外化作用の持続的展開である。それを固定せしめる作用は、正に形象戦闘といわれる語に依って示されるように、『生』を戦いとるともいうべきものであるが、このことは一教材について謂われるのみならず、読本全体に於ても同様である。われわれは読本の全体を統率して有機的統一を保たしめるものはこうした基準に依るものであることを信ずるのである。」（同上書、二九八〜二九九ぺ）

垣内学—形象理論によって、国語読本の本質を明らかにしようとされたものであり、国語読本に正面から全力を集注してとり組まれた決意のほども、こちらに伝わってくるようである。

国語教材論の総括（「結語」）として、国語読本論を展開し、「サクラ読本」巻一〜巻三を対象として、国語読本のありかたを論じた、以上の論考は、垣内松三先生の形象理論に立つ読本観となっている。層位—層序—層準から、国語読本を分析し、その基底と展開と本質とを明らかにされているのは、独自の操作ではあるが、本格的な読本観といってよい。「サクラ読本」の解説の域から、解明の域に達したものといえる。

八

（5）「基本語彙学　上」　垣内松三著　昭和13年6月20日　文学社刊

本書の目的については、「はしがき」に、

「本書は国民言語文化体系の第三巻として、その具体的なる象面である語を対象とし、特にその出発対象として、基本語の研究を必要とするために、小学国語読本（巻一―巻四）を資料として、日本言語文化の進展を考察することを目的とするものである。」（同上書、「はしがき」）と述べられている。

本書の構成は、つぎのようになっている。

第一章　国民言語文化と基本語彙学
一　国民言語文化と語彙学
二　語彙学の問題状態
三　基本語彙学と国民言語文化
第二章　方法の問題
一　方法の聯関
二　方法の適用
三　方法の問題
第三章　統計的研究
一　語彙の統計的研究
二～五　語彙統計（其一～其四）
第四章　類型的研究
一　語彙の類型的研究
二～五　巻一品詞別研究～巻四品詞別研究

第五章　体系的研究
一　語彙の体系的研究
二　語彙合計
三　語彙の体系的分類
附　語彙索引

右の構成のうち、

第一章　三　基本語彙学と国民言語文化　のうち、「言語形象」（同上書、六〇～七五ぺ）の項には、前著「形象と理会　巻一」（昭和8年4月18日、文学社刊）の一五八～一八〇ページの多くが再録されており、また、第二章　二方法の適用（同上書、九七～一四六ぺ）の項にも、前著「形象と理会　巻一」の一八一～二四〇ページのほとんどが採録されている。これらのほか、「形象と理会　巻二」附録（一）の「語彙集覧」なども、収められている。前著を踏まえ、前著に負うところが多いのである。

右のような事情もあって、「基本語彙学　上」を刊行された時、「今後『形象と理会』を絶版とする。」とその「はしがき」に付言されている。

垣内松三先生は、国民言語文化と基本語彙学の関連については、「言語文化現象に於ける言語形象性の法則を観測するためには、先ず語形象性の精神物理学的観察を以て開始しなければならないことを確信するのである。」（同上書、九ぺ）と述べ、さらに、基本態度としては、「文化形象一般は、その特性を保つ限り、その深層に現存する原現象には結晶の力がある。そうした動力的構造を観察することは、一切の考察の第一出発点である。国民言語文化の考察に於て、特に語彙の方面からその課題に向《ママ》うとしても何等の変更を加うべき理由はない。一語といえどもこれを審さに観る時には、そこには微妙なる結晶の姿が見える。そうした結晶の力とは何を示すのであるか。先ずこのことを明かに見定めなければならない。」（同上書、一六～一七ぺ）とされた。

当時の語彙学重視の傾向については、「語彙学の研究が重要視せられるに至ったのは一般の現象ともいうべく《ママ》特に語彙学史からいえば言語文化の進展に処する重大なる転回点と見ることができるであろう。」（同上書、二七ぺ）と述べ、語彙学の問題状態を精細に叙し、さらに、語彙学の研究材料として、国語読本を採ったわけについて、つぎのように述べられた。

「在来の因習として、われわれの学問は作品作家の研究に集注し、そうした研究の対象と小学国語読本の如きは比べものにならないとせられ、従ってその研究の方向は著しく差別のあるものの如く見られている。しかし研究の『事例』としては同一である。小学国語読本を材料とする[1]目標の一は児童の言語生活及び言語活動の伸長の観測である。従って国語読本の教示研究を資料としてその機能を観察するためには、その提示可能性の契機に立たなければならないのであるが、その精神科学的解釈は決して簡単ではない。[2]その二は国民生活と国語生活との統一である。多年に亘りて未了のままに経過した国語問題の一切は一日も早く現時の国民生活との聯関に於ける現代史的解明に依って解決せられなければならない。然るに小学国語読本は、その教材提示法に於てこの問題の解決に近づき、基本国語の示標としての性能を有するものである。少くとも小学国語読本は、それを打開する楔を打ち込むものと推定することができる。われわれは既に久しく世界各国に於ける基本国語の研究の理論と実際とを告知したのであったが、今こそそれを好むと好まざるとに関わらず、その問題に直面しなければならなくさせて居る。[3]その三は、基本国語の整理と設定が、国民生活の向上と国民文化の発展に至大なる関係を有することを思わなければならぬ。われわれは既に長年月に亘りてこの事を提唱し来ったのであるが、小学国語読本の画期的革新はその惰性を根底から揺り動かしてその刷新を促進するものであり、われわれは小学国語読本の教材の機能を発揮せしめることが、将来の国民言語文化の進展に於て至大なる関係を有することを信じて疑わないのである。従ってここに基本的ということは基礎的ということでなく、素朴的ということと同義であるが、私はそこから基本語彙の事例を抽出して真に精神科学的世界構造に肖似し相応するような充分な設計が発展せしめられその法則が考察せられる可能性のあることを確信するのである。」（同上書、五四～五五ぺ）

このように、「小学国語読本」を資料として、語彙研究を進めていくことの重要であり、軽視すべきものでないことが、垣内先生の年来の確信にもとづいて説かれているのである。

さて、垣内松三先生は、さらに基本語彙学のありかた（性格・本質・方法）について言及された。基本語彙学の基本的性格については、たとえば、つぎのように述べられている。

「その外顕《ママ》のみに就いていえば国語学・国文学・国語問題・国語教育等の現象と同一と見倣されるかも知れないが、それ等の全領域に広がる表面張力の根柢には基本的なものへの要求として共通する精神の緊張があるといわなければならぬ。基本語彙学の名はそうした対象を目標とする根本的課題の研究に賦与せらるべきであろう。」（同上書、七七ぺ）

ここに垣内先生の基本語彙学に対する基本志向を見る。それはかりそめのものではなかった。

ついで、基本語彙学の真の成立のために、どのようにことばをとらえていくべきかについては、つぎのように述べられた。

「基本語彙学の問題の設定のためには従って幾多の仮現状態——仮知・仮感・仮思・仮人・仮値——の自照と払拭とが敢行せられなければならないであろう。元来、世界史に於ける偉大なる民族の偉大なる言葉は沈黙の深層にあって常にその生気を失うことなく、個々人の瞬間的な言葉の力と同様に、それを諦聴する民族と個人の精神を鼓舞し文化を創造する偉力を蔵している。貝殻を耳にして海のとどろきを聴きとった詩人のように沈黙の深層に聴き入ることは言葉の力を把握する唯一の仕方である。沈黙は言葉を生み、言葉は沈黙の深層に於て生い立つからである。個人或は全民族が、沈黙の深層に於ける言葉を聴きとることができなくなった時は、言葉は既に枯死したのである。民族が傾聴しようと欲しない言葉はたとえいつまでも、いかようなる手段によりて語りつづけられて居ても民族はそれに従順ではあり得ないのである。しかしそれと反対に多くの人々の忘れた言葉が黙会の力のある少数の人々の記憶に甦り、それによりて民族の希望がつながれ民族の将来が支持せられ、新しい世代層の聴明に結びつけられて新しき言葉として芽生えるまで重厚なる沈黙の深層に生存するものもある。嘗て存在した、或は記録に書き止められたために残存するということは単に偶然でしかあり得ない。そうした在り方をもつ言葉が最早沈黙の深層から返照する弾力がないに関わらず、何等かの理由によりてなおも語り続けられる時には、それ自身の拘束の内部では完全に生存しているとしても、対象界には何らの連繋を保ちがたくなり、或る《ママ》機会にその接続線が断たれると同時に盛装した虚言となる。基本的な言葉はそうしたものではない。その恒存性には必然の法則がある。従って仮現状態の排除のためには三重に沈思せられなければならぬ。偉大なる言葉に対して、ただ沈黙して傾聴し、生を制約する言葉の偉大なる気力に対して沈黙して直視し、更に明かに必要なる処理に関しては、沈黙して諒承し、直下に実践し得るもののみが、沈黙の深層から純正なる言葉を感得し、そこから愛の力と秩序の力と進歩の力を人の世にもたらすことができるのであると思われる。」（同上書、七八～八〇ペ）

　垣内松三先生の「沈黙の深層」という考えかたは、基本語彙学の根本にあったと見られるのである。その基底の上に、純正なる基本語の探求を目ざす基本語彙学の構築が考えられていたのである。

　国語読本を資料としてなされた基本語彙学研究に対して、垣内松三先生は、大きい期待をかけていられた。そのことは、つぎのような述べかたにも、うかがわれる。

「われわれは今この解明の一端として、多年国語読本を材料とし、国語教育の事象を基底として、考察した結

果を報告する機会に遭遇したことを感ずる。国定制度である国語読本（必ずしも現実の国語読本を指示することを要しない）は《ママ》

⑴形成史的―提示可能性の総括概念―に国語の実在的存在根基に立ち

⑵類型史的―表象可能性の総括概念―に国民の意識的存在根基に立ち

⑶精神史的―世界観的可能性の総括概念―に言語共同性の自覚的存在根基にたつ《ママ》

ものである。国語教育に於ける国民教育に於ける国民生活・国民文化・国民精神の陶冶はこうした教材の運用によりてその目的を達成せんとするのであるが《ママ》われわれはここに古典への通路が見出され、未来への展望が広められ、そこに国民言語文化の観測を誘導する無限の問題が蔵くされてあることを思わなければならぬ。」（同上書、八四ペ）

ここにはまた、垣内松三先生の「国語読本」への深いとらえかたもうかがわれる。

以上のような基礎論に立って、つぎには、方法の問題がとりあげられた。すなわち、1統計的方法、2類型的方法、3体系的方法について、それぞれの長短を指摘し、それらの連関の問題にも及ばれた。

まず、1　統計的方法　――統計によって頻出度の高いものを基本語として行く方法については、方法の解説に加えて、つぎのように留意すべきことを述べられた。

「この方法に於ては五百万語以下の調査によりては信頼することができないと言われて居るが、特に、小学国語読本の語彙調査という場合には統計さるべき範囲も定まり、各語の頻出度も明確に調査されるのであるから、この方法の成果を参照して、更に高次的な層位を目がけなければならないことはいうまでもないのである。統計的方法による調査の結果は普通、五十音順等に配列せられるのであるが、その際に極めて近接する語と語の間に、

それ等とは幾分距りのある語が介入することは極めて見易いことである。それ故に語彙の観察に於てはこの他の方法の調査をも比照しなければならぬ。」（同上書、八八ぺ）

また、２　類型的方法　については、問題点を指摘し、さらに、つぎのように念をおされた。

「一般に品詞という類型に依って部類することは語群を統一する常識的方法であって、それを採ることを妨げないが、小学国語読本に現れた基本的語彙というものを統一的に調査綜合しようとする場合に、品詞論的思惟に依る品詞的概念に従うことは著しくその客観性を阻害することなきを保し難し。しかしわれわれは統計的方法との共存に於て、その欠点を補うことは不可能ではない。」（同上書、九〇ぺ）

ついで、３　体系的方法　については、ローゼット・オグデンなどの例を示しつつ、つぎのようにまとめられた。

「日本的乃至東洋的なるものは、項目が日常的、実際的であるに対して、ローゼット及びベーシックは、体系的で思弁的であるという差別がある。

しかし、そうした差別にも関わらず、いずれも、語そのものからでなく、語と事象との同一性に基づいて、語の表示すべき機能そのものから出発しているという点に特徴がある。又、そうした限りに於て論理的立場を以て貫こうとしているといってよい。

しかしながら、宛もその故に、これ等の分類は事物語としての名詞には恰当するが、他の種類の語の分類には徹底しないところに弱点がある。」（同上書、九四ぺ）

さて、これら三つの方法を関連させ、つぎのような方法の基準を設けて、

一　先ず第一に、類型的方法としての品詞分類を行う《ママ》。そうして名詞、動詞を除いた他の語についてはそれぞれ文法的点検を行う。但しその場合でも、品詞論的立場からでなく、言語事実という点を主とする。

二　名詞については、体系的分類を行う。殊にベーシック、ローゼットの両者を、国語の実際に即して修正しつつ進める。

三　動詞については、統計的方法を主とする。同時に分析的方法を考慮に入れて基本的なるものと、合成的なるもの、派生的なるものとの分出に留意する。（以上、同上書、九五～九六ぺ）

と述べ、さらに、「こうした操作を貫いて、目ざすところは、『一つの有機的全体としての基本語彙の体系』であって、種々の技術的考慮も、この一点に集結せられるのである。」（同上書、九六ぺ）として、これら方法の目ざすところを、明確に示された。

ついで、これらの方法を、「サクラ読本」巻一に適用した結果を、具体的に示し、さらに、「サクラ読本」巻一～巻四にわたって、統計的研究・類型的研究・体系的研究に分けて収録された。（いま、これの各項にわたる結果については、保留にしたがいたい。）

なお、垣内松三先生の「基本語彙学」について、輿水実氏は、つぎのように述べている。

「これまで形象理論といえば、『文』に関係する理論で、『語』を無視するもののような誤解が、ある方面には、ないでもなかった。しかし、ここに『語形象』ということが盛に問題とせられ、一語でも、取り扱いようによっては、全文化に共鳴するということが力説されている。」（輿水実稿「垣内先生と基本語彙学」、「同志同行」（7の5）、昭和13年8月1日、一〇〇ぺ）

「垣内先生では、基本語彙についての研究から一切の語彙研究が開始せられるのであって、基本語彙学が語彙学の始めであり、一切である。そこに先生の基本語彙学の独自性がある。」（同上、一〇一ぺ）

ここには、垣内松三先生の「基本語彙学」の性格・特性が簡明に指摘されている。

垣内松三先生の、「サクラ読本」巻一～巻四を資料としての「基本語彙学」的研究は、垣内学の中でも、大きい位置を占めるものであった。その「基本語彙学」の内実を形成しているのは、「サクラ読本」の語彙の体系・実態であるといってもよく、その面からすれば、この「基本語彙学」は、みごとに操作された「サクラ読本」研究でもあった。

「学」としての構築に意を用い、方法についても慎重な態度で臨み、精細無比の語彙調査が結実しているのである。むろん、これは巻四までで、その点では未完の大作という面をもっている。とはいえ、「サクラ読本」基礎研究としては、独自の労作であって、不滅の価値をもっている。

九

垣内松三先生の「サクラ読本」研究において、注目すべきことの一つは、解釈における三つの制約――1形成史的、2類型史的、3精神史的　の適用である。これはどこからきているのであろうか。

これは、エルヴィン・パノフスキーの芸術作品の解釈学に拠っていられるようである。エルヴィン・パノフスキー（Erwin Panofsky）の所説については、すでに、雑誌「国文学誌」第三巻第二号、昭和8年2月1日、不老閣刊）の「学界展望」欄に、「芸術作品の記述と解釈」（エルヴィン・パノフスキー）（『ロゴス』一九三二年　第二号所載）として紹介されていた。これは同上誌に、八ページ余にわたって訳出されたものである。

このパノフスキーの所説は、のち、「国語教材論」（昭和9年7月20日、文学社刊）に、「文学解釈の基準」の中に、ほぼ収録された。教科書・教材（文学作品）について、パノフスキーの解釈論を適用しようとされていたのである。

パノフスキーの所説を図示したものは、つぎのようであった。

解釈の対象	解釈の主観的源泉	解釈の客観的矯正者
1現象的意味（一部分事象的意味と表現的意味の中に）	生きた生活経験	形成史（提示可能性の綜括概念）
2意義的意味	文献的知識	類型史（表象可能性の綜括概念）
3表示的意味（本質的意味）	世界観的原態度	一般精神史（世界観的可能性の綜括概念）

（同上「国文学誌」、八一ぺ）

垣内松三先生は、ここに簡約されているパノフスキーの解釈理論を、そのまま借用されたのではなく、むしろ摂取し活用されたというべきであろう。年来みずからあたためてこられた解釈学の知見に、大いに共鳴を感じさせるものが、このパノフスキーの解釈の客観的矯正者という考えかたに存在していたものとも見られる。

垣内松三先生の「サクラ読本」研究がその内容分析の上で、総合的に成果を収めることができたのは、パノフスキー所説を踏まえつつ、「サクラ読本」の教材そのものに深くわけ入り、それらを整然と統合されたところに負うであろう。

パノフスキーに触発された点はあっても、それはあくまでも、方法論としての観点においてであって、「サクラ読本」への適用とそれに立っての読本解釈そのものは、まさしくみずからの深く鋭い解釈力を発揮されたのである。その点からすれば、「サクラ読本」研究の独自性は、ゆるぎのないもので、垣内松三先生の開拓されたものと認められる。

一〇

　以上、垣内松三先生の「サクラ読本」研究のあらましを考察した。

そこには、体系的な考察・調査体制のもとに、独自の視点がとられ、精密鋭利な調査・分析・考究がなされていて、それぞれに見るべき業績が収められていた。

一読本に埋没してしまう微視的な操作に陥ることなく、「国語読本」のありかたならびに活用のしかたを、じゅうぶんに把握した上で、画期的な「サクラ読本」への研究が集注されたのである。

「サクラ読本」全一二巻の中で、最も力が注がれ、それによって、典型的な考究の成果を得ているのは、むろん、巻一であった。それは、垣内先生の国語教育学的知見が縦横に駆使されて、充実したものとなっている。単に巻別考察のそれだけでなく、さらに注目すべきことは、「サクラ読本」巻一～巻三にわたって、垣内松三先生みずからの形象理論が導入され、国語読本における編纂体系が追究され、教科書の有機的統一を明らかにしようとされたことであった。そこには、「多響的統一」（言語形象性）が求められ、透徹した国語教科書観が示された。自己の学理に立っての独自の見解が提示されたのである。

　ついで、「サクラ読本」巻一～巻四については、「サクラ読本」の基本性格を明らかにしつつ、「サクラ読本」の出現によって、国語問題・国語教室の上に、どういう成果・方向を期待すべきかについて、実践者を対象に、論及された。「サクラ読本」巻四までの完成を機として、それまでに、「サクラ読本」は、国語教室の中で、どのように扱われたかにも細心の注意がなされ、そこに、「生きた教材」としての「サクラ読本」の実質が鮮明に把握されていた。そのことは、垣内松三先生がまさに国語教育学者であったことを証するものでもあった。

つぎに、垣内松三先生は、同じく「サクラ読本」を巻一～巻四までを対象にして、「基本語彙学」的究明（調査・研究）を試みられた。それは、「文」・「文章」における形象理論を、「語」におけるそれに新しく展開されたものであるばかりでなく、最も堅固な「サクラ読本」基礎研究でもあった。そこを足場として、提起されている「基本語彙学」の問題は、国民言語文化の基礎構築として、重い位置にある。そうした壮大な学問を、「サクラ読本」を足場に築こうとされたのは、注目すべきことである。

さらに、「サクラ読本」全一二巻の完結を見たときは、この読本を国語教育実践の場で、どのように生かしていくべきかについて、とくに「教案」のありかたを中心に説かれた。これは、垣内松三先生が「サクラ読本」を「サクラ読本」として見るだけでなく、「教材」として、どのように見つめられ、生かされていくべきかを、課題とされていたことにもとづく。垣内松三先生の問題意識の激しさ・鮮烈さを見るおもいがするのである。

垣内松三先生は、その「サクラ読本」研究において、いわゆる「学習書（解説書）」の低さと偏向とを、しばしば批判された。それは、学としての「サクラ読本」研究を志向されていた先生としては、当然のことであった。垣内先生によって、「サクラ読本」は、初めて国語教育学の対象におかれたといってよい。その「サクラ読本」研究に、わたくしは、垣内国語教育学の営みの大きさ・広さ・深さを探求してきた。

垣内松三先生のばあい、センテンス・メソッドを具現し、年来の宿願をみたした「サクラ読本」に対しては、あまりにも期待が大きく、その評価も肯定的であり、ときには甘く寛大でもあった。しかし、その肯定にも、当時としてはやむをえないものがあった。

垣内先生の「サクラ読本」研究は、比べようのないほど、独自のものであったが、しかし未完の余地を残していた。その研究を、どのように継承し、かつ発展させていくかは、今後の課題の一つである。

第三節　「実践の技術学」について

一

国語教育学の技術学的性格を考えていくのに、ここで、垣内松三先生の「国語教育講話」（昭和11年1月1日、同志同行社刊、菊判四一一ぺ）のばあいをとりあげたい。

「国語教育講話」では、国語教育における「実践の技術学」が中心主題になっている。それは主として、「芦田先生の教壇を基礎として」（同上書、三五二ぺ）考えられたものであり、実践の事実をふまえての考察である。理論と実際とを結ぶものとして、「実践の技術学」をどう考えていくべきか——この問題が「読方教育」の面から、考察されている。

本節では、「国語教育講話」の成立・位置・内容について考察し、その「実践の技術学」の学的性格について考えていきたい。

二

「国語教育講話」は、その序に、「芦田先生の教壇行脚十年を記念するためにこの書を献げます。この書に収めた講話五篇は青山広志氏の筆録せられた恵雨会研究会に於ける講話記録に基づき補訂を加えたものであります。」（同上書、垣内先生序、一ぺ）と述べられ、これによって、その刊行の動機と成立の事情を知ることができる。

芦田先生が教壇行脚に出られたのは、大正一四年（一九二五）九月であるから、昭和一〇年（一九三五）は、ちょうど行脚十年にあたっていたのである。その教壇行脚十年を記念して、垣内松三先生は、この「国語教育講話」を芦田恵之助先生に献げられたのである。

「国語教育講話」は、つぎの五章から成っている。

第一章　国語教室

第二章　実践の技術学（上）

第三章　実践の技術学（中）

第四章　実践の技術学（下）

第五章　国心と国語

これらの各章は、それぞれ還暦記念教育大会、恵雨会講演会、国語教育講話会などで講演されたものの筆録を補訂されたものである。

それらは、つぎのような題目でなされている。

第一章　国語教室←第二回恵雨会講演（昭和9年10月14日、東京戸山小）「国語教育の根基」、「同志同行」3の10、昭和10年1月1日、3の11、昭和10年2月1日、収録。

第二章　実践の技術学（上）←第三回恵雨会講演（昭和10年3月27日、東京戸山小）「読方教育に於ける実践の技術学」―中学年読方教育に即して―、「同志同行」3の11、昭和10年2月1日、予告、3の12、昭和10年3月1日、収録。

第三章　実践の技術学（中）←国語教育講習会講演（昭和10年6月7日、8日、9日、神奈川伊勢原小）「読方教

育に於ける実践の技術学」（七時間）
第四章　実践の技術学（下）↑教壇行脚十周年記念第四回恵雨会講演（昭和10年9月22日、23日、東京戸山小）「立言の単純化」「同志同行」4の7、昭和10年10月1日、要項のみ収録。
第五章　国心と国語↑還暦記念教育大会講演（昭和8年12月28日、東京日本青年館）「国心と国語」、「同志同行」2の12、昭和9年3月1日、3の2、昭和9年5月1日、収録。

これらの講演は、

Ⅰ「国心と国語」・「国語教育の根基」
Ⅱ「読方教育に於ける実践の技術学―中学年読方教育に即して―」・「読方教育における実践の技術学」
Ⅲ「立言の単純化」

の三群にわけることができる。

このうち、Ⅰの「国語教育の根基」は、本書「国語教育講話」の序章の位置に立ち、Ⅱ・Ⅲは、「実践の技術学」（上・中・下）として本論をなし、Ⅰの「国心と国語」は、結章の意義をもになっている。

右の講演のうち、Ⅱの二つは、芦田恵之助先生の教壇を実地に観察され、それが随処にとりあげられている。Ⅲのばあいは、教壇行脚十周年を記念して、芦田先生の三つの主要著書「読み方教授」（大正5年4月21日、育英書院刊）・「第二読み方教授」（大正14年9月15日、芦田書店刊）・「国語教育易行道」（昭和10年5月20日、同志同行社刊）をふまえていられる。

（なお、第一回恵雨会講演は、昭和九年、「国語教育の基礎工作」という題でなされている。その筆録は、「同志同行」（3の5、昭和9年8月1日）に収められている。）

三

「国語教育講話」は、教壇行脚十年を記念して、芦田先生に献げられたものであったが、これはさきに見たように、主として昭和八年末から昭和九年、一〇年の講演筆録であった。なかでも、昭和一〇年における講演活動が中心になっていて、その関心は、「実践の技術学」に向けられている。

ところで、垣内松三先生は、昭和八年一二月二九日に、「国語教育の理論と実践」（不老閣書房刊、菊判二八〇ペ）を刊行された。これは芦田先生還暦記念論文集でもあった。この書物には、

一　国心と国語　　四　国語教育と国民文化
二　国語教育の実験的研究（上下）　　五　言語共同性（結語）
三　国語教育と類型の問題　　付録　国語教育誌学考

が収められ、主として、雑誌「国文学誌」「丘」「コトバ」などに発表されたものの再録である。昭和八年（一九三三）一年間の研究活動の集成されたものである。

つづいて、昭和九年（一九三四）には、「独立講座　国語教育科学」が刊行された。（昭和9年4月から昭和10年10月まで、一二巻のうち、九巻を刊行した。）これは、垣内国語教育学の集大成でもあった。

「国語教育講話」は、この「国語教育の理論と実践」・「独立講座　国語教育科学」をうけて、昭和八〜一〇年、とくに一〇年の講演活動がまとめられたもので、その成立において、特殊な性格をもっていることがわかる。そこでは、実践への関心がつよく示されている。芦田先生の実践と緊密に結びついて、考察が進められているのも、理論・学理と実際・実地との交渉を示すものとして注目される。

また、垣内松三先生は、「国語教育講話」の姉妹篇として、「国語教育実践的性格」を刊行される予定であったようである。このことは、「同志同行」（5の10、昭和12年1月1日）の裏表紙に予告されている。その内容としては、

一　国語教室の瑞気↑「同志同行」5の10、昭和12年1月1日
二　国語教育の定位と風格
三　国民言語文化の心情圏↑「同志同行」5の2、5の4、5の5、昭和11年5月1日、7月1日、8月1日
四　国語教育者の心位
五　国語教育の実践的性格

などが予定されていた。

この書物は、未刊におわったかと思われるが、そこでは、国語教育の「実践的性格」を中心主題とされる意図があったようであり、国語教育の定位と風格が問題にされようとしていた。「国語教育講話」で問題にされた「実践の技術学」から、さらに、「実践の性格、風格」といった問題の究明が意図されていたとみられる。「国語教育実践的性格」は、主として昭和一一年（一九三六）に発表されたものをまとめようとされたものであるが、これ以後も、雑誌「同志同行」には、垣内先生の講演記録が掲げられ、その手記が発表されている。「国語教育実践的性格」は未刊におわったが、昭和一五年（一九四〇）二月には、「言語形象性を語る」（昭和15年2月11日、国語文化研究所刊）が刊行された。これは「言語形象性」（形象理論）について口述されたものの筆録二篇と付録一つから成っていて、垣内学説の展開過程を理解していく自伝的な資料である。

「国語教育講話」は、芦田先生の教壇事象との結びつきのもっとも緊密なものといえる。実地の実践者に向かって、芦田先生の実地授業とともに講演され、しかも、そこに実践の技術学を志向されているところに、その特

色を認めることができる。

なお、垣内先生が、「同志同行」誌上に発表された論稿は、つぎのようである。（ただし、昭和一〇年以前は、いま省略にしたがった。）

○国民言語文化の心情圏㈠　（講演）「同志同行」5の2　昭和11年5月1日

○「青葉」の教壇事象　（抄録）「同志同行」5の3　昭和11年6月1日

○国民言語文化の心情圏㈡　（講演）「同志同行」5の4　昭和11年7月1日

○国民言語文化の心情圏㈢　（講演）「同志同行」5の5　昭和11年8月1日

○即表面張力　（あいさつ）「同志同行」5の7　昭和11年10月1日

○国語教室の瑞気　（稿）「同志同行」5の10　昭和12年1月1日

○労作の事象性　（稿）「同志同行」5の12　昭和12年3月1日

○若渓会刊の夕　（あいさつ）「同志同行」6の3　昭和12年6月1日

○五百羅漢の書幅について　（談）「同志同行」6の7　昭和12年10月1日

○国語の力　（講演）「同志同行」6の10　昭和13年1月1日

○指導過程の問題　（講演）「同志同行」7の1　昭和13年4月1日

○国語教育者のための倫理学（上）　（講演）「同志同行」7の4　昭和13年7月1日

○国語教育者のための倫理学（後）　（講演）「同志同行」7の5　昭和13年8月1日

○小学国語読本の完成と実践　（講演）「同志同行」7の9　昭和13年12月1日

○「国語教室」を読む　（稿）「同志同行」8の10　昭和15年1月1日

○展開の方向　（講演）「同志同行」9の4　昭和15年7月1日

右のように、講演筆録がその大部分をしめているのである。

四

垣内先生は、本書「国語教育講話」の中で、まず「国語教室」の問題をとりあげ、そこで、「実践」の問題を考察されている。

「実践」について考える場として、「国語教室」がとりあげられ、それについて、「国語教育のことを考えて見るのならば、国語教室を訪ねて暫く立って居たら何よりもよい手がかりが見つけられる。それどころでなく、それが最も正しい手続である。」（同上書、四～五ぺ）、「国語教育の事実に立って論議せられたものであれば、所論に精粗はあっても何か益せられるところがあるものである。国語教育の問題を考えるためには先ず国語教室をよく見なければものがいえない。その中でも教育の実際の仕方を広く深く精しく見ぬくことが肝要であるが、その機会は容易に恵まれるものではない。故に国語教育の実際に携わらないものの言論は空理空論に陥り、国語教育の実際に与《ママ》るものの言説も個人的主観的に流れ易く、議論あって実績が挙らないということになるのであろう。国語教室に於ける実践の仕方を精しく観察し深く考えた意見でなければ理論からも実際からも無用の論議として排斥せられるのは当然なことといわなければならぬ。」（同上書、五ぺ）と述べ、国語教育研究における「国語教室」本位の考えかたが提示されている。

ついで、「実践」の意義について吟味し、「一切の問題は如何にして教壇に於て実践するかという一点に帰着するとすれば、この究竟の課題に向っ《ママ》て全力を集注するの外はない。」（同上書、七ぺ）とし、「国語教育に於《ママ》て実践を主張するならば、その根源に還って先ず、自分が道を行ずる正しい心構をとって居るかどうかを反省するところから実践が始まるのであろう。実践者は修行者である。こうした意味に於ての実践ということは理論に対するものではなく、またいわゆる実際に対するものでもない。むしろ理論と実際とを超克して一道の白路を見出すところに実践の道があり、その道を踏みしめて行くところに修行がある。」(同上書、八ぺ) と述べ、「国語教育に於ける実践の道は教壇に立って居る自己を反省するところに最も近い道があると思う。」(同上書、一〇ぺ) とされている。

ここで、垣内先生の意図される「実践の技術学」というのは、どういうものであろうか。「実践の技術学」という術語を用いた理由として、二つが示されている。

その一つは、「実践ということに筋道を立てるためにどうしたらよいかということを考えるに当りて、外の方へ考方《ママ》がまぎれこまない心構えを定めるの」(同上書、一一〜一二ぺ) に、「技術学」という語を用いたというのである。

もう一つは、「技術学」の語のかわりに、「方法論」の語を用いてもわるくはないが、「理念と実際との関係を整える方法論を技術の近くまでもたらすにはどうしたらよいかという問題がいわゆる実践の筋道を立てる最も主要な点である。」(同上書、一三ぺ) と考え、「その場合に技術学というのは方と法と型とこれを『かた』としてその『かた』の本質を研究するのが技術学という名で呼ばれて好いのではないかと思うのである。」(同上書、一四ぺ) とされ、さらに、「単なる方法論というものではあまりに実際に縁が遠い、また技術というものではあまりに理念と縁が遠い。実際に縁が遠いものでは指導に適しない。そこで方と法と型を結びつけて、実践を実践たらしむるには、そこに技術学とでも称するものが必要であると思う。しかしこの一点を考慮することによって日常行う《ママ》読方教育の方に一面に理念を見失うことなく一面には指導に徹する道を考えるという意味を含めて実際と理論を考えるときに、単なる教授法でもなく、単なる方法論でもなく、その二つを結びつけるための実践技術学というものが、われわれの取扱う学問の上にも、また教授法を考える時にも要求されるのではないか。こう考えて、これに技術学という一つの符牒を与えて見たのである。」（同上書、一四ぺ）と述べ、また、この実践の技術学という語を用いることによって、「私は国語教育事象としていきいきと働いて居る『道』をこの中に現わして見たいと念願して居るのである。すなわち、国語教育に於ける実践の技術学というのは現在の国語教育に対するいろいろの考え方から実践という一途が目がけられて居るのであるが、その実践を明かにして、更にその実践を実践たらしむるために如何にしてその目的を貫徹するかということを考えるのが国語教育に於ける実践の技術学という標語の意味合いである。」（同上書、一五ぺ）と、その理由を述べられているのである。

　このように、垣内先生は、実践の筋道をしっかりとたてるために、実践の技術学を志向されるのである。この実践の技術学の出発対象としては、

　1　教材の研究、　2　学習の研究、　3　指導の研究

の三つの問題を設定され、これらの中でも、国語教育の媒材としての教材の研究をもっとも主要な位置をしめるものと考えられた。「まず第一に教材の研究を基礎として特にその内部構造を考えたい。その立場から児童の学習状態を観察し、そうした学習状態に直面して指導の問題を考える。そして教材、学習、指導の全体の有機的関係を目ざして考《ママ》を進めたい。」（同上書、一六ぺ）と述べられている。

　さらに、垣内先生は、当時の国語教育の実存的転回を指摘し、サクラ読本の出現による国語教育の新生を説き、国語教育の根基を固め、国語の力を自覚して、国語教育を充実させていくべきことを強調された。「国語教育の実存的転向の基礎づけをなすものの一つは国語教材である。」（同上書、二六ぺ）として、「小学国語読本」（サクラ読本）の編纂体系について述べ、語彙・文法・文体の問題に言及し、新読本による国語学習の深化の現象を指摘し、国語教室の空気を明澄ならしめる実践を期待されているのである。

五

垣内先生は、国語教育について、実践の技術学を考えていくのに、とくに芦田先生の教壇を基礎としていられる。その立場からの、垣内先生の「実践の技術学」の内容は、

一　形象の問題　　二　理会の問題
三　形象と理会　　四　動力的統一
五　動力的統一の構造　　六　事象論理の展開
七　事象論理の基準　　八　内面動力的体系
九　自証体系　　一〇　師弟共流
一一　読綴一如　　一二　内面動力的統一

のように示された。

垣内先生は、まず、教材研究に即して、「形象」の問題をとりあげられた。「ウグヒス」（小学国語読本巻二）、「乃木大将の幼年時代」、「登校の道」の、低・中・高のそれぞれの教材を手がかりとしつつ、教材研究における実践の技術学の問題を考察された。これについて垣内先生は、「実践の技術学は教材研究の実践に際して、これだけのことは手を抜いてはならないという諸項目と、又これ等の細目に就いて十分に手を尽くせば教材の研究が徹するという諸条件を残りなく見透しをつけ、それを組み立てて実践を促進する動力を動かそうとしてる《ママ》のである。」（同上書、六八〜六九ぺ）と述べ、また、「教材の研究に於て最も重要なのはその教材の本質を捉えることであるのはいうまでもなく、従ってそれを明らかにするために単に外面的な文の形像《ママ》解説ではなく、その形象性を明確

にすることが教材研究に於ける実践の技術学と称すべきものであって、この全面に亘りて手を尽すならば教材の機構ははっきり把捉されるのである。」（同上書、七三ぺ）とし、さらに、「教材の機構を十分に見つめて、その研究の実践を尽す手続に就ては、文の本質分析に関する研究によって明晰に指摘されて居る。こうした手続を踏んで最善を尽して吟味する事は決して方法論的なものでなくて、実践に於ける理会の技術学といってよいと思うのである。技術学というのはただ文を通読し精読し味読する技術ではない。その三者の関係を統一して文を見るにはこれだけのことは手を抜いてはならぬということ、若しどこかに手を抜いたらばすぐに全体の組立が崩れてしまうということを注意深くまとめることであって、ラジオのどこかに故障があっても音が聞えなくなるのと同じように、どこか手を抜いてあったら、その手続が果されないのであるから教材研究の実践の技術学の目的はこれだけは手を抜いてはならぬということを明瞭にすることである。」（同上書、八〇ぺ）、「教材研究に於てわれわれの最後の目標として考えるのはこの多響的統一ということである。その手続としては縦と横との間に響き合っている一言一句句読の微に至るまで生々とした機能を荷担する言葉であることを見出すことが教材の研究に於て要求せられる必要条件である。これによって教案の立方《ママ》も自から異って来、また一言一句に対する注意も自然に変って来なければならないのである。」（同上書、八一～八二ぺ）と述べられている。

　なお、垣内先生は、教材機構の問題と関連して、板書および学習帳のことに、実践の技術学の問題として、言及されている。

　つぎに、垣内先生は、「理会」の問題をとりあげられた。「理会という問題は読方・綴方の教育に於て最も注意しなければならぬ重要な課題であるが、国語教室に於ける事象としては『理会の循環』という方がよく合って居る。『わかる』ということの『うずまき』の中に国語教育の生々と行われる有様を目の前に現わすには、こゝまでつきつめて謂った方がよいと考える。」（同上書、九五ぺ）とされ、「わかる」ということについての研究を、実践解釈学の面からとりあげ、児童の「理会」の類型を、A・B・C・Dの四類に分けて説き、「それぞれの児童にそれぞれの力に応じてわからせるようにするのはどうしたらよいかということが実践解釈学の問題である。」（同上書、一〇一ぺ）とし、その実践解釈学の主眼は、「受持の児童を十分に読方の勉強に目覚めしめそれを生い立たせ、且つ練りあげるには如何なる手続を踏まなければならぬかという事を研究する」（同上書、一〇一ぺ）ことにあるとされているのである。

ついで、芦田教式（（1）よみ、（2）話しあい、（3）よみ、（4）かく、（5）よみ、（6）とく、（7）よみ）の各項に即して、「読みの心がまえ」・「理会の循環」を中心に、実践技術学的分析を試み、読方教育についての実践の技術学建設の方向を示された。

さらに、垣内先生は、「事象が理念によって高められ理念が事象によりて深くされる理念と事象との関係を明かにすることは実践の技術学の目的とするところである。」（同上書、一三七ぺ）が、「国語教育に於ける実践の技術学を組織し且つ実践するためには指導者の深部意識の純粋な内省に俟たなければならない。」（同上書、一三八ぺ）とされている。

ついで、垣内先生は、芦田教式に対する諸批判に対して、所見を開陳され、単純化され合理化された芦田教式の特性を指摘しつつ、「この教式のもつ重要な特性は、眼・耳・口・手・心、その全体性を訓練するというところにこの教式の精神があるのではないかと思う。そうすれば、実践の技術学として今日各方面から研究されて居る生理学的、心理学的或は社会学的、同時に哲学的研究等の成果はこの単純化された、簡単な教式の中に全部畳み込まれて居るように、私には見えるのである。勿論この教式は芦田先生多年の教壇修行の結晶である。私の考えているのは諸精神科学に於て研究されて居るものを如何にして国語教育の実践に生かすか、ということに関心を有するのであるが、今いろいろ学問の方面から研究されて居るものを簡単に五到という言葉をもって綜括すれば、この全部がこの教式の結晶の為に密接なる関係のあることが見出されるのである。」（同上書、一五〇ぺ）と述べられた。芦田教式の実践的特性を明確にすることにより、読方教育の自立性の問題を論じ、「実践の技術学としてなすべきことは、この教式に対して、生理的、心理的、社会的、哲学的に考えられる各方面からの研究を『よみ』の一点に集中するだけの役割である。如何にしてこの教式によって、真に実践を可能ならしめるか、真に実践の目的を達するか、ということは一にかかってこの教式を用いる『人』にある。故にこの教式について批難を招くようなものがあるとしたら、この教式を採り、用いる『人』が、それを『人』を以て動力的に統一するか、どうかということであると思う。すくなくともこの教式を用いて実践をどこまでも徹底せしめるためには、教式に対する信条のほかに、この実践について、どこまでも敬虔なる行為を続けなければならないと思う。」（同上書、一七二ぺ）と、芦田教式を支持し、それを実践によって深めていくばあいの留意点が明示されている。

六

さて、垣内先生は、学習―指導の面における、実践の技術学上の問題として、読方教育における「事象論理」の問題をとりあげられた。この点については、「事象論理という意味は教材を媒介として児童の学習と、指導者の指導の間にかもし出される作用を貫く条理を研究するのである。それ故に事象論理という言葉で現わす研究の対象はそうした事象であるが、その事象の中を通って居る筋道は何であるかということは決して明白になっていなかった問題である。こゝに読方教育の事象論理として取扱う問題は単なる読方教育について考えられる知識的の問題でもなく、或は単なる指導の主義方法の問題でもなく、読方の学習指導の間にかもされる秩序を明かにしようとする要求をもって居るのである。」（同上書、二一一ぺ）と述べられた。この事象論理の追求に、研究の目標点を見いだし、そこに教育研究の独自性も見いだされている。

　事象論理は、「転機」の研究によって、はじめて成立するとされる垣内先生は、「転機」（たとえば製陶に於ける火力のように、文章においては言葉の力というべきものがその聯絡をなしている。これを『転機』という術語で呼ぶ。）について、芦田先生の実践例に即しつつ述べられ、「芦田先生の教式は動力的統一の構造特に転機を基底として教式が組成されて居るのをその特性とする。」（同上書、二三〇ペ）と指摘された。さらに、芦田先生の授業について、芦田教式の根底にあるものは、沈黙の深層からわき起こってくるのではないかということを論証しようとされている。

七

　国語教育における実践の魄力《ママ》は、内面的動力にもとづき、国語教育の実践の規格は、内面動力学的考察によって体系づけられるものであるとの考えから、垣内先生は、芦田先生の実践における内面動力的体系をとりあげられた。

　芦田先生の三つの主要著書、「読み方教授」（大正5年4月21日、育英書院刊）、「第二読み方教授」（大正14年9月15日、芦田書店刊）、「国語教育易行道」（昭和10年5月30日、同志同行社刊、「第三読み方教授」とも呼びうるもの。）における中心的立言――「自己を読む」、「師弟共流」、「易行道―読綴一如」を中心に、芦田先生のそれぞれの立言が、その実践の結晶としての意味をもつことを示し、その特質をとらえることによって、芦田先生の実践の展開を根底から跡づけられた。さらに、その実践の精神・理念として「和敬」・「清寂」・「新生」を指摘し考察された。

八

垣内先生は、形象と理会に関し、「(と)へ解釈学 表現学との内面に、一方には『と』を解釈する技術学として解釈学を立て一方には『と』の内面における表現作用を研究する表現学を立てたのである。この形象と理会の中心点に技術学として解釈学と表現学を立てるのは私独自の立方《ママ》である。」（同上書、二九四〜二九五ぺ）と述べられ、さらにまた、「唯私の立場に於ては、体用相関の意識現象を現象学的に考察するために国語教室に実際に現《ママ》れる教室事象を丹念に記載し事象論理を追求して厳密に研究しないでは私の学問的良心が許さないのである。それ故に一挙一動、一言一句と雖もその事象を捉えてそういう事象が現れて来るものはどこにあるかということを考えてみるのである。」（同上書、一六四ぺ）とも述べられている。ここには、教材研究・学習・指導を中心とする、垣内先生の実践研究の基本の立場・態度が示されている。

垣内先生は、かつて、「国語の力」（大正11年5月8日、不老閣書房刊）において、芦田先生の実践例「冬景色」を、センテンス・メソッドの視点から、明確に分析された。このときの「冬景色」は、「読み方教授」の中の記録によるもので、その実地指導を直接に見られたわけではなかった。芦田先生の国語教室を観察され、それを直接に考察の対象とされるようになったのは、「冬景色」分析からみれば、ずっとのちのことである。このことについては、垣内先生みずから、「芦田先生の教壇に参与するようになったのは、実は昭和七年二月末日以来である。教壇行脚十年の中の後三分の一の時期である。（中略）この三年間先生の教壇に参与し得ること十数回であったが、その十数回（引用者注、千駄ヶ谷、田辺、糸魚川、天童、青森、高山、天草、大井、宇和島、戸山、伊勢原、東金など）の実際の御授業を拝見する度ごとに、私としては心ひそかに自分が私の立場で考えて来たことが教壇の上にありありと出て居るような感激をもって常に教を仰いで居ったのである。」（同上書、二七三ぺ）と述べていられる。芦田教式による、円熟した実地授業に接し、その実践の特質をとられ、さらにそこから、国語教育の実践のありかたについて、発展的に探求されたのである。そこには、学理と実地との合致を見る感銘があり、自己の所論の具現された実地指導に接し、その実践の根本を徹底的に究明しようとする熱意があふれている。芦田恵之助という実践人の実践的人格とその実践様式の構造・機能の特質は、的確に深く鋭くとらえられている。

本書「国語教育講話」で述べられている「実践の技術学」は、すべて芦田先生ならびに芦田先生に直接間接につながる恵雨会の人たちに向かってなされた講演であるため、できるだけ芦田先生の実地授業に即して、具体的に説かれている。しかし、その内容は啓蒙的なものというより、芦田先生の実践営為に触発されて、垣内国語教育学の展開・深化をはかろうとされており、そこには、「実践の技術学」という学問研究へのあたらしい意欲がつよく燃焼している。「教材―学習―指導」を対象として、精細に論究しつつ、多くの精神諸科学の成果を、実践に摂取吸収して生かそうとする垣内先生のいきかたは、「実践の技術学」の誕生を要請せざるをえなかったのである。

「実践の技術学」を構想し、その見通しをつけるにあたって、芦田先生の実践が有力な手がかりを与え、資料を提供していることは、見てきたとおりである。芦田教式についても、それをつきはなして批判するよりも、その実践に参入して、その内面を洞察し、分析していく方法がとられている。ここには、学究としての垣内松三と、実践人としての芦田恵之助との敬愛に根ざす出あいが見られる。

形象と理会とは、垣内国語教育学における根本命題であったが、その根本命題をふまえつつ、「形象」を追求し、理会する、「理会の循環」として、実践事象を克明に観察し、その実践事業を内的秩序と統一において、とらえようとしたところに、垣内先生の志向された「実践技術学」があったとみられる。その論考を支える現象学的なみかたと、内省的方法とには、東洋的な性格もいちじるしい。

形式・内容の二元対立の国語教育を、一元のものに高めていくことは、垣内国語教育学の大きい目標であった。この「実践の技術学」においても、その一元の至純な国語教育を希求しての構築が考えられていたのである。

国語教育学年表

一九三二年（昭和七）

○ふたたび「国語教育学の建設へ」	丸山林平稿	昭・7・8	雑誌「教育・国語教育」
○国語教育と精神科学	垣内松三稿	昭・7・11	雑誌「丘」一一月号
○国語教育学	丸山林平著	昭・7・11・4	厚生閣
○国語教育学の建設へ	保科孝一稿	昭・7・12・1	雑誌「国語教育」第17の12　育英書院
○生活・労作自律・形象実践国語教育学	西原慶一著	昭・7・12・30	南光社

一九三三年（昭和八）

○国語教育と精神科学	垣内松三稿	昭・8・1	雑誌「丘」一月号
○国語教育科学の組織	飛田隆稿	昭・8・4・1	雑誌「コトバ」1の1　不老閣書房
○国語教育科学の性格 国語教育科学の諸課題	垣内松三稿	昭・8・4・15	単行本「形象と理会」所収　文学社
○国語教育科学史	飛田隆著	昭・8・7・19	「国語科学講座」所収　明治書院
○国語教育の科学的研究	佐久間鼎稿	昭・8・9・8	「国語教育の科学的研究」所収 厚生閣
○国語教育学と国語学	山本信道稿	昭・8・9・8	「国語教育の科学的研究」所収 厚生閣
○史的直観国語教育実践学	斎藤栄治著	昭・8・9・10	創文社
○国語教育誌学考	垣内松三稿	昭・8・11・1	雑誌「コトバ」3の11　不老閣書房
○創作中心綴方教育学	塩見慎一著	昭・8	瓊池会出版部

一九三四年（昭和九）

○国語教育学会創立		昭・9・1・21	東京市学士会館

○国語教育科学と様式学　大場俊助稿　昭・9・4・5　雑誌「国語教室」2の4　文学社
○国語教育科学概説　垣内松三著　昭・9・4・30　独立講座「国語教育科学」1　文学社
○国語教育科学の動向　垣内松三稿　昭・9・11・22　独立講座「国語教育科学」5　文学社
○読方教育学　稲村玉雄著　昭・9　高踏社

一九三五年（昭和一〇）

○国語教育学　石山脩平著　昭・10・3・31　「国語科学講座」所収　明治書院
○教育的解釈学　石山脩平著　昭・10・4・1　賢文館
○国語教育哲学　飛田隆著　昭・10・12・20　啓文社

一九三六年（昭和一一）

○国語教育理論
――国語教育と言語哲学との連関――　輿水実著　昭・11・5・25　文学社
○国語教育の学的機構（日本文法学）　福井久蔵著　昭・11・10・5　岩波講座「国語教育」所収　岩波書店
○国語教育の学的機構（言語心理学）　波多野完治著　昭・11・11・25　岩波講座「国語教育」所収　岩波書店
○国語教育の学的機構
（社会学より見たる言語）　田辺寿利著　昭・11・11・25　岩波講座「国語教育」所収　岩波書店

一九三七年（昭和一二）

○国語教育論　石山脩平著　昭・12・2・15　現代教育学大系各科篇7　成美堂
○諸家国語教育論叙説　石山脩平著　昭・12・4・10　岩波講座「国語教育」所収　岩波書店
○国語教育の学的機構
勝部・小林（英）・長田・久松・小林（淳）・東条・　昭・12・4・10～　岩波講座「国語教育」所収　岩波書店
安藤・柳田・島津・城戸・小林（好）・高木・橋本　昭・12・9・10　（「国語学と国語教育」昭・12・9月）

一九三八年（昭和一三）

○垣内先生の学説 ——言語文化学説研究第一篇—— 輿水実著 昭・13・1・11 文学社

○垣内学説の学的実践的優位 大野静稿 昭・13・2・1 雑誌「同志同行」6の11 同志同行社

○綴方教授学 丸山林平著 昭・13・2・10 成美堂

○国語教育学建設の要望 石山脩平著 昭・13・3・10 雑誌「国語教育誌」1の3 岩波書店

○国語学の国語教育学的再建 藤原与一稿 昭・13・5・10 雑誌「国語教育誌」1の5 岩波書店

○国語教育の基礎学として見たる言語哲学 輿水実稿 昭・13・10・14 単行本「国語教育基礎学十九講」所収 厚生閣

一九三九年（昭和一四）

○綴方表現学 金原省吾著 昭・14・9・15 綴方教育体系第一巻 晃文社

○国語教室の科学 滑川道夫稿 昭・14・11・1 雑誌「実践国語教育」6の10

一九四〇年（昭和一五）

○国語教育の科学的建設 青木誠四郎稿 昭・15・7・10 雑誌「国語教育誌」3の7 岩波書店

一九四七年（昭和二二）

○国語教育科学の建設 垣内松三編 昭・22・5・20 単行本「国語国字問題と国語教育」所収 小学館

一九五〇年（昭和二五）

○全国大学国語教育学会創立 昭・25・9・21 東京都日比谷高校

○国語教育学の樹立の提唱 西尾実講 昭・25・9・21 第一回全国大学国語教育学会講演

○近代国語教育学の建設 石井庄司稿 昭・25・11・5 雑誌「教育研究」別冊「国語教育はどう動いていくか」所収 柏書院

一九五一年（昭和二六）

○国語教育学の構想　西尾実著　昭・26・1・5　筑摩書房

○国語教育学樹立の必要と可能　西尾実稿　昭・26・4・1　雑誌「実践国語」12の131　穂波出版社

○国語教育学樹立の必要と可能　西尾実講　昭・26・5・2　広島市已斐小学校講演

○国語教育学の樹立と新制大学に於ける国語教育上の諸問題　昭・26・5・4　愛媛大学第二回全国大学国語教育学会研究発表

○国語教育上の諸問題（国語教育学の任務）時枝誠記稿　昭・26・7・1　雑誌「国語と国文学」26年7月号　至文堂

○国語教育学の構想　木村万寿夫発表　昭・26・9・22　第四回全日本国語教育研究協議会発表

一九五二年（昭和二七）

○国語教育の学的性格　都築頼助発表　昭・27・1・26　第二回全国大学国語教育学会九州地区会発表

○国語学と国語教育との交渉　時枝誠記稿　昭・27・5・28　紀要「国語科教育」1

○国語教育技術の大系　倉澤栄吉著　昭・27・6・30　教育図書研究会

○国語教育学はいかなる部門から構成されるか　昭・27・9・21　第五回全国大学国語教育学会研究協議

○国語教育学についての覚書—とくにその領域と方法—　石井庄司稿　昭・27・10・15　雑誌「国語」復刊1の4　西東社

○国語科教育法　時枝誠記講　昭・27・10・30　東京教育大IFEL（国語科教育部会）講習

○「国語教育誌学」の実践と展開——垣内先生の学恩を追想しつゝ——　青山広志稿　昭・27・11・1　雑誌「実践国語」13の147　穂波出版社

一九五三年（昭和二八）

○国語の学習指導法　平井昌夫著　昭・28・7・15　開隆堂
——体系国語教育学2——

○国語教育の学的研究のために　輿水実稿　昭・28・8・20　単行本垣内松三著「国語の力」所収　有朋堂

○国語教育学の完成を期して　石井庄司稿　昭・28・12・30　紀要「国語科教育」2 法政大学出版局

一九五四年（昭和二九）

○国語教育学の基礎的認識　内山直稿　昭・29・2・25　昭・29・5・5　雑誌「国語研究」15・16　愛媛国語研究会

○国語教育の方法　時枝誠記著　昭・29・4・10　習文社

○日本国語教育学会創立　会報2輿水氏巻頭言参照　昭・29・5・7　東京都昭和小学校

○国語教育の実践理論　飛田隆著　昭・29・9・20　新思潮社

一九五五年（昭和三〇）

○これからの国語教育学　石井庄司稿　昭・30・1・1　雑誌「実践国語」16の172　穂波出版社

○国語教育学序説　西尾実講　昭・30・1・20～23　山梨大学学芸学部集中講義

○国語科教育学　輿水実著　昭・30・3・10　金子書房

○国語教育学の問題点はなにか　昭・30・6・2　第一〇回全国大学国語教育学会研究討議

○国語教育学の問題点　西尾実講　昭・30・6・2　第一〇回全国大学国語教育学会講演「どのようにして国語力の充実を図るか」（昭・30・8・20刊）所収

○学会前後　西原慶一稿　昭・30・7・15　「日本国語教育学会会報」3

○国語教育学の理論と歴史　石井庄司稿　昭・30・7・30　単行本　続教育大学講座第七巻「国語科教育」所収　金子書房

○国語教育　石井庄司稿　昭・30・8・20　「国語学辞典」所収　東京堂
○日本国語教育学会について　西尾実稿　昭・30・11・1　雑誌「実践国語」16の181　穂波出版社
○国語教育科学期以前　西原慶一稿　昭・30・11・15　単行本「国語教育の諸問題」所収　光風出版

一九五六年（昭和三一）

○国語教育学研究集会　昭・31・2・4　東京教育大　東館
○国語教育学に関する二三の問題　西尾実稿　昭・31・3・30　紀要「国語科教育」3　学芸図書
○国語教育学の一課題　石井庄司発表　昭・31・5・3　日本教育学会第一五回全国大会（東学大）発表
○国語教育学の史的展開　野地潤家発表　昭・31・5・11　第一二回全国大学国語教育学会発表
○国語教育学論　高森邦明発表　昭・31・6・7　東京教育大研究会発表
○読解指導　倉澤栄吉著　昭・31・9・30　朝倉書店

一九五七年（昭和三二）

○国語教育学序説　西尾実著　昭・32・4・20　筑摩書房
○国語教育学と国語学　西尾実講　昭・32・9・20　第一五回全国大学国語教育学会講演
○国語教育学の理論的性格　野地潤家発表　昭・32・9・20　第一五回全国大学国語教育学会発表
○表現指導　倉澤栄吉著　昭・32・12・15　朝倉書店

一九五八年（昭和三三）

○英国における国語教育理論
——国語教育学の性格研究——　高森邦明稿　昭・33・1・27　東京教育大修士論文
○国語科教育学にはどんな領域があるか　石井庄司稿　昭・33・5・1　雑誌「国文学解釈と鑑賞」264　至文堂
○国語教育科学講座　5巻　全国大学国語教育学会編　昭・33・5　明治図書

○国語教育学は可能か　輿水実稿　昭・33・5・1　雑誌「国文学解釈と鑑賞」264　至文堂
（国語科教育法の問題点）
○国語教育学の史的展開　野地潤家稿　昭・33・5　雑誌「国語研究」28所収→以降38・5・20（その六）愛媛国語研究会
——戦後における国語教育学の展開その一——
○読み方教育学　輿水実著　昭・33・6　明治図書

一九五九年（昭和三四）

○教育科学としての「国語」　西尾実稿　昭・34・3　雑誌「教育科学国語教育」1の1　明治図書
○文法指導　倉澤栄吉著　昭・34・4・25　朝倉書店
——ことばの基礎能力——
○これからの国語教育について　西尾実　昭・34・8　全国大学国語教育研究協議会講演「文化と教育」（静岡）所収
○読解指導の原理と方法　沖山光著　昭・34・11・25　新光閣書店
——構造的読解の基礎理論——

一九六〇年（昭和三五）

○「国語の力」（垣内松三著）について　野地潤家稿　昭・35・2・10　雑誌「国語教育研究」1　所収　広島大学教育学部光葉会
——国語教育学説史研究——
○綴方教授の理論的基礎㈠　野地潤家稿　昭・35・6・1　雑誌「実践国語教育」238所収→以降43・12・1（七七）穂波出版社
——垣内松三先生のばあい——
○国語科教育学　志田延義著　昭・35・9・25　桜楓社
○これからの国語教育　西尾実稿　昭・35・9　「日本国語教育学会誌」15　所収

○「国語の力」の成立過程Ⅰ
　——国語教育学説史研究——　野地潤家稿　昭・35・11　雑誌「国語教育研究」2 所収→以降—47・12(XVI) 広島大学教育学部光葉会

○国語教育の原理　西尾実稿　昭・35・11・30　単行本「(実践講座国語教育1) 国語教育の理論と実践」所収　牧書店

○西尾実の読方教育論　根本今朝男稿　昭・35・12　雑誌「教育科学国語教育」2の13 所収明治図書

一九六一年（昭和三六）

○国語教育の問題点　西尾実稿　昭・36・1　雑誌「国語通信」所収→以降36・2 筑摩書房

○西尾実論　根本今朝男稿　昭・36・2　雑誌「教育」11の2 国土社

○言語と教育Ⅰ（現代教育学6）　岩波書店編集部編　昭・36・2・22　岩波書店

○国語教育学研究

　——国語教育を求めて——

野地潤家著　昭・36・3・30　私刊→平成16・7・12 溪水社

○垣内学説の研究⑴　飛田隆稿　昭・36・4　雑誌「実践国語教育」249所収→以降38・1⒃ 穂波出版社

○コトバの機能と教育・国語教育　大久保忠利著　昭・36・5　明治図書

○国語教育科学　垣内松三著　輿水実編　昭・36・8・20　三省堂

○国語教育の課題　西尾実 高橋和夫稿　昭・36・10・30　単行本「教師のための国語」所収　河出書房新社

一九六二年（昭和三七）

○国語教育の科学化　石黒修稿　昭37・1　雑誌「実践国語教育」259　所収　穂波出版社

○国語教育の実践原理　輿水実著　昭37・3　明治図書

○国語教育への現実的課題　西尾実稿　昭・37・5・20　雑誌「国語研究」40　所収　愛媛国語研究会

○言語要素指導（国語教育の体系化1）　大久保忠利・松山市造・近藤徹編　昭・37・9　明治図書

○機能的国語教育　中沢政雄著　昭・37・10　明治図書
——理論とその展開——

○これからの国語教育研究　時枝誠記稿　昭・37・12　雑誌「教育科学・国語教育」4の12
（国語教育研究はどうあるべきか）　明治図書

一九六三年（昭和三八）

○国語教育の科学化　輿水実著　昭・38・4　明治図書

○続・垣内学説の研究(1)　飛田隆稿　昭・38・4　雑誌「実践国語教育」276　所収→以降41・3・1(20)　穂波出版社

○改稿国語教育の方法　時枝誠記著　昭・38・6　有精堂

一九六四年（昭和三九）

○現代国語教育——その理論的背景——　輿水実著　昭・39・4・10　三省堂

○読みかた教育の教育学　原田実稿　昭・39・10　「日本国語教育学会読」24

○近代国語教育年表Ⅱ——大正編——　野地潤家稿　昭・39・11・1　広島大学国語教育研究室

一九六五年（昭和四〇）

○国語教育学の建設者西尾実先生　石井庄司稿　昭・40・3・31　「国語科教育第十二集」全国大学国語教育学会

○国語教育の実践理論　倉澤栄吉著　昭・40・9　明治図書

○垣内学説の成立過程(1)　石井庄司稿　昭・40・12・1　雑誌「実践国語」313所収→以降41・12・1⒀　穂波出版社

一九六六年（昭和四一）

○国語科教育の研究　望月久貴・弥吉菅一・山根安太郎編集代表　昭・41・3・21　金子書房

○国語教育学の構想　井上敏夫稿　昭・41・2・1　雑誌「教育科学国語教育」明治図書

一九六七年（昭和四二）

○言語教育学叢書1　言語教育の本質と目的　野地潤家・垣田直巳・松元寛編　昭・42・7・5　文化評論出版

○言語教育学叢書2　言語教育の内容と方法　野地潤家・垣田直巳・松元寛編　昭・42・8・31　文化評論出版

○言語教育学叢書3　言語教育と関連諸科学(1)　野地潤家・垣田直巳・松元寛編　昭・42・4・20　文化評論出版

○言語教育学叢書4　言語教育と関連諸科学(2)　野地潤家・垣田直巳・松元寛編　昭・42・5・30　文化評論出版

○言語教育学叢書5　言語教育と関連諸科学(3)　野地潤家・垣田直巳・松元寛編　昭・42・11・10　文化評論出版

○言語教育学叢書6　言語教育の問題点　野地潤家・垣田直巳・松元寛編　昭・42・11・20　文化評論出版

○「国語教育」の末尾に「学」をつけていいか　高橋和夫稿　昭・42・8　雑誌「解釈」13の8　教育出版センター

○国語教育論要説　倉澤栄吉著　昭・42・10　新光閣

一九六八年（昭和四三）

○国語科教育学入門　輿水実著　昭・43・10　明治図書

○フランス国語教育の構造　中西一弘稿　昭・43・7　雑誌「国語と教育」3
大阪教育大国語教育学会

○言語観の改造　輿水実著　昭・43・8　明治図書

一九六九年（昭和四四）

○国語教育学原論　平井昌夫著　昭・44・2　明治図書

○国語教育と言語理論
——学の構造の一スケッチ——　湊吉正稿　昭・44・3　「国語科教育」16　全国大学国語教育学会

○国語教育における輿水理論　輿水先生還暦記念事業実行委員会編　昭・44・5　明治図書

○「国語科教育学」の性格と領域　長谷川孝士稿　昭・44・6　雑誌「愛媛国文と教育」創刊号

○国語教育解釈学理論の究明　大久保忠利著　昭・44・8・5　頸草書房

○近代国語教育のあゆみ　遺産と継承1　倉澤栄吉他著　昭・44・11　新光閣

一九七〇年（昭和四五）

○垣内松三の国語教育学の出発　石井庄司稿　昭・45・5　雑誌「解釈」16の5　教育出版センター

○アメリカにおける国語教育の現代化　波多野完治稿　昭・45・8　雑誌「教育科学国語教育」142　明治図書

○近代国語教育のあゆみ　遺産と継承2　倉澤栄吉他著　昭・45・11　新光閣

○理の国語教育と情の国語教育　藤原与一著　昭・45・11　新光閣

一九七一年（昭和四六）

○国語教育の領域と機構を考える　中西昇稿　昭・46・3　「京都教育大学教育研究所報」

一九七二年（昭和四七）

○垣内松三　輿水実著　昭・47・9　明治図書

○国語科教育学―その昨日から明日へ―　志田延義著　昭・47・9・10　桜楓社

一九七三年（昭和四八）

○国語教育原論　野地潤家著　昭・48・2・10　共文社

○国語科教育学の成立　輿水実稿　昭・48・5・1　「国語教育の近代化」130

○国語教育学、国語教育科学、国語科教育学　輿水実稿　昭・48・7・1　「国語教育の近代化」132

一九七四年（昭和四九）

○現代教科教育学大系２　言語と人間　倉澤栄吉編著
国語科教育学　野地潤家編者　昭・49・5　第一法規

○私の国語教育学　藤原与一著　昭・49・6　新光閣

あとがき

本研究で対象にしたのは、戦前では、一九三〇年代における国語教育学の史的展開であり、戦後では、一九五〇年代における国語教育学の史的展開であった。前者においても、また後者においても、狭義の国語教育学の成立と展開とを中心にして扱った。国語教育学が国語教育学として、提唱され、構築され、学としての営為を努めたそのいきさつならびに足跡を、できるだけつぶさに追跡しようとしたのであった。したがって、ここに対象とした領域からは、学の名称を冠していない、国語教育の実践・研究を保留しており、その全面を覆うていない。これらの実践・研究は、その内実において、すぐれた成果を示しているばあいが多く、これらをも、各領域ごとに考察して、広義の国語教育学史に位置づけなくてはならない。けれども、明治・大正・昭和（戦前・戦後）三代にわたる、国語教育の実践・研究の資料群は、まことに尨大なものであって、それらを一挙に解明し、体系・秩序を見いだすことは、容易のわざではない。ともかく、国語教育学の史的展開の主流を明らかにし、それを足場にして、さらに精細な学史研究をと考えて、対象の限定を狭義の国語教育学にしたのであった。

狭義の国語教育学に限ってみても、戦前一九三〇年代の国語教育学の史的展開は、壮観であった。むろん、その中心的存在は、垣内国語教育科学であったが、時代としては、それのみにとどまらず、多くの提唱・試論がなされた。戦前における国語教育の実践・研究の頂点を、三〇年代に求めることには異論がないであろう。国語教育学の提唱も、試論の盛行も、時代・社会の思潮や国語教育の充実そのものに負うところが大であった。

なかでも、垣内国語教育科学は、見てきたように、巨大な存在であった。その規模の大きさと実質の深さとにおいて、前後に比を見ない。それだけに、その国語教育科学の実質を、どのように解明していくかは、大きい課題であった。戦前すでに、垣内先生の国語教育科学の学説研究については、報告がなされていたが、いずれもその全貌を尽くすものではなかった。加えて、垣内学説の難解さについては、すでに定評があり、それはとり組んでみて、いっそう実感として迫ってきた。その難解さを避けず、国語教育学としての性格・特質を明らかにしようとして、「国語の力」に、学の結晶し、成立していく過程を追跡し、学の形成の固有のものを求めようとし、さらに、その学の展開事例を三つの面にわたってとりあげ、垣内国語教育学の実質をとらえようとした。

こうした作業を通して明らかになったのは、「国語の力」が単直な成立過程に立っているものではなく、さまざまに摂取し、思索したものを踏まえて成っているということであった。それは明治三〇年代以降、大正一〇年代に及ぶ研究・実践の集成としての性格をもっていた。観念的な机上操作によるものではなかった。西欧の学説・所説に多くを摂取しながらも、結集され成就されているのは、東洋的な風格をもつものであり、独自の可能性を蔵していた。

また、垣内国語教育科学の全体系もさることながら、三つの展開事例の考察によって、一つ一つの分野・事象の探究において、その学の鋭さ・深さを確かめることができた。これらの典型事例を通して、国語教育学における課題のとらえかた、方法・処理のしかたなど、垣内国語教育学の独自性を明らかにしていくことができた。学の体系の総合的な構築にも、卓抜さがうかがわれたが、一つ一つの特殊研究にも、非凡の学識がにじみ、国語教育学のありかたについて、とりわけ、その学における真実性の確保と検証とに啓発を受けることが多かった。(なお、垣内松三先生の綴方教授理論の史的展開については、別に探索を進めているが、本稿に採録することは保留に従った。)

国語教育学史の領域の一つとして、「学会」をとりあげて考察した。一国の国語教育学会がどういう組織をもち、活動をしているかは、国語教育学の成立と展開において、軽視することができない。戦前における「国語教育学会」は、すでに見てきたように、狭義の国語教育学の樹立を目ざすためではなく、広義の国語教育の実践と研究とを包容し、きわめて多角的に活動した。比較的に短い期間ではあったが、組織を通じて、関連領域とも密に連携し、広い視野から、問題が扱われ、幾多の業績を収めた点は、これを多とするに足りるであろう。

戦後の国語教育学の展開は、現に進行中であって、歴史的に見ていくのには、なお時間を要する面をもっている。可能な範囲で、見通しの一部をつけえたにすぎないが、戦後の国語教育学史上、中心的存在であったのは、西尾実博士である。西尾実博士のばあいは、戦前から戦後にわたり、篤実な研究が集積された。西尾実博士の国語教育学が学史の上に正しく位置づけられるためには、なお精細な調査・研究を必要とする。ただ、垣内国語教育学を、自己の独自の立場で受けとめ、かつ独特の体系を手がたく構築されたことは、偉とするに足りる。

戦後、国語教育学の研究に従った学徒は、西尾実博士のほかにも数多い。石井庄司博士を初めとして、輿水実氏・倉澤栄吉教授など、それぞれに独自の業績を積まれた。これらの諸氏の学的営為を、どのように評価し、位置づけていくかも、今後に残されている仕事である。

――国語教育学史研究は、開始されたばかりといってもよい。いっそうの意欲をもって推進していきたいと、みずから期するしだいである。

（昭和41年5月10日稿）

〈著者紹介〉

野　地　潤　家（のじ・じゅんや）

大正 9（1920）年、愛媛県大洲市生まれ。
昭和 20（1945）年、広島文理科大学文学科（国語学国文学専攻）卒業。
愛媛県立松山城北高女教諭、広島高等師範学校教授・広島大学助教授・教授（教育学部）・広島大学教育学部附属小学校長（併任）・同附属中高校長（併任）・同附属学校部長（併任）・同教育学部長・鳴門教育大学教授・同副学長・同学長を経る。
現在　広島大学名誉教授、鳴門教育大学名誉教授、教育学博士
専攻　国語教育学―国語教育原論・同各論・国語教育史・国語教育学史―
主著　『話しことばの教育』（昭和 27）、『教育話法の研究』（昭和 28）、『国語教育個体史研究』（３冊、昭和 29）、『国語教育』（昭和 31）、『国語教育学研究』（昭和 36）、『作文教育の探究』（昭和 47）、『国語教育原論』（昭和 48）、『幼児期の言語生活の実態Ⅱ』（昭和 48）、『読解指導論』（昭和 48）、『国語教育学史』（昭和 49）、『国語教育通史』（昭和 49）、『幼児期の言語生活の実態Ⅲ』（昭和 49）、『話しことば学習論』（昭和 49）、『作文指導論』（昭和 50）、『幼児期の言語生活の実態Ⅳ』（昭和 51）、『国語科授業論』（昭和 51）、『幼児期の言語生活の実態Ⅰ』（昭和 52）、『個性読みの探究』（昭和 53）、『わが心のうちなる歌碑』（昭和 55）、『話しことば教育史研究』（昭和 55）、『国語教育実習個体史』（昭和 56）、『国語教育の創造』（昭和 57）、『綴方教授の理論的基礎』（昭和 58）、『芦田恵之助研究』（３冊、昭和 58）、『国語教育の根源と課題』（昭和 59）、『国語教材の探究』（昭和 60）、『国語教育の探究』（昭和 60）、『大村はま国語教室の探究』（平成５）、『古文指導の探究』（平成８）、『国語科教育・授業の探究』（平成８）、『教育話法入門』（平成８）、『野地潤家著作選集』（12 冊、別冊１、平成 10）、『昭和前期中学校国語学習個体史―旧制大洲中学校（愛媛県）に学びて―』（平成 14）、『国語科授業の構築と考究』（平成 15）、『国語教育学研究―国語教育を求めて―』（平成 16）、『中等国語教育の展開―明治期・大正期・昭和期―』（平成 16）、『国語科授業原論』（平成 19）、『近代国語教育史研究』（平成 23）
編著　『作文・綴り方教育史資料（上・下）』（昭和 46）、『世界の作文教育』（昭和 49）、『国語教育史資料』第一巻理論・思潮・実践史（昭和 56）、『国語教育史資料』第６巻年表（昭和 56）

国語教育学史研究

平成 23 年２月１日　発行

著　者　野　地　潤　家

発行所　（株）溪 水 社

広島市中区小町１－４（〒730-0041）

電話（082）246-7909

FAX（082）246-7876

E-mail：info@keisui.co.jp

印　刷　平河工業社

ISBN978-4-86327-127-2　C3081